CURSO DE CONTRATO DE TRABAJO Y RELACIONES COLECTIVAS

ANTONIO CEBRIÁN CARRILLO
PILAR NÚÑEZ-CORTÉS CONTRERAS
(*Directores*)

MARÍA CONCEPCIÓN ARRUGA SEGURA
ROCÍO MOLINA GONZÁLEZ-PUMARIEGA
ÍÑIGO SAGARDOY DE SIMÓN
(*Coordinadores*)

CURSO DE CONTRATO DE TRABAJO Y RELACIONES COLECTIVAS

TERCERA EDICIÓN

Prólogo de ANTONIO CEBRIÁN CARRILLO,
PILAR NÚÑEZ-CORTÉS CONTRERAS E ÍÑIGO SAGARDOY DE SIMÓN

AUTORES

MARÍA CONCEPCIÓN ARRUGA SEGURA
MACARENA CASTRO CONTE
ANTONIO CEBRIÁN CARRILLO
EMILIA CONDE MARÍN
ÁNGELA GUERRERO CASCAJOSA
ROCÍO MOLINA GONZÁLEZ-PUMARIEGA
JOSÉ FERNANDO LOUSADA AROCHENA
MARGARITA MIÑARRO YANINI
PILAR NÚÑEZ-CORTÉS CONTRERAS

tecnos

Diseño de cubierta:
J. M. Domínguez y J. Sánchez Cuenca

1.ª edición, 2019
2.ª edición, 2022
3.ª edición, 2025

Valentín Beato, 21 - 28037 Madrid

PAPEL DE FIBRA CERTIFICADA

ISBN: 978-84-309-9215-7
Depósito Legal: M-150-2025

Printed in Spain

ÍNDICE

AUTORES

MARÍA CONCEPCIÓN ARRUGA SEGURA
Profesora Titular de Derecho del Trabajo y de la Seguridad Social.
Universidad de La Rioja

MACARENA CASTRO CONTE
Profesora Titular de Universidad de Derecho del Trabajo y de la Seguridad Social.
Universidad Rey Juan Carlos

ANTONIO CEBRIÁN CARRILLO
Socio Director de S&C Abogados

EMILIA CONDE MARÍN
Profesora de Derecho del Trabajo y de la Seguridad Social.
Universidad Rey Juan Carlos

ÁNGELA GUERRERO CASCAJOSA
Profesora de Derecho del Trabajo y de la Seguridad Social.
Universidad Loyola

JOSÉ FERNANDO LOUSADA AROCHENA
Magistrado especialista del Tribunal Superior de Justicia de Galicia, Sala de lo Social.
Profesor asociado Universidad de Coruña

ROCÍO MOLINA GONZÁLEZ-PUMARIEGA
Profesora de Derecho del Trabajo y de la Seguridad Social.
Universidad Rey Juan Carlos

MARGARITA MIÑARRO YANINI
Profesora Titular de Universidad de Derecho del Trabajo y de la Seguridad Social. Universitat Jaume I de Castellón

PILAR NÚÑEZ-CORTÉS CONTRERAS
Catedrática Derecho del Trabajo y de la Seguridad Social. Universidad Loyola

ÍÑIGO SAGARDOY DE SIMÓN
Catedrático de Derecho del Trabajo. Universidad Francisco de Vitoria

PRÓLOGO

Estrenamos manual con el título *Curso de Contrato de trabajo y Relaciones Colectivas*. Se trata de la 3.ª edición, lo que, sin duda, avala que esta obra se consolida con proyección de futuro. Los autores somos un grupo de profesores, especializados en la materia, de diversas procedencias, no solo de la universidad, sino también de la judicatura y de prestigiosos despachos profesionales. Por tanto, el enfoque que hacemos de la materia es teórico-práctico, orientado, sobre todo al aprendizaje de un derecho vivo. El propósito compartido por todos en su elaboración es disponer de un texto riguroso desde el punto de vista técnico a la vez que asequible, ajustado por su extensión (400 págs.) al exiguo número de créditos asignados por los planes de estudios a las relaciones individuales y colectivas de trabajo. Es inestimable el valor de disponer de un manual adaptado a las asignaturas que impartimos, tanto para el alumnado como para el profesorado, y con tal empeño abordamos este trabajo hace ya más de un lustro. Gracias al respaldo mantenido en el tiempo de la Editorial Tecnos lo hemos actualizado y mejorado reuniendo las novedades que de manera constante se producen en nuestra área de conocimiento. Estamos cruzando los dedos para que no se apruebe alguna nueva norma en el curso de la corrección del presente texto (esperemos).

Esta nueva edición tiene una intención clara de mejora de los textos anteriores y, sin duda, seguirá siendo de gran ayuda para nuestro alumnado. Estamos convencidos de que en la era de la IA, que, nos brinda nuevas herramientas a modo de buenas prácticas para la docencia y el aprendizaje, el clásico manual de derecho sigue teniendo plena vigencia.

Para terminar, agradecer enormemente a los autores el esfuerzo de actualización y mejora de estos materiales y a la Editorial Tecnos su inestimable acompañamiento en la edición de este libro.

¡Buena lectura!

Antonio Cebrián Carrillo
Pilar Núñez-Cortés Contreras
Íñigo Sagardoy de Simón

TEMA 1

SIGNIFICADO DEL DERECHO DEL TRABAJO

JOSÉ FERNANDO LOUSADA AROCHENA
Magistrado especialista del Tribunal Superior de Justicia de Galicia, Sala de lo Social.
Profesor asociado Universidad de Coruña

OBJETIVOS DE APRENDIZAJE

1. Comprender la evolución de la regulación jurídica del trabajo en la Historia y los factores históricos para el nacimiento del Derecho del Trabajo.
2. Caracteres del Derecho del Trabajo.
3. Conocer la formación, consolidación y situación actual del Derecho del Trabajo en España.
4. El trabajo objeto del Derecho del Trabajo.
5. Distinguir el trabajo objeto del Derecho del Trabajo de otras formas de trabajo, y, en particular, del trabajo autónomo: las zonas grises.
6. Manejar los indicios de laboralidad utilizados en la jurisprudencia.

El trabajo, entendido como actividad humana, existe desde siempre. Pero la consideración que del mismo se tiene ha variado enormemente a lo largo de la Historia. El Derecho del Trabajo es el eslabón final de una evolución histórica. Se puede así afirmar que es un producto de la Historia.

1. PASADO, PRESENTE Y FUTURO DEL TRABAJO

La historia social del trabajo se podría resumir *grosso modo* en cuatro grandes etapas: el trabajo esclavo es el imperante en la Edad Antigua; el trabajo servil es el imperante en la Edad Media y fue decayendo en la Edad Moderna; el trabajo libre empezó a cobrar protagonismo en la

Edad Moderna y fue reconocido en la Edad Contemporánea; y el trabajo libre canalizado jurídicamente a través de un contrato de trabajo es el régimen de trabajo imperante desde el siglo XX. De inmediato se debería matizar que, en todas las edades históricas, bien que uno como imperante y los demás como excepciones, han convivido el trabajo esclavo, el servil y el libre (el contrato de trabajo, sin embargo, es característico de la Edad Contemporánea). Incluso hoy día siguen perviviendo nuevas formas de esclavitud, servidumbre, trabajo forzoso, o trata de personas en todos los países del Mundo (son las llamadas formas contemporáneas de esclavitud).

En la Edad Antigua la concepción del trabajo era negativa. Se consideraba que la actividad contemplativa asemejaba los hombres a los dioses, de ahí que se entendiera, que el trabajo envilece. Y el mantenimiento del orden político, social y económico obligaba a justificar la esclavitud como un estado natural. En Grecia y Roma, las relaciones entre el amo y el esclavo se construían sobre la idea de propiedad. Por excepción, los hombres libres podían contratar la prestación de sus servicios a través de un arrendamiento.

En la Edad Media se mantuvo la esclavitud. Pero la forma más habitual de trabajo en el ámbito rural era el que el siervo prestaba al señor a cambio de su protección (enfeudamiento y servidumbre). El florecimiento de las ciudades en la Baja Edad Media determinó la aparición de los gremios. Pero estos de nuevo se configuraron a imagen del enfeudamiento característico de la sociedad medieval: eran instituciones defensivas de intereses profesionales comunes, con la protección de los poderes públicos al garantizarles el monopolio comercial y con una rígida estratificación interna (aprendiz, oficial, maestro).

En la Edad Moderna se mantuvo en el campo el feudalismo y en las ciudades los gremios, aunque ya aparecen los obreros en las industrias de exportación, y más adelante en las fábricas reales de manufacturas. Pero el cambio en esta época se apreció, sobre todo, en el ámbito ideológico como precursor de lo que después acaecería con las revoluciones liberales: el protestantismo santificaba el trabajo como una especie de índice del valor espiritual de la persona; y el liberalismo exigía reconocer la libertad de trabajo. Los feudos y los gremios —que todavía imperaron a lo largo de la Edad Moderna— estaban claramente en contradicción con los vientos de la Historia.

La Revolución francesa supuso el reconocimiento de la libertad de trabajo, con la consiguiente abolición de los enfeudamientos y de la protección dispensada a los gremios por los poderes públicos. Ningún individuo, ni ninguna corporación pueden ser revestidos de autoridad alguna que no emane directamente de la soberanía de la Nación, dice la Declaración de los derechos del hombre y del ciudadano (1789). En conclusión, nada entre el individuo y el Estado. Y, según las doctrinas económicas liberales imperantes en esa época histórica, el Estado tampoco puede intervenir en la economía (*laissez faire, laissez passer*). Se consolida así el trabajo libre, pero al mismo tiempo sometido a la ley de la oferta y la demanda: los ciudadanos pueden libremente contratar su trabajo y contratar el de otros sin que ni señores feudales, ni gremios, ni nadie se puedan interponer.

Así las cosas, la igualdad jurídica de sujetos económicamente desiguales degeneró en la explotación de los obreros por parte de los burgueses, sin que aquellos pudieran coaligarse para mejorar los salarios o con finalidad asegurativa. Frente a esta situación de explotación surgen reacciones varias, desde las puramente pietistas impulsoras de las leyes de fábricas durante el Reinado de Victoria I en Inglaterra —que se extendieron a toda Europa—; otras religiosas como la Doctrina Social de la Iglesia impulsada por el papa León XIII; y, muy significativamente, el movimiento obrero que evolucionó desde el socialismo utópico al socialismo científico que tiene su mayor exponente en la obra de Karl Marx, con el consiguiente surgimiento de ideologías revolucionarias —anarquismo, comunismo—.

La respuesta del sistema capitalista burgués a la cuestión obrera, superados los momentos iniciales de pura represión penal del movimiento obrero, fue el nacimiento de una legislación protectora de los trabajadores, el reconocimiento de los sindicatos y la negociación colectiva, y la construcción del sistema de seguros sociales. Ello, a la vez que daba respuesta a la cuestión obrera, supuso la legitimación del propio sistema capitalista.

De este modo, el trabajo objeto del Derecho del Trabajo es el trabajo libre, pero no libre en un sentido absoluto como lo entendió la Revolución francesa —que dejaba la regulación del arrendamiento de servicios a la autonomía de la voluntad y al Derecho Civil—, sino libre dentro del marco de una legislación tuitiva de los derechos de los trabajadores —lo que supuso el nacimiento del contrato de trabajo y de la disciplina de Derecho del Trabajo—. En el marco de unas relaciones económicas desiguales, la ley protectora del más débil libera, mientras que la libertad sin trabas oprime.

A lo largo de la primera mitad del siglo XX, se fueron sentando las bases para la consolidación del Derecho del Trabajo, que conoció simultánea y progresivamente sendos fenómenos de constitucionalización e internacionalización. Por un lado, se produjo el fenómeno de la constitucionalización de los derechos de los trabajadores que tuvo su primer gran logro en la Constitución mexicana de Querétaro (1917) y que se debe considerar denominador común de todas las constituciones del siglo XX.

Por otro lado, se produjo el fenómeno de la internacionalización de los derechos de los trabajadores que tuvo su primer gran logro en el Tratado de Versalles (1919) que, además de poner fin a la Primera Guerra Mundial, creó, en su famosa Parte XIII, la Organización Internacional del Trabajo. Sin embargo, el convulso período de entreguerras —con la crisis económica de 1929 y la ascensión de los fascismos en Alemania, Italia y España— impidió la consolidación de estos avances hasta después de la Segunda Guerra Mundial.

Tras la SGM entramos en la edad de oro del Derecho del Trabajo. Una situación de éxito propiciada por un sistema de producción superador de la explotación del capitalismo decimonónico y basado en la organización científica del trabajo con el añadido de la producción en cadena —sistema taylorista / fordista–, de modo que el beneficio de las empresas se buscaba más en la expansión de los mercados a través del consumismo que en el ahorro de costes laborales, con el nacimiento de una acomodada clase media tanto en los Estados Unidos —el *american way of life*—, como en Europa Occidental, donde se complementó dicho sistema taylorista / fordista con las doctrinas keynesianas y con sus postulados del Estado de Bienestar.

Aunque, a decir verdad, no todo era tan paradisiaco en esa edad de oro del Derecho del Trabajo. El sistema manifestaba contradicciones. De un lado, el sistema de producción industrial sustentó —y a su vez fortaleció— un sistema patriarcal que impedía a las mujeres acceder en condiciones de igualdad a un trabajo y a una protección social pensadas para un trabajador varón, cabeza de familia, con amplias disponibilidades de tiempo, marginándolas en el trabajo parcial, temporal o a domicilio. Y en Estados Unidos existía —y sigue existiendo— una importante cuestión racial. De otro lado, los Estados de Bienestar de las más importantes economías occidentales se sustentaban en imperios coloniales —Reino Unido o Francia— o en políticas exteriores de corte imperialista —Estados Unidos / América Latina—.

La Crisis del Petróleo (1973), que supuso el final de la edad de oro del Derecho del Trabajo, no fue una crisis coyuntural nacida de la subida de los precios del petróleo, sino una crisis estructural a causa de la evolución del sistema desde una economía industrial hacia una economía de servicios. Tal preponderancia del sector servicios sobre el sector industrial, que efectivamente se constató a mediados de los setenta en los Estados Unidos, se suele considerar como el momento histórico del nacimiento de la sociedad de la información. Y el sector servicios no se organiza sobre el esquema industrial del sistema taylorista / fordista, sino sobre empresas en red basadas en grupos de trabajo autónomos sin una jerarquía marcada —es el denominado sistema toyotista, que fue utilizado en Japón tras la SGM—.

La legislación laboral comienza a tomar unos derroteros distintos a los que eran los suyos tradicionales de progresiva mejora de las condiciones de trabajo, y que tienden a favorecer la flexibilidad e individualización de las relaciones laborales individuales y la atomización de la negociación colectiva.

— En cuanto a la flexibilidad, se potencia tanto la flexibilidad vertical (a través de la posibilidad de prestar servicios bajo fórmulas diferentes al contrato de trabajo, dado lugar a trabajos parasubordinados; o a través de la degradación de los derechos de los trabajadores atípicos: temporales, a tiempo parcial), como la flexibilidad horizontal, bien flexibilizando el acceso al empleo (flexibilidad de entrada: por ejemplo, permitiendo amplios períodos de prueba), bien flexibilizando las condiciones durante el empleo (flexibilidad interna: por ejemplo, con la reducción de los salarios o con un mayor ius variandi empresarial), bien flexibilizando la salida del empleo (flexibilidad de salida: por ejemplo, abaratando el coste de los despidos).

— En cuanto a la individualización de las relaciones laborales, se tienden a disminuir los mínimos de derecho necesario, o permitiendo su disposición total o parcial por negociación colectiva o por contrato individual.

— En cuanto a la atomización de la negociación colectiva, se potencia la negociación colectiva empresarial frente a la supraempresarial, habitualmente más proteccionista dado el mayor poder de los agentes sindicales y dado que, del lado empresarial, suelen negociar las grandes empresas a las cuales les conviene que rijan condiciones laborales elevadas que expulsen a pequeños competidores incapaces de soportar esas condiciones.

Tras el desconcierto inicial que hizo pensar que la Crisis del Petróleo era una crisis coyuntural que se solucionaría con medidas coyunturales (como fueron los procesos de reconversión industrial de la década de los ochenta), y la constatación de que estábamos ante un cambio más profundo que nos ha conducido a la Globalización, comenzaron a aparecer, en la década de los noventa, las primeras propuestas tendentes a evitar que el Derecho del Trabajo quedase reducido a un instrumento de competitividad y a recuperarlo como instrumento de justicia social. En esta línea, la OIT aprobó la Declaración relativa a los principios y derechos fundamentales en el trabajo (1998), y algo más adelante la Declaración sobre la Justicia Social para una Globalización Equitativa (2008). Bajo el paraguas de esas dos Declaraciones, la OIT viene trabajando en el concepto de trabajo decente, para definirlo y para implantarlo.

El concepto de trabajo decente ha sido asumido por las Naciones Unidas como una de las 17 metas a alcanzar (la 8.ª) en la Resolución «Transformar Nuestro Mundo: la Agenda 2030 para el Desarrollo Sostenible» (2015).

2. CARACTERES DEL DERECHO DEL TRABAJO

Desde la perspectiva de su dinámica histórica, el Derecho del Trabajo ha sido calificado como un derecho inestable, contradictorio y expansionista. Es un derecho inestable porque cualquier cambio en las ideologías imperantes, en la situación económica, en el sistema productivo o en la estructura social, lo afectan mucho, tanto en un sentido progresivo, como en un sentido regresivo. Es un derecho contradictorio porque supone la síntesis, que se pretende sea lo más acorde con las ideas de justicia y paz social, de la inevitable contradicción política, social y económica de los intereses de las empresas y de los intereses de los trabajadores. Y es un derecho expansionista porque sus instituciones se han extendido a toda clase de trabajadores —incluso a los altos directivos—, y, con las oportunas adaptaciones, a otros sectores como el funcionariado, el personal estatutario, los socios de cooperativas, o el trabajo autónomo.

Desde la perspectiva de su configuración jurídica, es un derecho especial, tuitivo y autónomo. Es un derecho especial porque, habiéndose desgajado del tronco común del Derecho Civil, regula una determinada parcela jurídica que se define por la institución del contrato de trabajo y otras instituciones cercanas como la Seguridad Social, el Proceso Laboral o el Derecho Administrativo Laboral. Es un derecho tuitivo porque busca la protección de la parte más débil de la realidad social que regula, siendo este carácter tuitivo el que permite explicar el sentido y el significado de la práctica totalidad de la regulación del contrato de trabajo, así como de sus instituciones cercanas. Y es un derecho autónomo precisamente porque regula una determinada parcela jurídica —el contrato de trabajo e instituciones cercanas— sobre la base de un principio propio —el principio tuitivo—.

3. EL DERECHO DEL TRABAJO EN ESPAÑA

Hay acuerdo entre los historiadores en que en España no hubo una revolución burguesa liberal en los mismos términos que la Revolución Francesa, pero sí que los postulados ideológicos liberales se fueron progresivamente implantando a lo largo del siglo XIX. Así es que la libertad de trabajo se reconoce en el Código Civil (1889) cuando, en su artículo 1.583, se establece que «el arrendamiento (de servicios) hecho por toda la vida es nulo». Que además se dediquen sólo 5 artículos a la regulación del «servicio de criados y trabajadores asalariados» demuestra la intención de no intervenir. Y la referencia a criados y alguna otra norma (como señeramente la de que «el amo será creído, salvo prueba en contrario, sobre el tanto del salario del sirviente doméstico y sobre el pago de los salarios devengados en el año corriente») denota una concepción escorada a favor del amo / empleador.

Una culminación de la ideología liberal que tanto se retrasó en el tiempo respecto a otros países que coincidió temporalmente con los orígenes de las primeras reformas sociales. Y es que algunos años antes se había aprobado la Ley de 24 de julio de 1873, llamada Ley Benot, una ley de las calificadas como de fábricas —a semejanza de las que unos 30 años atrás se habían aprobado en Inglaterra—, que prohibía el trabajo de los menores de 10 años y limitaba la jornada de los menores de 15 años. Y la creación en 1883 de la Comisión de Reformas Sociales, la Comisión Moret, permitió profundizar en los estudios sociales creando el caldo de cultivo necesario para el arranque en nuestro país del derecho laboral, que vendrá con el nuevo siglo.

Durante los primeros años del siglo XX, se produjo una importante labor legislativa e institucional. En el plano legislativo, se aprueban, con el cambio de siglo, las dos leyes que se consideran como las leyes fundantes del Derecho del Trabajo en España: la Ley de 31 de enero de 1900, de accidentes de trabajo, y la Ley de 13 de marzo de 1900, que introdujo el descanso postparto y lactancia, y regulaba el trabajo de mujeres y menores. En el plano institucional, la Comisión Moret fue sustituida, en 1903, por el más estable Instituto de Reformas Sociales. Asimismo, se creó la Inspección de Trabajo (1906), y, finalmente, el Ministerio de Trabajo (1920).

Durante la dictadura de Primo de Rivera se aprobó un Código del Trabajo (1926), que, con todos los sesgos propios de su ideología inspiradora y aun siendo en gran medida recopilación de normas anteriores, es el único ejemplo en nuestro país de una codificación del Derecho del Trabajo.

La Segunda República supuso la constitucionalización del Derecho del Trabajo (art. 1: España se define como República de trabajadores de toda clase), a través de un extenso programa de legislación social (art. 46) y el reconocimiento del derecho de sindicación libre de los españoles (art. 39). En el plano legislativo, es destacable la Ley de Contrato de Trabajo (1931), muy avanzada para la época: incluía el trabajo doméstico, reconocía la huelga como causa de suspensión del contrato de trabajo, introducía la causalidad para del despido disciplinario, y regulaba el convenio colectivo.

El período franquista construye su legislación laboral sobre una concepción comunitaria de la empresa, negando la lucha de clases, e instaurando un sindicalismo vertical donde se integra el capital y el trabajo. Así se plasma en el Fuero del Trabajo (1938). La Ley de Contrato de Trabajo (1944) excluye el trabajo doméstico, se rechaza la huelga como causa de suspensión del contrato de trabajo —en consonancia con su penalización—, y desaparece la regulación de los convenios colectivos. Sin embargo, se mantiene la causalidad para el despido disciplinario, e incluso se someten los despidos colectivos y una gran cantidad de decisiones empresariales a la autorización de la autoridad laboral. Quedaban asentados los dos pilares básicos de la legislación laboral franquista: la fuerte represión sindical compensada con un intervencionismo de intención paternalista a favor del trabajador.

El proceso de desarrollo económico acaecido desde finales de los años cincuenta, unido a un tímido aperturismo, posibilitó la aprobación de una ley reconocedora, con grandes limitaciones, de la negociación colectiva (1958), y se despenalizó la huelga laboral (1965). La Ley de Relaciones Laborales (1976), ya fallecido Franco, supuso un buen ejemplo de lo que fue la legislación laboral franquista: unas fuertes garantías individuales sin reconocimiento de derechos colectivos. Muy representativo de esas fuertes garantías individuales era que el trabajador despedido improcedentemente tenía que ser obligatoriamente readmitido. La crisis económica y el cambio político determinaron que esa medida apenas estuviera vigente seis meses.

El proceso de cambio político vino acompañado del reconocimiento de derechos colectivos: el Real Decreto Ley de Relaciones de Trabajo de 4 de marzo de 1977 reguló, entre otras materias, la huelga (en una regulación que, pasada por el filtro de la jurisprudencia constitucional, es la actualmente vigente); y la Ley de 1 de abril de 1977 reguló la asociación sindical (derogada por la Ley Orgánica de Libertad Sindical, salvo en cuanto regula el derecho de asociación de los empresarios, aspecto en el cual sigue aún vigente); simultáneamente se ratificaron los Convenios de la OIT núm. 87 sobre libertad sindical y núm. 98 sobre derecho de sindicación y negociación colectiva.

La Constitución Española (1978) presenta un amplio contenido de derechos vinculado al Derecho del Trabajo, que se clasifican en tres grupos:

— Entre los derechos fundamentales y libertades públicas, destaca el reconocimiento de la libertad sindical (art. 28.1) y el derecho de huelga (art. 28.2). Además, un buen número de los demás derechos reconocidos como fundamentales, o con protección asimilada, tienen proyección sobre las relaciones laborales (son los derechos fundamentales laborales inespecíficos): igualdad de los sexos (art. 14); honor, intimidad y propia imagen (art. 18.1); protección de datos personales (art. 18.4); libertad de expresión (art. 20).

— Entre los derechos y deberes de los ciudadanos, se reconoce expresamente el deber de trabajar de todos los españoles y su derecho al trabajo, a la libre elección de profesión u oficio, a la promoción a través del trabajo y a una remuneración suficiente para satisfacer sus necesidades y las de su familia, sin que en ningún caso pueda hacerse discriminación por razón de sexo (art. 35.1). La ley regulará un estatuto de los trabajadores (art. 35.2). También la ley garantizará el derecho a la negociación colectiva laboral entre los representantes de los trabajadores y empresarios, así como la fuerza vinculante de los convenios (art. 37.1). Y se reconoce el derecho de los trabajadores y empresarios a adoptar medidas de conflicto colectivo (art. 37.2).

— Entre los principios rectores de la política social y económica, se obliga a los Poderes Públicos a realizar de manera especial una política orientada al pleno empleo (art. 40.1), a garantizar la formación y readaptación profesionales, a velar por la seguridad e higiene en el trabajo, y a garantizar el descanso necesario, mediante la limitación de la jornada laboral, vacaciones periódicas retribuidas y la promoción de los centros adecuados (art. 40.2).

El desarrollo del programa constitucional en el ámbito laboral se produjo principalmente con el Estatuto de los Trabajadores (Ley 8/1980, de 10 de marzo), y con la Ley Orgánica de Libertad Sindical (LO 11/1985, de 2 de agosto). Nunca ha llegado a desarrollarse, sin embargo, el derecho fundamental a la huelga (cuya regulación exigiría aprobar una ley orgánica).

Paradójicamente, la constitucionalización de los derechos laborales y el amplio reconocimiento de derechos colectivos a favor de los trabajadores ha coincidido en el tiempo con el cambio de las estructuras económicas que habían sustentado la edad de oro del Derecho del Trabajo. De ahí que se hayan sucedido las reformas de la legislación laboral en un sentido flexibilizador, con mayor profundidad en los períodos de crisis económica y sin que en los períodos poscrisis de bonanza económica se recupere la situación previa: en 1984 se flexibilizó la contratación temporal; en 1986 se flexibilizó la jornada de trabajo; en 1994 se legalizaron las empresas de trabajo temporal, se precarizaron los contratos de aprendizaje y a tiempo parcial, se ampliaron las posibilidades de flexibilidad interna, se flexibilizaron los despidos económicos, y se introdujo la posibilidad del descuelgue salarial para empresas en crisis; en 2001, se abarató el despido; en 2010/2012, como consecuencia de la que ya se conoce como la Gran Crisis, se profundizó más en las posibilidades de flexibilidad interna, se facilitaron las suspensiones del contrato de trabajo por causas empresariales, se eliminó totalmente la intervención administrativa en los despidos colectivos, y se potenciaron las posibilidades de descuelgue empresarial de lo regulado en convenio colectivo (no sólo salarios). Como ya ocurrió en anteriores períodos poscrisis, las reformas laborales acaecidas tras la superación de la Gran Crisis (en 2019, se profundizó en la regulación laboral de la igualdad de género; en 2020, se reguló el trabajo a distancia; en 2021, se aprobó una reforma laboral que afectó a la contratación temporal, al régimen de las contratas y a aspectos puntuales de la negociación colectiva) no suponen reversión total a la situación anterior a la crisis (seguramente porque volver al pasado siempre choca con la evolución irreversible de las relaciones de producción).

4. EL TRABAJO OBJETO DEL DERECHO DEL TRABAJO

Cuál sea el trabajo objeto del Derecho del Trabajo se deduce de la delimitación que el ET hace de su ámbito de aplicación (art. 1.1): «Esta Ley será de aplicación a los trabajadores que voluntariamente presten sus servicios retribuidos por cuenta ajena y dentro del ámbito de organización y dirección de otra persona, física o jurídica, denominada empleador o empresario».

Trabajo productivo. El ser humano puede dirigir su esfuerzo a la satisfacción de sus necesidades de subsistencia, y por extensión de su familia, o, satisfechas estas necesidades por su propio esfuerzo o por el de otros, dirigirlo al ocio, a su formación personal o a la práctica del altruismo. Sólo en el primer caso se trabaja. Pero en el trabajo objeto del Derecho del Trabajo debe concurrir adicionalmente una utilidad social, quedando excluido el que carece de ella —como ocurre con el trabajo delictivo— por mucho que a través de él también se satisfagan necesidades de subsistencia.

De este modo, el trabajo objeto del Derecho del Trabajo debe ser un trabajo productivo en el doble sentido (1) de que con él se satisfacen las necesidades de subsistencia de quien trabaja, y (2) de que adicionalmente es un trabajo con una utilidad social. Sin embargo, no todo trabajo que reúne estas dos exigencias es objeto del Derecho del Trabajo, pues el trabajo de cuidados dentro del seno de las familias se ha quedado fuera a consecuencia de la división sexista del trabajo entre mujeres y hombres.

Aunque el ET no alude expresamente en la definición de su ámbito de aplicación a la exigencia de que el trabajo sea productivo, obviamente esa exigencia está implícita pues, de no concurrir, no se explicaría la ajenidad, la dependencia, o la retribución, ni el intercambio de servicio por retribución que constituye la función económico social del contrato de trabajo.

Trabajo libre. El trabajo objeto del Derecho del Trabajo es, como expresamente afirma el ET, el trabajo «voluntariamente» prestado, lo que lo diferencia del trabajo esclavo, del trabajo servil y del trabajo forzoso (que constituyen las tres manifestaciones más típicas de explotación humana según el Derecho internacional público). La esclavitud se caracteriza porque el esclavista ostenta propiedad *de iure* sobre el esclavo, o ejercita *de facto* sobre este las facultades del dominio —en particular la posesión—. La servidumbre se caracteriza porque el servidor está sometido a un estado del cual no se puede liberar por su propia voluntad (en las convenciones internacionales se consideran como instituciones o prácticas análogas a la esclavitud: la servidumbre de la gleba, la servidumbre por deudas, los matrimonios serviles y el trabajo infantil). Y el trabajo forzoso es aquel realizado bajo la amenaza de una pena cualquiera (no necesariamente en un sentido jurídico: bastaría, por ejemplo, la amenaza de denunciar a un trabajador sin papeles) y para el cual el trabajador no se ha ofrecido voluntariamente.

Trabajo personal. El trabajo objeto del Derecho del Trabajo es el propio trabajo de la persona trabajadora, y así se deduce del ET cuando alude a los «trabajadores que [...] presten sus servicios». Una exigencia que tiene dos sentidos cada uno de los cuales presenta profundas connotaciones jurídicas.

En un primer sentido, el trabajo es personal porque el trabajador compromete su propia persona para la ejecución del contrato de trabajo, y de ahí deriva precisamente la deuda de seguridad del empresario, dirigida a guardar la salud del trabajador a través de la prevención de riesgos laborales.

En un segundo sentido, el trabajo es personal porque la persona del trabajador no puede ser sustituida por otra en la realización del trabajo. Precisamente cuando se permite esa sustitución —a lo menos cuando se permite más allá de lo ocasional— dejamos de estar ante un contrato de trabajo.

Trabajo por cuenta ajena. Quien trabaja productiva, libre y personalmente puede retener la titularidad de los frutos de su trabajo disponiendo de ellos *a posteriori* a través de títulos jurídicos varios: en ese caso estaríamos ante un trabajo autónomo que no es el trabajo objeto del Derecho del Trabajo. Pero si los frutos del trabajo pasan directamente a la propiedad de un tercero en cuanto que es el titular de los medios de producción, entonces estamos ante el trabajo objeto del Derecho del Trabajo.

La prestación del trabajo «por cuenta ajena» aparece expresamente contemplada en el ET a la hora de delimitar su ámbito de aplicación. Y de esa ajenidad, combinada con los otros caracteres básicos del trabajo objeto del Derecho del Trabajo —productivo, personal y libre—, se deducen otros dos caracteres derivados —también aparecen expresamente en el ET—:

— El trabajo objeto del Derecho del Trabajo es un trabajo «retribuido».
— El trabajo objeto del Derecho del Trabajo es un trabajo dependiente en la medida en que se realiza «dentro del ámbito de organización y dirección de otra persona, física o jurídica, denominada empleador o empresario».

5. TRABAJO POR CUENTA AJENA Y TRABAJO POR CUENTA PROPIA: LAS ZONAS GRISES

La definición de trabajo por cuenta propia se deduce de la delimitación que la Ley del Estatuto del Trabajo Autónomo hace de su ámbito de aplicación (art. 1.1): «La presente Ley será de aplicación a las personas físicas que realicen de forma habitual, personal y directa, por cuenta propia y fuera del ámbito de dirección y organización de otra persona, una actividad económica o profesional a título lucrativo, den o no ocupación a trabajadores por cuenta ajena». Se trata, en consecuencia, de un trabajo productivo, libre y personal como el trabajo por cuenta ajena, pero que, a diferencia de este, supone retener la titularidad de los frutos del trabajo disponiendo de ellos *a posteriori* a través de títulos jurídicos varios, de ahí que se trate de una actividad económica o profesional a título lucrativo que se realiza por cuenta propia y fuera del ámbito de dirección y organización de otra persona. Que se dé o no ocupación a trabajadores por cuenta ajena —es decir, que el trabajador autónomo sea a la vez empleador— resulta irrelevante.

Entre los títulos jurídicos utilizados por los trabajadores autónomos para disponer de los frutos del trabajo cuya titularidad en principio retienen, hay dos cuya cercanía con el contrato de trabajo obliga a hacer ciertas precisiones.

Uno es el arrendamiento de obra, o contrato de obra, o ejecución de obra, en cuya virtud una de las partes se obliga a ejecutar una obra a la otra parte, a cambio de precio cierto. Aunque también se trata de un contrato de intercambio como el de trabajo, no hay dependencia —sin perjuicio de la sumisión del contratista a las condiciones pactadas en cuanto a la determinación de la obra, su límite temporal, o verificación de la obra tras su realización—, y tampoco hay ajenidad —porque el contratista se compromete a obtener un resultado satisfactorio, pero no meramente a realizar una actividad—.

Otro es el arrendamiento de servicios, característico de la prestación de servicios por profesionales liberales —como abogados, médicos o arquitectos—, que, a diferencia del contrato de trabajo, se caracteriza por una libertad de actuación profesional por parte del prestatario sin sujeción a órdenes del mandante. Si en la prestación de servicios de un profesional liberal concurren las notas de dependencia y ajenidad, estaríamos ante un contrato de trabajo.

A pesar de que son fáciles de explicar las diferencias entre el trabajo por cuenta ajena y el trabajo por cuenta propia, no son nada fáciles de aplicar, y ello genera zonas grises, bien porque la cambiante realidad de las relaciones de producción difumina la dependencia y la ajeneidad (fenómenos de parasubordinación, en las últimas décadas a causa de la irrupción de nuevas tecnologías), bien porque la relación laboral se encubre con fines fraudulentos (fenómenos de manipulación contractual).

Los cambios en el sistema productivo y la incidencia de las nuevas tecnologías están dando lugar a situaciones de parasubordinación difíciles de encajar en las concepciones clásicas de la dependencia y la ajenidad: por ejemplo, aquellos trabajadores autónomos que dependen de un solo cliente (a veces debido a un proceso de externalización siendo antes trabajadores por cuenta ajena de la propia empresa) o que prestan sus servicios según las condiciones de una plataforma colaborativa (el caso paradigmático es el de Uber). Todo ello ha determinado la aparición de muy importantes zonas grises entre el trabajo por cuenta ajena y el trabajo por cuenta propia.

Desde una óptica de política legislativa, las respuestas a este fenómeno de huida del Derecho del Trabajo serían ampliar el ámbito subjetivo del Derecho del Trabajo —lo que no siempre será posible dada la diferente función socioeconómica del contrato de trabajo en relación con ciertas realidades de parasubordinación—, o no ampliarlo, pero extender a los trabajadores parasubordinados algunas instituciones garantistas características del Derecho del Trabajo —prevención de riesgos laborales; derecho a la negociación colectiva—.

Un ejemplo de parasubordinación al que se ha dado tratamiento legislativo en España por la vía de, sin incluir a los trabajadores parasubordinados en el Derecho del Trabajo, extenderles algunas instituciones laborales garantistas, son los trabajadores económicamente dependientes, esto es «aquellos que realizan una actividad económica o profesional a título lucrativo y de forma habitual, personal, directa y predominante para una persona física o jurídica, denominada cliente, del que dependen económicamente por percibir de él, al menos, el 75 por 100 de sus ingresos por rendimientos de trabajo y de actividades económicas o profesionales» (LETA, art. 11). La LETA les reconoce ciertos derechos: la posibilidad de negociar colectivamente a través de la concertación de acuerdos de interés profesional; garantías mínimas de jornada y descanso; regulación de la interrupción justificada de actividad profesional; garantías frente a la extinción contractual.

A quienes sí se ha incluido en el ámbito subjetivo del Derecho del Trabajo ha sido a los trabajadores de plataformas. Con el precedente de una pionera STS[1], el Real Decreto-ley 9/2021, de 11 de mayo, por el que se modifica el ET para garantizar los derechos laborales de las personas dedicadas al reparto en el ámbito de plataformas digitales, ha introducido en el ET una Disposición Adicional 23.ª según la cual «se presume incluida en el ámbito de esta Ley (se refiere al ET) la actividad de las personas que presten servicios retribuidos consistentes en el reparto o distribución de cualquier producto de consumo o mercancía, por parte de empleadoras que ejercen las facultades empresariales de organización, dirección y control de forma directa, indirecta o implícita, mediante la gestión algorítmica del servicio o de las condiciones de trabajo, a través de una plataforma digital».

---

[1] STS (Sala de lo Social) 805/2020, de 25 de septiembre, que es la primera dictada en unificación de doctrina sobre la laboralidad de los trabajadores en plataformas. Los dos argumentos fuerza de la STS son la prevalencia del principio de realidad y la necesidad de adaptar los requisitos de dependencia y ajenidad al contexto actual, sentando la siguiente doctrina: «En la sociedad postindustrial la nota de dependencia se ha flexibilizado. Las innovaciones tecnológicas han propiciado la instauración de sistemas de control digitalizados de la prestación de servicios. La existencia de una nueva realidad productiva obliga a adaptar las notas de dependencia y ajenidad a la realidad social del tiempo en que deben aplicarse las normas (art. 3.1 CC)». Partiendo de esta doctrina, el Alto Tribunal analizó la relación entre la plataforma de reparto demandada y el trabajador concernido por el recurso, advirtiendo que las facultades empresariales de dirección, organización o control de la actividad y, en tal sentido, las notas de dependencia y ajenidad, pueden traducirse a la realidad de formas diferentes a las clásicas cuando la empleadora asume los riesgos de la operación y es beneficiaria de sus frutos, realizando una labor de coordinación, organización o control de la prestación u ostentando la potestad sancionadora, y ello aunque sus prerrogativas se manifiesten de forma indirecta o implícita, a través de la gestión algorítmica, de las condiciones de trabajo o del servicio prestado.

Otras zonas grises entre el trabajo autónomo por cuenta propia y el trabajo dependiente por cuenta ajena obedecen a la manipulación contractual, esto es, a la prestación de servicios bajo condiciones de dependencia y ajenidad, pero con el paraguas formal de una contratación como trabajador autónomo bajo fórmulas jurídicas civiles, mercantiles o administrativas. En estos casos, la preferencia de la realidad contractual sobre el *nomen iuris* dado al contrato, que es un principio básico del Derecho Civil, se encuentra reforzado en el Derecho del Trabajo a la vista de que, por la desigualdad real de las partes, la más débil se debe ajustar a las exigencias de la más fuerte. Por ello, el principio de primacía de la realidad —que también existe en el Derecho Civil— es todavía más acusado en esta rama del Derecho[2].

Comoquiera que, en estos casos de manipulación contractual, la realidad contractual está escondida bajo una apariencia formal de legalidad, los litigios sobre deslinde entre trabajo por cuenta ajena y trabajo por cuenta propia presentan importantes dificultades de prueba, de manera que, en la mayoría de las ocasiones, no hay pruebas directas, sino que se han de utilizar indicios. De hecho, la jurisprudencia en la materia es básicamente una jurisprudencia de indicios, muy casuística, dirigidos a acreditar la dependencia y la ajenidad:

— Indicios habituales de la nota de la dependencia son: la asistencia al centro o lugar de trabajo y el sometimiento a jornada y horario, lo que la propia jurisprudencia suele calificar como el indicio más típico de dependencia[3], sin que excluya la laboralidad ni la libertad de horario[4], ni la

---

[2] La realidad fáctica debe prevalecer sobre el *nomen iuris* que errónea o interesadamente puedan darle las partes a la relación que regulan, porque los contratos tienen la naturaleza que se deriva de su real contenido obligacional, independientemente de la calificación jurídica que les den las partes; de modo que a la hora de calificar la naturaleza laboral o no de una relación debe prevalecer sobre la atribuida por las partes, la que se derive de la concurrencia de los requisitos que determinan la laboralidad y de las prestaciones realmente llevadas a cabo [STS (Sala de lo Social) de 24-01-2018, rec. 3595/2015; y multitud de sentencias que cita en el mismo sentido].

[3] STS (Sala de lo Social) de 12-12-2007, rec. 2673/2006: La proyección del sistema de indicios al caso de autos conduce al contrato de trabajo, pues es la entidad demandada quien dispone de organización sanitaria propia para la prestación de los servicios, siendo programados el lugar, el horario, los medios e incluso el modo de trabajo, si bien esté indicativa y no imperativamente, por la misma y estando la retribución que percibe el odontólogo en función de un porcentaje pactado sobre la facturación efectivamente cobrada por la clínica a los clientes atendidos, deduciendo el importe de los materiales, en sistema retributivo similar al salario a comisión.

[4] STS (Sala de lo Social) de 29-12-1999, rec. 1093/1999: Se dan todos los requisitos para contemplar una relación laboral, por cuanto la exigencia de una amplia disponibilidad horaria del actor comporta entender que esa afirmada libertad de horario era un

circunstancia de que el trabajo se desarrolle fuera de la sede de la empresa, como es el caso típico de los encuestadores[5]; el desempeño personal del trabajo[6], compatible con un régimen excepcional de suplencias o sustituciones[7], habitual en ciertas actividades como la limpieza de edificios[8]; o la inserción del trabajador en la organización de trabajo del empresario, que se encarga de programar su actividad o, como reverso de la anterior nota, la ausencia de organización empresarial propia del trabajador[9]; sin

---

tanto relativa y más teórica que práctica, no pudiendo destruir el elemento de dependencia del demandante con la empresa. Por otra parte, el no establecimiento de retribución o salario fijo no es un elemento característico delimitador del contrato de trabajo respecto de otras figuras; finalmente, existía también de hecho la sumisión a las órdenes directas de la empresa, a lo que hay que añadir que los clientes eran de esta y no del actor. Estamos ante una relación laboral que debe someterse al Orden Social.

[5] STS (Sala de lo Social) de 14-02-1994, rec. 123/1992: Debe operar la presunción de laboralidad del artículo 8.1 ET entre los encuestadores y las empresas dedicadas a estudios de mercado, pues las entrevistas encomendadas por la demandada a los recurrentes fueron realizadas por estos poniendo sólo su trabajo, de la manera personal que era exigida y previa su libre aceptación, y la remuneración percibida dependía únicamente de que el servicio fuera cumplido, siendo ajenos los accionantes al riesgo del negocio, que era asumido sólo por la demandada.

[6] En sentido contrario, la posibilidad de sustitución excluye la laboralidad. STS (Sala de lo Social) de 17-06-2010, rec. 3847/2009: Estima el TS el recurso formulado por la demandada RTVE contra Sentencia que declaró la naturaleza laboral del contrato de la maquilladora accionante pues no concurre el carácter personalísimo, al poder sustituir el prestatario del servicio la persona que realice el servicio sin necesidad de consentimiento del principal, obedeciendo la forma de prestación de los servicios a la organización propia del prestatario, no disfrutando tampoco de vacaciones retribuidas, ni permisos o licencias por parte de la empresa.

[7] STS (Sala de lo Social) de 20-9-1995, rec. 1463/1994: Concurren los elementos constitutivos de la relación laboral, pues consta que la actora trabajaba en jornada diaria y con horario fijo, que percibía remuneración o salario fijo mensual, que la facultad confiada a la demandante de designar persona idónea que la sustituyera en vacaciones es consecuencia de su titulación profesional que la capacitaba para hallar quien fuera idóneo.

[8] STS (Sala de lo Social) de 25-01-2000, rec. 582/1999: La cuestión de fondo es la calificación de la relación entre la actora y la comunidad de vecinos. En el supuesto litigioso hay ajenidad, carácter retribuido, sujeción a la dirección del empresario y carácter personal de la prestación, a pesar de que estos dos últimos aparezcan disimulados por la libertad de horario y la sustitución esporádica en la prestación de los servicios por familiares.

[9] STS (Sala de lo Social) de 22-04-1996, rec. 2613/1995: Los servicios prestados por los trabajadores demandantes a la empresa de información recurrente constituyen una relación laboral, no obstante realizar su actividad en su domicilio y con medios propios, hallándose de alta en licencia fiscal y en la Seguridad Social como autónomos y percibiendo su retribución como honorarios. Y ello porque no sólo el seguimiento de unas determinadas directrices uniformadoras en la realización del trabajo encomendado sino, también y fundamentalmente, el ulterior control de dicho trabajo, la prestación del mismo a través de la empresa recurrente, la penalización en el retraso de su conclusión y la asignación de zonas geográficas para su desarrollo, constituyen datos reveladores de una

que la debilitación de la dependencia derivada de la autonomía con la cual se desarrollan ciertas profesiones obste a la laboralidad si se mantiene la integración del trabajador en el círculo organizativo rector del empresario, siendo ese el caso, por ejemplo, de un director de cine[10] o de un perito tasador[11].

— Indicios comunes de la nota de ajenidad son: la entrega o puesta a disposición del empresario por parte del trabajador de los productos elaborados o de los servicios realizados[12]; la adopción por parte del empresario y no del trabajador de las decisiones concernientes a las relaciones de mercado o de las relaciones con el público, como fijación de precios o tarifas, selección de clientela, indicación de personas a atender[13]; la existencia de retribución, siendo indicio cualificado si es fija en su cuantía y periódica en su devengo, aunque no desvirtúa la laboralidad la forma en

---

sujeción al poder directivo de la empresa que encomienda la realización de los servicios, todo lo que pone de relieve una innegable situación de dependencia propia del contrato de trabajo.

[10] STS (Sala de lo Social) de 19-05-1986: El contrato que celebró el actor con la empresa cinematográfica puede calificarse de relación jurídica en el ámbito profesional en que se desenvolvía, de dirección que debe de incluirse en el campo laboral porque, en definitiva, el director es un artista al concurrir en él todos los requisitos exigidos por nuestra legislación para que sea considerado así. En consecuencia, es laboral el contrato entre la productora cinematográfica y el director, porque, a pesar de la complejidad de la retribución y de las facultades concedidas, nada de ello podía esgrimirse con fuerza bastante para desvirtuar la naturaleza del contrato.

[11] STS (Sala de lo Social) de 14-03-2005, rec. 2208/2004: El TS afirma que el recurrente debía acudir diariamente a la empresa y realizar las tasaciones que se le ordenaba, sin que tuviera la facultad de rechazarlas, ni la de imponer su criterio cuando era diferente de la del jefe de peritos, siendo la empresa la que asignaba las zonas de trabajo y retribuía los servicios prestados mediante el pago de sumas por ella unilateralmente establecidas. Sin embargo, la STS (Sala de lo Social) de 09-07-2013, rec. 2569/2012, considera que hay arrendamiento de servicios entre una compañía de seguros y un perito tasador en un caso en el cual no hay indicios de ajenidad y dependencia, faltando también un compromiso de prestación personal de los servicios profesionales a realizar por el prestatario.

[12] STS (Sala de lo Social) 16-12-2008, rec. 4301/2007: El demandante realizaba personalmente las crónicas informativas para la empresa de radiodifusión demandada, en unas ocasiones por encargo de la demandada y, en otras, por decisión propia, procediendo con posterioridad la empresa demandada a determinar las que aceptaba y emitía, sin que en la realización de las mismas pudiera ser sustituido por otra persona, no siendo decisivo para excluir la nota de ajenidad el hecho de que la recurrente no emitiera la totalidad de las crónicas realizadas por el demandante, pues lo que resulta relevante es que se las encargaba, y aceptaba la mayoría de las mismas.

[13] Por ejemplo, en la (antes citada) STS (Sala de lo Social) de 29-12-1999, rec. 1093/1999, se valora de manera expresa que los clientes eran de la empresa y no del actor como indicio de laboralidad.

que esa retribución se percibe[14]; o la diferente aportación de medios para realizar la actividad[15].

6. BIBLIOGRAFÍA

CRUZ VILLALÓN, J.: *Compendio de Derecho del Trabajo*, 15.ª ed., Tecnos, Madrid, 2022.

GARCÍA-PERROTE ESCARTÍN, I.: *Manual de Derecho del Trabajo*, 14.ª ed., Tirant lo Blanch, Valencia, 2024.

LOUSADA AROCHENA, J. F. (coord. y autor); CABEZA PEREIRO, J. y NÚÑEZ-CORTÉS CONTRERAS, P. (autores): *Igualdad y diversidad en las relaciones laborales*, 2.ª ed., Tirant lo Blanch, Valencia, 2024.

MARTÍN VALVERDE, A.; RODRÍGUEZ-SAÑUDO GUTIÉRREZ, F. y GARCÍA MURCIA, J.: *Derecho del Trabajo*, 30.ª ed., Tecnos, Madrid, 2024.

MERCADER UGUINA, J. R.: *Lecciones de Derecho del Trabajo*, 17.ª ed., Tirant lo Blanch, Valencia, 2024.

MONTOYA MELGAR, A.: *Derecho del Trabajo*, 45.ª ed., Tecnos, Madrid, 2024.

---

[14] Por ejemplo, en la (también antes citada) STS (Sala de lo Social) de 12-12-2007, rec. 2673/2006, se valora como indicio de laboralidad que la retribución que percibe el odontólogo en función de un porcentaje pactado sobre la facturación efectivamente cobrada por la clínica a los clientes atendidos, deduciendo el importe de los materiales, es un sistema retributivo similar al salario a comisión. O en la (igualmente antes citada) STS (Sala de lo Social) de 29-12-1999, rec. 1093/1999, se afirma que el no establecimiento de retribución o salario fijo no es un elemento característico delimitador del contrato de trabajo respecto de otras figuras, con lo cual ello no impide la calificación como laboral, pudiendo llegar a existir incluso una deuda de salario.

[15] Por ejemplo, en la (antes citada) STS (Sala de lo Social) de 24-01-2018, rec. 3595/2015, se valora en especial como indicio de laboralidad la escasísima cuantía en inversión que el actor, formalmente un autónomo dedicado a la instalación y reparación de ascensores, ha de realizar para poder desarrollar la actividad encomendada (herramientas comunes, teléfono móvil o pequeño vehículo) frente a la mayor inversión que realiza la empresa ascensorista principal y entrega al actor (herramienta especializada, vehículos para transporte de piezas importantes, así como el conocimiento de las instalaciones a montar para lo que se forma al actor).

TEMA 2

LAS FUENTES DEL DERECHO DEL TRABAJO

MACARENA CASTRO CONTE
Profesora Titular de Universidad de Derecho del Trabajo y de la Seguridad Social.
Universidad Rey Juan Carlos

OBJETIVOS DE APRENDIZAJE

1. Entender la jerarquía del sistema de fuentes del Derecho del Trabajo.
2. Saber articular las fuentes del Derecho.
3. Relacionar fuentes con órganos que las producen.

1. LAS FUENTES DEL DERECHO DEL TRABAJO

1.1. DEFINICIÓN

Fuente es la «causa u origen donde procede algo» (*Diccionario de uso del español, María Moliner*), y de ahí puede derivarse que es fuente del Derecho, la causa u origen de los derechos y obligaciones jurídicas para las personas.

El artículo 1.1 CC regula las principales fuentes del derecho en nuestro país: la Ley, la costumbre y los principios generales del derecho. En el ámbito del Derecho del Trabajo, hay que añadir fuentes específicas que se encuentran en el artículo 3 del Estatuto de los Trabajadores (en adelante, ET). Este artículo establece que los derechos y obligaciones en la relación laboral se regulan de la siguiente manera:

1. Disposiciones legales y reglamentarias del Estado: Estas son normas laborales que se establecen para regular el trabajo.
2. Convenios colectivos: Son acuerdos que se negocian entre los sindicatos (o los representantes de los trabajadores) y los empresarios, y que establecen condiciones de trabajo específicas para un sector o empresa.

3. Contrato de trabajo: Es el acuerdo individual entre el trabajador y el empleador, donde se especifican las condiciones laborales.
4. Usos y costumbres: Se refiere a las prácticas habituales que se siguen en un determinado lugar o sector de trabajo.

Por tanto, además de las fuentes generales (ley, costumbre y principios), el artículo 3 ET introduce fuentes específicas para la relación laboral, como los convenios colectivos y los contratos de trabajo. Es fundamental entender que todas estas normas, tanto generales como específicas, tienen un orden jerárquico en el ámbito jurídico-laboral.

El convenio colectivo está reconocido en la Constitución Española como un derecho de los ciudadanos. En el artículo 37.1 de la Constitución de 1978 se establece que «la Ley garantizará el derecho a la negociación colectiva laboral entre los representantes de los trabajadores y empresarios, así como la fuerza vinculante de los Convenios». Esta garantía se encuentra en el Estatuto de los Trabajadores, que dedica su Título III a esta materia.

La norma estatal tiene la función de establecer una regulación mínima que los convenios colectivos deben respetar, y que incluso pueden mejorar en beneficio de los trabajadores. Esto significa que las normas estatales sientan las bases jurídicas que guían la actuación de los convenios colectivos. Si un convenio colectivo se ajusta a lo que permiten las normas estatales, está cumpliendo con las regulaciones establecidas.

La fuerza vinculante del convenio colectivo lo convierte en un acuerdo de naturaleza normativa (art. 82 ET), lo que significa que tiene una fuerza legal que crea derechos y obligaciones, superior a la del contrato de trabajo. Por tanto, las condiciones establecidas en el convenio colectivo son obligatorias para todos los contratos de trabajo.

La importancia del convenio colectivo radica en su papel en la determinación de las condiciones laborales y en la regulación de las relaciones laborales. Tiene la capacidad legal de regular no sólo las condiciones de trabajo, sino también asuntos económicos, laborales y sindicales, así como cualquier otra cuestión que afecte a las relaciones entre los trabajadores, sus representantes y los empresarios (art. 82.1 ET).

Por su parte, el contrato de trabajo juega un papel crucial al establecer condiciones laborales específicas y puede mejorar lo que dice la ley y el convenio colectivo [art. 3.1.*c*) ET].

Además de lo que establece el artículo 3 ET, es fundamental considerar las normas internacionales y comunitarias que enriquecen el sistema de fuentes del derecho laboral. Estas normas no sólo complementan la legislación interna, sino que también influyen en su interpretación y aplicación.

Asimismo, es importante reconocer que las normas laborales están interconectadas con otras ramas del derecho, como civil, mercantil y penal. Por tanto, es esencial adoptar una visión amplia que contemple todas estas fuentes para entender mejor el marco normativo que regula las relaciones laborales.

Desde un enfoque esquemático, la clasificación de las fuentes del ordenamiento jurídico-laboral, según el artículo 3 ET, sería la siguiente:

1.2. Clasificación de las fuentes

1. Fuentes Normativas.

— *Constitución de 1978*: Es la norma suprema que establece los principios fundamentales del derecho laboral y los derechos de los trabajadores. En concreto, recoge los derechos laborales fundamentales y los principios rectores de la política social.

— *Tratados Internacionales*: Acuerdos ratificados por el Estado que pueden establecer derechos laborales, como los Convenios de la Organización Internacional de Trabajo (OIT).

— *Leyes*: Normas aprobadas por el poder legislativo que regulan aspectos específicos del derecho laboral (p. ej., el Estatuto de los Trabajadores).

— *Reglamentos*: Normas de rango inferior a las leyes, que desarrollan y precisan su contenido (p. ej., reglamentos de seguridad y salud laboral).

— *Costumbre, usos y prácticas laborales*: Normas no escritas que se han consolidado en una práctica habitual dentro de un sector o empresa y que pueden influir en la regulación laboral.

2. Fuentes Colectivas.

— *Convenios Colectivos*: Acuerdos negociados entre empleadores y representantes de los trabajadores que establecen condiciones laborales específicas.

3. Fuentes individuales.

— *Acuerdos individuales*: Que establecen las condiciones laborales específicas de un trabajador con un empleador.

Esta clasificación permite entender mejor el marco normativo que rige las relaciones laborales y cómo interactúan las distintas fuentes en la práctica. A continuación, se desarrollarán las mismas desde un punto de vista laboral.

2. LA CONSTITUCIÓN ESPAÑOLA DE 1978

2.1. La Constitución de 1978 como norma fundamental

La Constitución de 1978 es la norma fundamental del ordenamiento jurídico español, también llamada «norma de normas», en cuanto disposición básica sobre las fuentes del Derecho, y «norma suprema» que supera en rango a las demás:

— La primera característica del sistema de fuentes del derecho laboral, según lo establecido en la Constitución, es que sólo el Parlamento y el Gobierno tienen la competencia exclusiva para elaborar leyes y reglamentos[1]. Esto significa que los Parlamentos de las Comunidades Autónomas no pueden crear estas normas laborales (art. 149.1.2.ª y 7.ª CE)[2]. La Constitución reparte las competencias entre el Estado central y las Comunidades Autónomas, definiendo claramente qué áreas puede regular cada uno. Las Comunidades Autónomas sólo pueden desarrollar normas que complementen esta legislación;

— En segundo lugar, la Constitución también establece un programa de leyes laborales que deben ser desarrolladas por los órganos del poder legislativo[3]. Esto implica que el legislador tiene la responsabilidad de crear y actualizar las normas que regulan el ámbito laboral.

Hay algunas áreas cercanas al trabajo asalariado, como el voluntariado, la artesanía y el trabajo en cooperativas, que han sido reguladas

---

[1] Entre otras Sentencia Tribunal Constitucional 22/2014, de 13 de febrero. Recurso de inconstitucionalidad 1763-2004: «el Estado es titular de competencia exclusiva en materia de la «legislación laboral, sin perjuicio de su ejecución por los órganos de las Comunidades Autónomas» (art. 149.1.7.ª CE). El deslinde competencial en esta materia —como recuerda la STC 244/2012, de 18 de diciembre, FJ 3.º— ha sido precisado por este Tribunal desde la STC 33/1981, de 5 de noviembre, FJ 2.º, señalando que la Constitución Española atribuye al Estado la ordenación general de la materia laboral, sin que ningún espacio de regulación externa les quede a las Comunidades Autónomas, las cuales únicamente pueden disponer de una competencia de mera ejecución de la normación estatal, que incluye la emanación de reglamentos internos de organización de los servicios necesarios y de regulación de la propia competencia funcional de ejecución y, en general, el desarrollo del conjunto de actuaciones preciso para la puesta en práctica de la normativa reguladora del conjunto del sistema de relaciones laborales, así como la potestad sancionadora en la materia».

[2] Sentencia del Tribunal Constitucional 159/2016, de 22 de septiembre de 2016. Recurso de inconstitucionalidad 2257-2016.

[3] En este sentido, Sentencia del Tribunal Constitucional 8/2015, de 22 de enero. Recurso de inconstitucionalidad 5610-2012, con cita de precedentes.

por las Comunidades Autónomas[4]. Además, en cuestiones de protección social, las Comunidades pueden intervenir en temas relacionados con la asistencia social. También han podido desarrollar una cierta actividad legislativa en materias como fomento de empleo, instituciones de diálogo social, horarios comerciales. Así sucede, por ejemplo, en la determinación de los días festivos, materia en la que el artículo 37.2 ET habilita a las Comunidades Autónomas, dentro de ciertos límites, para señalar las fiestas tradicionales en sustitución de otras de ámbito nacional.

2.2. Los derechos sociales y económicos en el Estado Social y de Derecho

El artículo 1.1 de la Constitución Española (en adelante, CE) establece que España es un Estado social y democrático de derecho. Este concepto de Estado social de derecho surge de la ideología liberal, combinando elementos del capitalismo con políticas de bienestar social.

La idea de un Estado Social de Derechos, basado en una sociedad pluralista, se refleja en varios artículos de la Constitución. El artículo 1.1 del Título Preliminar menciona el pluralismo político como uno de los «valores superiores» del ordenamiento jurídico, lo que indica la importancia de la diversidad de ideas y opiniones en la sociedad.

Además, el artículo 7 CE reconoce la existencia y la función de los sindicatos, así como de las asociaciones empresariales.

Por tanto, la importancia del trabajo se destaca en el Título Preliminar, donde se mencionan los sindicatos de trabajadores y las asociaciones empresariales como una de las tres instituciones básicas del Estado, junto con las Fuerzas Armadas y los partidos políticos.

Esta relevancia del trabajo también se refleja en la Sección 1.ª del Capítulo II del Título I, que se centra en «los derechos fundamentales y las libertades públicas». En esta sección, se reconoce la libertad sindical y el derecho a la huelga, lo que subraya la importancia de estos derechos en el contexto laboral (art. 28 CE).

Junto a esos derechos fundamentales, la Constitución contiene una considerable lista de indicaciones de carácter social y laboral, que tienen una naturaleza programática de principio rector, y de guía para los poderes públicos. Así el artículo 35 establece el derecho al trabajo y el deber de trabajar de todos los españoles; el artículo 37, regula el derecho a la negociación colectiva y al conflicto colectivo; el artículo 40, reconoce la

[4] También existe una norma estatal, la Ley 45/2015, de 14 de octubre, de Voluntariado.

obligación de los poderes públicos de desarrollar políticas orientadas al pleno empleo, y que velen por la formación profesional, o la seguridad y la higiene en el trabajo; el artículo 41, establece el mantenimiento de un régimen público de Seguridad Social; el artículo 42, la protección de los derechos económicos y sociales de los españoles en el extranjero; y, por último, el artículo 129, la participación de los interesados en la Seguridad Social y en la empresa.

Por último, hay que señalar que no todo el contenido de la Constitución goza del mismo nivel de protección, siendo el más elevado el de los derechos fundamentales a través del recurso de amparo, que en el ámbito social son específicamente, la libertad sindical y la huelga.

3. FUENTES INTERNACIONALES Y FUENTES COMUNITARIAS

Para un estudio completo del sistema normativo del Derecho del Trabajo, aparte de las normas internas o nacionales, se ha de tomar en cuenta las normas de carácter internacional. La Constitución de 1978 en su artículo 10.2 dispone que «las normas sobre derechos fundamentales reconocidas en la propia Constitución se interpretarán de conformidad con la Declaración Universal de Derechos Humanos y los tratados y acuerdos sobre las mismas materias ratificados por España».

3.1. Fuentes Internacionales

La proyección internacional del Derecho del Trabajo se produce, principalmente, con el Tratado de Versalles suscrito el 28 de junio de 1919. En su importante Parte XIII, se creó la OIT (Organización Internacional del Trabajo, ILO en sus siglas en inglés), que es el organismo fundamental del Derecho Internacional del Trabajo. Este término se refiere al conjunto de normas internacionales generadas a partir de acuerdos adoptados en instituciones internacionales.

La OIT es un organismo especializado de las Naciones Unidas (ONU) y cuenta con plena capacidad jurídica y autonomía respecto a la propia ONU. Su objetivo es mejorar las condiciones de vida y trabajo de los trabajadores a nivel internacional.

Por su parte, el Gobierno español se adhirió al Pacto de la Sociedad de Naciones incluido en el Tratado de Versalles, así como a las disposiciones de su Parte XIII (arts. 387 al 427 y Anexo) relacionadas con la

OIT, gracias a la autorización otorgada por la Ley del 14 de agosto de 1919[5,6].

Las normas de la OIT rigen en España tras su ratificación y publicación oficial (art. 96 CE). En principio, la norma de la OIT prevalece sobre la norma nacional, en cuanto no puede ser modificada por esta. De todas formas, su función más habitual es la de elemento interpretativo, o Derecho supletorio, por lo que se suele acudir en primer término a las normas internas —estatales o pactadas— que expresamente se ocupen de la correspondiente materia. La norma de la OIT, además, suele incluir líneas de tendencia, no mandatos imperativos, atendiendo a las condiciones y prácticas nacionales.

Las normas de la OIT son básicamente de dos clases:

1) los Convenios, con valor vinculante o normativo para los Estados que los ratifican, y que tratan de establecer condiciones mínimas de trabajo, o de protección social;

2) las Recomendaciones, que generalmente actúan como guía, aclaración, u orientación para la interpretación del contenido de los Convenios, o como complemento de estos.

A diferencia de los Convenios, que son normas vinculantes para los Estados que los ratifican, las Recomendaciones son propuestas sin carácter obligatorio [art. 19.6.*b*) de la Constitución de la OIT, de 28 de junio de 1919]. Sin embargo, estas pueden servir como una interpretación auténtica de los Convenios, ofreciendo una comprensión más profunda de su contenido. En resumen, la OIT emite Recomendaciones que complementan sus Convenios y brindan directrices sobre diversas cuestiones laborales.

A continuación, se destacan los siguientes Convenios de la OIT en materia laboral:

— Convenio sobre la libertad sindical y la protección del derecho de sindicación (núm. 87, 1948).

— Convenio sobre el derecho de sindicación y negociación colectiva (núm. 98, 1949).

— Convenio sobre la igualdad de remuneración (núm. 100, 1951).

---

[5] https://www.boe.es/gazeta/dias/1919/08/16/pdfs/GMD-1919-228.pdf

[6] España ha ratificado 133 convenios, incluyendo los 8 convenios fundamentales, los 4 convenios de gobernanza y 121 convenios técnicos. A raíz de un Acuerdo de Sede entre el Gobierno de España y la OIT, en 1986 se estableció la Oficina de la OIT en Madrid. https://www.ilo.org/es/resource/espana

— Convenio sobre la discriminación en el empleo y la ocupación (núm. 111, 1958).

— Convenio sobre la protección de los derechos de los trabajadores migrantes y sus familias (núm. 143, 1975).

— Convenio sobre las vacaciones anuales pagadas (núm. 132, 1970).

Se destacan, asimismo, algunas recomendaciones importantes de la OIT:

— Recomendación sobre los contratos colectivos (núm. 91, 1951). Todo contrato colectivo debería obligar a sus firmantes, así como a las personas en cuyo nombre se celebre el contrato. Los empleadores y los trabajadores obligados por un contrato colectivo no deberían poder estipular en los contratos de trabajo disposiciones contrarias a las del contrato colectivo.

— Recomendación sobre la igualdad de remuneración (núm. 90, 1951). Refuerza el principio de igualdad de remuneración entre hombres y mujeres por trabajo de igual valor.

— Recomendación sobre la salud y la seguridad en el trabajo (núm. 164, 1981). Enfatiza la importancia de la salud y la seguridad en el trabajo, promoviendo entornos laborales seguros[7].

Además de la OIT, es importante destacar los siguientes dos organismos internacionales de gran influencia:

— En primer lugar, y como no podía ser de otra forma, la ya mencionada Organización de las Naciones Unidas, en cuyo seno se han elaborado, entre otros documentos, la Declaración Universal de los Derechos Humanos de 1948, y el Pacto Internacional de Derechos Económicos, Sociales y Culturales de 1966, donde se contienen; el derecho a trabajar en condiciones equitativas y satisfactorias, el derecho a la Seguridad Social, la libertad sindical y el derecho de huelga.

— En segundo lugar, la Organización Europea de Cooperación Económica (OECE) se enfocó en cuestiones económicas y sociales, con un énfasis particular en la promoción del pleno empleo. Esta organización sentó las bases para la posterior creación de la Organización de Cooperación y Desarrollo Económico (OCDE). En el preámbulo del artículo 1.º.*a*) de la OCDE se establece que su objetivo es promover políticas que mejoren el bienestar económico y social de las personas en todo el

[7] Al respecto, véase más en: https://normlex.ilo.org/dyn/normlex/es/f?p=NORMLEXPUB:12010:0::NO:::

mundo, abarcando aspectos como el desarrollo económico sostenible, la igualdad de oportunidades y la mejora de la calidad de vida.

— En tercer lugar, el Consejo de Europa cuenta con dos comités clave: el Comité de Política Social y el Comité de Empleo y Trabajo, ambos con competencias en política social y laboral. Entre los resultados de su labor, destacan documentos fundamentales como el Convenio Europeo para la Protección de los Derechos Humanos y las Libertades Fundamentales (1950), que establece derechos aplicables a todos los ciudadanos. Otro importante instrumento es la Carta Social Europea (1961), que promueve derechos sociales y económicos, incluyendo el derecho a la salud y la educación. Asimismo, el Código Europeo de Seguridad Social (1964) establece normas para asegurar una protección social adecuada en los países miembros. Estos instrumentos son cruciales para la promoción y protección de los derechos laborales en Europa.

3.2. Fuentes Comunitarias o de la Unión Europea

La Unión Europea y las normas del Derecho comunitario se elaboran siguiendo reglas específicas de producción normativa dentro de una comunidad supranacional, que originalmente fue la Comunidad Europea y se transformó en Unión Europea con el Tratado de la Unión Europea de Maastricht en 1992. Posteriormente, el Tratado de Ámsterdam de 1997 introdujo modificaciones al Tratado de la Unión Europea, enfatizando los principios democráticos y el Estado de Derecho, y estableciendo como objetivos fundamentales la promoción del empleo y la eliminación de las desigualdades de género.

Dentro de este marco, las disposiciones y actos del Derecho de la Unión Europea «forman parte integrante, con rango de prioridad, del ordenamiento jurídico aplicable en el territorio de cada uno de los Estados miembro»[8]. La transferencia operada por los Estados de los derechos y obligaciones contenidos en las disposiciones del Tratado implica, pues, una limitación definitiva de sus derechos soberanos, contra la cual no puede prevalecer un acto unilateral ulterior incompatible con la noción de Comunidad[9].

Todo ello conforma un ordenamiento jurídico propio y autónomo de los Estados que los integran, en el que se distinguen dos categorías fun-

---

[8] Sentencia Tribunal Justicia Comunidades Europeas 9-3-1978, Asunto 106/1977, *SIMMENTHAL.*

[9] Sentencia Tribunal Justicia Comunidades Europeas 15-7-1964, Asunto 6/64, *Costa vs. ENEL.*

damentales de fuentes: el Derecho originario y el Derecho derivado. El primero se corresponde con el conjunto de Tratados, Pactos y Declaraciones mencionados anteriormente; y el segundo, el Derecho derivado lo componen los siguientes instrumentos:

— En primer lugar, el *Reglamento* que es la norma jurídica principal, es como la ley en el Derecho interno. De alcance general, y obligatorio en todos sus elementos con aplicación directa, e inmediata en cada Estado miembro. No se permiten cláusulas de dispensa temporal o de reserva; todos los elementos de estas normas son obligatorios. Por tanto, los Estados miembros no pueden modificar su contenido ni aplicarlas de manera selectiva. Generalmente, el objetivo de estas normas es coordinar los diferentes sistemas legales nacionales en áreas de interés supranacional, como la ley aplicable, la competencia judicial y la Seguridad Social de los trabajadores migrantes. Sin embargo, también pueden ser desarrolladas y complementadas por las leyes internas de cada país.

La publicación se realiza en el *Diario Oficial de las Comunidades Europeas* y tiene efectos directos para los Estados miembros. El Reglamento entra en vigor en la fecha que se establezca; si no se indica, será a los 20 días de su publicación. Este Reglamento forma parte del Derecho interno y provoca la inaplicación de cualquier norma nacional que contradiga sus disposiciones. Por tanto, debe ser implementado en el Derecho interno dentro del plazo fijado, ya sea mediante ley o reglamento, y sólo a partir de ese momento es aplicable a las relaciones laborales. Sin embargo, si se incumple el plazo o la transposición se realiza de manera deficiente, el Reglamento puede tener eficacia directa para las autoridades públicas, siempre que sus mandatos sean claros, precisos e incondicionales[10].

A continuación, se exponen ejemplos de Reglamentos en materia laboral que ilustran esta dinámica, mostrando cómo estas normas se aplican en situaciones concretas y garantizan la armonización de derechos y obligaciones en el ámbito laboral a nivel europeo:

- Reglamento (UE) 883/2004, sobre la coordinación de los sistemas de Seguridad Social. Establece normas para coordinar los sistemas de Seguridad Social de los Estados miembros, facilitando la movilidad de los ciudadanos europeos. Se completa con el Reglamento (UE) 987/09.
- Reglamento (UE) 492/2011, sobre la libre circulación de trabajadores. Regula el derecho de los ciudadanos de la UE a trabajar en

[10] Sentencia Tribunal Justicia Comunidades Europeas de 14-7-1994 Asunto C-91/92, *Paola Faccini Dori contra Recreb Srl*, entre otras. A nivel nacional, *vid.* Sentencia Tribunal Supremo, Sala de lo Social, de 30-5-2002, recurso casación núm. 1230/2001.

cualquier Estado miembro y prohíbe la discriminación por nacionalidad.

- Reglamento (UE) 1304/2013, sobre el Fondo Social Europeo. Establece normas sobre la utilización de este fondo para financiar iniciativas que promuevan el empleo y la inclusión social.
- Reglamento (UE) 2019/1149, sobre la creación de la Agencia Europea de Seguridad y Salud en el Trabajo. Fortalece la gestión de la seguridad y salud laboral en la UE mediante la recopilación y análisis de información y buenas prácticas.

— En segundo lugar, está la *Directiva*, que es muy utilizada en materia social. Tienen un carácter menos general, y persiguen aproximar legislaciones nacionales, y no la unificación del derecho comunitario. Como actos normativos obligan en sus fines, pero no en sus medios, siendo el Estado miembro quien determina estos. Su aplicabilidad no es directa y entran en vigor con la notificación a su destinatario que puede ser uno, varios, o todos los Estados miembros. Desde la entrada en vigor del Tratado de Maastricht, o Tratado de la Unión Europea (TUE), las Directivas también deben ser publicadas en el *Diario Oficial de las Comunidades Europeas*. La adaptación al Derecho interno se conoce técnicamente como «transposición», y los Estados deben respetar el plazo impuesto por la Directiva para su transposición, y deben elegir formas y medios adecuados para garantizar el efecto útil. La mayor parte de las disposiciones comunitarias en materia social son Directivas, que contienen una normativa mínima que puede ser mejorada por la normativa interna de cada Estado.

A continuación, se exponen varios ejemplos de Directivas que muestran su aplicación en el ámbito social:

- Directiva sobre el trabajo a tiempo parcial (97/81/CE): Busca mejorar la calidad del trabajo a tiempo parcial y garantizar igualdad de derechos en comparación con los trabajadores a tiempo completo.
- Directiva sobre la conciliación de la vida laboral y familiar (2019/1158): Promueve medidas para mejorar la conciliación entre la vida laboral y la vida personal y familiar, incluyendo permisos de paternidad y de maternidad.
- Directiva sobre la igualdad de género en la ocupación (2006/54/CE): Aborda la igualdad de género en el ámbito laboral, incluyendo la transparencia salarial y la representación equilibrada en los puestos de toma de decisiones.
- Directiva 98/59/CE del Consejo, de 20 de julio de 1998, relativa a la aproximación de las legislaciones de los Estados miembros que se

refieren a los despidos colectivos, que vino a modificar la Directiva 75/129/CEE del Consejo, de 17 de febrero de 1975.

— La tercera norma es la *Decisión*, se trata de actos individuales (pueden dirigirse a uno o varios destinatarios), vinculantes en todos sus elementos, y que obligan directamente a sus destinatarios desde su notificación. A diferencia del Reglamento, la Decisión tiene alcance individual, se dirige a determinados destinatarios. En relación con la Directiva, la Decisión es obligatoria en todos sus elementos, no únicamente en lo que toca al resultado. Por último, hay que decir que no es un instrumento muy utilizado en el campo de la política social comunitaria, salvo en materia de empleo: Decisión del Consejo (UE) 2015/1848 sobre el establecimiento de un programa de trabajo de la UE para el empleo y la innovación social (EaSI).

La adhesión de España a la Unión Europea (incorporada mediante el Tratado anejo al Acta Única Europea y con efectos de 1 de enero de 1986), significó la aplicación tanto de los correspondientes Tratados, Actas y Declaraciones, como el conjunto de Reglamentos, Decisiones, Directivas, y Recomendaciones que se vienen produciendo. Esos efectos del Derecho de la Unión Europea derivan también de la cláusula general del artículo 93 CE, que permite que mediante Ley Orgánica se autorice la celebración de tratados «por los que se ceda a una organización o institución internacional el ejercicio de competencias derivadas de la Constitución». La primacía y el efecto directo de las normas comunitarias ha sido subrayada, asimismo, por la jurisprudencia española. El efecto directo «comporta de un lado que las normas comunitarias no necesitan ser reflejadas por normas de Derecho interno, sino que son directamente aplicables desde su publicación en el *Diario Oficial de las Comunidades Europeas*, y de otro que las normas comunitarias son fuente inmediata de derechos y obligaciones para aquellos a quienes conciernen, sean Estados miembros o particulares[11]».

Por lo demás, la primacía y el efecto directo del Derecho comunitario han sido reafirmados por la jurisprudencia española. El efecto directo implica, por un lado, que las normas comunitarias no requieren ser transpuestas al ordenamiento interno para ser aplicables, ya que son directamente exigibles desde su publicación en el *Diario Oficial de la Unión Europea*. Por otro lado, estas normas constituyen una fuente inmediata de

---

[11] Sentencia Tribunal Supremo, Sala de lo Social, de 8-6-2016, recurso casación núm. 207/2015 y la jurisprudencia allí citada.

derechos y obligaciones para quienes les conciernen, ya sean Estados miembros o ciudadanos.

4. FUENTES LEGALES: TIPOS Y FUNCIONES

Las leyes en el ámbito laboral son fundamentales para establecer las reglas del juego entre empleadores y trabajadores. Estas normas aseguran un equilibrio justo, protegen derechos básicos y establecen obligaciones esenciales. Por tanto, entender y respetar estas leyes no sólo es crucial para el cumplimiento legal, sino también para fomentar un entorno de trabajo justo y equitativo.

4.1. LAS LEYES EN EL ÁMBITO LABORAL

En el sistema jurídico español, las leyes ocupan un lugar importante en la jerarquía normativa, siendo inferiores sólo a la Constitución. Esto significa que todas las leyes deben respetar lo que establece la Constitución; ninguna ley puede contradecirla.

Dentro de esta jerarquía, se distinguen principalmente dos tipos de leyes: las Leyes Orgánicas y las Leyes Ordinarias:

— Las Leyes Orgánicas, que tienen un peso especial debido a su capacidad para regular materias de gran relevancia, como los derechos fundamentales y la estructura del poder, requieren una mayoría absoluta en el Parlamento para su aprobación. Un ejemplo significativo en el ámbito laboral es la Ley Orgánica 11/1985, que establece la libertad sindical, en consonancia con el artículo 28.1 CE. No obstante, persiste la necesidad de aprobar una Ley Orgánica de Huelga, dada su complejidad política y social, lo que subraya la importancia y el impacto de estas leyes en la vida democrática del país[12].

— Leyes Ordinarias: Estas leyes regulan aspectos variados de la vida social y económica y pueden ser aprobadas con una mayoría simple. Entre ellas, se encuentran la regulación del derecho a la negociación colectiva, el Estatuto de los Trabajadores, el derecho a adoptar medidas de conflicto colectivo y las formas de participación en la Seguridad Social.

---

[12] *Vid.* en extenso Tema 16, donde se explica que este derecho está regulado por una norma preconstitucional, el Real Decreto-ley 17/1977, de 4 de marzo, completada y revisada por la importante Sentencia del TC, de 8 de abril de 1981 (*BOE* de 25 de abril).

En resumen, las leyes tienen un papel central en el sistema de relaciones laborales, ya que establecen un mínimo de derechos y obligaciones que deben ser respetados. Ninguna otra norma, como reglamentos o convenios, puede contradecir lo que establece una ley, a menos que la propia ley lo permita. Aunque los derechos establecidos por ley pueden ser ampliados mediante convenios colectivos o contratos de trabajo, no se pueden reducir.

4.2. Delegación legislativa y su regulación

Además de las leyes propiamente dichas, las Cortes Generales tienen la facultad de delegar en el Gobierno la potestad de emitir normas con rango de ley, tales como los Decretos Legislativos y Decretos-ley. La Constitución contempla estas formas de delegación para agilizar los procedimientos legislativos, aunque bajo una estricta regulación y nunca en materias reservadas a Ley Orgánica.

1.º Decretos Legislativos: Estas normas se aprueban a partir de una ley de bases o de textos refundidos. Para que un Decreto Legislativo sea válido, debe haber una delegación expresa por parte de las Cortes. Hay dos objetivos principales:

- Preparar un texto articulado para crear una nueva regulación, como ocurrió con la primera Ley de Procedimiento Laboral en 1980, o la posterior de 1990.
- Refundir varios textos existentes en uno sólo, especificando si el Gobierno puede hacer modificaciones o debe respetar el contenido original. Ejemplos de esto son la Ley General de Seguridad Social de 1994 y el Estatuto de los Trabajadores de 1995 o el vigente de 2015.

2.º Decretos-leyes: Son disposiciones con valor de Ley que emanadas del órgano ejecutivo se dictan para casos de urgente y extraordinaria necesidad. Deben ser aprobados o derogados por el Congreso de los Diputados en un plazo de treinta días. Durante este tiempo, las Cortes pueden tramitar el Decreto-ley como un proyecto de ley con carácter urgente (art. 86.3 CE).

Según la jurisprudencia constitucional, el Gobierno tiene un amplio margen de discrecionalidad para determinar qué se considera «extraordinaria y urgente necesidad». Sin embargo, esto tiene un límite jurídico.

Para aprobar un Decreto-ley, los órganos políticos deben proporcionar una definición clara y justificada de la situación de necesidad, y el Tribunal debe verificar que existe una conexión lógica entre esa situación y las medidas propuestas en el Decreto-ley[13].

5. FUENTES REGLAMENTARIAS

Dentro de la norma estatal nos encontramos con los reglamentos, que son las normas jurídicas o disposiciones de carácter general emanadas del Gobierno. La potestad reglamentaria se atribuye por la Constitución (art. 97) al Gobierno.

En el ordenamiento jurídico vigente, la Ley es sin duda la pieza principal del sistema de fuentes jurídico-laborales. Sin embargo, los reglamentos también juegan un papel importante como normas complementarias, especialmente en relación con la Ley del Estatuto de los Trabajadores. Para comprender bien la estructura del ordenamiento laboral, es fundamental considerar esta función complementaria.

Según el artículo 3.1.*a*) ET, tanto las leyes como los reglamentos pueden regular los «derechos y obligaciones» de las relaciones laborales. Sin embargo, aunque el legislador puede ejercer su competencia normativa sin restricciones, el Gobierno está limitado en su capacidad para emitir reglamentos y debe seguir el principio de jerarquía normativa.

El artículo 3.2 ET establece que los reglamentos deben desarrollar lo que dicen las leyes superiores, pero no pueden establecer condiciones de trabajo diferentes a las que esas leyes ya han determinado. Esto significa que, además del principio de jerarquía, en el ámbito laboral, un reglamento no puede regular condiciones distintas a las de la ley que está desarrollando. Lógicamente, los reglamentos tampoco pueden contradecir las normas internacionales ratificadas por España ni el derecho de la Unión Europea.

La principal función del reglamento se centra en la posibilidad de elaborar un texto mucho más preciso de lo que permiten los mecanismos de preparación de las leyes. Un factor que ha influido de forma importante en la función del reglamento laboral en la regulación de las condiciones de trabajo es el reconocimiento constitucional del derecho

---

[13] Sentencia del Tribunal Constitucional 1/2012 de 13-1-2012, recurso de inconstitucionalidad núm. 71/2001; STC 137/2003, 3-7-2003, recurso de inconstitucionalidad núm. 1313/1996; Sentencia Tribunal Constitucional 3/1988 de 21-1-1988, recurso cuestión de inconstitucionalidad núm. 926/1984; Sentencia Tribunal Constitucional 60/1986 de 20-5-1986, recurso de inconstitucionalidad núm. 101/1983.

a la negociación colectiva, que obliga a restringir la actividad reglamentaria en este campo para respetar las posibilidades de actuación de la negociación colectiva. Hoy en día sus funciones principales son las de desarrollo de indicaciones legales concretas, ejemplo de ellos son:

- Real Decreto 1844/1994, de 9 de septiembre, por el que se aprueba el Reglamento de elecciones a órganos de representación de los trabajadores en la empresa.
- Contratos temporales: Real Decreto 2720/1998, que regula los contratos de duración determinada, adaptando la legislación a las necesidades del mercado laboral.
- Empresas de trabajo temporal (ETT): Real Decreto 417/2015, que establece normas sobre la actividad de las empresas de trabajo temporal y las relaciones laborales con sus trabajadores.
- Relaciones laborales de carácter especial: Real Decreto 1382/1985, que regula la relación laboral de carácter especial del personal de alta dirección, incluyendo condiciones y especificidades de este tipo de contrato.
- Jornadas especiales de trabajo: Real Decreto 1561/1995, que regula las jornadas especiales de trabajo, incluyendo disposiciones sobre jornadas nocturnas, trabajo a turnos y otros regímenes especiales.
- Prevención de riesgos laborales: Real Decreto 39/1997, que aprueba el Reglamento de los Servicios de Prevención, estableciendo las condiciones mínimas de seguridad y salud en el trabajo.

Estos reglamentos ayudan a asegurar que las relaciones laborales sean claras, justas y seguras para todos los involucrados.

Por último, la Disposición Adicional 7.ª ET otorga al Gobierno la capacidad de regular las condiciones de trabajo por rama de actividad, para los sectores económicos de la producción y demarcaciones territoriales en que no exista convenio colectivo. Esta manifestación de la potestad reglamentaria de la Administración es un recurso extremo, sólo disponible en caso de necesidad, cuando no haya sido posible la extensión de un convenio colectivo existente, y previa consulta a los interlocutores sociales.

6. REPARTO NORMATIVO ENTRE ESTADO Y COMUNIDAD AUTÓNOMA

En las normas laborales de las Comunidades Autónomas vamos a distinguir entre las potestades normativas que se le conceden en materia laboral, y las potestades normativas en materia de Seguridad Social.

6.1. Potestades normativas en materia laboral

En párrafos anteriores, se ha mencionado que el artículo 149.1.7 CE atribuye al Estado la competencia exclusiva sobre la legislación laboral. Esta distribución de competencias es clara: «El Estado legisla y las CC.AA. se encargan de la ejecución de las leyes». En cuanto a la potestad reglamentaria laboral, la Constitución no la menciona específicamente. Dado que no hay una asignación expresa al Estado, los Estatutos de Autonomía podrían otorgar esta facultad a las Comunidades Autónomas según el artículo 149 CE. Sin embargo, hasta ahora, los Estatutos de Autonomía no han hecho este reconocimiento, por lo que la competencia para emitir reglamentos laborales sigue en manos del Estado.

6.2. Potestades normativas en materia de Seguridad Social

En el ámbito de la Seguridad Social, la competencia exclusiva del Estado se limita a la legislación básica y al régimen económico. Esto implica que las Comunidades Autónomas tienen la facultad de desarrollar normas que complementen y desarrollen estas bases estatales. En caso de que los Estatutos de Autonomía otorguen potestades legislativas específicas a las Comunidades Autónomas en esta materia, resulta lógico que éstas también puedan ejercer funciones reglamentarias para desarrollar sus propias leyes. Este sistema permite una adaptación normativa que responde a las particularidades y necesidades regionales, manteniendo siempre un marco común establecido por la legislación básica estatal.

7. EL CONVENIO COLECTIVO COMO FUENTE ESPECÍFICA DEL DERECHO DEL TRABAJO

Como se ha dicho, el convenio colectivo tiene un reconocimiento constitucional, y está incluido entre los derechos de los ciudadanos. En concreto, el citado artículo 37.1 CE establece que «la Ley garantizará el derecho a la negociación colectiva laboral entre los representantes de los trabajadores y empresarios, así como la fuerza vinculante de los Convenios»[14].

---

[14] En el Tema 15 de este *Curso* se aborda el estudio de esta fuente.

El convenio colectivo es jerárquicamente inferior a la ley, y nunca puede contradecirla, únicamente mejorarla[15]. La función de la norma estatal es establecer una regulación mínima que el convenio colectivo debe necesariamente respetar y, en su caso, mejorar en sentido favorable para los trabajadores. Por tanto, son las normas estatales las que establecen las bases jurídicas sobre las que pueden actuar los convenios colectivos.

La negociación colectiva no puede suprimir las normas estatales en detrimento de los trabajadores. Esto significa que las leyes estatales establecen un mínimo que no puede ser reducido, protegiendo así los derechos laborales según el artículo 3 ET.

Por su parte, el artículo 3.1.*c*) ET establece que los convenios colectivos también limitan la libertad de las partes en el contrato de trabajo, ya que son una fuente significativa de derechos y obligaciones en las relaciones laborales individuales. No sólo se deben considerar las normas legales, sino también los contratos de trabajo. No obstante, estos contratos deben respetar las condiciones establecidas en las leyes, reglamentos y convenios colectivos, y en ningún caso pueden establecer condiciones menos favorables para el trabajador.

Las partes del contrato pueden acordar los términos que deseen, siempre que no sean contrarios a la ley, la moral o el orden público, y que no

---

[15] En este sentido, Sentencia del Tribunal Constitucional 119/2014, de 16 de julio de 2014. Recurso de inconstitucionalidad 5603-2012, y las sentencias mencionadas en ella: «La primacía de la ley sobre los convenios colectivos ha sido reiteradamente afirmada por este Tribunal al analizar supuestos de colisión entre la ley y el convenio (por todas, SSTC 58/1985, de 30 de abril; 177/1988, de 10 de octubre; 62/2001, de 1 de marzo o 110/2004, de 30 de junio). Sin duda, el convenio colectivo, como cualquier acto resultado de la autonomía privada, debe respetar la ley (arts. 9.1 CE, 3.3 y 85.1 LET y 6.3 y 1.255 CC), entendida en sentido material, esto es, comprensiva tanto de las disposiciones legales como de las reglamentarias que las desarrollen (art. 3.2 LET), emanadas ambas del Estado (art. 149.1.7.ª CE). Ese deber de respeto alcanza obviamente a la naturaleza jurídica —dispositiva o imperativa, en sus distintos grados— que el legislador laboral haya atribuido a las normas legales en virtud de unos determinados criterios y objetivos de política social, de modo que dicha naturaleza resulta determinante en la delimitación del contenido regulador habilitado a la negociación colectiva. En tal sentido, y como ya se ha avanzado, la doctrina constitucional ha señalado que resulta obligado "el respeto por la norma pactada del derecho necesario establecido por la Ley" y, dando específica respuesta a la cuestión que directamente ahora nos ocupa, ha afirmado que "la Ley... puede desplegar una virtualidad limitadora de la negociación colectiva y puede, igualmente, de forma excepcional reservarse para sí determinadas materias que quedan excluidas, por tanto, de la contratación colectiva" (STC 58/1985, FJ 3.º). De hecho, no faltan ejemplos en la legislación laboral de normas absolutamente imperativas, no disponibles en ningún sentido por la negociación colectiva, siendo esta naturaleza y efecto la que los recurrentes denuncian respecto a la previsión por el artículo 4.3 de la Ley 3/2012 de un período de prueba de un año en el contrato de trabajo por tiempo indefinido de apoyo a los emprendedores».

empeoren las condiciones ya fijadas por las leyes y convenios colectivos, según los artículos 1.255 CC y 3.*c*) ET.

En definitiva, la negociación colectiva y el contrato de trabajo tienen la función de mejorar el mínimo establecido por el Estado, sin posibilidad de regular nada que empeore las condiciones laborales de los trabajadores.

8. LA COSTUMBRE LABORAL

La importancia cada vez mayor del convenio colectivo en el sistema de fuentes tiene mucho que ver con la escasa influencia actual de la costumbre en Derecho laboral. Según el artículo 3.4 ET, «los usos y costumbres sólo se aplicarán en defecto de disposiciones legales, convencionales y contractuales, a menos que haya una referencia expresa». Este artículo concede un valor especial a los usos y costumbres cuando son mencionados explícitamente por otras normas, como un convenio colectivo o una ley estatal. En estos casos, los usos y costumbres tienen el mismo valor que la norma que los incluye. Si no están directamente incorporados en una norma, su aplicación es subsidiaria, es decir, sólo se aplican en ausencia de otras fuentes de derecho. Están subordinados al resto de las fuentes de regulación, ya sean estatales, internacionales o pactadas, incluso a los contratos individuales, pues son modulables por la autonomía de la voluntad de las partes contratantes. No pueden prevalecer sobre estas otras fuentes, ni siquiera cuando resulten más favorables para el trabajador, salvo acuerdo entre las partes para su aplicación.

La costumbre local y profesional es una fuente no escrita, cuya fuerza de obligar se deriva de la tradición, y el convencimiento de los sujetos de su carácter obligatorio. Por este motivo, es posible que las partes no la tengan en cuenta al firmar el contrato de trabajo, cosa que no es posible de ninguna otra fuente del Derecho del Trabajo.

Entre los casos de «remisión expresa» destacan las remisiones a la costumbre del Estatuto de los Trabajadores en materia de liquidación y pago del salario (art. 29.1); y de preaviso exigible en caso de dimisión del trabajador [art. 49.*d*)]; así como la remisión del Reglamento de jornadas especiales a la distribución consuetudinaria de la jornada del campo (art. 5 del RD 1561/1995, de 21 de septiembre, sobre jornadas especiales de trabajo). La cesta de Navidad es un ejemplo clásico de costumbre laboral, muchas empresas dan una cesta navideña a sus empleados como gesto de agradecimiento y reconocimiento durante la temporada festiva. Estas cestas suelen incluir productos típicos de Navidad como turrón, embutidos, vinos, entre otros. Aunque no está obligada por ley, esta práctica se ha mantenido como una tradición que fomenta un buen ambiente laboral y refuerza los lazos entre la empresa y sus empleados.

Por otro lado, se le suele dar el nombre de *usos de empresa* a las prácticas, o conductas reiteradas del empresario en la organización, o gestión del trabajo. Estos usos se asemejan muchas veces a la costumbre, con la particularidad de que no son de la localidad ni de la profesión, sino exclusivamente de la empresa, y de que su origen no se encuentra en una práctica social, sino en una decisión, o actuación del empresario. La jurisprudencia les atribuye a veces el valor de la costumbre, llamándolos «usos normativos», siempre que pongan de relieve «una repetición de conductas que va más allá de lo meramente interpretativo»; en tal caso, rigen con carácter general en la empresa y han de ser respetados por el empresario en relación con todos los trabajadores afectados. El valor normativo de estos usos se ha fundado también en su similitud con la condición más beneficiosa[16]. Un ejemplo de uso de empresa puede ser el denominado *casual Friday*, en muchas compañías, se permite a los empleados vestir de manera más informal los viernes, en lugar del código de vestimenta formal habitual. Esta práctica no suele estar regulada por normativa alguna, pero se mantiene como una tradición que busca crear un ambiente de trabajo más relajado y promover la motivación y el bienestar del personal.

---

[16] Sentencia Tribunal Superior de Justicia, Galicia, Sala de lo Social, de 31-8-1995. Recurso suplicación núm. 3619/1995 y las sentencias allí mencionadas: «La denuncia formulada sobre inadecuación de procedimiento alegada en su día en el acto del juicio, ha de ser rechazada, pues las "condiciones más beneficiosas" pueden surgir no sólo a título individual o personal, sino también por costumbre, o uso de empresa como lo demuestran las SSTS de 31 de mayo de 1979, 13 de enero y 30 de marzo de 1981, 8 de marzo de 1984 y 17 de noviembre de 1991, siendo entonces condiciones generales, de goce colectivo, aunque su tratamiento jurídico sea el mismo que el de la condición más beneficiosa adquirida a título individual o singular, pues estos tipos de mejora operan a través de su incorporación a los contratos de trabajo, como lo recoge la STS de 15 de junio de 1992, al afirmar que "el origen de la condición más beneficiosa, que frecuentemente se asienta en... pactos, etc., cuyo destinatario es un grupo de trabajadores y aunque su fuerza obligatoria sea la propia del contrato de trabajo al que se integran las reglas surgidas". En todo caso, estas condiciones surgidas, de pactos colectivos, costumbre o uso de empresa, se configuran como instrumento colectivo con existencia jurídica propia, lo que determina que proceda distinguir entre las pretensiones tendentes a la declaración de los derechos, que obviamente tienen una naturaleza colectiva, y la proyección concreta en cada contrato de trabajo, que determina una pretensión de condena».

9. BIBLIOGRAFÍA

ALONSO GARCÍA, M.: *La autonomía de la voluntad en el contrato de trabajo,* Barcelona, Bosch, 1958.

ALONSO OLEA, M.: *Las fuentes del Derecho. En especial del Derecho del Trabajo según la constitución,* Madrid, Real Academia de Jurisprudencia y Legislación 1981.

— «El sistema normativo del Estado de las Comunidades Autónomas», en VV.AA, *Derecho del Trabajo y de la Seguridad Social en la Constitución,* Madrid, 1980.

ALONSO OLEA, M. y CASAS BAAMONDE, M. E.: *Derecho del Trabajo*, Madrid, Civitas, 27.ª ed.

ALEMÁN PÁEZ, F.: «Autonomía individual, determinación y determinabilidad del objeto del contrato de trabajo», en VV.AA. *Los protagonistas de las relaciones laborales tras la reforma del mercado de trabajo* (coord. CRUZ VILLALÓN, J.), Madrid, CES, 1995.

ALZAGA RUIZ, I.: *La eficacia de las directivas comunitarias en el ámbito laboral,* Civitas, 2009.

ARADILLA MARQUÉS, M. J.: *La indisponibilidad del convenio colectivo y sus límites,* Valencia, Tirant lo Blanch, 1999.

BALLESTER LAGUNA, F.: *La condición más beneficiosa. Caracterización y eficacia de las mejoras contractuales*, Granada, Comares, 2001.

BLASCO PELLICER, A.: *La individualización de las relaciones laborales,* Madrid, CES, 1995.

BORRAJO DACRUZ, E.: *Introducción al Derecho del Trabajo*, Madrid, Tecnos, 2014, 23.ª ed.

CAMPS RUIZ, L. M.: «Sobre el papel del reglamento en el ordenamiento laboral», *Revista de Trabajo*, núm. 2, 1991.

CASAS BAAMONDE, M.ª E.: «Ley, autonomía colectiva y eficacia de convenios colectivos», *Revista del Ministerio de Trabajo y Asuntos Sociales,* núm. 3 (1997).

CORREA CARRASCO, M.: *La negociación colectiva como fuente del Derecho del Trabajo,* Madrid, 1997.

CRUZ VILLALÓN, J.: «Derogación de Ordenanzas Laborales y negociación colectiva», *Relaciones Laborales,* núm. 14, 1995.

DEL REY GUANTER, S.: *La negociación colectiva tras la reforma laboral de 1994. (Perspectivas a la luz de los acuerdos colectivos de 1997)*, en VV.AA., Madrid, CES, 1997.

DESDENTADO BONETE, A. y VALDÉS DE LA VEGA, B.: *La negociación colectiva en la doctrina del Tribunal Supremo. Un análisis de jurisprudencia*, Madrid, Trotta, Madrid, 1998.

DÍAZ AZNARTE, M.ª T.: *El principio de condición más beneficiosa*, Barcelona, Bosch, 2001.

DURÁN LÓPEZ, F.: «Negociación colectiva y sistemas de relaciones laborales», en VV.AA., *Negociación colectiva y solución de conflictos en el sistema español de relaciones laborales*, XI Jornadas universitarias andaluzas de Derecho del Trabajo y Relaciones Laborales, 1994.

ESCRIBANO GUTIÉRREZ, J.: *Autonomía individual y colectiva en el sistema de fuentes de Derecho del Trabajo,* Madrid, CES, 2000.

ESCUDERO RODRÍGUEZ, R.: «Ley, convenios colectivos y acuerdos de empresa», en VV.AA. (coord. VALDÉS DAL-RÉ, F.), *La reforma del Mercado Laboral*, Valladolid, Lex Nova, 1994.

FERNÁNDEZ LÓPEZ, M.ª: «El papel del convenio colectivo como fuente del Derecho tras la reforma de la legislación laboral», en VV.AA., *Los protagonistas de las relaciones laborales tras la reforma del mercado de trabajo* (coord. CRUZ VILLALÓN), Madrid, CES, 1995.

GARCÍA-PERROTE ESCARTÍN, I.: *La Ley y la autonomía colectiva; estudio sobre las relaciones entre la norma estatal y el convenio colectivo*, Madrid, Ministerio de Trabajo y Seguridad Social, 1987.

GOERLICH PESET, J. M.: «Ley y reglamento en el Derecho del Trabajo y de la Seguridad Social: las previsiones constitucionales y su evolución», en VV.AA. (dir. SEMPERE NAVARRO, A. V.), *El modelo social en la constitución española de 1978*, Madrid, Ministerio de Trabajo y de Seguridad Social, 2003.

MARTÍN VALVERDE, A., RODRÍGUEZ-SAÑUDO GUTIÉRREZ, F. y GARCÍA MURCIA, J.: *Derecho del Trabajo*, 26.ª ed., Madrid, Tecnos.

MONTOYA MELGAR, A.: *Derecho del Trabajo*, 45.ª ed., Madrid, Tecnos, 2024.

— «La protección Constitucional de los derechos laborales», en *Derecho del Trabajo y de la Seguridad Social en la Constitución,* Centro de Estudios Constitucionales, Madrid, 1980.

PÉREZ DE LOS COBOS ORIHUEL, F.: *El Derecho Social Comunitario en el tratado de la Unión Europea*, Madrid, Civitas, 1994.

RAMÍREZ, J. M.: «Autonomía colectiva y autonomía individual (en torno a la STC 225/2001, de 26 de diciembre) [RTC 2001, 225]», en VV.AA. *Derecho vivo del Trabajo y Constitución. Estudios en homenaje al Profesor Fernando Suárez González,* MTASS, Madrid, La Ley, 2003.

RIVERO LAMAS, J.: «Los espacios de la ley, la negociación colectiva y el contrato en la regulación de las condiciones de trabajo», *Proyecto Social,* Teruel, 1994.

RODRÍGUEZ-PIÑERO BRAVO-FERRER, M.: «Norma estatal y norma convencional», *Relaciones Laborales* (1987-II).

SAGARDOY BENGOECHEA, J. A.: *La eficacia de los convenios colectivos y su contenido en el Estatuto de los Trabajadores,* Madrid (IES), 1981.

VALDÉS DAL-RÉ, F.: «La negociación colectiva en la Constitución», *Revista de Política Social,* núm. 121, 1979.

— «La potestad reglamentaria en el ordenamiento laboral», en VV.AA. *Cuestiones actuales de Derecho del Trabajo. Estudios ofrecidos por los catedráticos al profesor Alonso Olea,* Madrid, Ministerio del Trabajo y de la Seguridad Social, 1990.

VALDÉS DAL-RÉ, F. y LAHERA FORTEZA, J.: «La sustitución de las Ordenanzas Laborales: Fases, Instrumentos y balance de un proceso casi acabado», en *Balance material del proceso de sustitución de las Ordenanzas Laborales*, Madrid, Comisión Consultiva Nacional de Convenios Colectivos, 1999.

VV.AA.: *Los límites legales al contenido de la negociación colectiva* (dir. SALA FRANCO, T.), Madrid, Ministerio de Trabajo y Asuntos Sociales, 2001.

— *El estado actual de la negociación colectiva en España* (dir. DEL REY GUANTER, S.), Madrid, Ministerio de Trabajo y Asuntos Sociales, 2003.

— *Manual de Derecho Social de la Unión Europea* (NAVARRO NIETO, F., RODRÍGUEZ-PIÑERO ROYO, M. y GÓMEZ MUÑOZ, J. M.).

— *La transposición del derecho social comunitario al ordenamiento español: un balance en el XX Aniversario de la incorporación de España a la Comunidad Europea,* GARCÍA MURCIA, J. (coord.), Ministerio de Trabajo e inmigración, 2005.

TEMA 3

LA APLICACIÓN DE LA NORMA LABORAL

José Fernando Lousada Arochena
Magistrado especialista del Tribunal Superior de Justicia de Galicia, Sala de lo Social.
Profesor asociado Universidad de Coruña

OBJETIVOS DE APRENDIZAJE

1. Conocer el elenco de los principios aplicativos de la norma laboral y entender su justificación vinculada al carácter tuitivo del Derecho del Trabajo.
2. Jerarquía normativa en el ordenamiento laboral y los principios de norma mínima y más favorable que la complementan.
3. Aplicación en el tiempo de la norma laboral y condición más beneficiosa adquirida.
4. Irrenunciabilidad de derechos.
5. Conocer los criterios interpretativos de la norma laboral: criterios generales, principio probeneficiario, conformidad constitucional, vinculación al derecho europeo, e interpretación de las normas en perspectiva de género.

La aplicación de la norma laboral aparece fuertemente condicionada por el carácter tuitivo del Derecho del Trabajo. De este modo, las reglas generales sobre aplicación de las normas jurídicas contenidas en la Constitución Española, en el Código Civil y en la Ley Orgánica del Poder Judicial encuentran en el ámbito laboral algunas importantes especialidades.

1. SELECCIÓN DE LA NORMA APLICABLE ENTRE LAS VARIAS SIMULTÁNEAMENTE VIGENTES

1.1. Planteamiento general: el principio de jerarquía

La selección de la norma aplicable entre las varias simultáneamente vigentes se resuelve, con carácter general, a través del principio de jerarquía normativa (CE, art. 9.3), que conduce a la siguiente pirámide normativa:

— Sobre todas las normas, la Constitución (CE, art. 9.1; LOPJ, art. 5).

— Después, y en ese orden, la ley (CC, art. 1; ET, art. 3.1), el reglamento (ET, art. 3.2; LOPJ, art. 6), y —como fuente normativa propia del ámbito laboral— el convenio colectivo (CE, art. 37.1; ET, art. 3.1).

— La costumbre (CC, art. 1), que en el ámbito laboral se concreta en los usos y costumbres locales y profesionales (ET, art. 3.1), los cuales sólo se aplicarán en defecto de disposiciones legales, convencionales o contractuales, a no ser que cuenten con una recepción o remisión expresa (ET, art. 3.4).

— Los principios generales del Derecho en defecto de ley o costumbre, sin perjuicio de su carácter informador del ordenamiento jurídico (CC, art. 1).

1.2. Norma mínima y norma más favorable

El carácter tuitivo del Derecho del Trabajo se proyecta sobre esta pirámide a través de los principios de norma mínima y de norma más favorable según los cuales (ET, art. 3.3) «los conflictos originados entre los preceptos de dos o más normas laborales, tanto estatales como pactadas, que deberán respetar en todo caso los mínimos de derecho necesario, se resolverán mediante la aplicación de lo más favorable para el trabajador apreciado en su conjunto, y en cómputo anual, respecto de los conceptos cuantificables».

Según el principio de norma mínima —que recorre de arriba abajo la pirámide normativa—, las normas superiores operan como mínimo de derecho necesario de las normas inferiores, que no las pueden contradecir en perjuicio del trabajador. Tal principio se aplica paradigmáticamente a las relaciones entre las leyes y reglamentos —normas heterónomas emanadas de los poderes públicos— con los convenios colectivos —normas autónomas emanadas de la negociación colectiva entre los representantes de trabajadores y empresarios—. Puede así la norma heterónoma marcar un suelo o un techo a la negociación colectiva: es un suelo incrementable por convenio colectivo el salario mínimo interprofesional (ET, art. 27); y es un techo reducible por convenio colectivo la duración máxima de la jornada ordinaria de trabajo de cuarenta horas semanales de trabajo efectivo de promedio en cómputo anual (ET, art. 34.1).

Según el principio de norma más favorable —que recorre de abajo arriba la pirámide normativa—, las normas inferiores, en la medida en que deben respetar los mínimos de las normas superiores a favor del trabajador, sólo tienen razón de ser si las mejoran. Con lo cual, el resultado final es que las normas inferiores se acaban aplicando como fuente principal de la relación laboral con preferencia a las normas superiores, aun a pesar de su menor rango.

No obstante su aparente sencillez, el principio de norma más favorable presenta el importante problema de determinar el ámbito de la comparación. En un extremo estaría una comparativa global entre la ley y el convenio colectivo que desplazaría a aquella siempre que, apreciado en su completud, la mejorase (sistema de conglobamiento). En el otro extremo estaría una comparativa particularizada norma a norma, eligiendo en cada caso la más favorable (sistema de espigueo). Doctrina y jurisprudencia han interpretado que el ET acoge una tesis intermedia según la cual la comparación se hará por condiciones laborales razonablemente comparables dada su homogeneidad —sino no sería posible la cuantificación de que habla el ET—, y tomándolas en conjunto y cómputo anual —con lo cual se estará al resultado más beneficioso, que absorberá y compensará al que lo es menos— (sistema de acumulación).

El ejemplo más típico de aplicación del principio de norma más favorable como sistema de acumulación se encuentra en la institución de la compensación y absorción de los salarios, la cual operará «cuando los salarios realmente abonados, en su conjunto y cómputo anual, sean más favorables para los trabajadores que los fijados en el orden normativo o convencional de referencia» (ET, art. 26.5). De este modo, si el SMI sube por encima del salario base convenio, aquél absorbería a éste. Pero nunca absorbería —por poner un ejemplo bastante evidente— un complemento salarial de peligrosidad porque no es un concepto homogéneo con el SMI.

1.3. Relaciones entre la ley y el convenio colectivo

La aplicación conjunta de los principios de norma mínima y de norma más favorable es la que configura la relación más clásica entre las normas heterónomas y las normas autónomas: la relación de suplementariedad, según la cual la ley establece un mínimo de derecho necesario que es mejorado por el convenio colectivo que, por ser más favorable, es la norma que se aplicará.

No obstante, las nuevas tendencias flexibilizadoras han determinado la aparición de cada vez más excepciones a la relación de suplementariedad:

— Relación de complementariedad: la ley establece un marco general cuya concreción se deja al convenio colectivo de manera que, mientras en la relación de suplementariedad la norma más favorable desplaza a la norma mínima, en la relación de complementariedad se aplican ambas normas simultáneamente (p. ej., la posibilidad de los convenios colectivos de ampliar dentro del marco legal la duración máxima de los contratos temporales por circunstancias de la producción: ET, art. 15.2.III).

— Relación de supletoriedad: la ley cede el protagonismo al convenio colectivo y sólo se aplica en defecto de este como si se tratase de una norma dispositiva civil (p. ej., la duración del período de prueba: ET, art. 14.1).

— Supuesto de deslegalización: la ley simplemente se remite a la negociación colectiva, pero sin establecer ni un mínimo de derecho necesario, ni un marco regulador, ni una regulación supletoria (p. ej., el derecho a una promoción económica se remite a la negociación colectiva: ET, art. 25.1).

Al lado de estas fórmulas de relación entre la ley y el convenio colectivo, aún se debe añadir una última según la cual la ley excluye la posibilidad de regulación por convenio colectivo, incluso cuando la regulación de este sea más beneficiosa para el trabajador. Un ejemplo paradigmático de esta relación excluyente del convenio colectivo son las limitaciones a las subidas salariales en el empleo público contenidas en las leyes presupuestarias —y últimamente en las leyes dictadas contra la crisis—[1].

1.4. Relaciones de normas heterónomas entre sí y de normas autónomas entre sí

Aunque la redacción del artículo 3.3 ET podría hacer pensar que en él se regulan todos los posibles conflictos entre normas laborales a través de los principios de norma mínima y de norma más favorable, el ámbito paradigmático de aplicación de estos principios es en las relaciones entre

[1] STC 63/1986, de 21 de mayo, recursos de inconstitucionalidad acumulados, números 111/1981, 109/1981, 655/1981, 679/1981 y 111/1984 (*BOE* de 17 de junio de 1986): la imposición de topes máximos al incremento del volumen global de las retribuciones por todos los conceptos de los empleados públicos constituye una medida económica general de carácter presupuestario dirigida a contener la expansión relativa de uno de los componentes esenciales del gasto público, de tal modo que dicha decisión coyuntural y de eficacia limitada en el tiempo resultaba constitucionalmente justificada en razón de una política de contención de la inflación a través de la reducción del déficit público. No se condiciona totalmente la autonomía financiera de las Comunidades Autónomas pues estas pueden decidir como imputan esas limitaciones del volumen salarial global a cada empleado público en concreto. Tras esta primera STC, se han dictado otras sentencias posteriores confirmando y sentando esta misma doctrina.

las normas heterónomas y las normas autónomas. Las relaciones de las normas heterónomas entre sí y de las normas autónomas entre sí tienen otra dinámica que no es completamente coincidente con la aplicación de dichos principios.

— Relaciones de las normas heterónomas entre sí (ET, art. 3.2): «Las disposiciones legales y reglamentarias se aplicarán con sujeción estricta al principio de jerarquía normativa. Las disposiciones reglamentarias desarrollarán los preceptos que establecen las normas de rango superior, pero no podrán establecer condiciones de trabajo distintas a las establecidas por las leyes a desarrollar». Por tanto, la ley opera como norma mínima de derecho necesario, pero el reglamento no está facultado para desarrollarla salvo que la ley se lo permita, ni para establecer condiciones distintas a las establecidas por las leyes a desarrollar, ni siquiera si suponen una mejora a favor del trabajador. No cabe, en consecuencia, en el Derecho del Trabajo la figura —conocida en el Derecho administrativo— del reglamento autónomo, independiente, o *praeter legem*, sino sólo la del reglamento de desarrollo, ejecutivo, o *secundum legem*. De este modo, se garantiza la existencia de un espacio regulador a favor de la negociación colectiva que, de admitirse los reglamentos autónomos, podría ser invadido con consiguiente vulneración del reconocimiento constitucional de aquella (CE, art. 37.1).

Ahora bien, el llamamiento legal al desarrollo reglamentario en algunas ocasiones se configura en términos muy amplios. Por ejemplo, el llamamiento legal al desarrollo reglamentario de las relaciones laborales especiales tiene como única limitación que se respeten «los derechos básicos reconocidos por la Constitución» (ET, art. 2.2). O el llamamiento legal al desarrollo reglamentario para regular las jornadas especiales de trabajo tiene como única limitación que se haga «para aquellos sectores y trabajos que por sus peculiaridades así lo requieran» (ET, art. 34.7). Pero esto no quiere decir que el límite no exista pues lo que no cabe en ningún caso es que el desarrollo reglamentario cree una relación laboral especial, o establezca las condiciones generales de jornada para todos los trabajadores.

— Relaciones de las normas autónomas entre sí (ET, art. 84.1): «Un convenio colectivo, durante su vigencia, no podrá ser afectado por lo dispuesto en convenios de ámbito distinto». Se trata de una prohibición de concurrencia que impide la existencia del conflicto que es el presupuesto de hecho del artículo 3.3 ET, con lo cual, en principio, el artículo 84.1 desplaza la aplicación de los principios de norma mínima y de norma más favorable. Pero esa prohibición de concurrencia admite ciertas excepciones, y, entre ellas, la que ahora interesa destacar es que mediante acuerdos interprofesionales se establezcan cláusulas sobre la estructura de la negociación colectiva, fijando, en su caso, las reglas que han de resolver los conflictos de concurrencia entre convenios de distinto ámbito (ET, art. 83.2); entre estas reglas obviamente podrían estar los principios de norma mínima y norma más favorable, que en consecuencia se aplicarían a las relaciones entre normas autónomas sólo si se hubiera pactado en acuerdos interprofesionales.

1.5. Posición de los tratados internacionales y el Derecho de la Unión Europea

Los tratados internacionales válidamente celebrados, una vez publicados oficialmente en España, formarán parte del ordenamiento interno, pero no se puede afirmar con corrección teórica que todos ellos sean superiores a la Constitución o a las leyes, con lo cual su relación con esas otras fuentes no se explica de una manera totalmente convincente en base al principio de jerarquía. Ahora bien, en la práctica operan como normas de derecho mínimo necesario porque sólo pueden ser derogados, modificados o suspendidos en la forma prevista en los propios tratados o de acuerdo con las normas generales del Derecho internacional. Únicamente el Estado podría desvincularse de su aplicación a través de su denuncia (CE, arts. 93 a 96).

Las relaciones entre el ordenamiento interno y el Derecho de la Unión Europea tampoco se explican sobre el principio de jerarquía, pero tampoco se explican en los mismos términos que los tratados internacionales.

Si el fundamento del Derecho de la Unión Europea se encuentra en la transferencia de soberanía de los Estados miembros a la Unión Europea, la válida aprobación de una norma europea la hace aplicable —a diferencia de los tratados internacionales— sin necesidad de publicación oficial en el derecho interno (aplicabilidad directa), y prevaleciendo sobre cualquier otra norma interna que la contradiga dentro de su ámbito de aplicación (principio de primacía, que se funda en un reparto competencial, no en la idea de jerarquía).

Además de la aplicabilidad directa y la primacía, las normas europeas pueden, siempre que sus mandatos sean incondicionados y suficientemente precisos, ser invocadas ante los tribunales de justicia (eficacia directa) según la naturaleza jurídica de la norma de que se trate, lo cual obliga a distinguir:

— Las normas de derecho europeo originario (tratados fundacionales, sus reformas y tratados de adhesión de nuevos miembros), y, dentro del derecho europeo derivado, los reglamentos (TFUE, art. 288), pueden ser invocadas frente a los Estados miembros tanto si actúan investidos de poder público como si actúan en relaciones de derecho privado (eficacia directa vertical), y también pueden ser invocadas entre particulares (eficacia directa horizontal).

— Pero las directivas, en cuanto sólo obligan a un resultado dejando libertad a los Estados sobre la forma y los medios para conseguirlo (art. 288 TFUE), sólo tienen efecto directo vertical (siempre que, además de estar vencido su plazo de trasposición, sus mandatos sean incondicionados y suficientemente precisos, lo que, dicho sea de paso, es cada vez más habitual en las directivas sobre Derecho del Trabajo). De todos modos, los Jueces y Juezas laborales españoles, en cuanto están vinculados al Derecho de la Unión Europea, admiten con naturalidad el efecto directo horizontal de mandatos no traspuestos, incondicionados y suficientemente precisos.

2. SELECCIÓN DE LA NORMA APLICABLE ENTRE LAS VARIAS SUCESIVAMENTE VIGENTES

La selección de la norma aplicable entre las varias sucesivamente vigentes se resuelve, con carácter general, conforme al principio de modernidad: las leyes sólo se derogan por otras posteriores (CC, art. 2.2), y las leyes no tendrán efecto retroactivo si no dispusieren lo contrario (CC, art. 2.3). Frente la muy inusual retroactividad fuerte o de segundo grado (la nueva ley se aplicaría a los contratos de trabajo vigentes celebrados con anterioridad tanto a sus efectos consumados como a sus efectos no consumados), las leyes laborales suelen establecer en sus disposiciones transitorias una retroactividad débil o de primer grado (la nueva ley se aplicaría a los contratos de trabajo vigentes celebrados con anterioridad, pero no permitiría revisar los efectos ya consumados). Cuando se trate de disposiciones sancionadoras no favorables o restrictivas de derechos individuales, la CE garantiza su irretroactividad (art. 9.3).

Los convenios colectivos tienen unas normas específicas de vigencia dado su carácter temporal (ET, art. 86.1), con posibilidad de prórroga tácita de año en año si no ha sido denunciada su vigencia (ET, art. 86.2), y de aplicación temporal de sus disposiciones normativas si ha sido denunciada su vigencia y en tanto se negocia otro nuevo (ET, art. 86.3: es lo que se conoce como ultraactividad). El convenio que sucede a uno anterior deroga en su integridad a este último, salvo los aspectos que expresamente se mantengan (ET, art. 86.5). Podemos así concluir que, aunque con una regulación específica diferente a la aplicable a las leyes y normas heterónomas, los convenios colectivos también están sujetos al principio de modernidad.

Al igual que ocurría con el principio de jerarquía, el carácter tuitivo del Derecho del Trabajo condiciona el principio de modernidad, en este caso a través del principio de condición más beneficiosa adquirida según el cual, y a pesar del cambio de ley o de convenio colectivo, se seguirá aplicando aquella condición más favorable para el trabajador incorporada vía contractual a su relación individual. La explicación de este principio —que el ET no recoge explícitamente y que suele ser cláusula de estilo en los convenios colectivos— se deriva de la consideración de la voluntad de las partes como fuente de la relación laboral [ET, art. 3.1.*c*)] que debe prevalecer frente a los órdenes normativos heterónomos o autónomos de referencia siempre que la condición adquirida sea más favorable para el trabajador. Dicho más sencillamente, ni la ley ni los negociadores colectivos pueden disponer de los derechos individuales fundados en la voluntad de las partes[2].

El elemento esencial para considerar la existencia de una condición más beneficiosa adquirida es su incorporación vía contractual a la relación individual. Si la condición ha sido incorporada vía ley o convenio colectivo quedará afectada por el principio de modernidad. O sea, la ley y el convenio colectivo pueden disponer en perjuicio del trabajador de los derechos que la propia ley o convenio colectivo le han reconocido[3]. Lo que no pueden es disponer de los derechos que el trabajador ha adquirido por vía contractual.

---

[2] Mas ampliamente lo explica la STS (Sala de lo Social) de 19/12/2012, rec. 209/2011: Para que pueda sostenerse la existencia de una condición más beneficiosa es preciso que esta se haya adquirido y disfrutado en virtud de la consolidación del beneficio que se reclama, por obra de una voluntad inequívoca de su concesión, de suerte que la ventaja que se concede se haya incorporado al nexo contractual en virtud de un acto de voluntad constitutivo de una concesión o reconocimiento de un derecho y se pruebe, en fin, la voluntad empresarial de atribuir a sus trabajadores una ventaja o un beneficio social que supera a los establecidos en las fuentes legales o convencionales de regulación de la relación contractual de trabajo. Reconocida una condición más beneficiosa, esta condición se incorpora al nexo contractual y ello impide poder extraerlo del mismo por decisión del empresario, pues la condición en cuanto tal es calificable como un acuerdo contractual tácito —art. 3.1.*c*) ET— y, por tanto, mantiene su vigencia y pervive mientras las partes no acuerden otra cosa o mientras no sea compensada o neutralizada en virtud de una norma posterior legal o pactada colectivamente que sea más favorable —siendo de aplicación en el caso las previsiones del art. 1091 del CC acerca de la fuerza de obligar de los contratos y el art. 1256 CC acerca de la imposibilidad de modificarlos de forma unilateral—.

[3] STS (Sala de lo Social) de 16/12/1994, rec. 1391/1993: Caben convenios colectivos regresivos, sin que quepa sostener que el convenio colectivo es fuente de condición más beneficiosa, y la fuerza derogatoria que tiene un Convenio respecto del precedente lo recoge expresamente también el artículo 86.4 del Estatuto de los Trabajadores. Se habla en otras sentencias del «principio de modernidad», como en la STS (Sala de lo Social) de 26/02/1996, rec. 2116/1995.

La adquisición vía contractual del derecho, y su incorporación a la relación individual, obligan a que el mismo se haya reconocido bien en el contrato individual de trabajo, o bien por práctica empresarial. También se puede adquirir a favor de un colectivo de trabajadores a través de convenio colectivo extraestatutario, pacto de empresa o acuerdo colectivo sin eficacia normativa. Dado que esta clase de condiciones más beneficiosas adquiridas son a favor de un colectivo de trabajadores, se las denomina como colectivas[4].

Además de la adquisición vía contractual del derecho, la condición más beneficiosa adquirida exige un reconocimiento por parte de la empresa con conciencia de obligatoriedad, es decir, que no sea una mera tolerancia[5]. Tal conciencia de obligatoriedad no tiene por qué estar expresamente plasmada, pudiéndose deducir de las circunstancias concurrentes, lo que obliga a utilizar indicios diversos, como una larga reiteración en el tiempo —aunque esta por sí sola no siempre es elemento totalmente decisivo pues la larga reiteración en el tiempo puede obedecer a otras consideraciones—[6].

Ha sido muy cuestionado si las administraciones públicas, cuando actúan como empleadoras, pueden conceder condiciones más beneficiosas, dadas las exigencias del principio de legalidad, en especial presupues-

---

[4] STS (Sala de lo Social) de 30/12/1998, rec. 1399/1998: La construcción de la figura de la condición más beneficiosa de creación jurisprudencial se configuró inicialmente con un carácter individual. Sin embargo, esa condición inicial se fue ampliando, admitiendo que la posibilidad de que el beneficio ofertado sin contraprestación se concediese a una pluralidad de trabajadores, siempre que inicialmente naciese de ese ofrecimiento unilateral del empresario, que, aceptado, se incorpora a los respectivos contratos de trabajo. De esta manera se ha ampliado la fuente origen de la condición más beneficiosa, alcanzando a los actos y pactos de empresa, que no tienen naturaleza de convenio, llegándose así a la condición más beneficiosa de carácter colectivo, que únicamente puede reducirse o suprimirse por una regulación distinta que supere los beneficios reconocidos.

[5] STS (Sala de lo Social) de 31/05/1995, rec. 2384/1994: Ni es suficiente que el beneficio tenga duración en el tiempo, ni es tampoco precisa esa nota de la duración o persistencia. Lo fundamental es que la ventaja que se concede se haya incorporado al nexo contractual en virtud de un acto de voluntad constitutivo de una concesión o reconocimiento de un derecho. Que cualquiera que sea el título originario de la concesión constituya un derecho adquirido y no un mero uso de empresa. Habrá una condición más beneficiosa cuando se pruebe, en fin, la voluntad empresarial de atribuir a sus trabajadores una ventaja o un beneficio social que supera a los establecidos en las fuentes legales o convencionales de regulación de la relación contractual de trabajo.

[6] STS (Sala de lo Social) de 16/05/2018, rec. 1806/2016: Declara la inexistencia de condición más beneficiosa, por el pago de superiores retribuciones que no obedece a la voluntad de la empresa de otorgar un beneficio superior a las exigencias legales o convencionales, sino que al cumplimiento de la obligación impuesta por un tercero a través del pliego de condiciones que ha elaborado el empresario principal.

taria, y del principio de igualdad. El Tribunal Supremo ha variado su doctrina, desde una postura totalmente excluyente, a otra permisiva, y en la actualidad en un punto intermedio según el cual se permiten, pero sólo si: (1) hay una voluntad inequívoca del empleador; (2) la concede el órgano administrativo con competencias para decidir acerca de la materia sobre la que versa la condición; y (3) no vulnera ni invade normas de derecho necesario, incluyendo las del convenio colectivo aplicable, con lo cual resulta necesario para su permisibilidad que se trate de una condición *praeter legem*[7].

La extinción de la condición más beneficiosa adquirida no cabe por la voluntad unilateral de la empresa sin mayores exigencias procedimentales. En la jurisprudencia, se han admitido las siguientes causas de extinción:

(1) por los términos previstos en la propia concesión, entre los cuales se puede encontrar su carácter temporal —fijado de manera expresa o por referencia a una situación: por ejemplo, mientras la empresa tenga beneficios—, o su eventual absorción y compensación, salvo que en la condición se haya sido excluido su absorción y compensación —por ejemplo, un plus salarial reconocido como no absorbible ni compensable—;

(2) por un acuerdo novatorio entre el empresario y el trabajador —si condición individual— o con quienes hayan suscrito el convenio colectivo extraestatutario, pacto de empresa o acuerdo colectivo —si condición colectiva—;

(3) a través de una modificación sustancial de las condiciones de trabajo (ET, art. 41), y esto con independencia de la trascendencia económica de la condición más beneficiosa adquirida, pues la extinción de una condición de trabajo siempre es la más radical de sus posibles modificaciones sustanciales;

(4) en el ámbito del empleo público, si se ha modificado la normativa de referencia prohibiendo determinadas mejoras —se trata de un caso hoy en día más usual dada la aprobación en los últimos años de recortes legales anticrisis—.

---

[7] STS (Sala de lo Social) de 13/07/2017, rec. 2976/2015: La posibilidad de adquirir una condición más beneficiosa en el marco de la relación laboral con las AAPP, se subordina a una triple exigencia delimitadora: *a*) que traiga origen en voluntad inequívoca del empleador; *b*) que la misma sea directamente atribuible al órgano que ostente adecuada competencia para vincular a la correspondiente administración; y *c*) que se trate de un beneficio *praeter legem*, en tanto que no contemplado ni prohibido —de forma expresa o implícita— por disposición legal o convencional algunas de las que predicar su imperatividad como derecho necesario absoluto.

3. APLICACIÓN DE LA NORMA SELECCIONADA POR ENCIMA DE LO PACTADO EN EL CONTRATO DE TRABAJO

El carácter tuitivo del Derecho del Trabajo sería papel mojado si, como es norma general en Derecho Civil (CC, art. 6.2), el trabajador pudiera renunciar a los derechos reconocidos en la ley. Por ello, la norma general en el Derecho del Trabajo es precisamente la contraria a la del Derecho Civil: «Los trabajadores no podrán disponer válidamente, antes o después de su adquisición, de los derechos que tengan reconocidos por disposiciones legales de derecho necesario. Tampoco podrán disponer válidamente de los derechos reconocidos como indisponibles por convenio colectivo» (ET, art. 3.5).

La formulación del ET no es especialmente feliz. En primer lugar, porque prohíbe la disposición «antes o después» de la adquisición del derecho, lo cual siendo perfectamente lógico y razonable cuando se trata de una disposición *ex ante*, no lo es tanto cuando se trata de una disposición *ex post*, pues, interpretada la norma de una manera literal, impediría la validez de los recibos de saldo y finiquito, o de las conciliaciones judiciales y extrajudiciales, que, sin embargo, sí se permiten (y potencían) en otras normas del ordenamiento jurídico laboral (en la LRJS: arts. 63-68, 84, 235 y 246). Para corregir esa conclusión, se suele entender que lo prohibido es sólo la disposición *ex post* incondicionada y sin compensación —es decir, una renuncia pura—, siendo válidos los recibos de saldo y finiquito, o las conciliaciones judiciales y extrajudiciales, siempre que, además de cumplir con las exigencias establecidas en las normas que los regulan, reflejen una transacción entendida como contrato en evitación de un pleito (CC, art. 1.809).

Acorde con este entendimiento, la jurisprudencia, si bien reconoce a los recibos de saldo y finiquito la eficacia liberatoria y extintiva definitiva que les corresponda como expresión de la libre voluntad de las partes, también aclara que no tienen un contenido o carácter sacramental con efectos preestablecidos y objetivados de modo que aquella eficacia se imponga en todo caso abstracción hecha de las circunstancias y condicionamientos que intervienen en su redacción, entre los cuales se encuentra como esencial el de que tienen los límites propios de la transacción, de ahí que los actos de disposición en materia laboral han de vincularse siempre a la función preventiva del proceso[8].

---

[8] STS (Sala de lo Social) de 11/06/2001, rec. 3189/2000: No le concede valor liberatorio por haber quedado excluidos los conceptos retributivos en los que no se ha cuantificado el pago (estima recurso del trabajador). Supuesto típico es el que resuelve STS (Sala de lo

Igualmente, acorde con este entendimiento garantista, es la posibilidad de que el acuerdo alcanzado en conciliación o mediación previa a la vía judicial sea impugnado por las partes a través del ejercicio de la acción de nulidad por las causas que invalidan los contratos o por los posibles perjudicados con fundamento en su ilegalidad o lesividad (LRJS, art. 67).

Y en esa misma línea, el Letrado de la Administración de Justicia puede no aprobar el acuerdo alcanzado en la conciliación previa a la celebración del acto del juicio laboral si estimare que lo convenido es constitutivo de lesión grave para alguna de las partes o para terceros, de fraude de ley o de abuso de derecho o contrario al interés público (LRJS, art. 84.2). También las propias partes podrán ejercitar la acción de nulidad por las causas que invalidan los contratos y la impugnación por los posibles terceros perjudicados podrá fundamentarse en ilegalidad o lesividad (LRJS, art. 84.6).

Quizás la manera en que mejor se han plasmado las anteriores consideraciones es en relación con los derechos reconocidos por sentencias favorables al trabajador: se prohíbe su renuncia «sin perjuicio de la posibilidad de transacción dentro de los límites legalmente establecidos» (LRJS, art. 246).

En segundo lugar, la formulación del ET tampoco resulta especialmente feliz cuando distingue entre la indisponibilidad de los derechos «reconocidos por disposiciones legales de derecho necesario» y la de los «derechos reconocidos como indisponibles por convenio colectivo». De una lectura literal parece deducirse que los derechos reconocidos por convenio colectivo deben ser expresamente reconocidos como indisponibles para serlo. Tal conclusión barrenaría la naturaleza misma del convenio colectivo como norma jurídica y haría quebrar el sistema de negociación colectiva basado en la prevalencia de la voluntad colectiva frente a la individual. Por ello, la jurisprudencia viene entendiendo, desde siempre, que los derechos reconocidos en convenios colectivos son indisponibles aunque nada se diga.

La sanción de un acuerdo de renuncia a derechos indisponibles reconocidos en leyes o convenios colectivos es la nulidad. Si ese acuerdo se inserta en un contrato de trabajo, ello no conllevará la nulidad del contrato de trabajo —principio de conservación del negocio jurídico—, que

Social) de 12/03/2012, rec. 2462/2011, conteniendo doctrina general sobre los requisitos del finiquito para su validez liberatoria. Entiende que, al no responder el finiquito a ninguna función transaccional, a pesar de las menciones hechas constar por el empresario sobre la rescisión del contrato de trabajo y la baja en la empresa, la conformidad de la actora se refería únicamente a la liquidación de los conceptos retributivos que se le adeudaban, y no a quedar indemnizada por la extinción de su relación laboral de carácter indefinido.

continuará válido «completado con los preceptos jurídicos adecuados» (ET, art. 9.1).

El principio de irrenunciabilidad de derechos no se predica de los reconocidos por los usos y costumbres locales y profesionales, pues estos sólo se aplican en defecto de disposiciones legales, convencionales o contractuales, a no ser que cuenten con una recepción o remisión expresa (ET, art. 3.4). Pero incluso en los casos de recepción o remisión expresa, lo habitual es admitir la prevalencia de lo convenido frente al uso o costumbre (p. ej., la liquidación y el pago del salario se harán en la fecha y lugar convenidos o conforme a los usos y costumbres, según el art. 29.1 ET). Con lo cual, las condiciones de empleo sustentadas en usos y costumbres son las más claras excepciones al principio de irrenuncialidad de derechos.

Otra excepción teóricamente posible al principio de irrenunciabilidad de derechos sería que la ley o el convenio colectivo establecieran derechos renunciables para el trabajador. Hoy por hoy no hay ningún ejemplo en la ley. Aunque sí se han introducido en las leyes en los últimos años algunos derechos cuya concreción, en defecto de lo establecido en la negociación colectiva, se deja a lo pactado individualmente. Por ejemplo, la concreción del modo de disfrute del permiso retribuido de veinte horas anuales de formación profesional para el empleo se fija de mutuo acuerdo entre trabajador y empresario en defecto de lo previsto en convenio colectivo (ET, art. 23.3). O cuando se rconoce el derecho de la persona trabajadora a solicitar las adaptaciones de la duración y distribución de la jornada de trabajo, en la ordenación del tiempo de trabajo y en la forma de prestación, incluida la prestación de su trabajo a distancia, para hacer efectivo su derecho a la conciliación de la vida familiar y laboral, que, en defecto de lo establecido en convenio colectivo, exige para su concreción abrir un proceso de negociación (ET, art. 34.8). En todos estos casos, el derecho reconocido legalmente sigue siendo efectivo e irrenunciable aunque no lo desarrolle la negociación colectiva, con lo cual, en el caso de no alcanzar un acuerdo en cuanto al modo de ejercitarlo, los trabajadores siempre pueden acudir al amparo judicial para atacar actitudes obstruccionistas del empresario. No estamos, así pues, ante excepciones del principio de irrenunciabilidad de derechos, sino sólo ante derechos de configuración individualizada en atención a las circunstancias de la empresa y la persona trabajadora.

Merece finalmente destacar que el principio de irrenunciabilidad se reconoce también en el ámbito de los derechos derivados de la Seguridad Social. La Ley General de Seguridad Social establece en su artículo 3 que «será nulo todo pacto, individual o colectivo, por el cual el trabajador renuncie a los derechos que le confiere la presente ley». Y ello se merece destacar a los efectos de la relación laboral cuando se trata de derechos relativos a la Seguridad Social complementaria (complementos de las prestaciones de invalidez, jubilación o incapacidad temporal abonados por las empresas).

4. CRITERIOS DE INTERPRETACIÓN DE LA NORMA SELECCIONADA Y APLICABLE; EN PARTICULAR LA PERSPECTIVA DE GÉNERO

Concluido el proceso de selección de la norma laboral y dejando sentada su aplicación siempre respetando lo pactado, el último paso es la interpretación de dicha norma. Recordemos ahora que, según las reglas generales del Derecho Civil (CC, art. 3.1), «las normas se interpretarán según el sentido propio de sus palabras, en relación con el contexto, los antecedentes históricos y legislativos, y la realidad social del tiempo en que han de ser aplicadas, atendiendo fundamentalmente al espíritu y finalidad de aquellas».

De nuevo aquí el carácter tuitivo del Derecho del Trabajo ha determinado la existencia de una importante especialidad: el principio pro operario, según el cual, en caso de duda entre las varias interpretaciones posibles de una norma, se estará a aquella que sea más favorable al trabajador. Se trata, en consecuencia, de una regla que opera en caso de duda en la interpretación de la norma. Pero no en caso de duda sobre los hechos, que se resolverá por las reglas generales sobre la carga de la prueba (LEC, art. 217)[9].

El principio *pro operario* tiene como principios hermanos —y que operan también si hay duda jurídica, pero en ningún caso en orden a la duda sobre los hechos— el principio pro beneficiario en el ámbito de la Seguridad Social, y el principio pro víctima en el ámbito del Derecho de daños.

El principio pro operario no aparece expresamente reconocido en ninguna norma legal, sino que es de creación jurisprudencial, y ha sido la misma jurisprudencia que lo ha creado la que lo ha hecho caer en un

---

[9] STS (Sala de lo Social) de 18/02/1985 (con cita de otras anteriores), CENDOJ 28079140011985100011: el *in dubio pro operario* sólo tiene efectividad cuando existe o surja duda racional en cuanto a los efectos jurídicos de una determinada situación fáctica, siendo aplicable únicamente en la interpretación del derecho, en caso de duda respecto a su sentido y alcance, no en la apreciación de la prueba, o, dicho de otro modo, cuando se den frente a un hecho posibilidades de hacer efectivas diversas normas igualmente razonables, cuando se dé una situación tal que la interpretación normativa ofrezca de forma manifiesta y patente una duda, pero no cuando, fijados los hechos probados como emanación de la realidad objetiva captada por el juzgador, resulta adecuada la aplicación de la norma legal.

desuso que encuentra una cierta explicación en el hecho de que el carácter tuitivo del Derecho del Trabajo opera, sin necesidad de más complicación, como criterio finalista para la interpretación de la norma según el Código Civil. De este modo, la jurisprudencia y la doctrina de los tribunales tiende a invocar el carácter tuitivo del Derecho del Trabajo a través de una interpretación finalista que se apoya en el Código Civil, más que a través de un principio, como es el pro operario, no reconocido en ninguna norma legal.

Además de las reglas generales del Derecho Civil, y del languideciente principio pro operario propio del Derecho del Trabajo, la Constitución Española, como norma suprema del ordenamiento jurídico, vincula a todos los Jueces y Tribunales, quienes interpretarán y aplicarán las leyes y los reglamentos según los preceptos y principios constitucionales, conforme a la interpretación de los mismos que resulte de las resoluciones dictadas por el Tribunal Constitucional en todo tipo de procesos (LOPJ, art. 5).

También es oportuno recordar igualmente que los Jueces y Tribunales aplicarán el Derecho de la Unión Europea de conformidad con la jurisprudencia del Tribunal de Justicia de la Unión Europea (LOPJ, art. 4 bis)[10].

Ambas precisiones son de gran trascendencia en el ámbito laboral en cuanto que tanto la Constitución Española como el Derecho de la Unión Europea contienen numerosos mandatos referidos al Derecho del Trabajo.

Finalmente —y desarrollando específicamente la obligación de los jueces y tribunales de aplicar la Constitución Española y el Derecho de la Unión Europea, dado que tanto aquella como este reconocen el principio de igualdad de género al más elevado rango normativo—, «la igualdad de trato y de oportunidades entre mujeres y hombres es un principio informador del ordenamiento jurídico y, como tal, se integrará y observará en la interpretación y aplicación de las normas jurídicas» (LOIEMH, art. 4).

Se trata de un último principio de interpretación normativa, usualmente denominado perspectiva de género o enjuiciamiento de género, que, sin desconocer su carácter general para todo el ordenamiento jurídico,

[10] Sentencia Tribunal Superior de Justicia de Andalucía (Sala de lo Social de Granada) de 8/09/2017, rec. 663/2017. Aplica doctrina sobre el efecto directo horizontal de las directivas y los requisitos que puedan ser exigibles para su invocación en litigios entre particulares. Rechaza la invocación por un particular del efecto directo horizontal del Derecho de la Unión, para dejar de aplicar un Convenio Colectivo, si el derecho reconocido en la Directiva que se invoca no está dotado de la cualidad de derecho fundamental de la Unión Europea con entidad suficiente por sí mismo, para atribuir un derecho subjetivo cuya aplicación de forma concreta y específica, en el aspecto indemnizatorio, no precise de desarrollo normativo.

presenta una relevante trascendencia en el Derecho del Trabajo en la medida en que los prejuicios sociales y culturales que están en la base de la discriminación de las mujeres se proyectan de manera muy intensa en el mundo laboral.

Los elementos centrales de esta interpretación proigualdad —que se concreta en una interpretación proconciliación cuando se trata de derechos de conciliación, y en una interpretación contra violencia cuando se trata de derechos de las víctimas de violencia de género— son los tres siguientes:

(1) El ámbito del artículo 4 LOIEMH comprende: la interpretación general y abstracta de las normas jurídicas —dudas de derecho en sentido estricto: un ejemplo sería el caso SOVI al que nos referiremos en breve—; la valoración de las conductas de las partes a los efectos de aplicar una norma jurídica —que también son dudas de derecho: un ejemplo sería la valoración de la reacción de la víctima frente a un acoso sexual en el trabajo, y ello podría vulnerar la perspectiva de género si se concluye que el acoso no existió sólo porque no se reaccionó de manera inmediata, o porque se demoró la denuncia hasta la extinción del contrato—; y la interpretación y aplicación de las normas jurídicas relacionadas con la fijación y prueba de los hechos en juicio —que se suelen tildar como dudas de hecho, aunque también se refieren a la interpretación y aplicación de normas jurídicas: un ejemplo donde se vulneraría la perspectiva de género en este ámbito sería valorar con prejuicios de género las declaraciones de la parte o un testigo cuando las normas procesales obligan a valorarlas según la sana crítica—.

También el artículo 4 LOIEMH incluye dentro de su ámbito de aplicación a la analogía (CC, art. 4), siempre que una determinada realidad no aparezca contemplada en ninguna norma jurídica (laguna de regulación), o que aparezca regulada obviando el valor de la igualdad (laguna axiológica: por ejemplo, si la ley no contemplase las situaciones de violencia de género para establecer la exclusión de la pensión de viudedad del maltratador).

(2) Obliga el artículo 4 LOIEMH a considerar en la interpretación de las normas jurídicas, y en su caso en su integración analógica, tanto la igualdad de trato como la igualdad de oportunidades. Se trata de una precisión de una notable trascendencia. La igualdad de trato conlleva la prohibición de discriminación sexista directa e indirecta (LOIEMH, art. 3), lo que obliga, entre otras resultas, a erradicar los prejuicios de género de la labor hermenéutica (vertiente prohibitiva, que conecta con el art. 14 CE). La igualdad de oportunidades va más allá al permitir la

resolución de la duda a favor de la solución con los efectos más beneficiosos sobre la igualdad real (vertiente promocional, que conecta con el art. 9.2 CE).

(3) A los efectos de considerar la igualdad en la interpretación de las normas jurídicas, y en su caso en su integración analógica, el artículo 4 LOIEMH concibe la igualdad como principio informador del ordenamiento jurídico. O sea, dirige la resolución de la duda, no hacia la tradicional técnica de la subsunción de los hechos en la norma, sino hacia la técnica de la ponderación de los distintos principios en juego atendiendo a las circunstancias del caso real. La doctrina científica ha aportado diversos métodos de ponderación, algunos tomados de la dogmática más tradicional (preferencia de la interpretación finalista sobre la literal; aplicación evolutiva de los valores constitucionales; interpretación conforme a la realidad social imperante), y otros más modernamente aportados desde el feminismo jurídico (el método woman question es probablemente el más extendido: se plantean una serie de preguntas clave para verificar si la situación de mujeres y hombres ha sido, es o sería la misma en el caso concreto, lo que permite desvelar desigualdades, discriminaciones y prejuicios de género).

El paradigmático ejemplo de aplicación judicial en el orden social del artículo 4 LOIEMH ha emanado del TS: el cómputo de determinados períodos vinculados al parto como cotizados a favor de la trabajadora solicitante de pensiones de jubilación e incapacidad permanente «de cualquier régimen de la Seguridad Social» (según LGSS, art. 235) es aplicable al Seguro Obligatorio de Vejez e Invalidez, aunque, en términos técnicos, el SOVI no es un régimen de la Seguridad Social[11]. La perspectiva de género se encuentra tanto en que se contempla un beneficio cotizatorio vinculado al parto en cuanto hecho exclusivamente femenino, como en la fuerte feminización del colectivo SOVI, lo que se explica históricamente en que era un sistema de seguro social que cubría a aquellas personas trabajadoras en empleos más precarios no integrados en las mejor protegidas —y masculinizadas— mutualidades laborales —que fueron el germen de los distintos regímenes de la Seguridad Social, mientras que el SOVI quedó fuera del Sistema como régimen residual y a extinguir—.

[11] STS (Sala de lo Social) de 21/12/2009, rec. 201/2009: Una norma como la analizada exige un canon de interpretación amplio que permita la consecuencia de su objetivo (la efectiva igualdad) y sirva para combatir el efecto negativo del embarazo y la maternidad, por más que se trate de una norma de Seguridad Social, pues su justificación hace precisa una interpretación que, más allá del plano legal, se efectúe desde el plano constitucional.

Algunos otros ejemplos en que la jurisprudencia del TS (Sala de lo Social), ha aplicado la perspectiva de género a través de la invocación del artículo 4 LOIEMH son:

— STS de 24/1/2017, rec. 1902/2015 (retribución de guardias médicas durante la suspensión del contrato por riesgo durante el embarazo).

— STS de 13/11/2019, rec. 75/2018 (las personas trabajadoras de una empresa de trabajo temporal se deben beneficiar del plan de igualdad de la empresa usuaria).

— STS de 3/12/2019, rec. 141/2018 (cálculo de la retribución en permisos de ejercicio feminizado).

— STS de 23/09/2020, rec. 70/2019 (es discriminatorio excluir la paternidad para el cálculo de una retribución variable).

— STS de 25/11/2020, rec. 38/2019 (condición más beneficiosa adquirida consistente en pagas extras íntegras en supuestos de maternidad, riesgo durante el embarazo y riesgo durante la lactancia natural).

— SSTS de 26/01/2021, rec. 50/2020 y de 25/05/2021, rec. 186/2019 (el plan de igualdad de la empresa se debe negociar con la representación unitaria o sindical del personal que está legitimada para negociar convenios colectivos estatutarios, no comisiones *ad hoc*).

— STS de 20/09/2022, rec. 3353/2019 (enfermedades feminizadas, profesiones feminizadas y carencias del cuadro de enfermedades profesionales).

5. BIBLIOGRAFÍA

Camps Ruiz, L. M. y Ramírez Martínez, J. M. (coords.): *Derecho del Trabajo*, 5.ª ed., Tirant lo Blanch, Valencia, 2016.

Cruz Villalón, J.: *Compendio de Derecho del Trabajo*, 17.ª ed., Tecnos, Madrid, 2024.

García-Perrote Escartín, I.: *Manual de Derecho del Trabajo*, 7.ª ed., Tirant lo Blanch, Valencia, 2017.

Lousada Arochena, J. F. *El enjuiciamiento de género*, Dykinson, Madrid, 2020.

Lousada Arochena, J. F. (coord. y autor), Cabeza Pereiro, J. y Núñez-Cortés Contreras, P. (autores): *Igualdad y diversidad en las relaciones laborales*, Tirant lo Blanch, Valencia, 2022.

Martín Valverde, A. y Rodríguez-Sañudo Gutiérrez, F.: *Derecho del Trabajo*, 30.ª ed., Tecnos, Madrid, 2021.

Mercader Uguina, J. R.: *Lecciones de Derecho del Trabajo*, 10.ª ed., Tirant lo Blanch, Valencia, 2017.

Montoya Melgar, A.: *Derecho del Trabajo*, 45.ª ed., Tecnos, Madrid, 2024.

TEMA 4

LOS SUJETOS DEL CONTRATO DE TRABAJO

EMILIA CONDE MARÍN
Profesora de Derecho del Trabajo y de la Seguridad Social.
Universidad Rey Juan Carlos

OBJETIVOS DE APRENDIZAJE

1. Conocer los caracteres típicos del contrato de trabajo.
2. Sobre tal premisa, conocer cuáles son los supuestos excluidos del campo de aplicación subjetivo del contrato de trabajo.
3. Identificar los requisitos exigidos al trabajador y al empresario para establecer un contrato de trabajo.
4. Conocer el régimen jurídico de las Empresas de Trabajo Temporal.

1. CONCEPTO Y CARACTERES DEL CONTRATO DE TRABAJO

El contrato de trabajo es la figura central del Derecho del Trabajo, se trata de un contrato que se encuentra en una posición mixta de concordancia y contraposición, esto es, en una situación de posiciones enfrentadas entre empresario y trabajador y, sin embargo, de forma paradójica, debe existir un ánimo conciliador de esos intereses diversos y contrapuestos para que se produzca la convergencia en el éxito de la relación laboral. El artículo 1.1 ET define el contrato de trabajo como aquél por el que la persona del trabajador se compromete a prestar voluntaria y personalmente sus servicios retribuidos por cuenta ajena y dentro del ámbito de organización y dirección de otra persona, física o jurídica, denominada empleador o empresario.

El contrato de trabajo, celebrado de forma tácita o expresa (art. 8 ET), es la llave que abre la puerta de las relaciones laborales en la empresa y va a conformar un cuadro de derechos y obligaciones que corresponden a ambas partes contractuales, el empresario y el trabajador. En la relación laboral el empresario podrá ser una persona física o jurídica, el trabajador será necesariamente una persona física.

El contrato de trabajo se caracteriza por determinadas notas que comparte con cualquier otro negocio jurídico: *a*) se trata de un contrato consensual, se perfecciona con el libre consentimiento prestado por las partes contratantes; *b*) es bilateral o recíproco, ya que la prestación de cada una de las partes ha de corresponderse en equivalencia con la contraria; *c*) es un contrato oneroso, pues supone una carga u obligación patrimonial para los intervinientes en el negocio; *d*) es una convención reglada que debe ajustarse a una serie de normas jurídicas concretas y predeterminadas.

Del concepto legal de contrato de trabajo es posible extraer una serie de notas típicas y privativas de la relación jurídica laboral, que nos indican que estamos ante un contrato de trabajo, la calificación como tal no depende de la voluntad o de cómo lo llamen las partes sino de que el negocio jurídico se encuentre dentro de los márgenes previstos por el artículo 1.1 ET.

En primer término, el trabajo es voluntario y es libre; la prestación del consentimiento en el momento del pacto contractual así lo demuestra (arts. 1.262 ss. CC). Se excluye, por tanto, aquella labor que se realice con carácter forzoso o venga impuesta por la Ley, es el caso del trabajo de los penados en instituciones penitenciarias que constituye una relación laboral especial [art. 2.1.*c*) ET]. No se considerará forzoso el trabajo que realice la persona por algún tipo de apremio o necesidad vital o económica para sí o para el mantenimiento de su familia.

En segundo lugar, el carácter personalísimo de dicha relación, o *intuitu personae*, nos indica que es inevitable la implicación de la persona en el trabajo, de manera que sería imposible la sustitución del trabajador como contraparte de un mismo contrato porque las cualidades del trabajador, sus aptitudes, experiencia, incluso su propia identidad, son elementos esenciales en su contratación. Tal nota típica es, al mismo tiempo, una condición que determina la exigencia de tutela de la libertad y personalidad del trabajador. No perdamos de vista que el contrato de trabajo tiene un indudable carácter patrimonial en cuanto contrato de cambio, pero también es reflejo de la personalidad del trabajador, y de los derechos que tal condición conlleve, entre los que sobresale el derecho a la dignidad. El trabajador no es mercancía en el tráfico jurídico y económico sino persona, y cuando se incorpora al ámbito laboral lleva consigo todos los derechos fundamentales y libertades públicas que le concede la Constitución Española por el hecho de ser ciudadano y que no pierde por convenir un contrato de trabajo.

La tercera característica del contrato de trabajo es la ajenidad, esto es, la atribución a un tercero de los beneficios del trabajo. Podemos distinguir entre ajenidad en los frutos, de manera que éstos desde el mismo momento de su producción pertenecen a una persona distinta del trabajador, el empresario; y ajenidad en los riesgos, ello implica que el coste del trabajo va a cargo del empresario, que el resultado se incorpora al patrimonio del que emplea y que éste debe asumir el resultado favorable o adverso de su empresa, tanto es así que si hubiese imposibilidad de llevar a cabo la prestación laboral, el derecho al salario permanecería intacto y el empresario estaría obligado a ponerlo a disposición del trabajador.

Algunas notas caracterizadoras de la relación laboral no siempre aparecen de manera nítida y clara, tal es el caso de la ajenidad que puede verse difuminada en ciertos casos. Ocurre en las ocasiones en que la figura del socio y del trabajador asalariado por cuenta ajena coinciden como, por ejemplo, en el caso de las sociedades capitalistas, anónimas y de responsabilidad limitada en las que es posible la doble condición; algo similar tiene lugar con las sociedades laborales, que se constituyen por «trabajadores que prestan en ella servicios retribuidos en forma personal y directa, cuya relación laboral es por tiempo indefinido» (art. 1 LSL). Hemos de mencionar aquí la situación del trabajador autónomo que resulta ser, al mismo tiempo, empresario y trabajador.

La ausencia de la nota de ajenidad ha comportado la exclusión de ciertos trabajos de la esfera jurídico-laboral, véase el caso de los consejeros de las empresas [art. 1.3.*c*) ET], los trabajos familiares [art. 1.3.*e*) ET] o los transportistas [art. 1.3.*g*) ET].

En cuarto lugar, la dependencia o subordinación es un elemento definitorio de la relación laboral en el sentido de que el trabajador se encuentra sometido al poder de organización, dirección y disciplina del empresario. El Tribunal Supremo viene entendiendo que no es necesario que la dependencia sea de grado absoluto, pues ello va a depender del tipo de trabajo que se realice como es el caso del trabajo a distancia (teletrabajo) sino que, como el Tribunal Supremo ha manifestado, es suficiente con que el trabajador se integre en el círculo rector y disciplinario del empresario; incluso, en el sentido contrario, no es un dato excluyente definitivo de la nota de la dependencia, el encontrarse dado de alta en el colegio de abogados, pagar el impuesto de actividades económicas o estar dado de alta en el Régimen especial de Autónomos. Habrá que estar siempre a las circunstancias concretas del caso para establecer la exclusión de la relación jurídica del ámbito laboral. Se trata del principio de irrelevancia del *nomen iuris* o también denominado principio de «primacía de la realidad» que significa que «las cosas son lo que son y no lo que las partes dicen que son».

Para finalizar con las notas típicas del contrato de trabajo, la prestación de servicios será retribuida. El trabajador tiene la obligación de llevar a cabo dicha prestación de servicios y el empresario tiene el deber, como contraprestación, de retribuir ese trabajo, cualquiera que sea la forma. El Derecho del Trabajo sólo se aplica al trabajo oneroso y productivo, siendo así, la ausencia de salario determina la inexistencia del contrato de trabajo por falta de causa, es por ello por lo que quedarán al margen de la actividad laboral los trabajos amistosos, benévolos y de buena vecindad.

El Estatuto de los Trabajadores, en su afán tuitivo, establece la presunción de que se establece una relación de trabajo entre todo aquél que presta un servicio por cuenta dentro del ámbito de organización y dirección de otro, y el que lo recibe, a cambio de una retribución (art. 8.1 ET). Si bien es cierto que la prestación de servicios puede canalizarse a través de otros tipos de contratos como el contrato de arrendamiento de servicios, el contrato de ejecución de obra o el contrato de sociedad, todos ellos de naturaleza no laboral.

2. SUPUESTOS EXCLUIDOS DE LA RELACIÓN LABORAL

El Ordenamiento laboral, partiendo del concepto de contrato de trabajo establecido en el artículo 1.1 ET considera ciertas relaciones jurídicas como excluidas de su ámbito. La justificación se encuentra en la falta de una o varias notas definitorias del contrato de trabajo, es decir, se excluyen del ámbito del Derecho del Trabajo y de la aplicación del Estatuto de los Trabajadores, todo trabajo que se efectúe en desarrollo de relación distinta a la que se define en el artículo 1 ET. El artículo 1.3 ET enumera y cita expresamente los siguientes supuestos excluidos:

2.1. FUNCIONARIOS PÚBLICOS

La primera de las exclusiones citadas en el Estatuto de los Trabajadores es la relación de servicio de los funcionarios públicos, así como la del personal al servicio del Estado, las Corporaciones Locales y las Entidades públicas, si bien «cuando al amparo de una Ley, dicha relación se regule por normas administrativas o estatutarias» [art. 1.3.*a*) ET].

Al servicio de la Administración del Estado encontramos personal funcionario, personal laboral y personal contratado en régimen administrativo, en consecuencia, la exclusión afecta sólo a aquéllos que están sometidos a algún régimen administrativo o estatutario.

El personal con contrato de trabajo, fijo, por tiempo indefinido o temporal, se regirá por el Estatuto de los Trabajadores, si bien con ciertas particularidades provocadas por el medio donde se ejerce el trabajo, por la naturaleza del fin que se persigue y especialmente, por la condición pública del empleador. El Estatuto Básico del Empleado Público se esfuerza en aproximar la legislación de funcionarios públicos y de personal laboral del Sector Público y proporcionar una normativa común en diferentes aspectos como en las normas de ingreso y promoción, régimen de incompatibilidades, régimen disciplinario o código de conducta, conciliación de la vida familiar, personal y laboral, en el terreno de la Prevención de Riesgos o como en el régimen jurídico de los Derechos Colectivos de los trabajadores.

El Estatuto Básico del Empleado Público establece que aquellas funciones que impliquen la participación en el ejercicio de las potestades públicas o en la salvaguarda de los intereses generales del Estado y de las Administraciones Públicas corresponderán al funcionario público (art. 9.2 EBEP).

La elección del régimen laboral para la contratación en el sector público es, por tanto, excepcional, su recurso se encuentra incluso tasado (art. 15 LMRFP). En efecto, según la Ley 30/1984, podrán desempeñarse por personal laboral: los puestos de naturaleza no permanente y aquéllos cuyas actividades se dirijan a satisfacer necesidades de carácter periódico y discontinuo; los puestos cuyas actividades sean propias de oficios, así como los de vigilancia, custodia, portería y otros análogos; los puestos de carácter instrumental correspondientes a las áreas de mantenimiento y conservación de edificios, equipos e instalaciones, artes gráficas, encuestas, protección civil y comunicación social, así como los puestos de las áreas de expresión artística y los vinculados directamente a su desarrollo, servicios sociales y protección de menores; los puestos correspondientes a áreas de actividades que requieran conocimientos técnicos especializados cuando no existan Cuerpos o Escalas de funcionarios cuyos miembros tengan la preparación específica necesaria para su desempeño; los puestos de trabajo en el extranjero con funciones administrativas de trámite y colaboración y auxiliares que comporten manejo de máquinas, archivo y similares y los puestos con funciones auxiliares de carácter instrumental y apoyo administrativo.

A pesar de la tasación de puestos descrita lo cierto es que, en la práctica, la fórmula laboral de ingreso y contratación en la Administración Pública ha estado tradicionalmente muy extendida dada su naturaleza flexible, ágil y resolutiva. No en balde, en la actualidad, el personal laboral es mayoritario en la Administración Local y en muchos Organismos autónomos. En cierto momento de la historia reciente la conquista del Derecho del Trabajo en el seno de la Administración Pública fue tal que el propio Tribunal Constitucional hubo de poner freno [STC 99/1987, de 11 de junio de 1987, núm. rec. 763/1984 (*BOE* de 26 de junio de 1987)].

Son excluidos del campo del Derecho del Trabajo los funcionarios públicos del Estado, de las Corporaciones Locales y de las Comunidades Autónomas, así como los funcionarios de los organismos autónomos de la Administración; entre los que se incluyen, tanto los que ostentan la plaza en propiedad como los que prestan sus servicios al Estado en régimen de interinidad, prácticas o expectativa de destino, igualmente se añade el personal eventual y aquéllos que tengan un contrato administrativo. También el personal estatutario de las instituciones sanitarias del Sistema Nacional de la Salud. Todos ellos se rigen principalmente por el Real Decreto Legislativo 5/2015, de 30 de octubre, por el que se aprueba el texto refundido de la Ley del Estatuto Básico del Empleado Público, aunque continúan en vigor previsiones anteriores a la norma mencionada.

Las exclusiones citadas responden más a la voluntad política del legislador que a una verdadera razón de tipo real o material, pues en ninguna de las mencionadas relaciones podemos constatar la ausencia de los rasgos definitorios del contrato de trabajo, por lo que nos encontramos ante una exclusión de tipo constitutivo, no declarativo. Un sector de la doctrina académica comparte la opinión de que el trabajo en la Administración del Estado podría ser considerado como constitutivo de una Relación Especial de Trabajo, no como una relación excluida.

2.2. Prestaciones personales obligatorias

Tal y como queda expresado, el motivo de la exclusión obedece a la falta de la nota de voluntariedad [art. 1.3.*b*) ET]. Sólo pueden ser establecidos por Ley, y se trata de servicios regulados por la norma jurídica como un deber del ciudadano para con la comunidad en determinadas circunstancias. La Constitución Española prohíbe la condena a trabajos forzados (art. 25.2 CE), lo que no es óbice para que sí se establezca una obligación de prestación personal del penado en los establecimientos penitenciarios, generalmente orientada a mantener la limpieza y el orden en dichas instituciones públicas. Otro claro ejemplo de prestación personal obligatoria es aquélla que suele regular la normativa civil local al respecto de situaciones de grave riesgo, catástrofe o calamidad pública, también la referida al Régimen electoral y sobre el Jurado. También entraría en la presente exclusión la comparecencia en instituciones públicas de naturaleza vinculante, como por ejemplo la asistencia a Mesas Electorales.

En todos estos supuestos no hay contrato de trabajo porque no existe uno de los presupuestos básicos de cualquier relación contractual, el consentimiento libremente prestado.

2.3. Consejeros y administradores en empresas

No es trabajador asalariado, en el sentido del artículo 1 ET, aquél que ejerza una actividad que se limite, pura y simplemente, al mero desempeño del cargo de consejero o miembro de los órganos de administración de la empresa que revista forma jurídica de sociedad y siempre que su actividad en dicha empresa sólo comporte la realización de cometidos inherentes a tal cargo [art. 1.3.*c*) ET]. El consejero o el administrador de una empresa forman parte de la titularidad de ésta, no importa la clase o si se trata de un consejero ejecutivo o pasivo porque la exclusión afecta a todos ellos, no comparte el carácter de la subordinación que caracteriza el contrato de trabajo; su estatuto regulador es de carácter mercantil y tienen un sistema de remuneración particular con una asignación fija y otras variables, además de dietas y sistemas de previsión a su favor, incluyendo indemnizaciones por cese y participación en beneficios y acciones (art. 217 del Real Decreto Legislativo 1/2010, de 2 de julio, por el que se aprueba el texto refundido de la Ley de Sociedades de Capital). Los administradores deben desempeñar el cargo con lealtad y con la «diligencia de un ordenado empresario», conforme a la buena fe y en el mejor interés de la empresa (arts. 225 ss. LSC). No debemos confundir esta figura con el alto directivo, sujeto a una relación laboral de carácter especial o con el directivo técnico que se encuentra totalmente integrado en el ámbito de aplicación subjetivo del Estatuto de los Trabajadores.

2.4. Trabajos amistosos

Los trabajos de amistad, benevolencia y buena vecindad se encuentran fuera de los límites del Derecho del Trabajo [art. 1.3.*d*) ET] y suelen producirse en el círculo de vecindad o por motivos de simpatía, como el caso de los partidos políticos o sindicatos. Los rasgos que identifican esta clase de trabajo son: *a*) ausencia de horario fijo; *b*) no sometimiento al círculo rector y disciplinario del empresario; y *c*) pura liberalidad en la prestación, no existe retribución compensatoria. La jurisprudencia ha añadido otras circunstancias que pueden indicar que estamos ante esta clase de trabajos amistosos, tal como que se trate de labores ocasionales o esporádicas o tomar en cuenta la intención de las partes a la hora de realizar estos trabajos, es decir, que lo lleven a cabo sin el ánimo de obligarse jurídicamente.

El voluntariado social es una modalidad de trabajo benévolo, aunque deslindado de él, que, como las que puedan englobarse en este supuesto de exclusión, carece de naturaleza retributiva y que se encuentra regulada en la Ley 45/2015, de 14 de octubre. El voluntariado social tiene carácter altruista y gratuito, el objeto de la actividad es de interés general y se realiza a través de organizaciones privadas o públicas; no conlleva compensación económica para el voluntario, sin perjuicio del abono de los gastos reembolsables que el empeño de la acción libre y voluntaria ocasione [art. 3.1.*c*) LVS] o la responsabilidad a cargo de la entidad de voluntariado de la protección de los riegos de accidente y enfermedad derivados directamente del ejercicio de la acción voluntaria y de responsabilidad civil en los casos en que la legislación sectorial lo exija, a través de un seguro u otra garantía financiera [art. 10.1.*c*) LVS].

Asimismo, es trabajo benévolo el que asumen los clérigos, miembros de congregaciones religiosas cuando asumen la tarea como mero cumplimiento de sus votos, pues el vínculo no nace del contrato, sino que tiene carácter espiritual. No se atribuye la nota de la subordinación porque su trabajo responde a la simple necesidad de organización del centro, tampoco la de ajenidad ya que más bien se produce una confluencia de intereses entre el clérigo y su superior, y tampoco la de retribución puesto que lo que se percibe no es salario sino un medio de subsistencia por la tarea vocacional y de entrega a los demás que sin esperar recompensa realiza el clérigo (STSJ de Madrid, Sala de lo Social, de 4 de diciembre de 2017, núm. rec. 1240/2017).

2.5. Trabajos familiares

El ET considera el trabajo familiar como excluido de su ámbito legal «salvo que se demuestre la condición de asalariado de quienes lo lleven a cabo» [art. 1.3.*e*) ET]. Se supone que los miembros de la familia contribuyen al bien común y al sostenimiento de la misma, su labor repercute en ellos mismos, y en el resto de los familiares que comparten la convivencia y que mantienen una empresa común.

Es considerado familiar el cónyuge, los descendientes, ascendientes y demás parientes por consanguinidad o afinidad hasta el segundo grado inclusive, o por adopción, que conviva con el empresario, o en todo caso, siempre que trabajen en apoyo mutuo y bien común. Se deduce que la presunción de extralaboralidad de la relación no es total o absoluta, en primer lugar, como se ha visto sólo afectaría a determinados familiares, y, en segundo lugar, deberían convivir con el empresario como persona física, o con el propietario. En el supuesto de persona jurídica, no están afectadas.

La Disposición Adicional 10.ª de la Ley 20/2007, de 11 de julio, del Estatuto del Trabajador Autónomo establece que los trabajadores autónomos podrán contratar, como trabajadores por cuenta ajena a los hijos menores de treinta años, aunque convivan con él, si bien en este caso particular, del ámbito de la acción protectora dispensada a los familiares contratados quedará excluida la protección por desempleo. El autónomo puede contratar por cuenta ajena a los hijos aún mayores de esa edad que se encuentren en una situación de especial dificultad para insertarse laboralmente en la sociedad, aunque convivan con aquél; se pueden beneficiar de las bonificaciones del Programa de Fomento del Empleo.

La condición de asalariado es posible demostrarla pues se trata de una presunción *iuris tantum*, o lo que es lo mismo, destruible por prueba en contrario en la que se constate la concurrencia de las notas características del artículo 1.1 ET. Así, el Tribunal Supremo ha considerado que el trabajo prestado a una sociedad formada por familiares puede ser de tipo asalariado y que, en consecuencia, no habría impedimento para que el empleado disfrutase del derecho al desempleo que hubiese devengado. Sin embargo, se ha denegado cuando el familiar, en este caso cónyuge, es titular del 50% del capital de la sociedad empleadora, por entenderse que dicha participación constituye un bien ganancial, sujeto a la gestión y administración de ambos cónyuges, no concurriendo las características de ajenidad y dependencia propias del contrato de trabajo. También se ha entendido que falta la nota de ajenidad en el trabajo del hijo del empresario que conviva y dependa económicamente de él.

2.6. Operaciones mercantiles

Con respecto a los operadores mercantiles, caben dos opciones de contratación, una de tipo mercantil, y otra a través de un contrato de trabajo. El artículo 1.3.*f*) ET excluye del ámbito laboral «la actividad de las personas que intervengan en operaciones mercantiles por cuenta de uno o más empresarios, siempre que queden personalmente obligados a responder del buen fin de la operación, asumiendo el riesgo y ventura de la misma». La exclusión se debe a la falta de ajeneidad, al trabajo que se realiza por cuenta propia o de forma autónoma pues se asume la responsabilidad por posibles incidencias o imprevistos, tales como la falta de pago o el extravío de los productos. Además, el operador mercantil o agente comercial excluido tiene capacidad de autogestión, por ello organiza el trabajo conforme a su propio juicio y desarrolla su labor en utilidad patrimonial propia, en fin, actúan como si de un empresario se tratase.

Cabe hacer referencia al contrato de agencia, aquél a través del cual el agente se obliga con otra, de manera estable a cambio de una remuneración, a realizar operaciones de comercio por cuenta ajena en calidad de intermediario independiente, pero sin asumir el riesgo y ventura de esas actividades comerciales que lleva a cabo. El agente se obliga de manera estable y continuada a cambio de una remuneración a promover y llevar a cabo actos y operaciones comerciales por cuenta ajena y en nombre de otro como intermediario independiente. No se consideran agentes aquéllos que se encuentren vinculados a su empresario por cuya cuenta actúan a través de una relación laboral (arts. 1 y 2 de la Ley 12/1992, de 27 de mayo, de Contrato de Agencia).

Es el carácter de independiente de la definición del contrato de agencia que regula la norma legal el que lo separa presumiblemente de la relación contractual laboral.

2.7. Otras exclusiones

El Estatuto de los Trabajadores deja abierta la puerta a la ampliación de la lista de supuestos excluidos de la normativa laboral [art. 1.3.*g*) ET] y añade la de los transportistas autorizados con vehículo propio, para que tal exclusión sea operativa debe cumplir los siguientes requisitos: *a*) que el transporte se realice con vehículo comercial de servicio público cuya propiedad o poder directo de disposición ostente también el transportista; y *b*) que el transporte se lleve a cabo al amparo de una autorización administrativa de la que sea titular el mismo transportista (se trata de la referida a la Ley 16/1987, de 30 de julio, de Ordenación de Transportes Terrestres).

Existen otros grupos de relaciones de servicio excluidas como por ejemplo la de los becarios o quienes lleven a cabo prácticas en programas formativos, o los trabajos en beneficio de la comunidad. Según el Tribunal Supremo, el rasgo diferencial de la beca es facilitar el estudio y formación del becario y no incorporar los resultados o frutos del estudio o del trabajo de formación realizado al patrimonio de la persona que la otorga. Por eso en ocasiones diferenciarlo de un contrato formativo, que sí tiene naturaleza laboral, no siempre es cuestión sencilla. No obstante, tras la publicación del Real Decreto-ley 5/2023, de 28 de junio, desde el 1 de enero de 2024 todas las empresas tienen que dar de alta en la Seguridad Social a los alumnos que realicen prácticas, remuneradas o no.

Mención aparte merece el denominado TRADE, aquel trabajador autónomo, pero económicamente dependiente que constituyen una categoría singular de trabajador autónomo al que se le aplica el Estatuto del Trabajo Autónomo con ciertas peculiaridades. Se considerarán trabajadores autónomos económicamente dependientes los que reúnan los siguientes requisitos, entre otros: *a*) que realicen una actividad económica y profesional a título lucrativo y de manera habitual, personal directa y predominantemente, al menos, debe percibir el 75 por 100 de sus ingresos por rendimiento de trabajo y de actividad económica o profesional, para el cliente del que dependen económicamente; la condición de dependiente sólo se puede ostentar respecto de un único cliente (art. 11.1 de la Ley 20/2007, de 11 de julio, del Estatuto del Trabajador Autónomo); *b*) no tener trabajadores a su cargo, ni subcontratar [art. 11.2.*a*) LETA], salvo en supuestos muy concretos entre los que se encuentran los supuestos de maternidad y paternidad, riesgo durante el embarazo y riesgo durante la lactancia, por cuidado de menor o familiar a cargo. En estos casos el trabajador autónomo dependiente actúa como empresario; *c*) disponer de su propia infraestructura o actuar bajo su criterio organizativo, aunque tome en consideración los propuestos por el cliente [art. 11.2.*c*) LETA]; y *d*) percibirán contraprestación económica según lo acordado con el cliente, asumiendo el riesgo y ventura de la actividad económica y profesional que desarrollan [art. 11.2.*e*) LETA].

3. LOS SUJETOS DEL CONTRATO DE TRABAJO

3.1. El trabajador

El Derecho del Trabajo hace del trabajador su principal objetivo; el área social del Derecho nace y se desarrolla no tanto para regular la relación jurídica que se establece entre trabajador y empleador como para proteger la parte económicamente débil de dicha relación (finalidad tuitiva).

No es posible encontrar en la norma legal una noción expresa de trabajador, pero sí podemos deducirlo implícitamente del propio concepto de contrato de trabajo, se considerará trabajador asalariado aquél que se mantenga dentro de los parámetros establecidos en el artículo 1.1 ET. El trabajador es aquella persona física que se obliga a trabajar por cuenta y bajo el ámbito de organización y dirección de otra persona, denominada empleador, a cambio de una retribución.

Tradicionalmente han existido dos tipos de trabajadores, el trabajador manual y el intelectual y sobre esta base se ha elaborado una tipología bastante extensa y pormenorizada de trabajadores, así encontramos los licenciados e ingenieros, los diplomados, los administrativos, obreros cualificados o no y los subalternos. Actualmente la mencionada categorización va cayendo en desuso y se va sustituyendo por otras clasificaciones donde se ponderan una serie de valores o aptitudes (conocimientos, iniciativa, complejidad, responsabilidad, etc.), que darán lugar a su ingreso en determinados grupos de trabajadores.

El trabajador común se rige por el Estatuto de los Trabajadores, sin embargo, existen también relaciones especiales de trabajo (art. 2.1 ET) que debido a sus circunstancias particulares el legislador ha considerado conveniente hacerlas objeto de una regulación especial. La lista de Relaciones Laborales Especiales se ha ido engrosando con el tiempo.

Actualmente las Relaciones Laborales de carácter Especial son las siguientes:

1. Relación Laboral Especial del Personal de Alta Dirección (RD 1382/1985, de 1 de agosto de 1985).

Es personal de alta dirección el trabajador que ejerce poderes inherentes a la titularidad jurídica de la empresa y que tienen que ver con los objetivos generales y trascendentales de la empresa, con autonomía y plena responsabilidad, sólo limitadas por los criterios y directrices que emanan de la persona u órgano de administración que ocupe aquella titularidad (art. 1.2 del RD 1382/1985); lo que caracteriza la relación laboral del personal de alta dirección es la participación en la toma de decisiones en actos fundamentales de gestión de la actividad empresarial. El concepto de «alto cargo» ha de ser interpretado restrictivamente puesto que su régimen jurídico puede limitar los derechos del trabajador, es por esta razón que se establece una presunción *iuris tantum* a favor del contrato de trabajo común.

Se exceptúan los consejeros y miembros de órganos de administración de las empresas siempre que su actividad sólo comporte la realización de cometidos inherentes a tal cargo, puesto que este caso nos encontraríamos ante un supuesto de exclusión de laboralidad. La jurisprudencia admite que personas que forman parte del órgano de dirección de la empresa puedan tener al mismo tiempo una relación laboral con ella, pero esto solo sería posible para realizar trabajos comunes u ordinarios, no cuando se trata desempeñar al tiempo el cargo de consejero y trabajos de alta dirección, como por ejemplo gerente o director general, dado que en tales supuestos el doble vínculo tiene el único objeto de la suprema gestión y administración de la empresa. El cargo de administrador o consejero comprende, por sí mismo, las funciones propias de alta dirección (STS, Sala de lo Social, de 28 de septiembre de 2017, rec. núm. 3341/2015).

El alto directivo asume una gran responsabilidad en la empresa y si bien la lleva a cabo conforme a ciertas directrices la ejecuta con un amplio margen de discrecionalidad y decisión.

El contrato se formaliza por escrito y la norma legal señala un contenido mínimo referido principalmente a la identificación de las partes, el objeto del contrato, la retribución y la duración del contrato (art. 4.2 del RD 1382/1985). El pacto de no concurrencia y el pacto de permanencia en la empresa cobran especial significado en esta relación laboral (art. 8 del RD 1382/1985); son habituales otros pactos como las denominadas cláusulas de blindaje que mejoran las indemnizaciones mínimas en caso de extinción del contrato establecidas por ley para este grupo de trabajadores. Contiene también regulación específica en los casos de promoción interna de trabajador con relación ordinaria a alto cargo, y también presenta un régimen específico de extinción del contrato a instancia de cualesquiera de las partes (desistimiento empresarial y también del alto cargo, o resolución causal del contrato a instancias del directivo).

Situándonos en el sector público, una de las principales novedades del Estatuto Básico del Empleado Público (RDL 5/2015, de 30 de octubre, por el que se aprueba el texto refundido del Estatuto Básico del Empleo Público) es el reconocimiento legal de la figura del directivo público (art. 13 EBEP) que cuando reúna la condición de personal laboral estará sometido a la relación laboral de carácter especial de alta dirección. Fue considerado como factor decisivo de modernización y profesionalización en la Administración Pública; no aparece, sin embargo, incluido en el listado de clases de empleados públicos (art. 8 EBEP). El régimen jurídico queda determinado por el gobierno y las CC.AA. Sobre la base de las exigencias de mérito, capacidad, idoneidad y resultados. La figura jurídica se encuentra excluida de la negociación colectiva.

2. Relación Laboral Especial del Servicio al Hogar Familiar (RD 1620/2011, de 14 de noviembre de 2011).

Se considera relación laboral especial del servicio del hogar familiar la que conciertan el titular del mismo, en calidad de empleador, y el empleado que, dependientemente y por cuenta de aquél, presta servicios de diversa índole (cuidado del hogar, guardería, jardinería, conducción de vehículos en el ámbito del hogar familiar, etc.). La norma legal se detiene en señalar los límites de la dedicación del empleado de hogar, siendo excluidas de esta relación especial las relaciones concertadas por personas jurídicas que se rigen por la normativa común, las relaciones que se formalicen a través de las empresas de trabajo temporal, la de los cuidadores profesionales, de acuerdo a la Ley de Dependencia (Ley 39/2006, de 14 de diciembre, de promoción de la autonomía personal y atención a las personas en situación de dependencia) o las de los no profesionales (familia o entorno) en el mismo ámbito, las relaciones concertadas entre familiares o los realizado a título de amistad (art. 2 del RD 1620/2011).

La retribución viene referida al SMI en caso de jornada completa, mejorable a través de pacto entre las partes. El trabajador tiene derecho a dos pagas extraordinarias al año como mínimo garantizando el mencionado parámetro de referencia. Los empleados por horas en régimen externo será el salario mínimo que fije el gobierno para los trabajadores eventuales, temporeros y empleados de hogar (art. 8 del RD 1620/2011). La jornada de trabajo será de cuarenta horas semanales, sin perjuicio de los tiempos de presencia pactados que, de no ser compensados con descanso retribuido, no pueden exceder de veinte horas semanales de promedio en un periodo de referencia de un mes. El período de vacaciones anuales será de treinta días, divisible en varios tramos, si bien, al menos, uno de ellos será de quince días continuados. En el periodo vacacional el empleado no está obligado a permanecer en la vivienda familiar (art. 9 del RD 1620/2011). Contiene también un régimen de extinción del contrato singular y específico, tanto en las causas como en las indemnizaciones, en su caso, a abonar a las personas trabajadoras.

3. Relación Laboral Especial de los penados que realicen actividades laborales en talleres penitenciarios y la protección de Seguridad Social de los sometidos a penas de trabajo en beneficio de la comunidad (RD 782/2001, de 6 de julio de 2001).

La Constitución Española previene que el trabajo es un derecho y un ejercicio de libertad del ciudadano, pero también una obligación (art. 35 CE). El trabajo de los penados se ha venido rigiendo por las normas penitenciarias con remisiones a la legislación laboral. La Ley Orgánica 1/1979, de 26 de septiembre, General Penitenciaria, que califica el trabajo del penado como parte de su tratamiento que, muy fundamentalmente, tendrá carácter formativo. En efecto, la formación profesional tiene carácter preferente entre las modalidades de trabajo en el establecimiento penitenciario como pueden ser las actividades de estudio, ocupacionales, personales en servicios del establecimiento o artísticas o de producción laboral, siendo esta última la que justifica la existencia de la relación laboral especial en el establecimiento penitenciario (art. 27 LOGP). Se trata de crear o conservar el hábito laboral, productivo o terapéutico con el fin de preparar al interno para las condiciones normales de trabajo libre una vez se encuentre reinsertado en la sociedad. La obligación de trabajo en los establecimientos penitenciarios nunca revestirá un carácter aflictivo.

Los derechos laborales del penado son (art. 5 del RD 782/2001): Derecho a no ser discriminados en el trabajo, a la intimidad y a tener un trabajo productivo y remunerado que se tendrá en cuenta en orden a su tratamiento penitenciario, derecho a la formación, a una adecuada política de prevención de riesgos laborales, a participar en la organización y planificación del trabajo El régimen de trabajo se establece en días laborales y descanso semanal, la jornada laboral no excederá de la máxima legal prevista y la retribución será acorde al rendimiento, la categoría profesional y la actividad desempeñada por el penado; es objetivo prioritario contribuir al sostenimiento de las cargas familiares u otras obligaciones contraídas por aquél (art. 33 LOPG).

4. Relación Laboral Especial de los Deportistas Profesionales (RD 1006/1985, de 26 de junio de 1985).

La relación laboral de los deportistas profesionales se considera de carácter especial, por tanto, tiene normativa específica, aplicándose de modo supletorio la norma estatutaria y otras disposiciones laborales generales mientras sean compatibles con aquélla.

Se considera deportista profesional a aquél que, en virtud de una relación establecida de carácter regular, se dedica voluntariamente a la práctica del deporte por cuenta ajena y dentro del ámbito del organización y dirección de un club o entidad deportiva a cambio de una retribución (art. 1 del RD 1006/1985); la regularidad en el devengo de la contraprestación y la uniformidad en el importe de la misma son indicios de la naturaleza retributiva y, por tanto, de la existencia de la relación laboral de carácter especial. Así, se encuentran excluidos del campo subjetivo de la norma específica los deportistas que perciban simplemente compensaciones de los gastos que derivan de la práctica del deporte, las actuaciones aisladas o las relaciones entre los deportistas profesionales y las federaciones nacionales.

El contrato se formalizará por escrito, debiendo enviarse una copia al Servicio Público de Empleo Estatal, con un contenido mínimo: la identificación de las partes, el objeto del contrato, la retribución con sus cláusulas de revisión y donde se contabilizarán las primas de contratación, fichaje y permanencia y la duración del contrato (art. 3 del RD 1006/1985). Se puede concertar un periodo de prueba mientras no exceda de tres meses. El contrato de trabajo del deportista es siempre de duración determinada, cabe la prórroga efectuada por sucesivos acuerdos, todos ellos igualmente de naturaleza temporal.

El deportista tiene derecho a la ocupación efectiva, salvo situación de lesión o sanción deportiva, a la participación en los beneficios por imagen, a manifestarse libremente sobre cuestiones relacionadas con su profesión, salvo casos excepcionales y justificados por razones deportivas y a los derechos colectivos de cualquier trabajador con limitadísima reserva. (arts. 7 y 18 del RD 1006/1985).

5. Relación Laboral Especial de los Artistas en Espectáculos Públicos (RD 1435/1985, de 1 de agosto de 1985).

La norma de 1985 ha sido modificada a través del Real Decreto-ley 5/2022, de 22 de marzo, que introduce cambios normativos de cierto calado y amplía el ámbito de aplicación de la figura como enseguida diremos. Se entiende por relación especial de trabajo de las personas artistas que desarrollan su actividad en las artes escénicas, audiovisuales y musicales, así como de las personas que realizan actividades técnicas o auxiliares necesarias para el desarrollo de dicha actividad, la establecida entre el empleador que organiza o el que produce una actividad artística, incluidas las entidades del sector público, y quienes desarrollen voluntariamente una actividad artística o una técnica o auxiliar, por cuenta y dentro del ámbito de organización y dirección de aquel a cambio de una retribución (art. 1.2 del RD 1435/1985). La norma de 2022 en esa ampliación del ámbito de aplicación tiene como propósito la integración del personal técnico o auxiliar en el ámbito subjetivo de esta relación laboral especial aunque no le sea de aplicación de manera completa la normativa de esta relación laboral especial (no aplican los arts. 2, 6, 7, 8, 9 y 10.4 del RD 1485/1985), la regulación de un contrato de duración determinada específico que no podrá utilizarse para necesidades de tipo estructural y el reconocimiento de que fuera de estas actividades artísticas de naturaleza temporal la contratación debe ser indefinida ordinaria o fija discontinua, ello acorde con la Reforma laboral de 2021, además de una mejora en la indemnización por extinción del contrato que se eleva de doce días por año trabajado a veinte días si la relación contractual supera los dieciocho meses.

Las actuaciones artísticas en el ámbito privado no se encuentran bajo el ámbito de aplicación de esta relación laboral especial igual que tampoco aplican al personal técnico y auxiliar que colabore en la producción del espectáculo. La jornada del artista comprende la prestación efectiva de su actividad ante el público y también los tiempos de ensayo o de grabaciones. Está excluida la obligatoriedad de la realización de ensayos gratuitos (art. 8 del RD 1435/1985). La participación de menores de dieciséis años en espectáculos públicos requiere la autorización excepcional de la autoridad laboral sobre la base de la protección de la salud y de la adecuada formación humana y profesional (en concordancia con lo previsto en el art. 6.4 ET).

6. Relación Laboral Especial de los minusválidos que trabajen en los Centros Especiales de Empleo (RD 1368/1985, de 17 de julio de 1985).

Los centros especiales de empleo son aquéllos creados para la realización de una actividad productiva de bienes o servicios de personas discapacitadas de manera que éstas puedan obtener un empleo remunerado en una unidad de apoyo con los servicios de ayuda e integración que requieran, facilitando, en su caso, la posterior integración social en el mercado ordinario de trabajo (art. 6 del RD 1368/1985).

El trabajo será productivo, adecuado a las condiciones de la persona discapacitada y retribuido. Los equipos multiprofesionales son un elemento esencial en este tipo de centros de empleo ya que serán consultados a la hora de concretar la prestación de trabajo de la persona que va a ser contratada, del periodo de prueba o de adaptación que convenga, sobre las modificaciones de las condiciones de trabajo e igualmente, realizarán revisiones periódicas para una mejor adaptación de la persona discapacitada a su labor profesional.

Existe prohibición de realización de horas extraordinarias, salvo las de fuerza mayor, además el trabajador tiene derecho a ausentarse del trabajo un máximo de diez días al semestre para asistir a los tratamientos de rehabilitación y participar en acciones de formación profesional (art. 13 del RD 1368/1985).

7. Relación Laboral Especial de los Representantes de Comercio (RD 1438/1985, de 1 de agosto de 1985, por el que se regula la relación laboral de carácter especial de las personas que intervengan en operaciones mercantiles por cuenta de uno o más empresarios, sin asumir el riesgo y ventura de aquéllas).

La normativa de la Relación Laboral Especial de las personas que intervengan en operaciones mercantiles por cuenta de uno o más empresarios, sin asumir el riesgo y ventura de aquéllas será de aplicación en las relaciones en virtud de las cuales una persona natural, actuando bajo la denominación de representante, mediador o cualquier otra con la que se le identifique en el ámbito laboral, se obliga con uno o más empresarios, a cambio de una retribución, a promover o concertar personalmente operaciones mercantiles por cuenta de los mismos, sin asumir el riesgo y ventura de tales operaciones. Dicha actividad principal puede o no ir acompañada de la distribución o reparto de los bienes objeto de la operación (art. 1 del RD 1438/1985). Como consecuencia, quedan excluidos del ámbito de aplicación de la normativa específica, en primer lugar, aquellos trabajadores de la empresa que aun dedicándose a la tarea referida lo hagan en sus locales o localizando en ellos su puesto de trabajo y con sujeción al horario laboral de la empresa; en segundo lugar, quienes realizan la tarea mencionada, pero aparecen como titulares de una organización empresarial autónoma, es decir, aquella organización que cuenta con instalaciones y personal propios. Se presumirá que no existe esta organización empresarial autónoma cuando quienes se dediquen a promover o concertar operaciones mercantiles actúen conforme a las instrucciones de su empresario con respecto a materias como horarios de trabajo, itinerario, criterios de distribución, precios o forma de realizar los pedidos y contratos; en tercer lugar, las personas naturales incluidas en el ámbito de la normativa específica sobre producción de seguros y corresponsales no banqueros siempre que, de acuerdo con dicha normativa, se configuren como sujetos de una relación mercantil.

La normativa del representante de comercio alude a las reglas que deben regir en materia de cartera de clientes, que se le reconoce al trabajador; de zona de operaciones, que será invariable unilateralmente y compensable en caso de cambio (art. 5 del RD 1438/1985); en materia de instrumentos de trabajo y muestrario, que proporciona y mantiene la empresa, salvo pacto contrario (art. 6 del RD 1438/1985); en las comisiones, que pertenecen al trabajador al momento de pago por el cliente y que serán abonadas en el plazo máximo de tres meses (art. 8 del RD 1438/1985); o en tema de tiempo de trabajo en donde el trabajador no está sujeto, en principio, a jornada y horario concreto (art. 4 del RD 1438/1985).

8. Relación Laboral Especial abogados que prestan servicios en despachos de abogados, individuales o colectivos (RD 1331/2006, de 17 de noviembre).

Nace esta relación laboral especial con motivo de dar respuesta a ciertas peculiaridades y circunstancias de la profesión que se concilian o avienen mal con la regulación laboral común. Existen particularidades tanto en el ámbito donde se desarrolla la relación laboral como en las condiciones en las que los abogados tienen que llevar a cabo su trabajo. A los abogados se les reconocen derechos y se les imponen obligaciones que varían con respecto a los establecidos en la reglamentación laboral común. La prestación de servicios del abogado en los despachos jurídicos se caracteriza por una mayor flexibilidad de los tiempos de trabajo, por una mayor exigencia de diligencia, confianza y buena fe, por un deber de obediencia debilitado o modalizado por el peso de las normas que rigen en su profesión, o por el ejercicio de la tutela judicial que se manifiesta en la prestación del trabajo que se enmarca en el mecanismo de uno de los poderes del Estado, la Administración de Justicia.

Se encuentran excluidos del ámbito de aplicación de la normativa específica los abogados que trabajan para empresarios en régimen laboral común, los que ejecutan su trabajo por cuenta propia, los que desarrollan sus servicios profesionales de modo concertado con otros bufetes de abogados, pero en el que cada cual mantiene su independencia; la norma especifica ciertas exclusiones como por ejemplo, los encomendados por despachos en turno de oficio y los abogados familiares del titular del despacho que dependan económicamente de él y no reciban retribución (art. 1.1 y 2 del RD 1331/2006).

El contrato para la obtención de la práctica profesional que se realizase al abogado tiene sus peculiaridades en esta relación, tales como las relativas a la concertación del contrato en el plazo de cuatro años contabilizados desde que se obtuviera el título que le habilita para ejercer su profesión, la asignación de un tutor que debe llevar al menos cinco años de ejercicio de profesión o la posibilidad de alternar el trabajo con formación externa al propio despacho de abogados (art. 9 del RD 1331/2006).

El trabajador prestará sus servicios preferentemente en régimen de exclusividad, aunque cabe el contrato parcial u otro pacto, compatible siempre con el turno de oficio u otras tareas docentes o representativas (art. 10 del RD 1331/2006). Para que la relación del abogado con su despacho jurídico sea de carácter especial no es imprescindible que se lleve a cabo en régimen de exclusividad. Se regula también el pacto de permanencia y el de no competencia poscontractual. La jornada de trabajo debe ser respetuosa con los plazos procesales y el buen servicio al cliente. Los tiempos de espera o desplazamientos deben ser tenidos en cuenta en la jornada de trabajo, lo contrario vulnera la Directiva 2003/88/CE (STS, Sala de lo Contencioso-Administrativo, de 16 de abril de 2008, núm. rec. 7/2007). Los abogados tienen derecho a obtener la formación adecuada que les capacite como tales y, por tanto, los bufetes el deber de proporcionarla, ello incluye permisos retribuidos para participar en actividades de formación en las que el despacho y el propio abogado tengan interés y permisos no retribuidos con finalidad formativa distinta de las anteriores (art. 16 del RD 1331/2006).

El artículo 53 ET se interpreta en sentido más amplio y se añaden causas específicas de despido: *a*) cuando exista una manifiesta y grave quiebra de la confianza entre el abogado y el titular del despacho que tenga su origen en la actuación profesional del abogado o en su relación con los clientes y así se acredite por el titular del despacho; y *b*) cuando se acredite, asimismo, por el titular del despacho, que el abogado no mantiene un nivel profesional adecuado y, en consecuencia, no puede ejercer la profesión con plenas garantías para los intereses de los clientes (art. 23 del RD 1331/2006).

9. Relación Laboral Especial de residencia para la formación de especialistas en Ciencias de la Salud (RD 1146/2006, de 6 de octubre de 2006).

Se trata de una de las dos últimas incorporaciones al listado de relaciones laborales especiales junto a la de los abogados que prestan su trabajo en los despachos de abogados. En este caso es eje central de la regulación el dato formativo, del que también participa el régimen normativo del abogado en prácticas.

Se aplica al titulado universitario con plaza en un centro de salud o unidad docente acreditada para el desarrollo de la especialidad en Ciencias de la Salud en calidad de residente, o para aquél que quisiera acometer una nueva especialización.

El contrato de trabajo se efectuará por escrito entre el residente y la entidad titular de la unidad docente acreditada para cumplir la formación (art. 2 del RD 1146/2006). Previamente a la formalización del contrato se exige la superación de un examen médico para comprobar la falta de limitaciones físicas, psíquicas o sensoriales que puedan ser incompatibles con las actividades profesionales que va a realizar el residente.

El residente cuenta con un tutor que le asiste en sus actividades teórico-prácticas y debe realizar su Programa de formación a tiempo completo por lo que no cabe este caso la contratación a tiempo parcial (art. 4 del RD 1146/2006) ni tampoco el periodo de prueba (art. 3.5 del RD 1146/2006). La jornada de trabajo máxima será de treinta y siete horas y media semanales de promedio en cómputo semestral, salvo pacto distinto y no podrá realizar más de siete guardias al mes (art. 5 del RD 1146/2006). La retribución consta de los siguientes conceptos: *a*) sueldo base; *b*) complemento de grado de formación que oscila según el año de residencia en los siguientes porcentajes: Residente de 2.º curso, un 8 por 100; Residente de 3.er curso, un 18 por 100; Residente de 4.º curso, 28 por 100, y Residente de 5.º curso, un 38 por 100; *c*) complemento de atención continuada; y *d*) plus de residencia. La retribución corresponde al tiempo de trabajo efectivo y no se computará como tal el descanso entre jornadas (art. 7 del RD 1146/2006). Los residentes podrán realizar rotaciones externas no previstas en el Programa de formación siempre que sean autorizadas y que no comporten más de cuatro meses al año (art. 8 del RD 1146/2006). El aspecto formativo, aspecto esencial de la causa y objeto de esta relación laboral, se regula en el RD 183/2008, de 8 de febrero.

Finalmente, podemos añadir al listado de relaciones laborales especiales a los Estibadores portuarios (RD Legislativo 2/2011), y la Relación Laboral Especial de los menores sometidos a la ejecución de medidas de internamiento para el cumplimiento de su responsabilidad penal [art. 2.1.*i*) ET], entre otros.

3.2. El empresario

A los efectos de la Ley laboral, es empresario toda persona física o jurídica, o comunidad de bienes, «que reciban la prestación de servicios de las personas referidas en el apartado anterior, así como de las personas contratadas para ser cedidas a empresas usuarias por empresas de trabajo temporal legalmente constituidas» (art. 1.2 ET), es decir, es empresario el que emplea a un trabajador asalariado. Es importante identificar la titularidad de la empresa, establecimiento o industria, pero es determinante focalizar la atención en aquél que tenga la potestad de organización, dirección y mando de las prestaciones de servicio en la empresa y a quien revierta el fruto y asuma los eventuales riesgos para poder ser calificado de empresario.

El artículo 1.2 ET alude expresamente a tres tipos de empresas: el empresario individual, el empresario como persona jurídica y la comunidad de bienes.

El empresario individual es aquella persona física con capacidad jurídica para contratar al trabajador, aquél no siempre será titular de un negocio o empresa, resulta evidente cuando el cabeza de familia contrata al empleado de hogar para realizar, como corresponde, tareas de ámbito doméstico y sin relación, por tanto, con explotación, industria o negocio de ninguna clase.

El empresario como persona jurídica puede revestir distintas formas jurídicas: *a*) empresas privadas y públicas (la Administración Pública también actúa como empresario en su propio ámbito, cuando contrata personal laboral para la realización de determinadas tareas legalmente establecidas); *b*) sociedades civiles y mercantiles (estas últimas a su vez pueden ser personalistas o capitalistas); y *c*) empresas con ánimo de lucro o no (entre las que carecen de fin lucrativo, se diferencia entre asociaciones y fundaciones).

Dentro de las actuales estrategias de organización productiva hemos de mencionar las contratas y subcontratas, los grupos de empresas y las empresas de trabajo temporal.

El artículo 1.2 ET también alude al empresario como comunidad de bienes si recibe la prestación de servicios del trabajador, el objetivo del legislador es incluir dentro de la esfera del Derecho del Trabajo a aquéllos que prestan servicios para una comunidad en la que la propiedad de una cosa o derecho pertenece proindiviso a varias personas (art. 392 CC), y que no tiene personalidad jurídica, razón por la cual podría no considerarse empresario laboral. Es el caso de las comunidades de propietarios o las uniones temporales de empresas (UTE).

4. LA CAPACIDAD CONTRACTUAL DEL TRABAJADOR

Las condiciones primeras y fundamentales que se exigen al trabajador para obtener la facultad de celebrar un contrato de trabajo son la capacidad jurídica y de obrar, ambas constituyen el núcleo esencial de la personalidad jurídica. La capacidad jurídica es la aptitud intrínseca que tiene el ser humano para ser titular de derechos y deberes (art. 30 CC); no hay grados, se es persona o no, se tiene capacidad jurídica o no. La capacidad de obrar es la posibilidad que tiene el sujeto de hacer efectivos esos derechos y obligaciones que le son propios, en este caso sí pueden existir grados, se puede tener capacidad para una serie de actos jurídicos y no para otros, por lo que se dispondrá de capacidad plena de obrar o de capacidad limitada.

La capacidad jurídica y la capacidad de obrar no van siempre aparejadas, a veces aun siendo titular de un derecho no se tiene la capacidad o la aptitud para ejercerlo por uno mismo por diversas circunstancias que escapan de la iniciativa del sujeto, éste es el caso de los menores de edad, de los extranjeros o tradicionalmente las situaciones de incapacitación judicial. Sin embargo, la Ley 8/2021, de 2 de junio, por la que se reforma la legislación civil y procesal para el apoyo a las personas con discapacidad en el ejercicio de su capacidad jurídica puede poner en cuestión dicha distinción en este punto (Convención sobre los derechos de las personas con discapacidad, de 13 de diciembre de 2006, ratificada por España en 2007).

El requisito de la edad constituye un factor determinante para poder ser parte de un contrato de trabajo. El cumplimiento de determinada edad supone la adquisición de la necesaria madurez física y psicológica para obligarse jurídicamente. Este requisito combinado con otros factores conforma tres estadios en relación con la capacidad para celebrar un contrato de trabajo: capacidad laboral plena, capacidad limitada o incapacidad.

La persona goza de capacidad laboral plena y puede contratar la prestación de trabajo cuando cumple con los requisitos establecidos en el artículo 7 ET. El artículo 12 CE establece la mayoría de edad a los dieciocho años, el Código civil, por su parte, ordena las reglas sobre la mayor edad y la emancipación (arts. 239 ss. CC). La emancipación puede adquirirse por la mayor edad, por concesión judicial o por concesión de quienes ejerzan la patria potestad (art. 239 CC). Téngase en cuenta que la Ley 8/2021, de 2 de junio, contempla a la persona con discapacidad como igual en derechos en la toma de decisiones que los demás, al tiempo que se regulan acciones preventivas y de apoyo para la persona que así lo requiera (arts. 249 ss. CC).

En segundo lugar, los menores dieciocho años y mayores de dieciséis, que vivan de forma independiente, con consentimiento de sus padres o tutores, o con autorización de la persona o institución que les tenga a su cargo.

En tercer y último lugar, los extranjeros, de acuerdo con la legislación específica sobre la materia (LO 4/2000, de 11 de enero, sobre Derechos y Libertades de los Extranjeros en España y su integración social, y el RD 557/2011, de 20 de abril, que aprueba su reglamento y deroga al anterior de 2004). Aquéllos que carecen de nacionalidad española deben estar en posesión de la debida autorización administrativa como requisito previo a la celebración de un contrato de trabajo (art. 36.1 de la LO 4/2000), si bien la falta de aquélla no invalida el contrato respecto de los derechos del trabajador, ni es obstáculo para obtener las prestaciones que le correspondan.

En la Ley figuran diversos tipos de autorización dependiendo de si el trabajo es por cuenta ajena o propia. Los nacionales de los Estados miembros de la Unión Europea, por aplicación del Real Decreto 240/2007, de 16 de febrero, sobre entrada, libre circulación y residencia en España de ciudadanos de los Estados miembros de la Unión Europea y de otros Estados parte en el Acuerdo sobre el Espacio Económico Europeo (modificado en parte por RD 171/2011, de 18 de noviembre), quedan a salvo de la mencionada regulación a excepción de aquellas previsiones que pudieran resultar más favorables (art. 1.3 de la LO 4/2000), al igual que los agentes diplomáticos y los funcionarios consulares y los representantes de los Organismos intergubernamentales con sede en España o en Conferencias internacionales (art. 2 de la LO 4/2000). No se exige permiso de trabajo para el ejercicio de actividades tales como técnicos y científicos invitados o contratados por el estado español, profesores, funcionarios civiles o militares de otros países que vengan a España a desarrollar actividades de cooperación, corresponsales de prensa, artistas, religiosos o sindicalistas que vengan a realizar las actividades que les son propias o menores en edad laboral tutelados por la entidad de protección de menores competente para llcvar a cabo actividades que favorezcan su integración social (art. 41 de la LO 4/2000).

Se encuentran en una situación de capacidad limitada los mayores de dieciséis años y menores de dieciocho no emancipados y aquéllos que no hayan sido objeto del beneficio de la mayor edad. La autorización del representante legal de una persona con capacidad limitada para realizar un trabajo también autoriza para ejercitar los derechos y cumplir los deberes que se derivan de su contrato y cesación.

Los menores de dieciséis años no serán admitidos para el trabajo (art. 6.1 ET), el Convenio de la OIT núm. 138 limita la edad a quince años. Tanto en este caso como en cualquier otro de capacidad laboral limitada, y aun declarándose nulo el contrato de trabajo eventualmente celebrado, el trabajador conserva sus derechos laborales, tales como el derecho al salario que correspondiese (art. 9.2 ET). Sólo excepcionalmente serán autorizados para participar en espectáculos públicos, a condición de que no supongan un peligro para su integridad física o formación humana y profesional (art. 6.4 ET).

En todo caso, la Ley prohíbe a los menores de dieciocho años la realización de trabajos nocturnos, de horas extraordinarias o de aquellas actividades que el Gobierno, a propuesta del Ministerio de Trabajo, actualmente denominado Ministerio de Trabajo y Economía Social y previa consulta con las organizaciones sindicales más representativas, declare insalubres, penosas nocivas o peligrosas tanto para la salud como para la formación profesional y humana del trabajador, como por ejemplo la venta de tabaco (art. 3.2 de la Ley 28/2005, de Medidas sanitarias frente al tabaquismo).

5. LA CAPACIDAD CONTRACTUAL DEL EMPRESARIO

El empresario o empleador puede ser una persona física o una persona jurídica (art. 1.2 ET), en ninguno de los casos existen reglas especiales de capacidad, por lo que habrá que acudir a lo previsto en el Código Civil. Es corriente que el empleador sea una persona jurídica que actúa a través de una persona física que ejerce la representación de aquélla ciñéndose a las normas de administración y gestión de la empresa y a sus estatutos, igualmente lo puede ser una comunidad de bienes (art. 392 CC: «Hay comunidad cuando la propiedad de una cosa o un derecho pertenece proindiviso a varias personas»). El empleador puede ser, asimismo, una persona privada o entidad pública (el Estado, las CC.AA., las entidades locales, organismos autónomos y empresas públicas). En todo caso y de forma previa la empresa ha debido quedar válidamente constituida con arreglo a la Ley (arts. 35 ss. CC).

6. LAS EMPRESAS DE TRABAJO TEMPORAL (ETT)

El objeto de este tipo de empresas fue tradicionalmente considerado en España como cesión ilegal de mano de obra en base al artículo 43 ET, pues se valoraba como una actividad de intermediación en el mercado de trabajo con fines lucrativos potencialmente atentatoria contra los derechos fundamentales de los trabajadores. Sobre la base del convencimiento de que tales riesgos, imputados a las empresas de trabajo temporal, no son consecuencia necesaria de la actividad que realizan si sus condiciones de actuación se encuentran debidamente autorizadas y controladas, aparece la Ley 14/1994, de 1 de junio (LETT), y el Real Decreto 4/1995, de 13 de enero (RETT) que regulan este tipo de empresas. En cierta medida, la falta de capacidad de las oficinas públicas de empleo y colocación ha contribuido a la aparición y fortalecimiento de todas ellas.

La Ley 35/2010, de 17 de septiembre, de medidas urgentes para la reforma del mercado de trabajo efectuó algunas modificaciones sobre el particular. Al hilo de la progresión del campo de actuación de las ETT en nuestro Ordenamiento jurídico, mencionamos la Reforma laboral de 2012 que invitó a este tipo de empresas a colaborar en la mejora de la empleabilidad de los trabajadores. En efecto, a partir de 2012 las Empresas de Trabajo Temporal empezaron a actuar como Agencias de Colocación, siempre sobre la base de una declaración responsable de respeto de la Ley de Empleo y la normativa de desarrollo. En 2013 se permitió a las ETT realizar contratos en prácticas para la puesta a disposición de las empresas usuarias, lo que se une a la capacidad de la que ya disfrutaban para llevar a cabo contratos para la formación y el aprendizaje. Mediante el Real Decreto 417/2015, de 29 de mayo, se aprueba el reglamento vigente en materia de empresas de trabajo temporal; la promulgación de la norma tiene lugar para adecuar el contenido de la reglamentación a los cambios habidos en la materia principalmente los años 2013 y 2014 y para implantar la administración electrónica en el procedimiento administrativo en el ámbito de las empresas de trabajo temporal.

6.1. Concepto y requisitos de constitución

Se considera empresa de trabajo temporal (ETT) aquélla cuya actividad consiste en poner a disposición de otra empresa usuaria, con carácter temporal, trabajadores por ella contratados. Asimismo, podrán operar como agencias de colocación siempre y cuando presten declaración responsable sobre los requisitos establecidos en la Ley de Empleo de 2003, incluida la garantía de gratuidad del servicio al trabajador. Es importante que la ETT haga notar si cuando actúa lo hace en calidad de empresa de trabajo temporal o en el ejercicio de cualquier otra actividad permitida. El campo de actividad de las ETT se amplía a partir del Real Decreto-ley 8/2014, de 4 de julio, añadiéndose las actividades de formación para la cualificación profesional, las actividades de consultoría y de asesoría de recursos humanos.

Las ETT deben observar ciertos requisitos de constitución, han de ser autorizadas por la autoridad laboral y tienen la obligación de remitir cierta información a la misma.

Existen dos situaciones posibles en cuanto a la autorización administrativa necesaria para poder operar en el mercado laboral, la primera, que la ETT ya dispusiese de autorización provisional o definitiva vigente a julio de 2014, caso en el que pueden seguir actuando en todo el territorio nacional y por tiempo ilimitado y, la segunda, el caso de las personas físicas o jurídicas que no estando en el supuesto anterior quieran actuar como empresas de trabajo temporal con lo que se realizaría la correspondiente solicitud de autorización que sería única, tendría validez en todo el territorio nacional y por tiempo ilimitado.

La autorización para poder ejercer su objeto social depende del cumplimiento de una serie de requisitos y garantías (art. 2 LETT): *a*) Disponer de una estructura organizativa que le permita cumplir con las obligaciones que tendrá que asumir como empleador (el nivel de la mencionada exigencia dependerá de diversos factores, pero, en todo caso, deberá contar con un número mínimo de doce trabajadores contratados por cada mil trabajadores contratados en el año inmediatamente anterior); *b*) dedicarse con exclusividad a la actividad que le ocupa. A lo que, en su caso puede añadirse la opción de actuar como agencia de colocación; *c*) estar al corriente de las obligaciones fiscales y de Seguridad Social; *d*) garantizar financieramente la capacidad para cumplir con las obligaciones salariales y de Seguridad Social que procedan de la contratación de los trabajadores y, en general, las que deriven de su actividad empresarial; *e*) no haber sido sancionada con suspensión de actividad en dos o más ocasiones; y *f*) incluir en su denominación o razón social los términos de «empresa de trabajo temporal».

El organismo encargado de autorizar administrativamente la actuación regular de las ETT es la Dirección Provincial de Trabajo y Seguridad Social de la provincia donde se encuentre el centro de trabajo de la empresa o el órgano equivalente en la Comunidad Autónoma de que se trate o las Delegaciones de gobierno de Ceuta y Melilla, caso este último en que la empresa sólo opere en estos territorios. Dicho organismo tendrá el plazo de un mes para dar contestación a la solicitud de autorización, de no hacerlo la autorización se considerará otorgada por silencio administrativo.

Como se ha adelantado, las ETT deben constituir una garantía financiera suficiente (arts. 3 LETT y 8 RETT), que responda tanto de las deudas salariales por indemnizaciones económicas derivadas de la finalización del contrato de puesta a disposición, como de las deudas de Seguridad Social contraídas con los trabajadores contratados para ser cedidos a empresas usuarias. La garantía consistirá en un depósito de dinero en efectivo o en valores públicos, o también en un aval o fianza de carácter solidario prestado por una entidad financiera o póliza contratada al efecto con una empresa de seguros. En una primera autorización el importe de la garantía será igual a veinticinco veces el salario mínimo interprofesional, en cómputo anual. En el momento en que la ETT cese en su actividad, siendo revisado por la autoridad laboral las obligaciones pendientes, ya sea en materia de Seguridad Social, de salarios o de indemnizaciones, la garantía será devuelta (art. 11 RETT).

La autoridad laboral llevará un Registro de las Empresa de Trabajo Temporal (art. 4 LETT), en las que se irán inscribiendo las empresas autorizadas debidamente identificadas (nombre, cargos de dirección, domicilio, ámbito profesional y geográfico de actuación, número de autorización administrativa y vigencia de la misma).

La ETT tiene una serie de obligaciones de información, que debe remitir por medios electrónicos, a la autoridad laboral (art. 5 LETT), tales como consignar debidamente la relación completa y pormenorizada de los contratos de puesta a disposición celebrados, la apertura de nuevos centros de trabajo y los ceses en la actividad. También informará de los datos relativos a la masa salarial del ejercicio económico anterior (art. 9.4 RETT). La relación de contratos celebrados en el mes anterior será remitida en los primeros diez días de cada mes y debe contener: a) nombre, número de identificación fiscal y código de cuenta de cotización a la Seguridad Social de los contratos de trabajo de las empresas usuarias; b) número de los contratos celebrados con cada una de las empresas usuarias; c) número total de trabajadores puestos a disposición. Si no hubiese culminado la puesta a disposición del trabajador, la ETT debe, no obstante, remitir los datos y dejar constancia de tal incidencia.

La ETT debe igualmente suministrar la debida información a la empresa usuaria, así debe remitirle copia del contrato de trabajo del trabajador cedido y la documentación que acredite el cumplimiento de las obligaciones salariales y de Seguridad Social contraídas con el trabajador de que se trate (art. 18 RETT).

6.2. La relación entre la ETT y la empresa usuaria: el contrato de puesta a disposición

El contrato de puesta a disposición es un negocio jurídico de carácter mercantil que celebra la ETT y la empresa usuaria cuya finalidad es la cesión del trabajador para prestar servicios en la empresa usuaria, a cuyo poder de dirección queda sometido aquél. El contrato se celebrará por escrito y tendrá la duración que la Ley tenga prevista para cada modalidad (art. 15 ET).

La Ley permite la realización contratos de puesta a disposición entre una ETT y la empresa usuaria en los mismos puestos y en las mismas condiciones en la que ésta podrá celebrar un contrato de duración determinada según el artículo 15 ET.

La norma se ocupa de detallar los supuestos en los que no estará permitido celebrar un contrato de puesta a disposición (art. 8 LETT): *a*) para sustituir a trabajadores en huelga de la empresa usuaria; *b*) para trabajos peligrosos para la seguridad o la salud; *c*) salvo excepciones, en caso de amortización de puestos de trabajo efectuado en la empresa en los doce meses anteriores a cuando se pretende contratar; y *d*) para ceder trabajadores a otra ETT. Los trabajos y ocupaciones considerados de especial peligrosidad son aquéllos tales como los trabajos que impliquen la exposición a radiaciones ionizantes, a agentes cancerígenos, mutagénicos o tóxicos, trabajos que impliquen la exposición a determinados agentes biológicos (Disp. Adic. 2.ª LETT).

Por otro lado, las limitaciones a las contrataciones por las ETT sólo serán válidas en cuanto se justifiquen por razones de interés general relativas a la protección del empleado cedido, a la necesidad de alcanzar un buen funcionamiento del mercado de trabajo y a evitar posibles abusos (Disp. Adic. 4.ª LETT). En el ámbito de la Administración Pública no es posible realizar un contrato de puesta a disposición cuando lo que se pretende ocupar es un puesto reservado legalmente al funcionario público.

6.3. La relación entre la ETT y los trabajadores en misión

El contrato de trabajo celebrado entre la ETT y el trabajador se formalizará por escrito, según las normas que regulen cada modalidad. El contrato podrá ser por tiempo indefinido, por lo que el trabajador será siempre parte de un único contrato de trabajo, aun cuando sucesivamente sea puesto a disposición, mediante su orden de servicio, de distintas empresas usuarias, o de duración determinada, en este caso coincidirá con el tiempo estipulado para el contrato de puesta a disposición.

Las condiciones esenciales de trabajo y empleo de los trabajadores contratados para ser cedidos serán, mientras continúe la prestación de servicios, las mismas que corresponderían a un trabajador que hubiese sido contratado directamente por la empresa usuaria. Son condiciones esenciales las relativas a la remuneración, duración de la jornada, horas extraordinarias, períodos de descanso, trabajo nocturno, vacaciones y días festivos (art. 11.1 LETT). El trabajador con contrato de duración determinada [art. 49.1.*c*) ET] tendrá derecho a recibir una indemnización económica a la finalización del contrato de puesta a disposición equivalente a la parte proporcional de la cantidad que resultaría de abonar doce días de salario por cada año de servicio (art. 11.2 LETT). Dicha cantidad puede ser prorrateada a lo largo de la vigencia del contrato.

Por otra parte, hemos de destacar que los trabajadores que se contratan para ser cedidos tienen el derecho a recibir la misma protección en materia de seguridad y salud en el trabajo que los empleados de la empresa en la que prestarán sus servicios. Por último, la Ley sanciona con la nulidad toda cláusula contractual que obligue al trabajador a pagar a la empresa de trabajo temporal cualquier cantidad a título de gasto de selección, formación o contratación (art. 12.4 LETT).

6.4. La relación entre la empresa usuaria y los trabajadores en misión

Hay que subrayar que entre la empresa usuaria y el trabajador en misión no existe relación contractual laboral. Sin embargo, las facultades de dirección y control de la actividad laboral serán ejercidos por la empresa usuaria durante el tiempo en que el trabajador preste servicios en su ámbito.

Asimismo, la empresa usuaria tiene una especial obligación en relación con la prevención de riesgos laborales, tanto antes de que el trabajador en misión se incorpore en la empresa, haciendo constar en el contrato de puesta a disposición la descripción de los eventuales riesgos que pueda comportar el puesto de trabajo, como durante el tiempo en que desarrolle su labor profesional en ella. Es primordial que la información fluya convenientemente a este respecto entre la ETT, la empresa usuaria y el propio trabajador en misión.

La empresa usuaria responde subsidiariamente de las obligaciones salariales y de Seguridad Social contraídas con el trabajador durante la vigencia del contrato de puesta a disposición.

La empresa usuaria es responsable solidaria si el contrato de puesta a disposición se celebró fuera de los supuestos previstos legalmente o incluido en los expresamente prohibidos (STS, Sala de lo Social, de 4 de julio de 2006, núm. rec. 1077/2005).

La empresa usuaria debe informar al trabajador cedido sobre la existencia de puestos de trabajo vacantes a fin de que pueda acceder con igualdad de oportunidades a la plantilla permanente de la empresa (art. 17.3 y 4 LETT) y de producirse la contratación directa, el trabajador conservaría la antigüedad desde el primer contrato efectuado con la empresa de trabajo temporal para la prestación de servicios en la empresa usuaria (STS, Sala de lo Social, de 17 de enero de 2008, núm. rec. 1176/2007).

Es responsabilidad de la empresa usuaria cuantificar las percepciones finales del trabajador y consignarlas en el contrato de puesta a disposición; durante el tiempo que trabaje para la empresa usuaria entra en juego la regla de equiparación, esto es, su remuneración debe comprender las percepciones económicas fijas y variables, establecidas para el puesto a desarrollar en el convenio colectivo aplicable a la empresa usuaria que estén vinculadas a dicho puesto de trabajo. Este nivel puede ser mejorado por el convenio que resulte de aplicación en la ETT o por acuerdo con el trabajador. Todo ello en evitación del *dumping* laboral (STS, Sala de lo Social, de 17 de febrero de 2007, núm. rec. 104/2005).

Se señala además que el trabajador cedido tiene derecho a utilizar los servicios de transporte, comedor, guardería u otros de naturaleza común que oferte la empresa usuaria en las mismas condiciones que los trabajadores de contratación directa por parte de la empresa usuaria (art. 17.2 LETT).

7. BIBLIOGRAFÍA

ALBIOL MONTESINOS, I.; CAMPS RUIZ, L. M.; LÓPEZ GANDÍA, J. y SALAFRANCO, T.: *Compendio de Derecho del Trabajo*. Tomo II. *Contrato individual*. Tirant lo Blanch, Valencia, 2010.

ALBIOL MONTESINOS, I. y BLASCO PELLICER, A.: *La relación laboral especial de los abogados*. Tirant lo Blanch, Valencia, 2010.

ALBIOL ORTUÑO, M.: *Las relaciones laborales especiales: marco y régimen legal*. CISS, 2023.

ALONSO OLEA, M. y CASAS BAAMONDE, M.ª E.: *Derecho del Trabajo*. 26.ª ed., Civitas, Madrid, 2009.

ALONSO OLEA, M.: «En torno al concepto de contrato de trabajo», *Anuario de Derecho Civil* (ADC), vol. 20, núm. 1, 1967.

BALLESTER PASTOR, I.: *La relación laboral especial de los estibadores portuarios*. Tirant lo Blanch, 2014.

CHACÁRTEGUI JÁVEGA, C.: *Empresas de trabajo temporal y contrato de trabajo*. Tirant lo Blanch, Valencia, 2000.

DEL REY GUANTER, S.: *La relación Laboral Especial de los Abogados en despachos individuales o colectivos. Comentario al Real Decreto 1331/2006*. La Ley-Actualidad, 2007.

DESDENTADO DAROCA, E.: *La personificación del empresario. Problemas procesales y sustantivos*. Lex Nova, Valladolid, 2006.

FERNÁNDEZ ORRICO, F.: *Inserción laboral de personas con discapacidad y capacidad intelectual límite*. Aranzadi, 2017.

GÁRATE CASTRO, J.: *Lectura sobre el régimen jurídico del contrato de trabajo. Concepto, elementos, modalidades del contrato de trabajo, salario, poder* disciplinario y extinción del contrato de trabajo. Netbiblo, La Coruña, 2009.

GARCIA-PERROTE ESCARTÍN, I. y ALZAGA RUIZ, I. (dir.): *La relación especial de abogados en despachos*. Aranzadi Thomson Reuters, 2021.

GONZÁLEZ-POSADAS MARTÍNEZ, E.: «La especialidad de dos relaciones laborales especiales: especialistas en ciencias de la salud y abogados», *Revista General de Derecho del Trabajo y de la Seguridad Social*, núm. 13, 2007.

LOUSADA AROCHENA, J. F.: *La Protección de la salud en el trabajo temporal y en las empresas de trabajo temporal.* Bomarzo, 2016.

MARTÍN VALVERDE, A. y GARCÍA MURCIA, J.: *Derecho del Trabajo.* 33.ª ed., Tecnos, Madrid, 2024.

MIÑARRO YANINI, M.: *El trabajo al servicio del hogar familiar. Análisis de su nueva regulación.* Reus, Barcelona, 2013.

MOLERO MANGLANO, C.: *El contrato de alta dirección.* Civitas, 2011.

MOLINA GONZÁLEZ-PUMARIEGA, R.: *Extinción de las relaciones laborales especiales.* Thomson Civitas, 2007.

MONTOYA MELGAR, A.: *Derecho del Trabajo.* 45.ª ed., Tecnos, Madrid, 2024.

MORENO VIDA, M.ª N.; MONEREO PÉREZ, J. L. y TRIGUERO MARTÍNEZ, L. A.: *Las Empresas de Trabajo Temporal. Estudio de su régimen jurídico.* Comares, Granada, 2015.

NUÑEZ VARGAS, J.: «La condición laboral del consejero delegado en las sucesivas reformas legales y jurisprudencia comunitaria», *Temas Laborales: Revista Andaluza de Trabajo y Bienestar Social*, núm. 170, 2023.

PÉREZ DE LOS COBOS ORIHUEL, F.: «La contratación de trabajadores a través de las Empresas de Trabajo Temporal en las Administraciones Públicas», *Diario La Ley*, núm. 7588, 2011.

— «La reforma laboral: Un nuevo marco para las Empresas de Trabajo Temporal», *Actualidad Laboral*, núm. 16, 2010.

PÉREZ PÉREZ, J.: *Contratación laboral de personas con discapacidad.* Lex Nova, 2015.

RUANOS ALBERTOS, S.: *El Régimen Jurídico de los Empleados de Hogar.* Atelier, 2013.

— *Representantes de comercio. Los imprecisos contornos normativos de su regulación laboral especial.* Atelier, 2016.

RUBIO MEDINA, M.ª D.: *La relación laboral especial del personal de alta dirección.* Bosch, Barcelona, 2012.

SANCHEZ QUIÑONES, L.: «Las Empresas de trabajo temporal, en la encrucijada. Breve análisis del régimen normativo del contrato fijo discontinuo tras la reforma laboral introducida por el Real Decreto 32/2021, de 30 de diciembre de 2021», *Revista Aranzadi Doctrinal*, núm. 4, 2022.

SELIGRAT GONZÁLEZ, V. M.: *El contrato de trabajo deportivo. Naturaleza jurídica y contenido. Especial referencia al fútbol, a la FIFA ya al resto de deportes con regulación convencional.* Sepín, 2017.

VALDÉS DAL-RÉ, F. y MOLERO MARAÑÓN, M.ª L.: *Comentarios a la Ley de Empresas de Trabajo Temporal.* La Ley, 2009.

VV.AA. (dirs.) MONEREO PÉREZ, J. L. y PERÁN QUESADA, S.; (coords.) RUIZ SANTAMARIA, J. L. y MUROS POLO, A.: *Las nuevas formas de trabajo: retos y oportunidades para la laboralización de las prestaciones profesionales.* Comares, 2024.

— (dirs.) CUADROS GARRRIDO, M. E.; SELMA PENALVA, A. y FERNÁNDEZ ORRICO, F. J.: *El nuevo régimen jurídico de las empleadas de hogar.* Colex, 2023.

— (dirs.) BLASCO PELLICER, A. A. y LÓPEZ BALAGUER, M.: *Las relaciones laborales en el sector público.* Tirant lo Blanch, 2019.

TEMA 5

EL NACIMIENTO DEL CONTRATO DE TRABAJO

MACARENA CASTRO CONTE
Profesora Titular de Universidad de Derecho del Trabajo y de la Seguridad Social.
Universidad Rey Juan Carlos

OBJETIVOS DE APRENDIZAJE

1. Reconocer la importancia de la forma escrita y la documentación en los contrato de trabajo.
2. Comprender el propósito del período de prueba.

1. LA FORMA EN EL CONTRATO DE TRABAJO

La forma del contrato es el medio que utilizan las partes para manifestar su consentimiento y, en algunos casos, para registrar los términos y condiciones acordados. No basta con que exista la intención de celebrar el contrato y que el consentimiento sea válido; también es fundamental que esta voluntad se exprese de manera clara. Sólo así se obtendrá relevancia jurídica y se generarán los derechos y obligaciones derivados del contrato.

El contrato de trabajo que regula el Derecho del Trabajo se inspira, de la misma forma que el resto de las ramas de nuestro Ordenamiento jurídico, en el principio de libertad de forma en la contratación. Así, el artículo 8.1 del Estatuto de los Trabajadores (en adelante, ET) establece que «el contrato de trabajo se podrá celebrar por escrito o de palabra». Por su parte, el Código Civil, que actúa como norma subsidiaria en materia laboral, establece en su artículo 1.278 que «los contratos serán obligatorios, independientemente de la forma en que se celebren».

En la práctica, la mayoría de los contratos de trabajo se formalizan por escrito. Además, la incorporación de nuevas tecnologías permite firmar estos contratos en diferentes dispositivos, como computadoras y teléfonos móviles[1]. Así el artículo 23.3 de la Ley 34/2002, de 11 de julio, de servicios de la sociedad de la información y de comercio electrónico[2], establece que «siempre que la ley exija que el contrato o cualquier información relacionada con el mismo conste por escrito, este requisito se entenderá satisfecho si el contrato o la información se contiene en un soporte electrónico» y será admitido en juicio como prueba documental (art. 24.2 de la Ley 34/2002, de 11 de julio). Esta actividad debe ir acompañada de la necesaria seguridad de poder identificar a quien, o quienes emitan la declaración de voluntad[3].

Los contratos necesitados de forma escrita son tal y como establece el artículo 8 ET:

1) los contratos de prácticas y para la formación y el aprendizaje;
2) los contratos a tiempo parcial, fijo-discontinuo y de relevo;
3) los contratos para la realización de una obra o servicio determinado;
4) los contratos por tiempo determinado superiores a cuatro semanas;
5) los contratos de trabajo de los pescadores;
6) el trabajo a distancia;
7) los trabajadores contratados en España al servicio de empresas españolas en el extranjero.

La exigencia de que ciertos contratos se realicen por escrito tiene varias razones, siendo una de las más importantes la necesidad de evitar incertidumbres sobre la naturaleza temporal de estos acuerdos. Esto es especialmente relevante en situaciones como el trabajo a distancia y el trabajo en el extranjero. En estos casos, el control de las condiciones laborales puede ser complicado. Por tanto, es fundamental contar con un documento formal que acredite la existencia del contrato y detalle sus términos. Este registro escrito no sólo protege a las partes involucradas, sino que también facilita la resolución de posibles disputas al proporcionar una referencia clara de los derechos y obligaciones acordados.

---

[1] Ley 6/2020, de 11 de noviembre, reguladora de determinados aspectos de los servicios electrónicos de confianza, en su artículo 3 concede al soporte electrónico un valor jurídico equivalente al de la manuscrita en relación con los datos consignados en papel, siempre y cuando cumpla las exigencias que se solicitan (*BOE* de 12-11-2020).

[2] *BOE* de 12/07/2002.

[3] Para su reconocimiento resulta condición imprescindible «que quede garantizada su autenticidad, en consecuencia, deberá reunir [...] los elementos determinantes de su autenticidad y de su autoría y, en especial, la firma de quien asume su contenido y la efectividad de su clausulado». STS de 3-11-1997. Recurso contencioso-administrativo núm. 544/1995.

Los contratos anteriormente mencionados no son los únicos a los que se exige forma escrita, el artículo 8.2 ET prevé que otras disposiciones legales, incluso ajenas al Estatuto de los Trabajadores, exijan forma escrita a determinados contratos de trabajo. Así fuera del artículo 8.2 ET, pero dentro del Estatuto de los Trabajadores se encuentran los siguientes:

1) el contrato de trabajo sujeto a prueba regulado en el artículo 14 ET;
2) relación de auxilio asociado, artículo 10.3 ET;
3) pactos de permanencia, artículo 21.4 ET;
4) para la sustitución de una persona trabajadora (anterior contrato de interinidad), artículo 15.3 ET;
5) pacto de realización de horas complementarias en el contrato de trabajo a tiempo parcial, artículo 12.5 ET.

Fuera ya del Estatuto de los Trabajadores se exige forma escrita a las relaciones laborales de carácter especial reguladas en sus respectivas normas, esto es: los contratos de personas con discapacidad en centros especiales[4], y personal civil no funcionario al servicio de establecimientos militares[5]; el alcanzado para sustituir a quienes hayan optado por una jubilación anticipada[6]; los mineros[7]; el contrato indefinido de apoyo a los emprendedores[8], los contemplados en el programa de fomento de empleo[9], incluido el contrato temporal para el fomento del empleo de trabajadores con discapacidad (Disp. Adic. 1.ª de la Ley 43/2006) y los contenidos en otras normas con esta finalidad[10]; los concertados con la Administración

---

4 Real Decreto 1368/1985, de 17 de julio, por el que se regula la relación laboral de carácter especial de los minusválidos que trabajen en los centros especiales de empleo (*BOE* de 8-8-1985).

5 Real Decreto 2205/1980, de 13 de junio, por el que se regula el trabajo del personal civil no funcionario en los establecimientos militares (*BOE* de 18-10-1980).

6 Ley 27/2011, de 1 de agosto, sobre actualización, adecuación y modernización del sistema de Seguridad Social (*BOE* de 2-8-2011).

7 Artículo 2.3 del Real Decreto 3255/1983, de 21 de diciembre, por el que se aprueba el Estatuto del Minero (*BOE* de 4-1-1985).

8 Artículo 4 de la Ley 3/2012, de 6 de julio, de medidas urgentes para la reforma del mercado laboral (*BOE* de 7/7/2012). Contrato ya derogado.

9 Ley 43/2006, de 29 de diciembre, para la mejora del crecimiento y del empleo (*BOE* de 30-12-2006)

10 Artículos 9.7, 10.6, 12.6 y 13.3 de la Ley 11/2013, de 26 de julio, de medidas de apoyo al emprendedor y de estímulo del crecimiento y de la creación de empleo (*BOE* de 27-7-2013).

Pública[11], o entre las empresas de trabajo temporal y los trabajadores cedidos[12].

El artículo 8.2 ET permite que cualquiera de las partes exija que el contrato se formalice por escrito, incluso si ya ha comenzado la relación laboral. En algunos casos, no sólo es necesario que el contrato esté por escrito, sino que debe seguir un «modelo oficial». Esto ocurre, por ejemplo, en el contrato de formación en alternancia[13].

El empresario tiene la obligación de entregar a los representantes legales de los trabajadores una copia básica de todos los contratos que deban celebrarse por escrito, a excepción, de los contratos de trabajo especiales de alta dirección que sólo existe el deber de notificación (art. 8.4 ET). Se debe hacer en un plazo no superior a 10 días desde la formalización del contrato de trabajo, y los representantes firmarán la copia básica a efectos de acreditar que se ha producido la entrega. Después, se enviará una copia del contrato a la oficina de empleo. Si no hay representación legal de los trabajadores, también será necesario formalizar una copia básica y enviarla a la misma oficina. Esta copia básica incluirá todos los datos del contrato de trabajo, excepto el número de DNI, la dirección, el estado civil y cualquier otra información que pueda afectar la privacidad del trabajador.

Por su parte, los representantes de la Administración Pública, así como los de las organizaciones sindicales y de las asociaciones empresariales, que tengan acceso a la copia básica de los contratos en virtud de su pertenencia a los órganos de participación institucional que reglamentariamente tengan tales facultades, observarán sigilo profesional, no pudiendo utilizar dicha documentación para fines distintos de los que motivaron su conocimiento.

---

[11] Artículo 33 del Real Decreto 364/1995, de 10 de marzo, por el que se aprueba el Reglamento General de Ingreso del Personal al servicio de la Administración General del Estado y de Provisión de Puestos de Trabajo y Promoción Profesional de los funcionarios Civiles de la Administración General del Estado (*BOE* de 10-4-1995)

[12] Artículo 16.1 del Real Decreto 417/2015, de 29 de mayo, por el que se aprueba el Reglamento de las empresas de trabajo temporal (*BOE* de 20-6-2015).

[13] El Real Decreto-ley 32/2021, de 28 de diciembre, de medidas urgentes para la reforma laboral, la garantía de la estabilidad en el empleo y la transformación del mercado de trabajo (*BOE* de 30-12-2021) mantiene la anterior normativa reglamentaria (RD 1529/2012, de 8 de noviembre, para formación y aprendizaje, y RD 488/1998, de 27 de marzo, para prácticas), en tanto no se proceda al desarrollo de la nueva regulación legal y en todo aquello que no se contradictorio con el nuevo sistema legal. El artículo 7 del RD 1529/2012, de 8 de noviembre, para formación y aprendizaje, regula literalmente que: «Los contratos para la formación y el aprendizaje y los anexos relativos a los acuerdos para la actividad formativa a que se refiere el artículo 21 deberán formalizarse por escrito en los modelos oficiales que se establezcan por el Servicio Público de Empleo Estatal».

Por último, cuando la relación laboral sea de duración superior a cuatro semanas, el empresario deberá informar por escrito al trabajador, en los términos y plazos que se establezcan reglamentariamente, sobre los elementos esenciales del contrato y las principales condiciones de ejecución de la prestación laboral, siempre que tales elementos y condiciones no figuren en el contrato de trabajo formalizado por escrito.

2. EFECTOS DE LA FALTA DE FORMA ESCRITA EN LOS CONTRATOS DE TRABAJO

El artículo 8.2 ET no establece la nulidad por omisión de forma escrita[14], sino que se limita a decir que los contratos de trabajo a los que se le exige una forma determinada, y no se observa dicha forma, se presumirán por tiempo indefinido, salvo prueba en contrario, que acredite la naturaleza temporal del mismo. Por tanto, el incumplimiento de la forma escrita cuando fuere preceptivo hace que la relación laboral sea considerada por tiempo indefinido y a jornada completa.

Se trata de una afirmación que admite prueba en contrario y puede ser refutada por quien, normalmente el empresario, logre demostrar la naturaleza temporal y/o a tiempo parcial de la relación laboral. Esta afirmación constituye una presunción *iuris tantum*, ya que puede ser desvirtuada mediante la presentación de pruebas[15].

Aparte de los efectos propiamente laborales ya dichos, la inobservancia de forma escrita tiene también consecuencias administrativas pues se trata de una infracción grave (art. 7 del RD Legislativo 5/2000, de 4 de agosto, por el que se aprueba el texto refundido de la Ley sobre Infrac-

---

[14] Efectivamente, su ausencia no conlleva la nulidad de un pacto válido y eficaz, al tratarse de un elemento no esencial, a diferencia del consentimiento, el objeto y la causa, que sí lo son; su inobservancia, sin embargo, provocará repercusiones en tres ámbitos: laboral, administrativo y de protección social. La forma escrita es un requisito declarativo y no constitutivo (STS de 17-11-1997. Recurso de Casación núm. 1528/1997). En el mismo sentido, entre otras, STSJ de Madrid de 16-2-2001. Recurso de Suplicación núm. 4601/2000.

[15] STSJ de Cataluña de 7-9-1998, recurso suplicación núm. 1806/1998; STSJ de Navarra de 28-3-2000, recurso suplicación núm. 92/2000: «el trabajador tiene que probar la presencia de los elementos constitutivos del contrato de trabajo para que se de por existente, de manera que... para que actúe la presunción del artículo 8.1 ET se requiere que la prestación de servicios se realice concurriendo las notas que identifican la relación laboral»; STSJ de Madrid de 11-10-2005, recurso suplicación núm. 2503/2005; STSJ de Navarra de 28-4-2000, recurso suplicación núm. 126/2000). Ahora bien, confirmados aquellos referentes necesarios, «quien disienta... deberá acreditar los hechos que puedan desvirtuar» su eficacia (STSJ de Valencia de 13-1-2000, recurso suplicación núm. 2608/1999).

ciones y Sanciones en el Orden Social[16]). Asimismo, en algunas modalidades, especialmente las relacionadas con el fomento del empleo, la falta de documentación trae aparejado un efecto concreto como es la pérdida de los incentivos y bonificaciones de Seguridad Social (art. 46 del citado RD Legislativo 5/2000, de 4 de agosto). No cualquier carencia provoca tan drástica consecuencia, pues si afectara a un componente de escasa importancia, o no hubiera sido realizado en el modelo oficial previsto legalmente, no jugará la presunción y sólo llevará a considerar que la conducta empresarial constituye una infracción laboral[17].

3. LA REGULACIÓN LEGAL DEL PERÍODO DE PRUEBA

Según el artículo 14 ET, las partes del contrato de trabajo *podrán* pactar al inicio de la relación laboral la realización de un período de prueba. De dicho precepto legal se deduce que no es obligatorio establecer un período de prueba, pero en caso de que se establezca, es requisito indispensable que conste por escrito[18]. También es necesario que se pacte desde el inicio de la relación y no posteriormente, en cuyo caso, se entiende nulo[19]. En resumen, el artículo 14 ET establece que el período de prueba es una opción que pueden elegir los contratantes. Si no se incluye esta

---

[16] *BOE* de 9-8-2000. (Tener en cuenta que la Ley 10/2021, de 9 de julio, incrementó la cuantía de las sanciones en un 20 por 100, respecto de las que se habían fijado en el año 2000).

[17] Los Tribunales son claros al respecto cuando declaran que «la forma escrita [no es] requisito constitutivo para la perfección de los contratos de trabajo a tiempo parcial...; si no consta por escrito, el contrato se presume celebrado por tiempo indefinido y a jornada completa» (STSJ de Baleares, Sala de lo Social, Sentencia 187/1996, de 8-5-1996); o que «no habiendo contratación por duración determinada, el contrato sólo pudo ser verbal, de ahí que deba considerarse indefinido; [es decir], presumir celebrados por tiempo indefinido, los contratos de duración determinada, cuando no se hubiesen observado las exigencias de forma escrita, salvo prueba en contrario que acredite su naturaleza temporal» (STSJ de Madrid de 16-12-1999, recurso núm. 5036/1999). En fin, en algunos otros prevén que «para que el contrato hubiese mantenido su naturaleza formal de *a tiempo parcial* debe pactarse expresamente por escrito como contrato indefinido a tiempo parcial y, en su defecto, debe operar la presunción *iuris tantum* de que se está ante un contrato a jornada completa» (STSJ de Murcia de 15-5-2000, recurso de suplicación núm. 1377/1999).

[18] El requisito de forma escrita tiene efectos *ad solemnitatem* [...], su ausencia determina la nulidad, no del vínculo laboral, que sigue siendo válido, pero sí del pacto (STS, Sala de lo Social, de 12-1-1981).

[19] STS, Sala de lo Social, de 15-9-1986. No es válido el período pactado en contrato suscrito con posterioridad al inicio de la relación (STSJ de Castilla y León, Valladolid, de 23-12-2009 y STSJ de Galicia de 25-2-2002).

opción en el contrato de trabajo, se considera que no hay período de prueba[20].

La ausencia, o falta de forma escrita del período de prueba determina la nulidad del pacto, pero no del vínculo laboral que sigue siendo válido. También es nulo el pacto sobre el período de prueba, si el trabajador hubiera ya desempeñado las mismas funciones con anterioridad en la empresa, bajo cualquier modalidad de contratación, o si se trata de la misma prestación de servicios para distintos empresarios en el mismo centro y con los mismos medios, pues no servirá al objetivo de comprobar una aptitud ya acreditada (art. 14.1 ET)[21]. No se puede resolver el contrato de trabajo durante el período de prueba si se vulneran derechos fundamen-

---

[20] STS de 5-10-2001. Recurso de casación para la unificación de doctrina núm. 4438/2000: «... el período de prueba recogido en los convenios colectivos no tiene virtualidad directa, y sus previsiones no son suficientes para entenderlo existente...».

[21] STSJ de Cataluña de 21-3-2016. Recurso suplicación núm. 302/ 2016 y STSJ de Madrid de 22-6-2012. Recurso suplicación 2046/2012 y STSJ de Castilla y León, Valladolid, de 28-3-2012. Recurso suplicación 165/2012. Cabe admitir, sin embargo, la posibilidad de suscribir un acuerdo en este sentido —incluso un segundo si ya hubiera tenido lugar otro previo— en caso de haber acaecido un cambio de suficiente entidad en las tareas encomendadas. No obstante, esta excepción se contempla desde la perspectiva de una nueva contratación, es decir, cuando se suceden nuevos contratos de trabajo para distinta actividad y funciones (STSJ del País Vasco de 4-4-2006. Recurso suplicación núm. 486/2006), ya que en otro caso, vigente la misma relación laboral, la imposición por pacto individual o colectivo de un nuevo período de prueba cuando el cambio de entidad de las tareas encomendadas se deriven, por ejemplo, de un ascenso de categoría, es injustificada y abusiva puesto que se abre la posibilidad extintiva no indemnizada de una nueva relación laboral fija ya consolidad por la superación del período de prueba inicial (SAN de 13-2-2007. Recurso suplicación núm. 58/2006).

También cabe admitir el pacto de un nuevo período de prueba cuando concurran otras circunstancias que razonablemente justifiquen la necesidad de un segundo pacto, como podrían ser la brevísima duración del vínculo temporal previo, o el período muy dilatado que mediara entre ambas contrataciones. Así, cuando se suceden dos contratos temporales válidos para un mismo puesto de trabajo, sin haber transcurrido el período de prueba en el primer contrato, cabe que, en el segundo contrato se establezca uno nuevo siempre que, sumado al anterior, no supere el convencionalmente previsto (STS de 20-1-2014. Recurso casación unificación doctrina, núm. 375/2013).

La prohibición de suscribir un nuevo acuerdo para desempeñar idénticas funciones alcanza a los supuestos de subrogación empresarial contemplados en el artículo 44 ET (STS de 25-11-2005. Recurso casación unificación de doctrina núm. 5064/2004; SSTSJ de Andalucía, Granada, de 12-3-2014. Recurso suplicación núm. 204/2014 y Castilla y León, Burgos, de 23-7-2013. Recurso suplicación núm. 308/2013); también a la hipótesis de una prestación anterior de servicios a favor del mismo empleador a través de una empresa de trabajo temporal (STSJ de Cataluña de 6-2-2006. Recurso suplicación núm. 7832/2005); incluso cuando se han desarrollado idénticas funciones en el mismo centro de trabajo y con los mismos medios para distintas empresas, siempre que la aptitud haya sido acreditada y le conste efectivamente a la nueva empresa (STS de 18-1-2005. Recurso casación unificación doctrina núm. 253/2004).

tales[22]. Además, la resolución del contrato a instancia del empresario será nula en el caso de las trabajadoras durante el embarazo, desde su inicio hasta el comienzo del período de suspensión establecido en el artículo 48.4 ET, así como durante la maternidad. En estas circunstancias, la extinción del contrato se considerará nula y la readmisión de la trabajadora será obligatoria.

La exigencia de forma escrita no puede ser suplida por una eventual previsión en convenio colectivo que imponga el período de prueba para todos los contratos que se concierten dentro de su ámbito de aplicación; no cabe entender la existencia de período de prueba porque así se prevea de manera genérica en el convenio colectivo si no existe pacto expreso y escrito[23]. Tampoco es válida la remisión explícita del contrato de trabajo al período de prueba pactada en el convenio colectivo; el período de prueba regulado en el contrato de trabajo bajo la expresión «se establece un período de prueba según convenio» no es válido. Por tanto, si se produce un cese por no haber superado dicho período, se considerará un despido improcedente. No es suficiente que el período de prueba esté por escrito; es fundamental que se especifique su duración exacta, ya que esto constituye un derecho mínimo del trabajador[24].

Tanto en los contratos de duración indefinida como en los temporales las partes pueden concertar por escrito un período de prueba, con sujeción a los límites de duración que, en su caso, se establezcan en los convenios colectivos[25]. Por tanto, la duración será la que la que expresamente prevea el convenio colectivo y, en su defecto, la que fijen de común acuerdo empresario y trabajador, siempre que no exceda de seis meses

---

[22] Sobre ello véase: Tribunal Supremo, Sala Cuarta, de lo Social, Sentencia de 3 de octubre de 2008, rec. 2584/2007.

[23] STS de 5-10-2001. Recurso casación para la unificación de doctrina núm. 4438/2000; STSJ de Madrid de 28-11-2007. Recurso suplicación núm. 3760/2006.

[24] Tribunal Supremo, Sala Cuarta, de lo Social, Sentencia 1164/2024 de 24 septiembre de 2024, rec. 326/2023; Tribunal Supremo, Sala Cuarta, de lo Social, Sentencia 1246/2021 de 9 de diciembre de 2021, rec. 3340/2019.

[25] No obstante, es abusivo el período de prueba de un año de duración previsto en un convenio colectivo de empresa (dedicada a la telefonía) para la categoría de promotor de ventas, consistiendo su trabajo en la venta de «páginas amarillas y otros productos» (STS de 20-7-201. Recurso casación unificación doctrina núm. 152/2010). Igual criterio se mantuvo en la STS de 12-11-2007. Recurso núm. 4341/2006, respecto al personal dedicado a la captación de clientes para anunciarse en una guía telefónica, para el que el convenio establecía un período de prueba de 2 años, o en STSJ de la Comunidad Valenciana de 8-7-2009. Recurso suplicación núm. 1264/2009 sobre un período de prueba de un ano pactado en un convenio colectivo. O el período de prueba de tres años establecido en el convenio colectivo (STSJ de Madrid de 28-11-2004, recurso suplicación núm. 3995/2003). No cabe establecer la duración de seis meses prevista para los técnicos titulados a quienes, aun ostentando dicha titulación, son contratados para realizar funciones ajenas a la misma (SSTSJ de Madrid de 26-11-2003, recurso suplicación núm. 3073/2002 y de 6-6-2002, recurso suplicación núm. 4492/2007).

para los técnicos titulados, ni de dos meses para los demás trabajadores. En las empresas de menos de veinticinco trabajadores, el período de prueba no podrá exceder de tres meses para los trabajadores que no sean técnicos titulados (art. 14.1 ET). En el supuesto de los contratos temporales de duración determinada del artículo 15 concertados por tiempo no superior a seis meses, el período de prueba no podrá exceder de un mes, salvo que se disponga otra cosa en convenio colectivo.

Cada contrato de trabajo tendrá que precisar su extensión concreta, si bien la fijación de un período superior al permitido conllevará la ilicitud del exceso, de forma tal, que el cese producido en aquel momento habrá de ser considerado despido. La ausencia de una referencia expresa al efecto llevará la aplicación al máximo establecido a través de la negociación colectiva o, en su defecto, el legal.

Durante la vigencia de este acuerdo el empresario y el trabajador, están respectivamente obligados a realizar las experiencias que constituyan el objeto de la prueba (art. 14.1 ET). Por tanto, el contenido del pacto debe centrarse en evaluar las cualidades profesionales del trabajador, su adaptación al puesto y el conocimiento mutuo entre ambas partes. Estos son los objetivos fundamentales del período de prueba, que adquiere mayor relevancia en los trabajos cualificados y en posiciones de dirección[26].

Además, durante el período de prueba, el trabajador gozará de los mismos derechos y obligaciones que corresponden al puesto de trabajo que desempeñe, como si fuera un empleado de plantilla. Por tanto, el régimen jurídico aplicable será el del contrato ordinario. Sin embargo, se excluyen aquellos derechos relacionados con la resolución de la relación

---

— Su prolongación no puede exceder la del contrato incluso cuando se trate de un plazo de duración de seis meses, si así lo posibilita el convenio colectivo (STS de 4-3-2008. Recurso casación unificación doctrina núm. 1210/2007).

— La fijación de un período superior al permitido conllevará la ilicitud del exceso, de forma tal que el cese producido en aquel momento habrá de ser considerado despido (STS de 19-10-1987 y SSTSJ de Aragón de 26-9-2012. Recurso suplicación núm. 441/2012; de Madrid de 20-2-2008. Recurso suplicación núm. 223/2008).

— En los contratos de trabajo a tiempo la duración del período de prueba previsto legal o convencionalmente no puede reducirse proporcionalmente a la jornada pactada, sino que debe atenderse a la duración del contrato, es decir, al tiempo de prestación efectiva de servicios (STSJ de Cataluña de 12-11-2013. Recurso suplicación núm. 5351/2012).

— No es abusivo el convenio que prevé una duración de hasta seis meses, para todos los contratos de duración indefinida, independientemente de las categorías o funciones laborales desarrolladas (STSJ de Madrid de 16-9-2009. Recurso suplicación núm. 2646/2008 y 26-12-2008. Recurso suplicación núm. 4492/2007).

[26] En este sentido, *vid.* STS, Sala de lo Social, de 12-11-2007. Recurso casación unificación doctrina núm. 4341/2006; STS, Sala de lo Social, de 20-7-2011. Recurso casación unificación doctrina núm. 152/2010; STS, Sala de lo Social, de 12-7-2012. Recurso casación unificación doctrina núm. 2789/2011.

laboral, la cual puede llevarse a cabo a instancia de cualquiera de las partes durante este período (art. 14.2 ET).

Importante es la modificación que introdujo el Real Decreto-ley 6/2019, de 1 de marzo, en el segundo párrafo del apartado 2 del artículo 14, al establecer que la resolución a instancia empresarial será nula en el caso de las trabajadoras por razón de embarazo, desde la fecha de inicio del embarazo hasta el comienzo del período de suspensión a que se refiere el artículo 48.4, o maternidad, salvo que concurran motivos no relacionados con el embarazo o maternidad. Esto ha llevado a la doctrina a plantearse si en estos casos la comunicación empresarial de extinción por no superación del período de prueba requería de más requisitos y exigencias que en el caso de no estar ante estas situaciones. De momento no contamos con un pronunciamiento del Tribuna Supremo que resuelva esta más que razonable duda.

Como se ha dicho, el período de prueba sirve para que empresario y trabajador se conozcan, pero también para que se pueda desistir libremente del contrato, sin que origine ningún tipo de indemnización. Esta extinción no aparece sometida a formalidad alguna; el empresario puede rescindir el contrato sin necesidad de llevar a cabo ninguna clase especial de comunicación, ni especificar la causa de tal decisión[27]. Sin embargo, conviene no olvidar la posibilidad de establecer requisitos al efecto en convenio colectivo, o en el propio acuerdo[28].

El empresario una vez el trabajador haya superado el período de prueba, no podrá extinguir el contrato por la causa prevista en el artículo 52.*a*) ET, ineptitud del trabajador, si la misma existía ya con anterioridad al cumplimiento del período de prueba, ya que es necesario que la ineptitud sea sobrevenida.

Transcurrido el período de prueba sin que se haya producido el desistimiento, el contrato producirá plenos efectos, computándose el tiempo de los servicios prestados en la antigüedad del trabajador en la empresa

[27] En efecto, la comunicación del cese no aparece sometida a formalidad alguna (STS, Sala de lo Social, de 6-7-1990); el empresario puede rescindir el contrato sin necesidad de llevar a cabo ninguna clase especial de comunicación, ni especificar la causa de tal decisión (STS, Sala de lo Social, de 2-4-2007; recurso casación unificación doctrina núm. 5013/2005 y STSJ de Cataluña de 1-10-2015, recurso suplicación núm. 3578/2015; STSJ de Castilla-La Mancha de 11-11-2013, recurso suplicación núm. 873/2013); salvo previsión expresa, la rescisión por parte del trabajador no queda sometida a preaviso que pudiera pactarse en el contrato de trabajo (STSJ de Castilla y León, Burgos, de 26-11-2010, recurso suplicación núm. 654/2009; STSJ de Madrid de 26-12-2008, recurso suplicación núm. 2790/2007 y STSJ de Murcia de 22-7-2008, recurso suplicación núm. 590/2008).

[28] STS, Sala de lo Social, de 22-10-1985.

(art. 14.3 ET). La finalización significa mantener íntegramente las condiciones laborales previas.

El período de prueba computará a efectos de antigüedad, y puede verse interrumpido si existe acuerdo previo entre ambas partes, en el caso las situaciones de incapacidad temporal, nacimiento, adopción, guarda con fines de adopción, acogimiento, riesgo durante el embarazo, riesgo durante la lactancia y violencia de género, que afecten a la persona trabajadora durante el período de prueba (art. 14.3 ET). El acuerdo sobre este punto debe constar de manera firme, pero no parece necesaria forma escrita. Por lo demás, podrá tener lugar «en el momento del contrato o con posterioridad»[29].

4. EXCEPCIONES A LA DURACIÓN DEL PERÍODO DE PRUEBA EN DETERMINADOS CONTRATOS Y RELACIONES LABORALES

La normativa laboral establece ciertas excepciones a la duración del período de prueba en contratos específicos para adaptarse mejor a las características y necesidades de distintas relaciones laborales. Desde el 30 de marzo de 2022, en el caso del contrato formativo para la obtención de la práctica profesional, el período de prueba no podrá ser superior a un mes para los trabajadores, salvo lo dispuesto en convenio colectivo [art. 11.3.*e*) ET]. En el contrato de formación en alternancia, no se puede realizar período de prueba [art. 11.2.*l*) ET].

Asimismo, respecto a la duración del período de prueba en las relaciones laborales especiales se han establecido distintas duraciones. Así:

— Relación laboral especial de alta dirección[30]: el límite del período de prueba está en los nueve meses.

— Relación laboral especial de empleados del hogar[31]: el período de prueba no podrá exceder de dos meses, salvo lo previsto en convenio colectivo.

— Relación laboral especial de deportistas profesionales[32]: no podrá exceder de tres meses.

— Relación laboral especial de artistas profesionales[33]: si el contrato dura más de diez días la duración del período de prueba no podrá exceder

[29] STS, Sala de lo Social, de 5-11-1986.

[30] Artículo 5 del Real Decreto 1382/1985, de 1 de agosto (*BOE* de 12-8-1985).

[31] Artículo 6.2 del Real Decreto 1620/2011, de 14 de noviembre (*BOE* de 17-11-2011).

[32] Artículo 5 del Real Decreto 1006/1985, de 26 de junio (*BOE* de 27-6-1985).

[33] Artículo 4 del Real Decreto 1435/1985, de 1 de agosto, por el que se regula la relación laboral especial de las personas artistas que desarrollan su actividad en las artes es-

de cinco días en los contratos inferiores a dos meses, de diez en los de duración inferior a seis meses, y de quince días en los restantes.

— Relación laboral especial de minusválidos que trabajen en centros especiales de empleo[34]: se estará a lo que establezca los convenios colectivos, pero en ningún caso podrá exceder de seis meses.

5. BIBLIOGRAFÍA

ALONSO OLEA, M. y CASAS BAAMONDE, M. E.: *Derecho del Trabajo,* Madrid, Civitas, última edición.

ALZAGA RUIZ, I.: «Artículo 8. Forma del contrato de trabajo», en VV.AA., *Comentarios al Estatuto de los Trabajadores*, JESÚS CRUZ VILLALÓN (dir.), Lex Nova ,2011.

APARICIO TOVAR, J.: «La forma en el contrato de trabajo», *Revista española de Derecho del Trabajo,* núm. 1, Civitas, 1980.

BALLESTER PASTOR, M. A.: *El período de prueba*, Valencia, Tirant lo Blanch, 1995.

DE VAL TENA, A. L.: *Pacto de prueba y contrato de trabajo*, Madrid, Civitas, 1998.

FERNÁNDEZ MARQUÉS, O.: *La forma en el contrato de trabajo*, Madrid, CES, 2002.

— *El período de prueba en el contrato de trabajo,* Valencia, Tirant lo Blanch, 2014.

GALIANA MORENO, J.: «Forma del contrato de trabajo», en VV.AA., *Comentarios al Estatuto de los Trabajadores: libro homenaje a Tomás Sala Franco*, coord. por JOSÉ MARÍA GOERLICH PESET, Valencia, Tirant lo Blanch, 2016.

GALLEGO MORA, F.: *El período de prueba en el contrato de trabajo*, Thomson-Reuters, Pamplona, 2016.

GÁRATE CASTRO, F. J.: «Período de prueba», en *Comentarios al Estatuto de los Trabajadores: libro homenaje a Tomás Sala Franco*, coord. por JOSÉ MARÍA GOERLICH PESET, Tiran lo Blanch, 2016.

GARCÍA FERNÁNDEZ, M.: «La forma del contrato de trabajo (art. 8)». *Revista Española de Derecho del Trabajo*, Civitas, núm. 100, 1, 2000.

GARCÍA MURCIA, J. y MARTÍNEZ MORENO, C.: *Los derechos de información en el contrato de trabajo,* Tirant lo Blanch, Valencia, 2001.

MARTÍN VALVERDE, A.: *El período de prueba en el contrato de trabajo,* Montecorvo, Madrid, 1976.

MONTOYA MELGAR, A.: *Derecho del Trabajo*, Madrid, 45.ª ed., Tecnos, 2024.

PASCUAL ALLÉN, M.ª C.: «Forma, período de prueba y duración del contrato de trabajo». *La reforma del mercado laboral,* FERNANDO VALDÉS DAL-RÉ (dir.), 1994.

RAYÓN SUÁREZ, E.: «Los problemas de la forma del contrato de trabajo en la ley de relaciones laborales». *Revista de Derecho Privado*, vol. 63, núm. 6, 1979.

RODRÍGUEZ-PIÑERO ROYO, M.: «El período de prueba (art. 14)». *Revista Española de Derecho del Trabajo,* Civitas, núm. 100, 2000.

cénicas, audiovisuales y musicales, así como de las personas que realizan actividades técnicas o auxiliares necesarias para el desarrollo de dicha actividad (*BOE* de 14-8-1985).

[34] Artículo 10.2 del Real Decreto 1368/1985, de 17 de julio (*BOE* de 8-8-1985).

TEMA 6

MODALIDADES DE CONTRATACIÓN

EMILIA CONDE MARÍN
Profesora de Derecho del Trabajo y de la Seguridad Social.
Universidad Rey Juan Carlos

OBJETIVOS DE APRENDIZAJE

1. Conocer las modalidades contractuales existentes en el ámbito laboral.
2. Estudiar el régimen jurídico de cada tipo de contrato de trabajo.
3. Observar las diferencias entre ellos y conocer la finalidad para la cual fueron creados.

1. LA PREDILECCIÓN POR LA CONTRATACIÓN INDEFINIDA

El contrato de trabajo nace con vocación de indefinición, sin embargo, existen ciertas ocasiones establecidas en las que será posible legalmente otro tipo de contratación temporal de los trabajadores. La Reforma laboral de 2021 (RD-ley 32/2021, de 28 de diciembre, de medidas urgentes para la reforma laboral, la garantía de la estabilidad en el empleo y la transformación del mercado de trabajo) reforzó esta predilección natural otorgando una nueva redacción al artículo 15.1 ET estableciendo que el contrato de trabajo «se presume concertado por tiempo indefinido» y advirtiendo a continuación que podrá constituirse una relación contractual temporal «por circunstancias de la producción o por sustitución de persona trabajadora», se reduce así el campo para la contratación de duración determinada a estas dos situaciones mencionadas.

La tasa de temporalidad en la contratación (17,32%, datos EPA, 2024) se ha moderado desde la reforma laboral dejando paso al aumento de la contratación indefinida a lo largo de estos últimos años; no en vano uno de los objetivos principales de la política social comunitaria ha sido limitar el recurso a este tipo de contratos temporales. La Directiva 1999/70/CE del Consejo de 28 de junio de 1999 relativa al Acuerdo Marco de la CES, la UNICE y el CEEP sobre el trabajo de duración determinada ya planteaba como objetivo impedir el abuso por la utilización excesiva de las figuras contractuales de duración determinada. En las últimas reformas efectuadas sobre el Ordenamiento Laboral se adoptan medidas en orden a favorecer una utilización más extensa de la contratación indefinida y desincentivar el abuso de las fórmulas temporales de empleo, una muestra de ello son las limitaciones a la concatenación en el tiempo de contratos temporales (art. 15.5 ET).

1.1. El contrato indefinido ordinario

La estabilidad en el empleo se concibe como un derecho preponderante de la protección de los trabajadores y se han establecido a lo largo de los años medidas de fomento de contratación indefinida con beneficios económicos e institucionales. Tras la Reforma laboral de 2021 se ampliaron las posibilidades de intervención de la negociación colectiva con el objetivo de reducir el porcentaje de temporalidad en la contratación, por lo que se podrían fijar criterios para conseguir una adecuada proporción entre contratos temporales e indefinidos o establecer porcentajes máximos de temporalidad en la empresa por dicho medio (art. 15.8 ET).

El contrato de trabajo indefinido es la modalidad preferente en el ámbito de las relaciones laborales, tanto es así que el artículo 15.1 ET establece que «el contrato de trabajo se presume concertado por tiempo indefinido», se exige establecer precisa y cabalmente la causa que justifique lo contrario, es decir, proceder a una contratación de tipo temporal. La ley presume la indefinición del contrato, en consecuencia, aquel que tenga interés en calificar la relación contractual de temporal debe probarlo. Existen supuestos donde el contrato podrá tornarse en indefinido: *a*) en el caso de las personas trabajadoras temporales que no hubieran sido dadas de alta en la Seguridad Social una vez transcurrido un plazo igual al que legalmente se hubiera podido fijar para el período de prueba (art. 15.4 ET); *b*) por falta de denuncia de fin de contrato [art. 49.1.*c*) ET]; *c*) por incumplimiento de la exigencia de la forma escrita (art. 8.2 ET); *d*) por mandato legal sea por reiteración de la contratación temporal más allá de lo considerado razonable, por sucesión de contratos temporales (art. 15.5 ET) o por afectación a derechos del trabajador; y *e*) por fraude de ley.

El contrato indefinido, a veces denominado fijo o de plantilla se extiende en el tiempo con término desconocido, produciéndose llegado el caso por mutuo acuerdo entre empleador y trabajador o por concurrir alguna causa de extinción del contrato.

Constituyó una novedad instaurada por el Real Decreto-ley 32/2021 la configuración del contrato indefinido adscrito a obra específico para el sector de la construcción, cuyas características más sobresalientes son: *a*) propuesta de recolocación, esto es, quince días antes de la finalización de la obra el trabajador deber recibir por parte de la empresa una propuesta de recolocación, el trabajador tiene una semana para aceptar o rechazar la propuesta; y *b*) causa especial de extinción, es decir, que este tipo de trabajador añade a las causa estatutarias generales de extinción del contrato de trabajo una particular para el sector de manera que cuando la persona trabajadora no acepte la propuesta de recolocación, la empresa no tenga ofertas acordes a las características formativas y laborales del empleado o el trabajador no tenga la cualificación necesaria aún siguiendo un curso de formación para poder afrontar otro trabajo en obra se podrá dar legalmente extinguida la relación laboral. El trabajador tendrá derecho a percibir a modo de indemnización el 7 por 100 del salario (tablas convenio colectivo) devengados durante toda la vigencia del contrato.

Mención aparte la constituye el contrato de trabajo en abuso de temporalidad en el sector público al que corresponde la sanción de indefinición que no de fijeza pues ello sería incompatible con los principios constitucionales de igualdad, mérito y capacidad que rigen en el acceso y contratación de personal fijo en la Administración Pública (art. 103.3 CE).

1.2. El contrato fijo discontinuo

La modalidad del contrato fijo discontinuo se encuentra regulada en el artículo 16 ET. El trabajo fijo discontinuo no debe confundirse con el trabajo a tiempo parcial, aunque puedan compartir rasgos comunes, ni tampoco con el trabajo de carácter temporal.

Esta modalidad contractual sufrió una importante variación a través de Real Decreto-ley 32/2021, de 28 de diciembre, en un esfuerzo del legislador de reconducir a la indefinición la temporalidad irregular en la contratación, al menos, formalmente.

El trabajo fijo discontinuo es aquel que se da por razón de la discontinuidad de su actividad, que no exige la prestación de servicios todos los días u horas, dentro del carácter normal y permanente de la actividad empresarial, se concertará para la realización de trabajos de naturaleza estacional o vinculados a actividades productivas de temporada, o para el desarrollo de aquellos que no tengan dicha naturaleza, pero que, siendo de prestación intermitente, tengan períodos de ejecución ciertos, determinados o indeterminados; asimismo, podrá concertarse para el desarrollo de trabajos consistentes en la prestación de servicios en el marco de la ejecución de contratas mercantiles o administrativas que siendo previsibles, formen parte de la actividad ordinaria de la empresa; puede celebrarse un contrato fijo discontinuo entre una empresa de trabajo temporal y la persona contratada para ser cedida.

La forma que se exige a este tipo de contratos es siempre escrita (art. 8.2 ET), en él ha de constar como mínimo: la duración estimada de la actividad, la forma y orden de llamamiento que se establezca en el convenio colectivo aplicable, además de la jornada laboral y su distribución horaria con carácter estimativo (art. 16.2 ET).

Para el cálculo de la indemnización por extinción de la relación laboral del trabajador fijo discontinuo, la doctrina del Tribunal Supremo (p. ej., en su Sentencia 730/2020, de 30 de julio de 2020, núm. rec. 324/2018) tiene afirmado que se calcula sobre la base de los años naturales en que haya estado vinculado a la empresa sin contar los períodos de inactividad. Esto es, para el cálculo de la indemnización por despido el cálculo es por años de servicio reales, prorrateándose por meses los períodos inferiores a un año. La doctrina lo que reitera es que durante los períodos de inactividad no se produce la prestación de servicios exigida por la norma. Asimismo, la sentencia recalca que, teniendo carácter extrasalarial la indemnización por despido, no operaría el razonamiento jurisprudencial referido al cómputo de los períodos sin actividad, a efectos retributivos y de promoción profesional, pues ello afecta, exclusivamente, a percepciones de carácter salarial.

La normativa impone deberes de información al trabajador y a los representantes legales de los trabajadores sobre la existencia de vacantes de carácter fijo ordinario (art. 16.7 ET).

El contrato se entiende celebrado por tiempo indefinido, lo que no obsta, pues es su razón de ser, para que se produzca la interrupción después de concluir cada temporada, período o ciclo de actividad. Pero cuando dicha circunstancia aparece no estamos ni ante una suspensión ni ante una interrupción del contrato de trabajo en sentido técnico-jurídico, ni mucho menos ante la extinción del contrato. El trabajador en ese lapso conserva el derecho a reincorporarse a la empresa; llegados al término de cada ciclo, el empresario ha de liquidar y abonar las cantidades adeudadas con el objeto de evitar abusos patronales.

Puesto que se interrumpe la actividad laboral, se requiere del empresario una obligación de llamamiento al trabajo, este se hará por el orden y en la forma que previamente se haya determinado en el convenio colectivo, es este un momento crucial y que puede dar lugar a conflictos en la relación laboral entre el empleador y el trabajador; al inicio del año, o acaso del semestre, el empresario traslada a los representantes de los trabajadores la previsión de llamamientos así como los datos de las altas efectivas de las personas fijas discontinuas una vez se produzcan (art. 16.3 ET), por lo que la representación colectiva tiene una papel activo en este tipo de contratación. El llamamiento se realiza por escrito y de forma fehaciente y acreditable (art. 16.3 ET) y con detalles precisos sobre de sus condiciones. Si el trabajador no acude al llamamiento señalado por el empleador y no presenta motivo que lo justifique, se entenderá que procede la extinción del contrato de trabajo por dimisión; por su parte, si es el empleador el que no llama al trabajador cuando se reanuda la actividad puede reclamar ante la jurisdicción social como si se tratase de un despido. Las personas trabajadoras fijas-discontinuas tendrán la consideración de colectivo prioritario para el acceso a las iniciativas de formación del sistema de formación profesional para el empleo en el ámbito laboral durante los períodos de inactividad (art. 16.8 ET), regulándose bolsas sectoriales de empleo en las que podrán integrarse estos trabajadores en esos períodos de inactividad (art. 16.7 ET).

1.3. La causalidad en la contratación

La causalidad en la contratación es fundamental para determinar si la forma contractual elegida por el empleador responde a criterios legales. Es necesario recordar que no nos debatimos entre temporalidad excepcional e indefinición regular puesto que a lo que hay que estar es a la causa del contrato de trabajo. El empleador podrá acogerse válidamente a la modalidad temporal siempre y cuando concurra la causa objetiva específicamente prevista por cada una de ellas como justificativa de la temporalidad que le es propia; para que se entienda que concurre causa justificada de temporalidad será necesario que se especifiquen con precisión en el contrato la causa habilitante de la contratación temporal, las circunstancias concretas que la justifican y su conexión con la duración prevista (art. 15.1 ET). Se procura evitar así el fraude de ley en la contratación temporal puesto que los actos que se realizan al amparo del texto legal de una norma que persigan un resultado prohibido o en contradicción con el orden jurídico se considera que defraudan la ley y que no han de impedir la aplicación de la norma que se ha tratado de eludir (art. 6.4 CC). Cuando no se respete la normativa en materia de duración del contrato de trabajo las personas trabajadoras adquirirán la condición de fijas (art. 15.4 ET).

El paradigma de abuso en la contratación temporal quizá podamos encontrarlo en el ámbito del sector público donde el contrato temporal realizado en fraude de ley no deviene indefinido; en dicho entorno la contratación indefinida y la contratación fija no son conceptos equivalentes, a pesar de que no siempre ha sido contemplado así puesto que la cuestión sigue una trayectoria de construcción jurisprudencial de idas y venidas durante años. La razón jurídica aducida se encuentra en la norma constitucional, los artículos 23.2 y 103.3 CE establecen unas normas específicas para la contratación por parte de la Administración Pública que la obliga a respetar los principios de igualdad, mérito y capacidad (art. 11.3 EBEP) y que impiden las consecuencias del automatismo de la previsión del Estatuto de los Trabajadores. El trabajador fijo es aquel que ha superado el proceso de selección reglado en base a los mencionados principios. La Ley 20/2021, de 28 de diciembre, de medidas urgentes para la reducción de la temporalidad en el empleo público, estableció un plan de acción para acometer acciones que reconduzcan la tasa de temporalidad (30%) en la Administración Pública y que sancionen las conductas irregulares en dicho ámbito.

En función de la duración del contrato, el personal con contrato de trabajo en la Administración Pública podrá ser fijo, por tiempo indefinido o temporal (art. 11.1 EBEP). En principio y salvo prohibición expresa, las modalidades de contratación que tiene previstas la legislación laboral son de aplicación al ámbito de las Administraciones Públicas si bien el modelo de contratación preferente en este ámbito está sometido a Estatuto propio.

2. CONTRATOS DE DURACIÓN DETERMINADA O TEMPORAL

El artículo 15.1 ET establece que el contrato temporal sólo podrá justificarse por dos causas principales: por circunstancias de la producción o por la sustitución de otro trabajador; debiéndose estar al régimen jurídico establecido por la ley para estas figuras contractuales.

El carácter temporal del contrato de trabajo no depende de la voluntad cooperativa de las partes sino en que concurran, como hemos manifestado, las causas justificativas de Derecho necesario que prevé el legislador (STS, Sala de lo Social, de 29 de enero de 1993, núm. rec. 332/1992). Una vez estas tengan lugar, el trabajador contratado en régimen temporal disfrutará de los mismos derechos que los trabajadores fijos o de plantilla, sólo causas objetivas y justificadas avalarían lo contrario y siempre sobre criterios de proporcionalidad. La Directiva 1999/70/CE, de 28 de junio, relativa al Acuerdo Marco sobre trabajo de duración determinada tiene como objetivo mejorar la calidad de trabajo de duración determinada garantizando el respeto al principio de no discriminación y estableciendo un marco para evitar los abusos derivados de la utilización de sucesivos contratos o relaciones de duración determinada.

Los contratos de duración determinada pueden contar con un pacto de prueba al igual que los contratos de duración indefinida, en este caso si el contrato se establece por tiempo inferior a seis meses el período de prueba no podrá ser mayor a un mes. Asimismo, se establece una obligación de preaviso de quince días (denuncia) si el contrato temporal se concertara por más de un año; en el caso en que no medie esa denuncia o prorroga expresa y el trabajador continue prestando servicios, el contrato será prorrogado de modo automático [art. 49.1.*c*) ET]. La terminación del contrato, salvo el contrato de duración determinada por causa de sustitución de la persona trabajadora lleva aparejada una indemnización «de cuantía equivalente a la parte proporcional de la cantidad que resultaría de abonar doce días de salario por cada año de servicio, o la establecida, en su caso, en la normativa específica que sea de aplicación» [art. 49.1.*c*) ET].

2.1. Contrato por circunstancias de la producción

En esta modalidad tal y como ocurría en el contrato eventual por circunstancias de la producción establece que la causa para poder celebrar el contrato justificadamente sea de tipo coyuntural e imprevisible; igualmente, se podrá hacer uso de esta modalidad contractual para atender la cobertura de situaciones ocasionales y previsibles que tengan una duración reducida y delimitada.

En el primer caso, se trata de atender un incremento ocasional e imprevisible de la actividad y las oscilaciones aún dentro de la actividad normal de la empresa, pero que generan ese mencionado desajuste transitorio entre el empleo estable disponible y el que se necesita (art. 15.2 ET); siempre y cuando no nos encontremos en aquella situación de empleo susceptible de ser cubierta a través de un contrato fijo discontinuo (art. 16.1 ET). No puede utilizarse esta modalidad si estamos ante trabajos de naturaleza estacional o de temporada si lo que se pretende es el desarrollo de aquellos que no sean de esa naturaleza, pero que siendo intermitentes puedan tener períodos de ejecución ciertos, sean o no determinados. No se autoriza el recurso a esta modalidad contractual para trabajos en ejecución de contratas o subcontratas mercantiles o concesiones administrativas que formen parte de la actividad económica habitual y ordinaria de la empresa (art. 15.2 ET). Es posible acudir a esta modalidad para reparar las oscilaciones de personal en la empresa que conllevan los períodos de vacaciones anuales.

La duración de esta modalidad de contrato por circunstancias de la producción será de seis meses prorrogables a través de pacto colectivo (convenio colectivo de sector) a un año.

En el segundo caso, el empleador puede formalizar también contratos por circunstancias de la producción, pero con una limitación temporal o corta, de una duración máxima de noventa días en referencia al año natural «independientemente de las personas trabajadoras que sean necesarias para atender en cada uno de dichos días las concretas situaciones» (art. 15.2 ET).

En todo caso, se produce una limitación en la duración del contrato por circunstancias de la producción ya que, por un lado, las personas trabajadoras que en un período de veinticuatro meses hubieran estado contratadas durante un plazo superior a dieciocho meses, con o sin solución de continuidad, para el mismo o diferente puesto de trabajo con la misma empresa o grupo de empresas, mediante dos o más contratos por circunstancias de la producción, sea directamente o a través de su puesta a disposición por empresas de trabajo temporal, adquirirán la condición de personas trabajadoras fijas.

Por otro lado, adquiere la condición de fija la persona que ocupa un puesto de trabajo que haya estado ocupado, con o sin solución de continuidad, durante más de dieciocho meses en un período de referencia de veinticuatro meses mediante contratos por circunstancias de la producción; se incluyen los contratos de puesta a disposición a través de ETT (art. 15.5 ET).

El Servicio Público de Empleo facilitará a los trabajadores los correspondientes certificados que puedan acreditar la fijeza el trabajador en la empresa (art. 15.9 ET).

2.2. Contrato para la sustitución de la persona trabajadora

Estamos ante otra novedad relativa del Real Decreto-ley 32/2021 en la que el denominado contrato de interinidad cambió su nomenclatura para pasar a denominarse contrato de duración determinada para la sustitución de persona trabajadora.

Esta modalidad se aplica a tres situaciones distintas: *a*) se celebrará el contrato para la sustitución de una persona trabajadora con reserva a puesto de trabajo, se trata de una causa que condiciona la vida del contrato; en el contrato se especificará el nombre del sustituido y la causa de sustitución. Se permite que el trabajador sustituto pueda ser contratado con una antelación máxima de quince días al inicio de la sustitución práctica, es decir, antes de que la persona a la que se sustituirá se ausente del trabajo, con el objeto de facilitar la transición y garantizar el mejor desempeño del puesto de trabajo (art. 15.3 ET). No es una modalidad adecuada para cubrir a los trabajadores ausentes por vacaciones, pues para atender esa necesidad ya está disponible el contrato por circunstancias de la producción; *b*) para completar la jornada reducida de otro trabajador conforme a las causas legalmente admitidas, especificando el nombre del sustituido y la causa de sustitución; hemos de entender que la modalidad *ad hoc* es la contratación a tiempo parcial, pero no debe haber inconveniente en realizar un contrato a jornada completa para cubrir la reducción en el tiempo de trabajo de varios empleados; *c*) esta modalidad contractual es válida también para la cobertura temporal de un puesto de trabajo mientras se produce el proceso de selección o promoción de un puesto de trabajo fijo, estableciéndose para ello un tiempo máximo de tres meses, variable por convenio colectivo. La norma diferencia la utilización de esta modalidad contractual en el ámbito privado (art. 15.3 ET) y en el ámbito público (Disp. Adic. 4.ª del RD-ley 32/2021).

Tanto en el caso del contrato por circunstancias de la producción como en el de sustitución de persona trabajadora, la empresa tiene la obligación legal (art. 15.7 ET) de informar al trabajador por medios fehacientes de las posibles vacantes con el objetivo de favorecer su acceso a un contrato indefinido y de poner al corriente de la contratación temporal a los representantes legales de los trabajadores. Asimismo, cualquier derecho o condición de trabajo atribuida legal, reglamentaria o a través de convenio colectivo ha de concederse a estos trabajadores sin perjuicio de la antigüedad en la empresa (art. 15.6 ET).

Las causas de extinción del contrato son: *a*) la reincorporación del trabajador sustituido; *b*) el vencimiento del plazo legal o convencionalmente establecido para la reincorporación; *c*) la desaparición de la causa que dio lugar a la reserva de puesto de trabajo; y *d*) si transcurren tres meses en los procesos de selección en el caso de interinidad por vacante.

La no reincorporación del trabajador sustituido no supone la conversión del contrato de interinidad en indefinido, dado que se trata de una relación contractual sometida a término, no a condición resolutoria (STS, Sala de lo Social, Sección 1.ª, de 10 de junio de 2011, núm. rec. 2588/2010).

3. CONTRATOS FORMATIVOS

El derecho a la formación es un derecho básico de cualquier trabajador (arts. 40.1 CE y 23 ET), deducible del más elemental deber de buena fe contractual se encuentre bajo la modalidad contractual que fuese. Sin embargo, existen determinados tipos contractuales que tiene como parte de su objeto la formación del empleado a nivel ya teórico como práctico. La reforma efectuada por el Real Decreto-ley 32/2021 eliminó el contrato en prácticas, el contrato para la formación y el aprendizaje y el *appena nato* contrato para la formación dual universitaria.

El escenario actual lo conforman el contrato de formación en alternancia y el contrato formativo para la obtención de práctica profesional y se encuentran regulados bajo el título «contrato formativo» en el artículo 11 ET.

El contrato formativo debe formalizarse por escrito y ha de contener el plan formativo individual correspondiente donde se especificarán el contenido de las prácticas o las de formación y las actividades de tutoría, no habrá límite de edad para estos contratos si se concierta con personas con discapacidad o en situación de exclusión social. Si el contrato fuese celebrado en fraude de ley o no se diese cumplimiento a las obligaciones formativas correspondientes se sancionará con la indefinición del contrato. En la negociación colectiva se fijarán criterios para conseguir la presencia equilibrada de hombres y mujeres contratados a través de esta modalidad de contrato de trabajo (art. 11.4 ET).

3.1. Contrato de formación en alternancia

El rasgo definitorio de esta modalidad contractual es su carácter formativo, aún más señalado que en el caso del contrato para la obtención de la práctica profesional. La formación va más allá de la adquisición de tal a través de la mera realización efectiva del trabajo pues resulta necesario que el empleado reciba enseñanza teórica (STS, Sala de lo Social, de 19 de febrero de 1996, núm. rec. 2906/1995) y, no sólo traslado de contenido sino supervisión de la integración del conocimiento transmitido en el haber del aprendiz (STS, Sala de lo Social, Sección 1.ª, de 21 de febrero de 2007, núm. rec. 4332/2005).

El objeto de este contrato es poder compatibilizar la actividad laboral con los procesos formativos en el ámbito de la formación profesional, de los estudios universitarios o del Catálogo de especialidades formativas del Sistema Nacional de Empleo (art. 11.2 ET). Se podrá celebrar con personas que carezcan de cualificación profesional y la actividad desempeñada deberá corresponderse con las actividades de formación, integrándose en un programa de formación común donde ambas actividades serán sustanciales y donde el tutor tendrá un papel fundamental [art. 11.2.*d*) ET]. En el supuesto de que el contrato se suscriba en el marco de certificados de profesionalidad de nivel 1 y 2, y programas públicos o privados de formación en alternancia de empleo-formación, que formen parte del Catálogo de especialidades formativas del Sistema Nacional de Empleo, el contrato sólo podrá ser concertado con personas de hasta treinta años [art. 11.2.*b*) ET]. Con el objetivo de luchar contra el fraude, no se permitirá la celebración de este contrato cuando la actividad o puesto de trabajo correspondiente al contrato haya sido desempeñado con anterioridad por la persona trabajadora en la misma empresa bajo cualquier modalidad por tiempo superior a seis meses [art. 11.2.*j*) ET].

El contrato no tendrá período de prueba y, como regla general, en él no podrán realizarse horas extraordinarias, trabajo nocturno ni trabajo a turnos. La duración del contrato será de entre tres meses y dos años, ya sea durante un espacio continuado de tiempo o no; en el caso en que no se haya obtenido el título o la acreditación el contrato podrá prorrogarse, pero hasta la mencionada duración máxima, por su parte, el tiempo de trabajo efectivo será compatible con el tiempo que se dedique a la actividad formativa en el centro de formación no podrá superar el 65 por 100 durante el primer año y el 85 por 100 el segundo año de contratación. Es posible ser contratado varias veces o por distintas empresas por el mismo ciclo o plan formativo siempre que las actividades que se lleven a cabo sean distintas. La retribución se fija en convenio colectivo y en todo caso, no será inferior al 60 por 100 el primer año, ni al 75 por 100 el segundo año de la fijada para el grupo profesional o nivel correspondiente, sin ser inferior en ningún caso a salario mínimo interprofesional.

3.2. Contrato formativo para la obtención de la práctica profesional

Esta variante del contrato formativo podrá concertarse con quienes estuviesen en posesión de un título universitario o de un título de grado medio o superior, especialista, máster profesional o certificado del sistema de formación profesional, así como con quienes posean un título equivalente de enseñanzas artísticas o deportivas del sistema educativo, que capaciten para el ejercicio de la actividad laboral [art. 11.3.*a*) ET]. El objeto del contrato es, por tanto, la práctica de los conocimientos adquiridos por el trabajador durante sus estudios, a cambio de una determinada remuneración. Por tanto, la condición esencial de este tipo de contratación excepcional falta si al empresario le consta que el trabajador posee ya los conocimientos prácticos de la tarea que se le encomienda (STS, Sala de lo Social, de 15 de marzo de 1996, núm. rec. 3077/1994). Igualmente es importante es la existencia de la correspondencia adecuada entre la titulación acreditada y el puesto a desempeñar.

El plazo para poder concertar el pacto es de tres años siguientes a la terminación de los estudios (o cinco en caso de persona con discapacidad), pero no se podrá suscribir con quien haya obtenido experiencia profesional o haya realizado actividad formativa en la misma actividad dentro de la empresa por más de tres meses.

La duración del contrato no podrá ser inferior a seis meses ni superior a un año, y aunque se pueden pactar a través de convenio colectivo plazos determinados siempre serán dentro de estos límites; habrá pacto de prueba (un mes) si así se estipula. La persona no podrá estar contratada por la misma titulación en la misma o distinta empresa por tiempo superior a dichos límites, como tampoco podrá contratarse para el mismo puesto de trabajo por tiempo superior al máximo, aunque se trate de otro título académico o certificado profesional [art. 11.3.*d*) ET]. En el caso de títulos universitarios, los títulos de grado, máster o doctorado no serán considerados como la misma titulación.

Las personas contratadas bajo esta modalidad formativa no podrán realizar, como regla general, horas extraordinarias. La retribución por el tiempo de trabajo efectivo será la fijada en el convenio colectivo aplicable en la empresa para estos contratos o en su defecto la del grupo profesional y nivel retributivo correspondiente a las funciones desempeñadas. En ningún caso la retribución podrá ser inferior a la retribución mínima establecida para el contrato para la formación en alternancia ni al salario mínimo interprofesional en proporción al tiempo de trabajo efectivo [art. 11.3.*i*) ET]. Por supuesto, la cobertura en materia de Seguridad Social del trabajador con contrato de formación será completa.

4. CONTRATO A TIEMPO PARCIAL Y CONTRATO DE RELEVO

4.1. CONTRATO A TIEMPO PARCIAL

Se entiende como contrato de trabajo a tiempo parcial aquel en el que empresario y trabajador acuerdan la prestación de servicios durante un número de horas al día, a la semana, al mes o al año, inferior a la jornada de trabajo a tiempo completo comparable (art. 12.1 ET), es decir, del trabajador que presta sus servicios en la misma empresa y centro de trabajo y que realiza un trabajo idéntico o similar a tiempo completo. En el caso de que no existiese tal posibilidad de cotejo, «se considerará la jornada a tiempo completo prevista en el convenio colectivo de aplicación o, en su defecto, la jornada máxima legal» (art. 12.1 *in fine* ET).

El contrato se debe concertar por escrito y podrá acordarse por tiempo indefinido o de duración determinada, sin embargo, no es posible la parcialidad en el contrato para la formación y el aprendizaje ni en la relación especial de residencia para la formación de especialistas de Ciencias de la Salud. De igual modo, el carácter parcial de la relación laboral no es obstáculo para que la jornada sea continua o partida si bien sólo será posible efectuar una única interrupción en la jornada diaria, salvo que se disponga otra cosa en el convenio colectivo. La jornada puede ser incluso concentrada, es decir, dispuesta para su realización en determinados momentos del año, existiendo lapsos de inactividad superiores al mes. La flexibilidad del tiempo de trabajo es, sin duda, el rasgo sobresaliente del contrato a tiempo parcial.

El contrato puede ser parcial desde el momento de su consentimiento como en cualquier momento posterior de la relación laboral. El empresario está obligado a comunicar a sus trabajadores los puestos vacantes a tiempo parcial, al igual que los que se produzcan a tiempo completo, los convenios colectivos pueden regular las condiciones y procedimientos para ocupar esas plazas laborales. En ningún caso, el empresario puede imponer esta modalidad contractual por decisión unilateral [art. 12.4.*e*) ET], circunstancialmente, cabría una reducción de jornada temporal, pasando el trabajador a la situación de desempleo parcial (STS, Sala de lo Social, Sección 1.ª, de 7 de octubre de 2011, núm. rec. 144/2011).

La letra del contrato debe dar cuenta del número de horas ordinarias de trabajo al día, a la semana, al mes o al año contratadas, y su distribución [art. 12.4.*a*) ET]. Las horas que realice el trabajador se deberán registrar día a día, se totalizarán mensualmente y se pondrá a disposición de aquél. Si el empresario falta a su obligación de registro, el contrato se presumirá celebrado a jornada completa, salvo prueba en contrario.

Los derechos y las obligaciones de los trabajadores a tiempo parcial son los mismos que los de un trabajador a tiempo completo, aplicando así la regla de igualdad y no discriminación, pese a ello, cuando corresponda por la naturaleza del derecho o la obligación, se aplicará la regla de la proporcionalidad [art. 12.4.*d*) ET]. En efecto, hay derechos que se ejercerán de manera íntegra, mientras que otros son susceptibles de ser proporcionados en razón al tiempo de trabajo.

El carácter definitorio del contrato a tiempo parcial es la minoración del tiempo de trabajo en referencia a una jornada completa lo que, como se acaba de mencionar, puede repercutir en el ejercicio de determinados derechos y en el cumplimiento de determinadas obligaciones. Así. por ejemplo, la duración de las vacaciones se equiparan a la que disfrutan los trabajadores a tiempo completo y, sin embargo, no ocurre lo mismo con su retribución, que será proporcionada al salario parcial que se abona al trabajador. Se procurará que las licencias y los permisos se acomoden a las características del contrato para no gravar en exceso a la empresa, sin embargo, a los que tenga por objeto acudir a citas médicas no se les podrá aplicar el principio de proporcionalidad puesto que la morbilidad no es proporcional al tiempo de prestación de servicios. Por otra parte, la antigüedad se computa desde que se inició la prestación de servicios en la empresa como si se tratase de un trabajador a tiempo completo, a efectos de la carrera profesional del trabajador, de excedencias y ascensos. A efectos retributivos se aplica en función del tiempo trabajado. En todo caso, la aplicación de los derechos de los trabajadores a tiempo parcial requiere contemplar cada concreto derecho y cada concreta forma de trabajo a tiempo parcial, conforme a criterios de igualdad, compatibilidad, racionalidad y proporcionalidad (STS, Sala de lo Social, de 11 de mayo de 1998, núm. rec. 3879/1995).

El régimen jurídico de las horas extraordinarias en el marco del contrato a tiempo parcial ha sufrido algunos vaivenes en los últimos tiempos. Hay que subrayar que la única modificación de la regulación del contrato a tiempo parcial que lleva a cabo la Ley 3/2012, de 6 de julio, de medidas urgentes para la reforma del mercado de trabajo, tuvo que ver con la admisión de la realización de horas extraordinarias en este tipo de contratos. Lo que era una opción tradicionalmente prohibida en el período anterior, salvo que se tratase de fuerza mayor. Por su parte, el Real Decreto-ley 16/2013, de 20 de diciembre, medidas para favorecer la contratación estable y mejorar la empleabilidad de los trabajadores eliminó la posibilidad de que los trabajadores contratados a tiempo parcial realizarán horas extraordinarias, salvo en el supuesto de prevención o reparación de siniestros y otros daños extraordinarios o urgentes (art. 35.3 ET). Hay que tener en cuenta que la suma de las horas ordinarias y la extraordinarias no pueden superar el límite de la jornada del trabajador a tiempo completo comparable.

Uno de los aspectos más relevantes del régimen jurídico del contrato a tiempo parcial es el pacto de horas complementarias.

Las horas complementarias son aquellas susceptibles de ser acordadas previa y específicamente «como adición a las horas ordinarias pactadas en el contrato a tiempo parcial» (art. 12.5 ET). Esta clase particular de horas de trabajo tienen su régimen jurídico propio y presentan dos modalidades, las horas pactadas y las horas de aceptación voluntaria.

El pacto para la realización de las horas complementarias se realizará siempre por escrito, en modelo oficial ya sea el contrato por tiempo indefinido o de carácter temporal (jornada ordinaria no inferior a 10 horas semanales). El número de horas pactadas puede ser cual sea, pero nunca podrá exceder del 30 por 100 de las horas ordinarias de trabajo objeto del contrato; los convenios colectivos se moverán en una horquilla de entre el mencionado 30 y el 60 por 100.

El trabajador debe conocer el día y la hora de la realización de las horas complementarias con un preaviso de tres días. El trabajador puede renunciar al pacto si este tiene una duración efectiva de un año, y preavisa con quince días y, o debe atender responsabilidades familiares (art. 37.5 ET), o bien se trata de satisfacer necesidades formativas y hay incompatibilidad horaria o existe incompatibilidad con otro contrato a tiempo parcial. Si la ejecución del pacto de horas complementarias no se lleva a cabo sobre el respeto a las normas particulares que lo gobiernan, el incumplimiento del trabajador no será objeto de sanción [art. 12.4.*h*) ET].

Sin perjuicio de la existencia de un pacto de horas complementarias entre trabajador y empresario, en los contratos a tiempo parcial de duración indefinida con una jornada de trabajo no inferior a diez horas semanales en cómputo anual, el empresario podrá ofrecer al trabajador realizar horas complementarias de aceptación voluntaria, sin que pueda superar el 15 por 100 (o 30 por 100 por convenio colectivo) de las horas ordinarias objeto del contrato. El trabajador no está obligado a aceptarlas en ningún caso [art. 12.5.*g*) ET].

La jornada de trabajo de los empleados a tiempo parcial se debe registrar a diario y totalizar mensualmente para dar traslado al trabajador de su regulación de tiempo de trabajo. El empresario debe guardar esos registros, durante, al menos, cuatro años.

Es constatable que el trabajo a tiempo parcial se realiza con mayor frecuencia por mujeres que por hombres, por lo que el tratamiento diferenciado del trabajo a tiempo parcial podría considerarse como una discriminación indirecta por razón del sexo o del género, si no se justifica de manera objetiva, suficiente y razonable y ajena a toda motivación discriminatoria [art. 12.4.*d*) ET]. Por ello, el carácter parcial del contrato en relación con el trabajo femenino ha contribuido a fortalecer el mandato de igualdad en el tratamiento de los/as trabajadores/as a tiempo parcial (STJCE 1996/39, Sala Sexta, de 7 de marzo de 1996).

4.2. Contrato de relevo

El jubilado parcialmente deberá acordar la empresa una reducción de la jornada y del salario, como mínimo del 25 por 100 y como máximo del 50 por 100. El contrato de relevo tiene por objeto cubrir la jornada vacante y será de duración indefinida o de duración determinada, si corresponde a esta segunda condición debe realizarse el contrato hasta que el trabajador sustituido cumpla la edad de jubilación.

El supuesto corriente es el de la existencia de dos contratos, el del jubilado y el del relevista, ambos a tiempo parcial, pero también es viable legalmente que el relevista sea contratado a tiempo completo, o incluso pueden coexistir varios relevistas.

El contrato de relevo que se pactará con un trabajador en situación de desempleo o que tuviese concertado con la empresa un contrato de duración determinada se formalizará por escrito, en modelo oficial y en él constará el nombre, la edad, las circunstancias del trabajador sustituido y las características del puesto de trabajo que desempeñará el relevista. Podrá celebrarse a jornada completa o a tiempo parcial, en todo caso, la duración de la jornada deberá ser como mínimo igual a la reducción de jornada acordada con el trabajador sustituido. La ley exige un cierto grado de correspondencia entre el puesto de trabajo del jubilado parcialmente y el relevista [art. 12.7.*d*) ET].

5. OTRAS MODALIDADES CONTRACTUALES

5.1. El contrato a distancia

El trabajo a domicilio ha constituido una forma de prestación de servicios profesionales ya al uso en los primeros años del siglo XX. se trata de una modalidad contractual, primero civil y luego laboral, que ha tenido su mejor campo de acción en la prestación de servicios de tipo manual, generalmente para la elaboración de productos artesanos (textil, juguetería, montaje, etc.). El artículo 13 ET regula el trabajo a domicilio desde 1980.

La reforma laboral efectuada en 2012 supuso algún avance en el mencionado desfase y reconoció el trabajo a distancia como una forma de prestación laboral asociada en parte al uso de las nuevas tecnologías. El precepto define el trabajo a distancia como aquel en que la prestación laboral se realiza de forma preponderante en el domicilio del trabajador de modo alternativo a su desarrollo presencial en el centro de trabajo de la empresa. Se entenderá que es regular el trabajo a distancia que se preste, en un período de referencia de tres meses, un mínimo del 30 por 100 de la jornada, o el porcentaje proporcional equivalente en función de la duración del contrato de trabajo (art. 1 de la Ley 10/2021, de 9 de julio, de trabajo a distancia). La opción de teletrabajo es voluntaria tanto para el trabajador como para el empresario por lo que la negativa del empleado a aceptarla no constituye causa de despido ni de sometimiento a un proceso de modificación sustancial de las condiciones de trabajo; igualmente, la opción de trabajo a distancia es reversible, si bien habrá que estar a lo regulado en pacto colectivo o individual.

La Ley sobre Trabajo a Distancia (RD-ley 28/2020, de 22 de septiembre) regula este modo de prestar servicios por parte del trabajador de manera que el artículo 13 ET se limita a establecer que «las personas trabajadoras podrán prestar trabajo a distancia en los términos previstos en la Ley 10/2021, de trabajo a distancia». La norma que consta de 22 artículos, 4 disposiciones transitorias, 7 disposiciones adicionales y 14 finales aborda extremos como la voluntariedad, la obligación de la empresa de asumir los gastos y aportar los medios al trabajador, además de la formación adecuada, horario flexible, desconexión digital, respeto al derecho a la intimidad del trabajador y control de la actividad, entre otros. Los acuerdos colectivos complementan la regulación a mayor detalle de las condiciones de trabajo de este modo de prestar servicios.

El acuerdo de trabajo a distancia debe ser por escrito dentro del contrato de trabajo (arts. 6 del RD-ley 28/2020 y 6 de la Ley 10/2021), puede tener lugar a su inicio como durante su desarrollo, por lo que la norma no consagra una modalidad contractual específica, sino un pacto que puede alcanzarse en cualquier tipo de contrato de trabajo y en cualquier fase de la relación laboral. Se exige un contenido mínimo obligatorio relativo a inventario, gastos del empleado y compensación, lugar de trabajo y adscripción a centro de trabajo, horario, medios de control del empresario y duración de pacto, entre otros (art. 7 LTD).

El trabajo a distancia conlleva, sobre la base del Acuerdo Marco Europeo sobre Teletrabajo de 16 de julio de 2002 y de todos los avances efectuados por los interlocutores sociales los mismos derechos laborales salvo los inherentes a la realización de la prestación laboral en el centro de trabajo. El lugar de trabajo lo elige el propio empleado que si bien no está sometido a una vigilancia directa y personal queda, como cualquier trabajador por cuenta ajena, bajo el ámbito de dirección y organización del empresario. El control de la jornada se efectuará también por parte del empleador que irá registrando, hora por hora, los tiempos de trabajo de su empleado sin que quepa oponerse falta de medios o un supuesto respeto al derecho a su intimidad. Si el trabajo se lleva a cabo mediante intranet o conexión con la empresa se hará más fácil tal comprobación.

El derecho a la formación y a la promoción reciben una atención especial en la reglamentación del contrato de trabajo a distancia, los trabajadores serán formados al inicio del acuerdo, así como en cualquier momento posterior en que fuera necesario por la actualización de los medios o tecnologías utilizadas (art. 9.2 LTD); igualmente se garantiza el acceso del trabajador a distancia a la formación y de promoción en condiciones de equivalencia a la de un trabajador presencial. Asimismo, y dadas las circunstancias en que se desarrolla el trabajo en esta modalidad la norma regula específicamente tanto el derecho a la intimidad (art. 17 LTD) como el derecho a la desconexión digital (arts. 18 y 20 LTD).

El contrato a distancia no supondrá para el trabajador ninguna merma en sus derechos laborales, tampoco en los de índole colectiva (art. 4 LTD). El trabajador tendrá derecho a recibir un salario, como mínimo, equivalente a la correspondiente a su categoría y grupo profesionales y a ser incluidos en el Sistema de la Seguridad Social. Se reconoce el derecho de estos trabajadores a ser informados de vacantes en la empresa y se subraya su derecho a la salud laboral en los términos que marca la ley de prevención de riesgos laborales. Asimismo, se mantienen los derechos de representación colectiva, quedando adscritos a un centro de trabajo determinado de la empresa para la que realice su prestación laboral; todo ello en el afán de acercar al máximo los derechos del trabajador a distancia de los del trabajador presencial.

El contrato a distancia que fue impulsado debido a la pandemia y también actualizado legalmente en ese período, puede aportar beneficios al propio trabajador, a la empresa y a la sociedad en general (mejora de la conciliación de la vida laboral y personal, reducción de costes, flexibilidad en la organización, reducción de la contaminación, inclusión social o aumento de las oportunidades laborales, entre otras ventajas).

5.2. El trabajo en grupo

El *trabajo en grupo* es una modalidad contractual empleada especialmente en el ámbito de espectáculos públicos o en el trabajo agrario. La obligación de prestar servicios la asume un colectivo de trabajadores en virtud de un solo vínculo jurídico. El jefe del grupo ostentará la representación de los que lo integren, respondiendo a las obligaciones inherentes a dicha representación (art. 10.2 ET).

6. BIBLIOGRAFÍA

Beltrán de Heredia Ruiz, I.: «La temporalidad laboral en las Administraciones Publicas tras las reformas de 2021», *Revista de Derecho Social*, núm. 97, 2022.

Casas Baamonde, M. E.: «Los contratos a tiempo parcial: contrato a tiempo parcial, contrato fijo discontinuo y contrato de relevo (art. 12)». Civitas. *Revista Española de Derecho del Trabajo*, núm. 100, 2000.

Cavas Martínez, F.: *Régimen Jurídico del trabajador indefinido no fijo en el sector público*. Laborum, 2018.

Conde Marín, E.: «El acuerdo marco europeo sobre teletrabajo: estado actual de la cuestión», en VV.AA. (coord. Areta Martínez, M. y Sempere Navarro, A.V.), *Cuestiones actuales sobre derecho social comunitario.* Laborum, Murcia, 2009.

Cruz Villalón, J.: «Texto y contexto de la reforma laboral de 2021 para la pospandemia». *Temas laborales: Revista Andaluza de Trabajo y Bienestar Social*, núm. 161, 2022.

De las Heras García, A.: *El Teletrabajo en España. Un análisis crítico de normas y prácticas.* Centro de Estudios Financieros, 2016.

De Nieves Nieto, N.: «El contrato formativo en prácticas». *Revista Española de Derecho del Trabajo*, núm. 167, 2014.

Esteban Miguel, A.: «La aplicación el principio de proporcionalidad a la relación laboral de los contratos a tiempo parcial». *Revista Española de Derecho del Trabajo*, núm. 275, 2024.

GARCÍA-PERROTE ESCARTÍN, I.: «La jubilación y el contrato de relevo», en *Tratado de Jubilación. Homenaje al profesor Luis Enrique de la Villa Gil con motivo de su jubilación.* Coord. LÓPEZ CUMBRE, L., Iustel, Madrid, 2007.

GOERLICH PESET, J. M.: *Contratación laboral y tipos de contratos: Criterios jurisprudenciales.* Lex Nova, Valladolid, 2010.

GORELLI HERNÁNDEZ, J.: «El nuevo régimen jurídico del contrato fijo discontinuo tras la Reforma de 2021». *Temas laborales: Revista Andaluza de Trabajo y Bienestar Social*, núm. 161, 2022.

LÓPEZ BALAGUER, M.: «El contrato fijo discontinuo: nuevo tratamiento legal y convencional y primeros problemas de aplicación práctica». *Trabajo y Empresa: Revista de Derecho del Trabajo*, vol. 2, núm. 12, 2023.

LOUSADA AROCHENA, J. F. y NUÑEZ-CORTÉS CONTRERAS, P.: *El contrato a tiempo parcial. Nuevas reglas para viejos problemas.* Tecnos, 2015.

MONTES ADALID, G. M.: «La nueva regulación de los contratos de formación en alternancia y para la obtención de la práctica profesional: ¿la apuesta definitiva para la inserción de la juventud en el mercado laboral?». *Revista Internacional y Comparada de Relaciones Laborales y Derecho del Empleo*, vol. 11, núm. 1, 2023.

MORENO GENÉ, J.: *El contrato para la formación y el aprendizaje y otras figuras afines. El impulso de la cualificación profesional en régimen de alternancia.* Atelier, Barcelona, 2015.

NAVARRO NIETO, F.: «El impacto de la jurisprudencia comunitaria en la regulación laboral española sobre contratos de duración determinada», *Diario La Ley,* núm. 9441, 2019.

NÚÑEZ-CORTÉS CONTRERAS, P.: «Modalidades de contratación y empleo joven: Novedades del Real Decreto-ley 8/2014, de 4 de julio, de aprobación de medida urgentes para el crecimiento, la competitividad y la eficiencia». *Actualidad Laboral*, núm. 10, 2014.

RODRÍGUEZ SANZ DE GALDEANO, B.: «La regulación del contrato a tiempo parcial en la negociación colectiva». *Revista de Información Laboral*, núm. 3, 2015.

SALA FRANCO, T.: *Las modalidades de la contratación temporal.* Tirant lo Blanch, Valencia, 2009.

SELMA PENALVA, A. : *La contratación indefinida en España: Aspectos prácticos de su régimen jurídico y perspectivas de futuro.* Dyckinson, 2017.

SIERRA BENÍTEZ, E. M.: *El contenido de la relación laboral en el Teletrabajo.* Consejo Económico y Social de Andalucía. Sevilla, 2011.

TARANCÓN PÉREZ, E. y ROMERO RÓDENAS, M. J.: *Modalidades de contratación laboral.* Bomarzo, Albacete, 2015.

VALLE MUÑOZ, F. A.: *El contrato a tiempo parcial con vinculación normativa.* Tirant lo Blanch, 2018.

VICEDO CAÑADA, L.: *El contrato a tiempo completo: Régimen sustantivo.* La Ley, Madrid, 2008.

VV.AA. (coords. JURADO SEGOVIA, A. y THIBAULT ARANDA, J.): *Interpretación, aplicación y desarrollo de la última reforma laboral.* La Ley, 2023.

— PRADOS DE REYES, F. J. (homenaje): *La modalidad de contratación laboral.* Consejo Andaluz de Relaciones Laborales. Colección Monografías de Temas Laborales, 60, 2018.

— (dirs. MONEREO PÉREZ, J. L., RODRÍGUEZ ESCANCIANO, S. y RODRÍGUEZ INIESTA, G.): *La reforma laboral de 2021. Estudio técnico de su régimen jurídico.* Laborum, 2022.

TEMA 7

EL SALARIO

Rocío Molina González-Pumariega
Profesora de Derecho del Trabajo y de la Seguridad Social.
Universidad Rey Juan Carlos

OBJETIVOS DE APRENDIZAJE

1. Conocer qué es el salario y cómo se determina.
2. Estudiar y diferenciar las percepciones salariales de las extrasalariales.
3. Analizar los medios y cauces de protección del salario.

1. CONCEPTO DE SALARIO

En el marco de una relación laboral, el pago del salario es una de las obligaciones principales que tiene todo empresario[1]. No debemos olvidar que el objeto de todo contrato de trabajo está constituido por el servicio que presta el trabajador a cambio de una retribución por parte del empresario; se excluye, por tanto, del ámbito del Derecho del Trabajo, la prestación de servicios gratuitos, pues en ellos no se da el intercambio de prestación laboral y de su correspondiente remuneración.

En el ET, en su artículo 26.1 se define legalmente el salario: «Se considerará salario la totalidad de las percepciones económicas de los trabajadores, en dinero o en especie, por la prestación profesional de los servicios laborales por cuenta ajena, ya retribuyan el trabajo efectivo, cualquiera que sea la forma de remuneración, o los períodos de descanso computables como trabajo».

[1] Esta obligación empresarial ha implicado la exclusión tradicional de las propinas del concepto de salario, al ser percibidas por el trabajador con ocasión de su trabajo, por no proceder del ingreso del patrimonio empresarial sino de un tercero [Sentencia del Tribunal Supremo (Sala de lo Social), de 23 de mayo de 1991, rec. 1121/90].

El salario, por tanto, en primer lugar, sirve para remunerar el trabajo realizado por el trabajador por cuenta ajena, pero también debe servir para procurar el mantenimiento o subsistencia del trabajador.

Por otro lado, de la definición legal de salario se deduce que el salario también comprende la retribución de los períodos de descanso; así se consideran salario las percepciones recibidas por el trabajador en concepto de vacaciones, descansos semanales y días festivos, las debidas a ausencias justificadas del trabajo y con derecho a retribución, e incluso la retribución de las interrupciones del trabajo por impedimentos imputables al empresario.

2. CLASES DE SALARIO

De las clases de salario podemos hacer diferentes calificaciones:

2.1. Salario por unidad de tiempo, salario por unidad de obra o salario mixto

El *salario por unidad de tiempo* atiende para su fijación a la duración temporal del trabajo prestado por el trabajador, es decir, es aquél que su importe está en función de la duración del servicio, independientemente de la cantidad de obra realizada o del resultado, a no ser que exista un contrato de trabajo en el que expresamente se estipule un mínimo de obra. Por otra parte, hay que señalar que el trabajador con este tipo de salario tiene el deber de rendir adecuadamente en su trabajo, según lo estipulado legal y contractualmente.

En la práctica, la referencia más habitual es el día o el mes, si bien cada vez es más habitual la fijación del salario anual. La negociación colectiva desempeña un papel fundamental en este tema.

Por su parte, el *salario por unidad de obra* es aquél en el que para su fijación se atiende a la cantidad y en general, calidad de la obra o trabajos realizados, al resultado de dicho trabajo o a la productividad del trabajador. En la práctica, son frecuentes los sistemas salariales que se organizan en función del resultado del trabajo realizado, o que atienden a la productividad del trabajador (ventas realizadas, mediciones o piezas efectuadas, operaciones llevadas a cabo, objetos terminados). Es un salario que se puede computar a través del resultado que se obtenga de la suma de operaciones realizadas, conocida esta modalidad como salario a destajo; o bien establecer un sistema de cálculo complejo a través de primas, porcentajes o incentivos sobre el rendimiento.

En muchos casos, lo que ocurre es que no se fija un salario únicamente atendiendo al resultado o a la duración del servicio, sino que se tienen en cuenta los dos sistemas para su fijación, su resultado es el *salario mixto*. La parte de este salario que se fija por unidad de tiempo retribuye, un rendimiento normal, en un tiempo determinado, con una cuantía cierta que se devenga en cualquier caso. La parte que corresponde al resultado es eventual y variable y su percepción depende de la cantidad y/o calidad de lo producido. La remuneración por incentivo o prima constituye un ejemplo de este tipo de salarios mixtos. En estos casos el trabajador tiene derecho a obtener una determinada cuantía fija, en función del tiempo trabajado y del rendimiento calculado para dicho tiempo (rendimiento normal); y si en el tiempo fijado, alcanza un rendimiento superior, tendrá derecho a percibir un incremento salarial, denominado prima o incentivo.

2.2. Salario en metálico y salario en especie

El salario puede abonarse en dinero o en especie (art. 26.1 ET).

El salario en metálico ha de hacerse en moneda de curso legal en España o mediante cheque u otra modalidad de pago similar a través de entidades de crédito (transferencia bancaria), sin más requisitos que el previo informe al comité de empresa o a los delegados de personal (art. 29.4 ET).

El salario en especie consiste en bienes distintos del dinero, ya sea para uso o consumo del trabajador o de su familia, o bien para transmisión a otros mediante precio. Salario en especie puede ser, el alojamiento, la vivienda[2], el pago de la luz, el agua, el gas, la manutención, la puesta a disposición de vehículos[3], etc. La negociación colectiva muestra gran varie-

---

[2] El pago del alquiler de la vivienda por parte de la empresa, sin más especificaciones, puede presentar alguna dificultad en determinados casos. Puede ser un concepto estrictamente salarial si se abona como una contraprestación al trabajo, que toma en cuenta una determinada necesidad del trabajador; sin embargo, también puede tratarse de un concepto extrasalarial si el empresario compensa con él un gasto realizado como consecuencia de la actividad laboral [Sentencia del Tribunal Supremo (Sala de lo Social), de 5 de febrero de 2014, rec. 1136/2013] .

[3] La puesta a disposición del vehículo a favor de sus empleados por parte de la empresa constituirá salario en especie o ventaja económica de carácter extrasalarial en función de la atribución de uso que se le otorgue. Así si su utilización se confiere para el uso particular y privado del trabajador se entenderá que nos encontramos ante salario en especie. En este sentido, no es salario en especie el uso los fines de semana, en beneficio propio, del vehículo que la empresa había puesto a disposición del trabajador para el cumplimiento de su cometido como jefe de ventas, que aquélla disponía en régimen de leasing, cuando no consta que esa utilización ajena al trabajo se hiciera como contrapres-

dad de retribuciones en especie, pero normalmente será en el contrato de trabajo donde se establecerán con mayor concreción.

Por otra parte, hay que señalar que el salario en especie no puede superar el 30 por 100 de las percepciones salariales totales del trabajador (art. 26.1 ET) ni tampoco puede dar lugar a la minoración de la cuantía íntegra en dinero del salario mínimo interprofesional.

3. LA ESTRUCTURA SALARIAL

Según se establece en el artículo 26.3 ET, mediante la negociación colectiva o, en su defecto, el contrato individual, se determinará la estructura del salario y ésta, como mínimo, debe comprender el salario base y en su caso, ciertos complementos salariales; es decir, la regulación legal del salario (arts. 26 ss. ET) estructura las diferentes partidas salariales en torno a dos conceptos, salario base y complementos salariales:

Salario base: es la parte de la retribución del trabajador fijada por unidad de tiempo o por unidad de obra, sin tener en cuenta ninguna otra circunstancia. Es la remuneración fundamental del trabajador. El salario base se determina normalmente mediante la negociación colectiva atendiendo a la categoría o grupo profesional del trabajador, mediante pacto alcanzado en contrato individual para determinadas categorías; o en defecto de lo anterior coincidirá con el salario mínimo interprofesional.

Complementos salariales: son aquellas cantidades que se suman al salario base por la concurrencia de causas o circunstancias específicas en la relación de trabajo además de la básica de la prestación del trabajo. El ET en su artículo 26.3 realiza una clasificación de los mismos, y remite a la negociación colectiva o a los contratos individuales para su fijación. La Ley se refiere a tres grupos de complementos:

a) Complementos «fijados en función de las circunstancias relativas a las condiciones personales del trabajador»: estos complementos se producen atendiendo a la cualificación personal o profesional del trabajador o a condiciones personales del mismo que no se hayan tenido en cuenta al fijar el salario base. En principio, no son consolidables, pero puede pactarse su carácter consolidable. Su reconocimiento y la fijación de su cuantía se remiten a la negociación colectiva. Son muestras de este tipo de complementos,

---

tación por su labor, pudiendo responder también a mera tolerancia o a un incumplimiento del trabajador [Sentencia del Tribunal Supremo (Sala de lo Social), de 21 de diciembre de 2005, rec. 104/2005].

la antigüedad en la empresa y la posesión de títulos o de conocimientos especiales como los idiomas[4].

b) Complementos fijados en función de las circunstancias relativas «al trabajo realizado»: son complementos que retribuyen las especiales condiciones o circunstancias del puesto de trabajo, que no han sido tenidas en cuenta al fijar el salario base. Son complementos relacionados con la ejecución del trabajo, con las características del puesto de trabajo o con la forma de realizar ese trabajo. Son, entre otros, el complemento de turnicidad, el de nocturnidad, el complemento de penosidad, toxicidad y peligrosidad, el complemento de disponibilidad, etc. Se producen por circunstancias que justifican el aumento de retribución debido a la mayor exigencia o dureza que suponen en el trabajo. Se establecen también por la negociación colectiva normalmente; y no son consolidables, aunque sí se puede pactar su consolidación[5]. Si se cambia de puesto de trabajo en la empresa y en el nuevo puesto no se producen las circunstancias que daban lugar al complemento, éste dejará de cobrarse.

c) Complementos fijados en función de las circunstancias relativas «a la situación y resultados de la empresa»: son complementos que se abonan a los trabajadores en función de los beneficios obtenidos por la empresa y su situación. Son beneficios que se reparten al personal de la empresa en función de la facturación, ventas, resultados, etc. En su determinación y concesión tiene un papel importante la negociación colectiva, aunque es más habitual pactarlos en el contrato individual. Son, por ejemplo, los bonus, incentivos, primas, etc. No son consolidables tampoco, salvo pacto en contrario.

4. SALARIO MÍNIMO INTERPROFESIONAL

Salario mínimo es el «suelo de la contratación» por debajo del cual no es lícito contratar ningún salario que remunere el trabajo por cuenta ajena (ALONSO OLEA). Surge como consecuencia de lo dispuesto en el ar-

---

[4] Al respecto, *vid.* entre otras, la Sentencia del Tribunal Supremo (Sala de lo Social), de 16 de abril de 2007, rec. 142/2005; la Sentencia del Tribunal Supremo (Sala de lo Social), de 18 de noviembre de 2013, rec. 3232/2012, y la Sentencia del Tribunal Supremo (Sala de lo Social), de 11 de noviembre de 2014, rec. 1941/2013.

Respecto al complemento de antigüedad y períodos computables, véanse, entre otras, la Sentencia del Tribunal Supremo (Sala de lo Social), de 7 de junio de 2017, rec. 1400/2016, y la Sentencia del Tribunal Supremo (Sala de lo Social), de 21 de septiembre de 2017, rec. 2764/2015.

[5] Sobre el tema, véase la Sentencia del Tribunal Supremo (Sala de lo Social), de 10 de octubre de 2000, rec. 736/2000.

tículo 35.1 CE sobre el derecho de todos los españoles a «una remuneración suficiente para satisfacer sus necesidades y las de su familia». Por su parte, el que sea interprofesional significa que sirve para cualquier tipo de trabajador, para cualquier actividad, no se refiere a ningún grupo o categoría profesional concreto.

Es un salario que fija por el Gobierno cada año, «previa consulta (no vinculante pero sí obligatoria) con las organizaciones sindicales y asociaciones empresariales más representativas», teniendo en cuenta ciertos índices y factores: el índice de precios al consumo, la productividad media nacional alcanzada, el incremento de la participación del trabajo en la renta nacional y la coyuntura económica general (art. 27.1 ET). Se puede revisar semestralmente en el caso de que no se cumplan las previsiones sobre el índice de precios al consumo. La función del Gobierno en cuanto a la determinación del salario se reduce fundamentalmente a la fijación de un nivel mínimo y general de retribución.

Sería nula, por tanto, una retribución para un trabajador por cuenta ajena con jornada ordinaria por debajo del salario mínimo interprofesional. La cláusula o disposición de convenio colectivo, pacto o contrato individual que no respete el salario mínimo interprofesional, en consecuencia, también será nula.

La revisión anual del salario mínimo no afectará a la estructura ni a la cuantía de los salarios profesionales cuando éstos, en su conjunto y cómputo anual, fueran superiores a aquél.

Para el año 2024, el salario mínimo interprofesional fue aprobado mediante el Real Decreto 145/2024, de 6 de febrero, por el que se fija el salario mínimo interprofesional para 2024[6], en cumplimiento del mandato al Gobierno para fijar anualmente este salario, contenido en el artículo 27.1 ET. Mediante el reglamento regulador, se aprueba una subida del 5 por 100 respecto al salario mínimo interprofesional vigente en 2023, fruto del acuerdo entre el Gobierno y los interlocutores sociales y se dispone que la cuantía queda fijada en 37,8 euros/día o 1.134 euros/mes, según el salario esté fijado por días o por meses para cualesquiera actividades en la agricultura, en la industria y en los servicios, sin distinción de sexo ni edad de los trabajadores. La cuantía anual del mismo por tanto asciende a 15.876 euros, ya que son catorce las pagas a percibir. Acompaña a la subida una modificación del Reglamento IRPF para dejar exento hasta ese umbral: la cuantía se eleva a los 15.876 euros/año, es decir, el equivalente al salario mínimo interprofesional.

Dichas cuantías, asimismo, son el resultado de tomar en consideración de forma conjunta todos los factores contemplados en el citado artículo 27.1 ET.

---

[6] *BOE* de 7 de febrero de 2024.

Por otro lado, hay que señalar que en el salario mínimo se computará únicamente la retribución en dinero, sin que el salario en especie pueda minorar la cuantía íntegra en dinero de aquél.

El Real Decreto 145/2024, recoge algunas reglas especiales para las personas trabajadoras eventuales, temporeras y al servicio del hogar familiar por horas.

Cuando las personas trabajadoras eventuales y temporeras presten sus servicios a una misma empresa por un período que no exceda de ciento veinte días percibirán junto con el salario mínimo fijado de manera general, la parte proporcional de la retribución de los domingos y festivos, así como de las dos gratificaciones extraordinarias a que, como mínimo, tiene derecho toda persona trabajadora correspondiente al salario de treinta días en cada una de ellas. En el año 2024, la cuantía mínima del salario por jornada legal fue de 53,71 euros/jornada. En lo que respecta a la retribución de sus vacaciones, cuando no las puedan disfrutar, por no coincidir el período de disfrute con el tiempo de vigencia del contrato, se las abonarán junto con el salario mínimo que corresponda.

Respecto a la retribución de las personas empleadas al servicio del hogar familiar que trabajen por horas, en régimen externo, el salario mínimo de referencia será el que se fije, con carácter general, para las personas trabajadoras eventuales y temporeras que incluye todos los conceptos retributivos; este salario mínimo se abonará en proporción a las horas efectivamente trabajadas[7].

En el año 2024, la cuantía del salario mínimo interprofesional para este colectivo fue de 8,87 euros por hora efectivamente trabajada.

Por otra parte, no debemos olvidar que el salario mínimo interprofesional constituye un índice que se utiliza en numerosos casos como referencia en materia laboral en sentido amplio a múltiples efectos.

Al respecto, y directamente relacionado con ello, en el año 2004, mediante el Real Decreto-ley 3/2004, de 25 de junio, para la racionalización de la regulación del salario mínimo interprofesional y para el incremento de su cuantía[8], se implantó el Indicador Público de Renta de Efectos Múltiples (IPREM), índice que se emplea como referencia para la concesión de ayudas, subvenciones o el subsidio de desempleo, y sustituye al salario mínimo interprofesional en su función referencial para estos casos. De esta forma se identificaba y distinguía entre aquellos conceptos que seguían guiándose por el salario mínimo interprofesional y los que, en cambio, se desvinculan del mismo y pasaban a tomar como referencia el IPREM. Como regla general, el Real Decreto-ley 3/2004, de 25 de junio, desvinculó al salario mí-

---

[7] Artículo 8.5 del RD 1620/2011, de 14 de noviembre, por el que se regula la relación laboral de carácter especial del servicio del hogar familiar (*BOE* de 17 de noviembre de 2011).

[8] *BOE* de 26 de junio de 2004.

nimo interprofesional de «otros efectos o finalidades distintas» de la que constituye su fin principal, que es hacer realidad la «garantía salarial mínima de los trabajadores por cuenta ajena» establecida en el artículo 27 ET. Aun así, se mantiene la vinculación con el salario mínimo interprofesional en determinados supuestos señalados en el artículo 1.2 del Real Decreto-ley 3/2004.

El IPREM ha ido creciendo a un ritmo menor que el salario mínimo interprofesional, facilitando el acceso a las ayudas para las economías familiares más desfavorecidas, mientras que el salario mínimo interprofesional ha quedado restringido al ámbito laboral.

La cuantía del IPREM desde su creación se fija anualmente por la correspondiente LPGE, con carácter diario, mensual y anual. Su cuantía se congeló durante varios años, en concreto desde 2017 hasta 2020, siendo su valor entonces de 17,93 euros al día, 537,84 euros al mes y 6.454,03 euros al año. Desde entonces, año tras año su cuantía se ha ido incrementando. En la actualidad, año 2024, se mantiene el valor del IPREM aprobado para 2023, ante la falta de aprobación de la LPGE para 2024, es decir, la cuantía diaria es de 20 euros, la mensual 600 euros y la anual 7.200 euros.

En aquellos supuestos en que la referencia al salario mínimo interprofesional haya sido sustituida por la referencia al IPREM, la cuantía anual del IPREM será de 8.600 euros cuando las correspondientes normas se refieran al salario mínimo interprofesional en cómputo anual, salvo que expresamente excluyan las pagas extraordinarias, en cuyo caso, la cuantía será de 7.200 euros.

5. GRATIFICACIONES EXTRAORDINARIAS

El artículo 31 ET reconoce el derecho de los trabajadores a dos pagas extraordinarias, una en Navidad y otra «en el mes que se fije por convenio colectivo o por acuerdo entre el empresario y los representantes legales de los trabajadores», siendo esta última generalmente en verano, cerca del periodo de vacaciones anuales. Su finalidad originaria es proporcionar al trabajador un incremento en su retribución en momentos en que sus gastos, por motivos extraordinarios, suelen aumentar (su establecimiento con carácter obligatorio data de 1944, la de Navidad, y de 1947, la ahora denominada de verano). Su naturaleza es salarial, son regulares en su devengo y por tanto constituyen una obligación del empresario.

Por convenio colectivo se determina su cuantía; y por la misma vía se puede prorratear el abono de dichas pagas en doce mensualidades. Con cierta frecuencia, también los convenios colectivos añaden a las dos pagas obligatorias otras en distintos meses del año como mejora.

6. ABSORCIÓN Y COMPENSACIÓN DE SALARIOS

El salario mínimo interprofesional fijado anualmente por el Gobierno, puede ser mejorado por convenio colectivo, acuerdos entre el trabajador y el empresario o por decisión unilateral del empresario; situación que se produce frecuentemente en la práctica, y como consecuencia de la misma el legislador ha establecido el sistema de compensación y absorción de salarios. En concreto, en el artículo 26.5 ET se señala que «operará la compensación y absorción cuando los salarios realmente abonados en su conjunto y cómputo anual sean más favorables para los trabajadores que los establecidos en las normas legales o en los convenios colectivos». Previsión que se completa con la recogida en el artículo 27.1 ET cuando se establece que «la revisión del salario mínimo interprofesional no afectará a la estructura ni a la cuantía de los salarios profesionales, cuando éstos en su conjunto y cómputo anual, fueran superiores a aquél». Es decir, cualquier aumento del salario mínimo interprofesional no tiene por qué suponer un aumento de la retribución real que percibe el trabajador, sólo se producirá un incremento de dicha retribución cuando el aumento del salario mínimo interprofesional supere en su conjunto y cómputo anual los ingresos que viniera percibiendo el trabajador. En el primer caso lo que se produce es que el incremento sufrido por el salario mínimo interprofesional se compensa y absorbe por las condiciones más beneficiosas que venía percibiendo el trabajador; no así en el otro caso, donde al incrementarse el salario mínimo y superar la retribución real, ésta deberá incrementarse en la cuantía que supere la cantidad hasta entonces percibida. Lo mismo ocurre cuando comparamos dos normas convencionales, es decir, tenemos que aplicar también la técnica de compensación y absorción.

En todo caso, en convenio colectivo o en contrato individual se puede acordar la no compensación y absorción de salarios por los interesados. Asimismo, puede el empresario renunciar, expresa o tácitamente, a la absorción y compensación.

7. PRESTACIONES EXTRASALARIALES

En el ET, se reconoce al trabajador la posibilidad de percibir ciertas cantidades que no son salario ya que no se trata de una contraprestación por el trabajo realizado; son prestaciones que tienen carácter asistencial, compensatorio o indemnizatorio de gastos o necesidades del trabajador, no retribuyen su trabajo. Hay diferentes modalidades (art. 26.2 ET):

— las indemnizaciones o suplidos por gastos realizados por el trabajador como consecuencia de su trabajo (dietas que compensan gastos de manutención y alojamiento; plus de transporte, plus de vestuario, etc.)[9];
— las indemnizaciones o prestaciones de la Seguridad Social;
— las indemnizaciones correspondientes a traslados, suspensiones o despidos.

8. LA PROTECCIÓN DEL CRÉDITO SALARIAL

En nuestro Ordenamiento jurídico se regulan diferentes medidas que tratan de garantizar la percepción efectiva del salario por parte del trabajador y su conservación.

8.1. TIEMPO, LUGAR, FORMA Y MEDIO DEL PAGO DEL SALARIO

A) *Tiempo del pago*

El artículo 4.2.*f*) ET reconoce como un derecho del trabajador en la relación de trabajo «la percepción puntual de la remuneración pactada o legalmente establecida». Esta exigencia se repite en el artículo 29 ET al establecerse que la liquidación y el pago del salario se harán puntualmente en la fecha convenida (colectiva o individualmente) o conforme a los usos y costumbres, pero en todo caso el pago de las retribuciones periódicas no podrá exceder de un mes[10].

---

[9] La jurisprudencia considera que el plus transporte que sólo se abona los días que se acude al trabajo es un suplido que no tiene naturaleza salarial [Sentencia del Tribunal Supremo (Sala de lo Social), de 27 de septiembre de 2017, rec. 2139/2015]. La determinación en cuantía fija de este plus no implica necesariamente la pérdida de su condición de percepción extrasalarial [Sentencia del Tribunal Supremo (Sala de lo Social), de 15 de marzo de 1999, rec. 2175/1998]. Tampoco pierde su carácter extrasalarial por el hecho de que se abone durante las vacaciones [Sentencia del Tribunal Supremo (Sala de lo Social), de 17 de enero de 2013, rec. 542/2012].

[10] En los meses de 31 días, en los que el trabajador no ha estado en activo la totalidad del mes, por haber iniciado la relación laboral una vez comenzado el mes o haber estado parte del mismo en situación de incapacidad temporal o por haberse incorporado a la empresa tras un periodo de excedencia una vez iniciado el mes, aquél tiene derecho a percibir su salario hasta completar los 31 días y no sólo hasta los 30 días. En todos estos supuestos no cabe dividir el salario anual de convenio entre 360 días y abonar una canti-

Se abonan en las mismas condiciones los subsidios económicos de incapacidad temporal o desempleo parcial, cuando la empresa los tenga a su cargo directamente (art. 173.1 LGSS) o como forma de colaboración en el pago delegado de prestaciones de Seguridad Social (art. 102 LGSS).

No obstante, existen conceptos salariales cuyo período de liquidación puede ser superior al mensual, como las comisiones, las pagas extraordinarias o la participación en beneficios.

Si el empresario no paga puntualmente, debe abonar un interés por demora, el 10 por 100 de lo adeudado, con carácter anual, que se añade a la cantidad debida por salario (art. 29.3 ET)[11]. Si el retraso es por un período inferior al año, se aplicará la parte proporcional. En estos casos de retraso en el pago del salario, con independencia de su derecho a reclamar el salario con el recargo de demora, el trabajador está facultado para instar la resolución judicial del contrato por falta de pago o retrasos continuados en el abono del salario pactado [art. 50.1.*b*) ET] con derecho a percibir una indemnización. Este interés por mora no opera para los conceptos extrasalariales[12] En cuanto al pago de los intereses moratorios, los tribunales han ido variando su posición, por cuanto ya no es preciso que la deuda conste de manera incontrovertida, y sin necesidad de acudir a un pleito para su determinación, entendiendo, por tanto, que no es aplicable el principio *in illiquidis non fit mora*[13].

Una excepción a la regla general del pago del salario en el momento convenido es la posibilidad que tiene el trabajador de solicitar y obtener un anticipo a cuenta del trabajo ya realizado. También y con autorización, lo pueden hacer los representantes legales por él (art. 29.1 ET). Asimismo, muchos convenios colectivos regulan esta posibilidad de forma más favorable para el trabajador, haciendo posible incluso los anticipos sobre liquidaciones posteriores sin haber trabajado (Convenio OIT núm. 117 y Decreto 3084/1974).

---

dad fija al mes, independientemente de los días que tenga, sino que se deberá calcular el salario día dividiendo el salario anual entre 12, y su resultado entre 31 días, y multiplicar lo obtenido por el número de días trabajados en dichos meses [Sentencia de la Audiencia Nacional (Sala de lo Social), de 19 de febrero de 2018, procedimiento núm. 360/2017].

[11] Sobre el recargo de mora debido a retrasos en el pago del salario, véase entre otras, la Sentencia Tribunal Supremo (Sala de lo Social), de 26 de enero de 2017, rec. núm. 115/2016.

[12] Sentencia Tribunal Supremo (Sala de lo Social), de 1 de abril de 1996, rec. núm. 3201/1995.

[13] Sentencia Tribunal Supremo (Sala de lo Social), de 30 de enero de 2008, rec. núm. 414/2007, y Sentencia del Tribunal Supremo (Sala de lo Social), de 17 de junio de 2014, rec. núm. 1315/2013.

B) *Lugar del pago*

Otra de las garantías del salario está relacionada con el lugar del pago del salario. Según se dispone en el artículo 29.1 ET, el pago del salario debe hacerse «en el lugar convenido o conforme a los usos y costumbres». Lo habitual es que el trabajador perciba su salario en el lugar donde presta su trabajo, a excepción de los casos en que el trabajador reciba su salario mediante transferencia bancaria.

C) *Forma de pago*

El pago del salario se debe documentar mediante la entrega al trabajador de «un recibo individual y justificativo» de su pago (art. 29.1 ET). El modelo de dicho documento se puede establecer por convenio colectivo o acuerdo colectivo, y en él deben constar con claridad los diferentes conceptos salariales y las deducciones legales; si no se establece mediante negociación colectiva, el modelo de documento será el recogido en la Orden de 27 de diciembre de 1994, por la que se aprueba el modelo de recibo individual de salarios[14], modificada por Orden de 6 de noviembre de 2014 para dar cumplimiento a lo dispuesto en el artículo 142.2 LGSS que establece que en los recibos de salarios deben indicarse las cuantías de las aportaciones a la Seguridad Social correspondientes tanto al trabajador como al empresario. La Orden se acompaña de un anexo, que recoge el modelo del recibo individual.

Por convenio colectivo o por acuerdo entre empresario y los representantes de los trabajadores se puede establecer otro modelo que «contenga con la debida claridad y separación las diferentes percepciones del trabajador, así como las deducciones que procedan legalmente». Según la jurisprudencia[15], se puede sustituir el documento en papel por la entrega del recibo del pago del salario en soporte informático.

La finalidad de la nómina, que así se denomina genéricamente al documento, es que el trabajador conozca, al menos mensualmente, los diversos conceptos que componen su retribución, de forma que le pueda servir de cotejo con las efectivas retribuciones devengados y poder reclamar en caso de disconformidad con lo documentado, además de garantizar el derecho reconocido en el artículo 4.2.*f*) ET. Para ello, las nóminas deben recoger con la debida claridad y separación los diferentes concep-

[14] *BOE* de 13 de enero de 1995.

[15] Sentencia del Tribunal Supremo (Sala de lo Social), de 1 diciembre de 2016, rec. 3690/2014.

tos en los que estructura el salario incluido el complemento de la incapacidad temporal y reflejar las reducciones o ampliaciones de jornada que se produzcan[16].

La constancia en el recibo de salarios de los elementos exigidos por la Orden de 27 de diciembre de 1994, es obligatoria para las empresas[17].

D) *Medio de pago*

Por otro lado, es obligación del empresario efectuar el pago del salario «en moneda de curso legal o mediante cheque u otra modalidad de pago similar a través de entidades de crédito», con la obligación de informar previamente a los representantes de los trabajadores (art. 29.4 ET). De este precepto se desprende que quien decide el medio de pago es el empresario, con la única obligación de informar a los representantes de su decisión.

8.2. Protección frente a los acreedores del trabajador

La Ley protege una parte del salario del trabajador frente a los posibles acreedores del mismo con el fin de que mantenga una cantidad de su salario que le permita afrontar sus necesidades vitales; así, el reformado artículo 27.2 ET establece que «el salario mínimo interprofesional, en su cuantía, tanto anual como mensual, es inembargable»[18]. Esta regla legal, se completa con lo establecido en los artículos 607-609 de la Ley de Enjuiciamiento Civil. En definitiva, si se percibe tan sólo el salario mínimo interprofesional, no hay posibilidad de embargo, con alguna excepción que en breve señalaremos; pero si el salario excede de esa cantidad (o las pensiones) será embargable conforme a la escala de tramos establecida el artículo 607.2 LEC:

---

[16] Sentencia de la Audiencia Nacional (Sala de lo Social), de 16 de mayo de 2017, procedimiento núm. 95/2017.

[17] Sentencia del Tribunal Supremo (Sala de lo Social), de 26 de enero de 1999, rec. 2045/1998.

[18] Hasta la reforma por la Ley 3/2023, de 28 de febrero, de Empleo (*BOE* de 1 de marzo) de este precepto, se plantearon problemas en cuanto a determinar la cuantía inembargable en los supuestos en que se percibían pagas extraordinarias, sobre los que se tuvo que pronunciar el Tribunal Supremo [Sentencia del Tribunal Supremo (Sala de lo Contencioso-Administrativo), de 20 de octubre de 2022, rec. 585/2021].

1.º Para la primera cuantía adicional hasta la que suponga el importe del doble del salario mínimo interprofesional, el 30 por 100.

2.º Para la cuantía adicional hasta el importe equivalente a un tercer salario mínimo interprofesional, el 50 por 100.

3.º Para la cuantía adicional hasta el importe equivalente a un cuarto salario mínimo interprofesional, el 60 por 100.

4.º Para la cuantía adicional hasta el importe equivalente a un quinto salario mínimo interprofesional, el 75 por 100.

5.º Para cualquier cantidad que exceda de la anterior cuantía, el 90 por 100.

Las reglas anteriores no se aplicarán en los casos de ejecución de sentencia por deudas legales alimenticias; en estos supuestos será el tribunal el que fije la cantidad objeto de embargo (art. 608 LEC).

Desde 2010 y con objeto de proteger a los deudores hipotecarios se incrementa el límite que más arriba se señala en un 10 por 100 y además en otro 20 por 100 del salario mínimo interprofesional por cada miembro del núcleo familiar que no disponga de ingresos propios regulares, salario ni pensión.

Por último, el embargo de bienes inembargables se declara nulo de pleno derecho (art. 609 LEC).

8.3. Protección frente a los acreedores del empresario

Cuando un empresario tenga varios acreedores, entre ellos algún trabajador, y no pueda hacer frente a todas sus deudas, se reconoce a los trabajadores una serie de garantías que varían según se haya o no declarado al empresario en concurso. Extremo incluido por la Ley 22/2003, de 9 de julio, Concursal, hoy derogada por la actual Ley Concursal, aprobada mediante el Real Decreto Legislativo 1/2020[19], que las mantiene vigentes. La característica común es que el crédito salarial recibe un tratamiento especial respecto de otros de origen diferente.

A) *Empresario no declarado en concurso*

En este supuesto se aplica lo dispuesto en el artículo 32 ET modificado por la Ley Concursal, disposición pendiente de que se apruebe la «ley

[19] Real Decreto Legislativo 1/2020, de 5 de mayo, por el que se aprueba el texto refundido de la Ley Concursal (*BOE* de 7 de mayo).

reguladora de la concurrencia y prelación de créditos en caso de ejecuciones singulares» prevista en la Disposición Final 33.ª de la Ley Concursal de 2003.

El plazo para ejercitar la preferencia del crédito salarial es de un año a contar desde el momento en el que debió percibirse el salario, transcurrido el cual prescriben esos derechos (art. 32.4 ET).

La Ley regula diferentes tratamientos según del crédito que se trate:

1.º Los créditos por salarios de los últimos 30 días de trabajo y en cuantía que no supere el doble del salario mínimo interprofesional gozan de preferencia sobre cualquier otro crédito, aunque se encuentre garantizado con prenda o hipoteca (art. 32.1 ET). Por esta razón la doctrina lo califica como «superprivilegio». El empresario ante un crédito de este tipo debe responder con todos sus bienes.

2.º Los créditos salariales gozarán de preferencia sobre cualquier otro crédito respecto de los objetos elaborados por los trabajadores, mientras sean propiedad o estén en posesión del empresario (art. 32.2 ET). Privilegio conocido con el nombre de «refaccionario» por la doctrina.

3.º Los créditos por salarios no incluidos en los apartados anteriores tendrán la condición de «singularmente privilegiados» y gozarán de preferencia sobre cualquier otro crédito, excepto los créditos garantizados con un derecho real en los supuestos que éstos, con arreglo a la Ley, sean preferentes (créditos inscritos registralmente, créditos fiscales del Estado, créditos por primas de seguros, etc.) (art. 32.3 ET). La cuantía que se garantiza si se trata de salarios, es aquélla que resulte de multiplicar el número de días de salario pendientes de pago por el triple del salario mínimo interprofesional. En este apartado también se garantizan las indemnizaciones por despido en la cuantía correspondiente al mínimo legal calculada sobre una base que no supere el triple del salario mínimo interprofesional.

B) *Empresario declarado en concurso*

Una vez que se declare el concurso por el juez competente, lo que implica concurrencia de acreedores frente al deudor empresario, los créditos salariales concurrentes con otros, en este caso, quedan sujetos al orden establecido en la Ley Concursal no por el artículo 32 ET:

1.º «Créditos contra la masa» (art. 242 de la Ley Concursal): son los deducidos de la masa activa antes de que se proceda al pago de los créditos concursales. Sin embargo, su pago no se podrá realizar con cargo a bienes o derechos afectados al pago de créditos con privilegio especial (hipoteca y otras garantías reales). De este tipo son los créditos salariales por los últimos treinta días de trabajo, antes de la declaración del concurso, y en cuantía que no supere el doble del salario mínimo interprofesional. También forman parte de estos créditos, los créditos laborales, incluidas las indemnizaciones por extinción contractual y por recargo de prestaciones, que hayan sido generados por el ejercicio de la actividad profesional o empresarial del deudor tras la declaración del concurso.

2.º «Créditos con privilegio especial» (arts. 270-272 de la Ley Concursal): son los que afectan a determinados bienes o derechos, con los que a su vez se pagan; y en concreto son, los créditos de los «trabajadores sobre los objetos por ellos elaborados mientras sean propiedad o estén en posesión» del empresario declarado en concurso.

3.º «Créditos con privilegio general» (art. 280 de la Ley Concursal): son los que se pagan una vez deducidos los créditos contra la masa y los créditos con privilegio especial. Son créditos de este tipo los créditos por salarios que no tengan reconocido privilegio especial, en la cuantía que resulte de multiplicar el triple del salario mínimo interprofesional por el número de días de salario pendientes de pago; las indemnizaciones derivadas de la extinción de los contratos, las derivadas de accidente de trabajo y enfermedad profesional y los recargos de prestaciones por incumplimiento de las obligaciones en materia de salud laboral devengados antes de la declaración de concurso.

4.º «Créditos ordinarios», sin privilegio (arts. 433-436 de la Ley Concursal): es la parte del crédito salarial que no ha quedado satisfecha después de aplicar las reglas anteriores. Su pago se hará «con cargo a los bienes y derechos de la masa activa que resten una vez satisfechos los créditos contra la masa y los privilegiados».

5.º «Créditos subordinados»: los así determinados por el artículo 281 de la Ley Concursal.

9. EL FONDO DE GARANTÍA SALARIAL

El Fondo de Garantía Salarial (FOGASA) es un organismo autónomo, adscrito al Ministerio de Trabajo y Economía Social (ahora así denominado, porque ha pasado por variadas nomenclaturas), con personalidad jurídica y capacidad de obrar para el cumplimiento de sus fines. Actúa en todo el territorio nacional, y lo hace a través de dos órganos centrales, el Consejo Rector y la Secretaría General, y a nivel provincial, mediante unas unidades administrativas periféricas y las comisiones de seguimiento.

Su fin es garantizar el cobro de los créditos salariales y de las indemnizaciones debidas a los trabajadores, aunque sea parcialmente, en situaciones de crisis económica, insolvencia o dificultad económica de la empresa. Protege a los trabajadores asalariados en general, con relación laboral común o con relación laboral especial[20]. También protege a los trabajadores con créditos impagados que ejerzan o hayan ejercido habitualmente su trabajo en España, frente a un empresario con actividades en España y en otro país u otros países de la Unión Europea y siempre que se produzca la apertura de un procedimiento concursal, es decir, un procedimiento colectivo basado en la insolvencia del empresario con desapoderamiento de éste y nombramiento de un síndico o cierre definitivo de la empresa e insuficiencia del activo. En estos casos se prevé que el FOGASA solicite información y colaboración a la institución de garantía del otro Estado de la Unión Europea en el que se tramite el procedimiento colectivo de insolvencia; estableciéndose también que el FOGASA proporcione el mismo tipo de información y colaboración a la institución del Estado miembro de la Unión Europea, con el fin de determinar los créditos satisfechos por este organismo de garantía y los que corresponda satisfacer al FOGASA (art. 33.10 y 11 ET).

Se nutre fundamentalmente de las aportaciones que efectúan los empresarios públicos o privados, de manera obligatoria, calculadas en base a un porcentaje fijo establecido por el Gobierno sobre los salarios abonados a los trabajadores (art. 33.5 ET)[21].

Su regulación la encontramos principalmente en el artículo 33 ET y en el Real Decreto 505/1985, de 6 de marzo. Por su parte, el Convenio de la OIT núm. 173 lo define como instrumento de «protección de los créditos laborales en caso de insolvencia del empresario».

El procedimiento a seguir para que el FOGASA actúe se regula en el Real Decreto 505/1985 y se puede iniciar de oficio por la Secretaría General del Fondo o a instancia de los interesados. El plazo de solicitud de las prestaciones del Fondo es de un año a partir del acto de conciliación, sentencia, auto o resolución administrativa que reconozca la deuda salarial o que fije la indemnización (art. 33.7 ET).

---

[20] Respecto a la relación laboral especial del servicio del hogar familiar, se ha modificado mediante el Real Decreto-ley 16/2022, de 6 de septiembre, para la mejora de las condiciones de trabajo y de Seguridad Social de las personas trabajadoras al servicio del hogar (*BOE* de 8 de septiembre) el artículo 33.2 ET, para incluir en el ámbito de protección de FOGASA a las personas trabajadoras del hogar familiar, siempre que concurra insolvencia por parte del titular del hogar familiar y medie sentencia, auto, acto de conciliación judicial, a favor de los trabajadores, reconociendo las correspondientes indemnizaciones a causa de despido o por extinción de sus contratos.

[21] En la actualidad el 0,2 por 100 del salario abonado al trabajador. Este porcentaje no siempre ha sido el mismo.

Su responsabilidad puede ser subsidiaria o directa, sin embargo, en materia del pago de créditos salariales es siempre subsidiaria.

9.1. Responsabilidad directa

El FOGASA responde directamente en los casos de extinción del contrato por fuerza mayor, si así lo acuerda la autoridad laboral competente (art. 51.7 ET); ésta puede determinar que la responsabilidad sea tanto respecto a la totalidad de la indemnización que corresponda a los trabajadores afectados por la extinción de sus contratos como a una parte de la misma, sin perjuicio del derecho del Fondo «a resarcirse del empresario».

9.2. Responsabilidad subsidiaria

— De salarios: según lo dispuesto en el artículo 33.1 ET, el Fondo garantiza el abono a los trabajadores de los salarios pendientes de pago en caso de insolvencia o concurso del empresario. Es salario a tal efecto, la cantidad reconocida como tal en el acto de conciliación o en resolución judicial, así como los salarios de tramitación en los supuestos que legalmente procedan. El FOGASA, sin embargo, sólo responde de la cantidad que resulte de multiplicar el doble del salario mínimo diario, incluida la parte proporcional de pagas extraordinarias, por el número de días de salario pendiente, con un máximo de ciento veinte días.

— De indemnizaciones: en caso de insolvencia o concurso del empresario, el Fondo responde de las indemnizaciones reconocidas en sentencia, auto, acto de conciliación judicial o resolución administrativa a favor de los trabajadores a causa de despido o extinción del contrato de trabajo en los siguientes supuestos (art. 33.2 ET): despido del trabajador conforme a los artículos 51 o 52 ET; extinción del contrato conforme a los artículos 181 y 182 de la Ley Concursal; extinción por voluntad del trabajador al amparo de los artículos 40.1, 41.3 o 50 ET; extinción del contrato conforme al artículo 11.2 del Real Decreto 1620/2011, por el que se regula la relación laboral especial del servicio del hogar familiar; y las indemnizaciones por extinción de contratos temporales o de duración determinada. En estos casos el límite máximo a abonar será una anualidad, calculada sobre una base diaria igual al doble del salario mínimo diario, incluida la parte proporcional de las pagas extras[22]. Sin embargo debemos matizar esta regla en

[22] Asimismo, y según destaca la jurisprudencia [Sentencia del Tribunal Supremo (Sala de lo Social), de 29 de junio de 2015, rec. 2082/2014], la voluntad de las partes no

los casos siguientes, por un lado el importe de la indemnización para los casos de despido conforme al artículo 56 ET o de extinción de contrato conforme al artículo 50 ET, «a los solos efectos de abono por el FOGASA», se calculará a razón de treinta días por año de servicio, con el límite indicado; y por otro lado, el límite total de la anualidad, se reduce a nueve mensualidades en el caso de extinción del contrato de trabajo conforme al artículo 41.3 ET o a seis mensualidades en el supuesto recogido en el artículo 11.2 del Real Decreto 1620/2011.

10. BIBLIOGRAFÍA

ALBIOL MONTESINOS, I., *El salario. Aspectos legales y jurisprudenciales,* Bilbao, Deusto, 1992.

ALONSO OLEA, M. y CASAS BAAMONDE, M.ª E., *Derecho del Trabajo*, Madrid, Civitas, 2004.

BEJARANO HERNÁNDEZ, A., *Principio de condición más beneficiosa y reglas de absorción y compensación y supresión de la misma*, Barcelona, Bosch, 2001.

CASTRO CONTE, M., *El sistema normativo del salario: ley, convenio colectivo, contrato de trabajo y poder del empresario,* Madrid, Dykinson, 2007.

— «El concepto legal de salario y su incidencia en las actuales relaciones laborales», *Documentación Laboral*, núm. 76, 2006.

CONDE MARÍN, E., «Complementos salariales personales», en VV.AA. (QUINTANILLA NAVARRO, R. Y., dir.), *Tiempo de trabajo y salario en la negociación colectiva sectorial estatal*, Pamplona, Aranzadi, 2022.

DEL VALLE VILLAR, J. M., *La protección legal de la suficiencia del salario,* Madrid, Dykinson, 2002.

FERNÁNDEZ AVILÉS, J. A., *Configuración jurídica del salario*, Granada, Comares, 2002.

FERNÁNDEZ PROL, F., *El salario en especie*, Valencia, Tirant Monografías, 2005.

GARCÍA MURCIA, J., «Concepto y estructura del salario (en torno al art. 26 ET)», *Revista Española Derecho Trabajo*, núm. 100, tomo I, 2000.

GARCÍA NINET, J. I., «El salario (art. 26 ET)», en VV.AA., *Salario y tiempo de trabajo en el ET. (De 1980 a 2005)*, Madrid, CEF, 2005.

HERRÁIZ MARTÍN, M. S., *Los complementos por mayor trabajo realizado. Primas e incentivos*, Madrid, CES, 1997.

MARTÍN VALVERDE, A. y GARCÍA MURCIA, J., *Derecho del Trabajo,* Madrid, Tecnos, 2024.

MATORRAS DÍAZ-CANEJA, A., *Las percepciones extrasalariales. (Estudio del régimen laboral, fiscal y de Seguridad Social aplicada)*, Madrid, McGraw Hill, 1999.

MOLINA GONZÁLEZ-PUMARIEGA, R., «Complementos salariales fijados en función de las circunstancias relativas al trabajo realizado», en VV.AA. (QUINTANILLA NAVARRO, R. Y., dir.), *Tiempo de trabajo y salario en la negociación colectiva sectorial estatal*, Pamplona, Aranzadi, 2022.

MONTOYA MELGAR, A., *Derecho del Trabajo*, 45.ª ed., Madrid, Tecnos, 2024.

---

puede incrementar la responsabilidad legal del FOGASA. Las cantidades que la empresa abonó a los trabajadores antes de declararse insolvente deben descontarse a la hora de fijar la responsabilidad subsidiaria del FOGASA. La extensión de esta responsabilidad a FOGASA es un extremo ajeno a la reclamación salarial o indemnizatoria.

ROQUETA BUJ, R., *El Fondo de Garantía Salarial,* Madrid, La Ley, 2009.
SAGARDOY DE SIMÓN, Í.; NÚÑEZ-CORTÉS CONTRERAS, P. y NIETO ROJAS, P., *Igualdad retributiva, planes de igualdad y registro salarial*, Madrid, Dykinson, 2022.
THIBAULT ARANDA, J., *La compensación y absorción de salarios*, Valencia, Tirant lo Blanch, 2002.
TODOLÍ SIGNES, A., *La revisión salarial,* Valencia, Tirant lo Blanch, 2013.
VV.AA. (DE LA VILLA GIL, L. E., coord.) *Estudios sobre el salario,* Asociación de Cajas de Ahorros para Relaciones Laborales, ACARL. Madrid, 1993.

TEMA 8

DERECHOS Y OBLIGACIONES DEL TRABAJADOR

EMILIA CONDE MARÍN
Profesora de Derecho del Trabajo y de la Seguridad Social.
Universidad Rey Juan Carlos

OBJETIVOS DE APRENDIZAJE

1. Conocer la importancia de los derechos fundamentales en la relación de trabajo.
2. Conocer los derechos laborales del trabajador.
3. Identificar los deberes que corresponden al trabajador en el contrato de trabajo.

1. LA SINALAGMATICIDAD DEL CONTRATO DE TRABAJO

El contrato de trabajo nace del consentimiento libremente emitido por el empresario y el trabajador, a partir de ese momento se establece la relación laboral cuyo primer objeto es el intercambio de trabajo, por parte del empleado, y de salario, por parte del empleador. Esa reciprocidad que se establece ya desde un primer momento en referencia a dichas obligaciones principales se perpetúa a lo largo de toda la relación contractual. El contrato de trabajo implica una contraposición de prestaciones que se sitúa en la estructura clásica del contrato sinalagmático de cambio.

El contrato de trabajo se constituye en título jurídico para la exigencia de derechos y para el cumplimiento de deberes mutuos que interesan y corresponden a las partes contractuales. Es importante tener en cuenta que tanto unos como otros deben encuadrarse en el marco constitucional y estatutario, asumiendo los valores insertos en ambas normas, para poder configurar adecuadamente el actual contenido de la relación jurídica laboral.

El Estatuto de los Trabajadores es un conjunto de normas, no tanto dirigidas a regular la relación contractual entre el trabajador y el empresario, como establecidas, con carácter eminentemente tuitivo, para la defensa de la parte débil de la relación laboral, el trabajador.

El alcance del carácter sinalagmático de la relación implica que todo derecho del trabajador será susceptible de ser convertido en la correspondiente obligación jurídica del empresario, al igual que todo derecho de la parte acreedora de la relación laboral se convierte igualmente en deber laboral del trabajador.

2. LOS DERECHOS FUNDAMENTALES DEL TRABAJADOR

El respeto a los derechos fundamentales de la persona se ha convertido en una cuestión de interés público primario, especialmente a partir de la promulgación de la Constitución Española. El Tribunal Constitucional sostiene que el ámbito laboral no es un cajón estanco diferenciado y que el ciudadano no abandona los derechos que le corresponden como persona por convertirse en trabajador.

El contrato de trabajo tiene como efecto típico la sumisión de ciertos aspectos de la vida humana a los poderes empresariales y a los requerimientos de la organización productiva, la relación de trabajo es una relación de dependencia y subordinación (art. 1.1 ET), pero no tiene un interés exclusivamente patrimonial, pues todo trabajador es, primero de todo, persona, ciudadano y por ello, titular de los derechos fundamentales y libertades públicas reconocidos en la Constitución. Sin embargo, la modulación de los derechos fundamentales del ciudadano, cuando éste pasa a ser trabajador, se tiende a producir en cierto grado y se ven matizados al entrar en contacto con el entorno donde van a ser ejercitados, la relación laboral [STC 1/1998, de 12 de enero de 1998, núm. rec. 2324/1994 (*BOE* de 12 de febrero de 1998)].

En sentido contrario, los derechos fundamentales son el límite que modulan el ejercicio de los poderes empresariales. Ello significa que el ejercicio de las facultades organizativas y disciplinarias del empleador no pueden servir en ningún caso a la producción de resultados inconstitucionales, lesivos de los derechos fundamentales del trabajador [STC 134/1994, de 9 de mayo de 1994, núm. rec. 1830/1991 (*BOE* de 13 de junio de 1994)].

2.1. EL DERECHO AL RESPETO DE LA DIGNIDAD DEL TRABAJADOR

La regla del artículo 10.1 CE proyectada sobre los derechos individuales del ciudadano implica que la dignidad ha de permanecer intacta cualquiera que sea la situación en que la persona se encuentre, es el mínimo inalterable que se debe respetar; no basta la sola afirmación del interés empresarial para comprimir los derechos fundamentales del trabajador, dada la posición prevalente que éstos alcanzan en nuestro sistema jurídico. El mundo empresarial no constituye un departamento estanco y separado del resto de la sociedad, por ello no cabe efectuar sobre la persona del trabajador ninguna clase de despojo transitorio o limitación injustificada de sus derechos fundamentales, «ni la libertad de Empresa que establece el artículo 38 del Texto Constitucional legitima el que quienes prestan servicios en aquéllas por cuenta y bajo la dependencia de sus titulares deban soportar despojos transitorios o limitaciones injustificadas de sus derechos fundamentales y libertades públicas, que tienen un valor central y nuclear en el sistema jurídico constitucional. Las manifestaciones de "feudalismo industrial" repugnan al Estado social y democrático de Derecho y a los valores superiores de libertad, justicia e igualdad a través de los cuales ese Estado toma forma y se realiza (art. 1.1)». [STC 88/1985, de 19 de julio de 1985, rec. de amparo núm. 788/1984 (*BOE* de 14 de agosto de 1985)].

El artículo 4.2.*e*) ET dispone que el trabajador tiene derecho al respeto de su intimidad y a la consideración debida a su dignidad. Es también una consecuencia del principio de buena fe en la relación contractual, constituyéndose en un derecho genérico que informa la totalidad de las relaciones empresario-trabajador. La dignidad, reconocida a todas las personas con carácter general, se concibe como aquel valor espiritual y moral inherente a la persona que se manifiesta en la autodeterminación consciente y responsable de la propia vida y que lleva consigo la pretensión al respeto por parte de los demás.

El derecho a la intimidad del trabajador tiene una manifestación marcada en lo que respecta al derecho a la protección de datos personales (art. 18.4 CE). El empresario está obligado a informar de quien posee sus datos personales o con qué fin los utiliza de manera que dicha información sea «previa y expresa, precisa, clara e inequívoca», no bastando el reconocimiento general del poder de vigilancia y control de la actividad laboral que ostenta el empleador [STC 29/2013, de 11 de febrero de 2013, núm. rec. 10522/2009 (*BOE* de 12 de marzo de 2013)].

La facultad de organización y dirección del empresario es consustancial a la existencia de una relación laboral pero no es un derecho absoluto, por el contrario, está sometido a limitaciones, por lo que los actos empresariales que lo vulneren constituirán infracción muy grave. Las medidas empresariales de control y vigilancia contrarias a los derechos fundamentales del trabajador son nulas, En consecuencia, carecerán de eficacia las pruebas que se hayan obtenido de ese modo (STS, Sala de lo Social, Sección 1.ª, de

26 de septiembre de 2007, núm. rec. 966/2006, y STS, Sala de lo Social, Sección 1.ª, de 8 de marzo de 2011, núm. rec. 1826/2010).

En consecuencia, son ineficaces las pruebas que se pudieran haber obtenido de ese modo [según se desprende de los arts. 11 LOPJ y 90.2 LRJS, y según declaran las SSTS 26-9-2007 (Sala de lo Social), núm. rec. 966/2006, y 8-3-2011, núm. rec. 1826/2010, en relación con la prueba obtenida mediante registro de ordenador con vulneración de la intimidad].

Se establecen limitaciones en la realización de registros por el empresario en defensa de la inviolabilidad de la persona del trabajador. El artículo 18 ET dispone que sólo se podrán realizar registros sobre la persona del trabajador en sus taquillas o efectos particulares cuando concurran los siguientes presupuestos: *a*) que se consideren necesarios para proteger el patrimonio de la empresa y del resto de los trabajadores; *b*) que tengan lugar en el centro de trabajo; *c*) que sea dentro del horario de trabajo; y *d*) que se cuente con la presencia de un representante legal de los trabajadores o, en su caso, de otro trabajador de la empresa, si fuera posible.

El artículo 20.3 ET concreta un nuevo límite al poder de organización del empresario cuando, sobre la posible vigilancia y control a que puede verse sometido el trabajador por parte del empresario, con objeto de que éste verifique el cumplimiento por aquél de sus deberes laborales, reclama que en su adopción y aplicación se proceda con la consideración debida a la dignidad humana del trabajador y se tome en consideración la capacidad real de los trabajadores disminuidos. Las medidas de vigilancia y control que tome el empresario en su negocio deben ser necesarias, justificadas y proporcionadas. La instalación de las medidas de control debe de ser conocida por los trabajadores y sus representantes.

Tenemos que tener presente que es posible que aspectos de la vida personal del trabajador puedan considerarse contrarios a la buena fe que debe presidir el desarrollo de la relación de trabajo y como consecuencia se encuentren en el ámbito punible del derecho de vigilancia y control del empresario sobre su negocio, como por ejemplo, los comportamientos contradictorios con la situación de incapacidad temporal del trabajador o la realización de actos delictivos, fuera del lugar y tiempo de trabajo, en perjuicio de los intereses de la empresa (STS, Sala de lo Social, de 21 de septiembre 2017, núm. rec. 2397/2005). La solución al conflicto entre el medio de control y la dignidad del trabajador requerirá de un análisis en cada caso concreto de las circunstancias concretas, aplicando la doctrina general de los derechos fundamentales en la relación de trabajo (STC 186/2000, de 10 de julio de 2000, núm. rec. 2662/1997 (*BOE* de 11 de agosto de 2000).

La preservación del derecho a la intimidad y dignidad del trabajador comprende expresamente la protección frente al acoso por razón de origen racial o étnico, religión o convicciones, discapacidad, edad u orientación sexual y frente al acoso sexual o al acoso por razón de sexo [art. 4.2.*e*) ET].

Constituye acoso sexual cualquier comportamiento, verbal o físico, de naturaleza sexual que tenga el propósito o produzca el efecto de atentar contra la dignidad de la persona, particularmente, cuando se crea un entorno intimidatorio, degradante y ofensivo. Es acoso por razón de sexo cualquier comportamiento realizado en función del sexo de una persona con el mismo objetivo o resultado que en el caso anterior. En el caso de la mujer ambos tipos se encuentran fuertemente conectados. Para que exista un acoso sexual ambiental constitucionalmente recusable han de concurrir tres elementos: *a*) que nos encontremos ante una conducta verbal o física manifestada en actos, palabras o gestos; *b*) que sea percibido por la víctima como indeseable; y *c*) que la conducta sea grave.

El acoso moral en el trabajo supone un comportamiento que atenta contra la dignidad del trabajador, pero también implica la conculcación de otros derechos fundamentales del empleado, dado el carácter pluriofensivo de esta clase de hostigamiento laboral. Entre ellos, el derecho a la integridad física y moral (art. 15.1 CE), el derecho al honor y a la intimidad personal y familiar (art. 18.1 CE), el derecho a la libertad de expresión [art. 20.1.*a*) CE] o también el derecho a la igualdad de trato (art. 14 CE). Se trata de una serie de actos concatenados en el tiempo de tipo agresivo, vejatorio y arbitrario llevados a cabo por el empresario o por los propios compañeros que tienen como objetivo la aniquilación psíquica, emocional, e incluso, física del trabajador. Son elementos constitutivos del *mobbing* las conductas lesivas susceptibles de causar daño, el menoscabo de la persona asociada a la vulneración de otros derechos, la reiteración de dichas conductas lesivas y que los hechos se produzcan en el lugar o con ocasión del trabajo. La doctrina es partidaria además de considerarlo un riesgo laboral, a efectos de Prevención de Riesgos Laborales y, de producir dolencias, a los efectos de Seguridad Social.

El trabajador está asistido también por dos derechos fundamentales de singular importancia en la relación de trabajo: el derecho a la libertad ideológica y el derecho a la libertad de expresión, ambos directamente relacionados con el derecho a la intimidad del trabajador.

El derecho fundamental a la libertad ideológica se encuentra garantizado en el artículo 16 CE, y, aunque no se halla explícitamente recogido en la legislación laboral, sí se reconoce de manera indirecta en la prohibición de discriminación por ideas religiosas o políticas en el artículo 4.2.*c*) ET, y en el derecho a la intimidad del artículo 4.2.*e*) ET. El derecho a la libertad ideológica es un derecho subjetivo que garantiza un ámbito de libertad de conocimiento y de conciencia que permite al trabajador en el ejercicio de su propia autonomía optar libremente de acuerdo con sus propios intereses y preferencias. Cuestión distinta son las llamadas empresas de tendencia (partidos políticos, sindicatos, instituciones religiosas, etc.), en ellas, no obstante, la caracterización ideológica no debe referirse a la empresa como un todo global sino a las tareas, por lo que debemos diferenciar entre el trabajador portador de tendencia del que no lo es dentro de la misma empresa. En todo caso, los derechos pueden quedar matizados o limitados en empresas ideológicas o de tendencia, por exigencias del ideario concreto de cada una de ellas [STC 47/1985, de 27 de marzo de 1985, núm. rec. 811/1983 (*BOE* de 19 de abril de 1985)].

La libertad de expresión es una de las manifestaciones externas y activas del derecho a la libertad ideológica. En el artículo 20 CE se protege el derecho de los ciudadanos a expresar y difundir libremente ideas y opiniones mediante la palabra, el escrito o cualquier otro medio de reproducción. El derecho debe ejercerse dentro de los límites que impone el respeto al derecho ajeno, a la moral y al orden público; en el ámbito laboral el derecho se modaliza además en base al principio de buena fe contractual; en efecto, son diversas las circunstancias que admiten el establecimiento de esa conexión entre buena fe y libertad de expresión como el carácter laboral o no de las manifestaciones efectuadas, la clase de sujeto que efectúa dichas manifestaciones, sea trabajador o representante de los trabajadores (deber de sigilo), la naturaleza del empleador, público o privado, el grado de publicidad de la opinión que se transmite.

El Tribunal Constitucional [STC 198/2004, de 15 de noviembre, núm. rec. 4127/2001 (*BOE* de 21 de diciembre de 2004)] dispone que la libertad de expresión comprende «la crítica de la conducta de otro, aunque sea desabrida y pueda molestar, inquietar o disgustar, siempre que no sea ultrajante, insultante ni ofensiva»; en el ámbito de las relaciones colectivas, la libertad de expresión parece amparar el diálogo grueso que a veces encontramos en las relaciones entre empresario y representantes de los trabajadores en sus críticas y reivindicaciones. [La STC 126/2018, de 26 de noviembre, núm. rec. 223/2016 (*BOE* de 24 de diciembre de 2018) otorgó el amparo a un trabajador miembro del comité de empresa despedido por mostrar en un pleno municipal lemas críticos con la empresa y con el Ayuntamiento, portando una careta y una camiseta que exhibía un lema crítico con empresa y Ayuntamiento]. Y aunque no es en una relación de conflicto entre representante y empresa, la muy importante Sentencia del TEDH de 20 de febrero de 2024[1], que entiende vulnerado el

---

[1] https://hudoc.echr.coe.int/spa?i=001-231082 caso *Dedé contra Turquía*. Asunto 48340/20.

derecho a la libertad de expresión consagrado en el artículo 10 del Convenio para la Protección de los Derechos Humanos y de las Libertades Fundamentales, efectuando una clara diferenciación entre aquello que puede considerarse, por utilizar las mismas palabras del tribunal, «un lenguaje duro y sarcástico» en un correo electrónico, que además era de difusión reducida a una parte del personal de la empresa (banco), y las manifestaciones que pudieran ser ofensivas e insultantes para la persona a la que pudieran ir dirigidas, y que además crearían un «mal ambiente» en la empresa, que abocaron al despido del trabajador.

2.2. El derecho a la igualdad y no discriminación

A título general, el artículo 4.2.*c*) ET reconoce el derecho de los trabajadores «a no ser discriminados para el empleo», una vez empleados, el artículo 17.1 ET establece que son nulos los preceptos reglamentarios, las cláusulas de los convenios colectivos, los pactos individuales y las decisiones unilaterales del empresario que contengan discriminaciones directas o indirectas desfavorables por motivos de edad, sexo, origen, estado civil, raza, condición social, ideas religiosas o políticas, adhesión o no a los sindicatos y a sus acuerdos, vínculos de parentesco con otros trabajadores de la empresa y lengua dentro del Estado español.

El derecho de todo trabajador a no ser discriminado en todo momento de la relación laboral (también en su fase precontractual) no es óbice para que el empresario se mueva en un amplio margen de discrecionalidad, ya que trato igual no significa uniformidad de trato en ningún caso.

Particularmente, los empresarios deben respetar y promocionar la igualdad de trato en la empresa, evitando la discriminación entre hombres y mujeres (arts. 45 y 48 de la Ley Orgánica para la igualdad efectiva de hombres y mujeres), asimismo están obligados a elaborar planes de igualdad y promover las condiciones trabajo adecuadas para evitar el acoso por razón de sexo y el acoso sexual. Se prohíbe la discriminación por causa de realizar funciones de representación de los trabajadores [art. 68.*c*) ET].

La Ley regula la prohibición de discriminar en materias específicas: respecto a la remuneración (art. 28 ET), respecto de la promoción económica y profesional (art. 68 ET) o respecto a la extinción de los contratos (arts. 53.4 y 55.5 ET). Del mismo modo, encontramos previsiones referidas a la prohibición de discriminar a grupos particulares de trabajadores como aquellos menores de edad (arts. 34.3 y 37 ET), disminuidos (art. 20.3 ET) o trabajadores nocturnos (art. 36 ET).

Las decisiones del empresario que impliquen discriminación son constitutivas de infracción administrativa muy grave (art. 8.12 LISOS) y pueden serlo de delito penal (art. 314 CP).

El trabajador puede acudir al proceso especial de tutela de los derechos fundamentales y las libertades públicas para su propia defensa (arts. 177 ss. LRJS), y, al mismo tiempo, solicitar la extinción del contrato de trabajo por incumplimiento grave de las obligaciones del empresario [art. 50.1.*c*) ET] con derecho a la misma indemnización que la prevista para los despidos calificados de improcedentes a la que puede agregarse una indemnización adicional por la vulneración de derechos fundamentales alegada.

3. LOS DERECHOS LABORALES DEL TRABAJADOR

El artículo 4 ET presenta un elenco de derechos, distinguiendo entre derechos básicos y derechos «en la relación de trabajo». El primer grupo lo conforman derechos constitucionales marcadamente laborales: *a*) derechos laborales básicos de ejecución individual: el derecho al trabajo y a la libre elección de oficio (art. 35 CE) y el derecho a la libre sindicación (art. 28.1 CE); *b*) derechos de ejecución colectiva: el derecho a la negociación colectiva (art. 37.1 CE); *c*) el derecho a la libre adopción de medidas de conflicto colectivo y el derecho de huelga (arts. 37.2 y 28.2 CE); *d*) el derecho de reunión (art. 21.1 CE); y *e*) el derecho a la información, consulta y participación en la empresa (art. 129.2 CE).

El trabajador tiene además ciertos derechos que adquiere por el hecho de iniciar la relación individual de trabajo (art. 4.2 ET). El derecho a otorgar ocupación efectiva al trabajador es uno de ellos. Es un derecho de naturaleza cooperativa, puesto que el empresario tiene la obligación de procurar y facilitar el cumplimiento de la obligación de trabajo que corresponde al trabajador; además, esa ocupación ha de ser adecuada, es decir, correspondiente a la categoría profesional del empleado y a las demás condiciones pactadas en el contrato de trabajo. El deber de dar ocupación efectiva sólo puede ser lícitamente incumplido por motivos irresistibles como por causa de fuerza mayor, por motivos de huelga o conflicto colectivo o, en general, por causas no imputables al empresario. La falta de ocupación efectiva puede esconder tras de sí un despido tácito o una situación de acoso moral en el trabajo.

Los deberes de formación y promoción profesionales constituyen obligaciones irrenunciables del empresario y, por tanto, derechos subjetivos perfectos del trabajador [arts. 4.2.*b*) y 23 a 25 ET]. Se encuentran conectados con el derecho fundamental a la educación (art. 27 CE) y también con el derecho a la dignidad y al libre desarrollo de la personalidad (art. 10.1 CE). El trabajador debe tener la posibilidad de acceder a un puesto de trabajo más cualificado, mejor remunerado o con mejores expectativas en función de su experiencia y de sus méritos profesionales. El deber de formación es parte integrante del deber de protección del empresario, particularmente, a la hora de que el trabajador desempeñe sin riesgo para su seguridad y salud determinadas tareas (art. 19 ET). Dejando de un lado contratos como el contrato para la formación donde se constituye incluso en el objeto mismo del contrato de trabajo, el empresario debe facilitar la adquisición de esa formación al trabajador, ya concediéndole permisos para exámenes a los trabajadores que cursen con regularidad estudios para la consecución de un título académico o profesional, ya reconociendo un derecho a elegir turno de trabajo o admitiendo a los trabajadores a asistir a cursos de formación adaptándoles la jornada de trabajo.

Como es obvio, el derecho a la formación del trabajador se encuentra íntimamente conectado con el derecho a su promoción profesional. Un trabajador que no adquiere la formación adecuada no puede ascender, no evoluciona en su carrera profesional, no puede optar a la promoción económica, incluso puede ser despedido por falta de adaptación a las modificaciones técnicas operadas en la empresa, situación que el empresario está obligado a impedir facilitando la formación adecuada para la reconversión o perfeccionamiento profesional del trabajador. Promoción profesional es también promoción económica, el trabajador puede tener derecho al cobro del complemento de antigüedad. Para que el trabajador promocione es necesario que se le facilite la posibilidad de adaptarse a los cambios en su trabajo [STC 95/2002, Pleno, de 25 de abril de 2002, núm. rec. 1176/1993, y conflicto positivo de competencia 938/1993 (*BOE* de 22 de mayo de 2002)] a través de ese ejercicio del derecho a la educación que avala a todo ciudadano [STC 129/1989, de 17 de julio de 1989, núm. rec. 987/1987 (*BOE* de 9 de agosto de 1989)].

El trabajador tiene derecho al respeto de su integridad física y a una adecuada política de seguridad y salud como premisa básica de su relación laboral, al tiempo que le será exigible la observación en su trabajo de las medidas legales y reglamentarias de seguridad e higiene (art. 19.2 ET). El artículo 14 LPRL establece de forma expresa el deber de protección del empresario y el cumplimiento por su parte de las obligaciones de esta índole que le correspondan. La protección debe abarcar tanto el aspecto físico del trabajador, del que se ocupa preferentemente la Ley Prevención de Riesgos Laborales, como el psíquico o emocional o condiciones de medioambiente, como parte de un concepto global de la salud del trabajador.

El contrato de trabajo se basa en principalmente en el intercambio entre prestación de trabajo y retribución, en consecuencia, el trabajador tiene derecho a percibir de manera puntual el salario que le corresponda, esto es, en el tiempo, la forma y el lugar convenidos conforme a los usos y costumbres que sean de aplicación a la relación laboral (art. 29 ET). La falta de satisfacción de este derecho del trabajador lo autoriza a proceder a la extinción del contrato de trabajo «por falta de pago o retrasos continuados en el abono del salario pactado» [art. 50.1.*b*) ET] también con derecho a la misma indemnización que para el caso de un despido calificado de improcedente.

El trabajador ejercerá cuantas acciones derivadas del contrato de trabajo estime convenientes, iniciará los trámites y procedimientos ante la Administración Laboral o ante los Tribunales de Justicia a fin de salvaguardar sus derechos [art. 4.2.*g*) ET].

4. LA EJECUCIÓN DE LA PRESTACIÓN LABORAL

El trabajador se obliga en su contrato de trabajo a la realización de la prestación laboral, lo hará en un determinado modo y le acompañarán una serie deberes principales.

4.1. El deber de obediencia

El deber de obediencia es la primera obligación del trabajador de las enumeradas en el artículo 5 ET cuando establece que aquél ha de cumplir con las obligaciones concretas de su puesto de trabajo, de conformidad a las reglas de la buena fe y diligencia [art. 5.*c*) ET]. El trabajador está sujeto a las órdenes e instrucciones del empresario [art. 5.*c*) ET], éste ejerce el poder de dirección y aquél cumple con su deber de obediencia.

Las órdenes del empresario se efectúan en un marco de regularidad por ello no implican ninguna clase de sometimiento de los trabajadores, ni permite ejercer el poder de dirección y organización arbitrariamente. Existe la presunción *iuris tantum* de que son legítimas y de ahí la norma que obliga a obedecerlas, sin perjuicio de impugnarlas cuando se estiman lesivas o abusivas, salvo que concurran determinadas circunstancias de excepción, tales como peligrosidad, ilegalidad, ofensa a la dignidad del trabajador u otras análogas que razonablemente justifiquen la negativa y la resistencia a cumplirlas.

La obediencia se pone en relación con el trabajo que se ha convenido previamente [art. 20.2 ET] y con el ejercicio regular del poder de dirección [art. 5.*c*) ET]. En efecto, el deber de obediencia no es ilimitado, existe un derecho de resistencia cuando el empresario impone al trabajador una conducta manifiestamente ilegal, por ejemplo, la comisión de un delito; cuando el cumplimiento de las órdenes entraña daño o perjuicio patente para el trabajador o las que imponen a la persona situaciones indignas o vejatorias o cuando las órdenes versan sobre aspectos ajenos a la relación laboral y sin ninguna repercusión sobre ellas. En casos excepcionales el poder de dirección del empresario puede incidir en la vida personal del trabajador, si ésta repercute en el desarrollo de la relación laboral o afecta de forma grave al buen nombre de la empresa. Las empresas de tendencia o ideológicas son otra excepción, si bien habría que diferenciar los trabajadores que portan tendencia de los que no lo hacen en tal clase de empresa.

4.2. El deber de buena fe

La *bona fides* expresaba ya en el Derecho Romano, cuna de nuestro actual sistema jurídico, la confianza o esperanza en una actuación leal y considerada por parte del otro. El artículo 7 CC establece que los derechos deben ejercitarse conforme a las exigencias de la buena fe, por su parte, el artículo 1.258 CC dispone que los contratos obligan, no sólo a lo expresamente pactado, sino a todo aquello que sea conforme a la buena fe. El Estatuto de los Trabajadores se hace eco de sendas previsiones en el artículo 5.*a*) ET y en el artículo 20.2 ET. La cláusula de buena fe exige una actitud de lealtad, probidad, honorabilidad y confianza a las partes contractuales.

El principio general de buena fe, por tanto, modaliza el ejercicio de los derechos en el ámbito laboral [STC 126/2003, Sala Primera, de 30 de junio de 2003, núm. rec. 5122/1998 (*BOE* de 30 de julio de 2003)]. La jurisprudencia concibe el deber de buena fe como un derecho recíproco entre trabajador y empresario, que, constituyendo un principio general del derecho vigente desde los preliminares del contrato de trabajo hasta después incluso de extinguida la relación laboral, impone un comportamiento ajustado a valoraciones éticas de modo que ambos tienen derecho a esperar de la contraparte una actuación leal, fiando y confiando en que su actuación será social y contractualmente correcta.

En el caso del trabajador, sobre el que, históricamente, parece haber caído con mayor peso el deber de buena fe, éste se traduce, desde un punto de vista general, en el cumplimiento eficaz de la prestación de trabajo, en el deber de cooperación y en el deber de confianza, si bien lo mencionado no implica una lealtad entendida como sometimiento absoluto al interés empresarial [STC 120/1983, de 15 de diciembre de 1983, núm. rec. 69/1983 (*BOE* de 11 de enero de 1984)].

El trabajador cuando celebra un contrato de trabajo se compromete a trabajar, pero deberá hacerlo en determinado modo, lo hará bajo el ámbito de organización y dirección del empresario (art. 20.1 ET) y cumpliendo las obligaciones concretas de su puesto de trabajo en el respeto a las normas de buena fe y diligencia [art. 5.*a*) ET]. El deber de cooperación comporta la ejecución de una serie de actuaciones positivas y negativas (obligaciones de hacer y no hacer) encaminadas a la satisfacción del objeto contractual planteado en el contrato de trabajo, ello va más allá de una aséptica ejecución de la prestación de trabajo. Son manifestaciones del deber de cooperación, ciertos deberes instrumentales como el deber de información o aviso y el deber de secreto, los deberes de cuidado, de los que forman parte la prohibición de soborno y el deber de no perjudicar los locales de trabajo y otros deberes no expresamente pactados puesto que el deber de cooperación implica cierto grado de flexibilidad en la conducta del trabajador a la hora de ejecutar la prestación laboral.

El deber de confianza constituye una especificación del principio general de la buena fe en la relación de trabajo, el empresario confía en que el trabajador mantendrá a lo largo de la relación contractual un comportamiento honesto y leal, así el deber de no aceptar sobornos, no recibir gratificaciones o guardar los secretos relativos a la empresa son manifestaciones del deber de buena fe que indistintamente pueden ser considerados deberes de cooperación del trabajador o dimanantes del deber de confianza.

La confianza en el trabajador es especialmente requerida en determinados trabajos o tareas profesionales donde la cualidad personal se encuentra sobredimensionada respecto de cualquier otra relación de trabajo, como ocurre por ejemplo en tareas de alta dirección o de servicio al hogar familiar

Tal importancia alcanza el deber de confianza en el contrato de trabajo, que su falta o violación está considerada como capaz de justificar la más grave sanción del Ordenamiento jurídico laboral, el despido por abuso de confianza [art. 54.2.*d*) ET].

El pacto de no concurrencia y el pacto de permanencia en la empresa constituyen dos manifestaciones específicas del deber de buena fe (deber de confianza) del trabajador que han cobrado actualidad debido a la introducción de las nuevas tecnologías en el ámbito laboral. El objetivo común de ambos pactos es retener a los trabajadores cualificados por la empresa que los ha instruido profesionalmente. Se ha de recordar, no obstante, que el derecho a la formación y promoción profesionales son auténticos derechos subjetivos del trabajador y por tanto y a su vez, obligaciones contractualmente irrenunciables por parte del empresario.

Aunque el pluriempleo es una opción legítima para el trabajador, la buena fe contractual le obliga a abstenerse de efectuar competencia desleal hacia el empresario. Para que tenga lugar la competencia desleal se requiere: *a*) que los trabajos correspondan al mismo sector de actividad económica; *b*) que las actividades profesionales sean efectivamente concurrentes; *c*) que la empresa demuestre un efectivo interés industrial o comercial en que la competencia no se produzca; y *d*) que exista un perjuicio, sea material o simplemente potencial. Incluso es indiferente el dato de que el trabajador obtenga un beneficio directo y consumado con su acción. Téngase en cuenta que los meros actos preparatorios para una actividad futura pueden constituir incumplimiento de este deber de no concurrencia desleal.

Como se ha manifestado, la celebración de un contrato de trabajo no implica necesariamente que el trabajador no pueda realizar otras actividades por cuenta ajena o propia, por el contrario, el pacto de no competencia, regulado en el artículo 21.2 ET es uno de los supuestos excepcionales en que puede limitarse el principio de libertad del trabajo. Desde este punto de vista sólo tendrá cabida cuando exista un verdadero y efectivo interés industrial y comercial, en contrapartida el trabajador deberá ser recompensado económicamente, compensación que debe ser proporcional a la duración del compromiso y a la indemnización que deba abonar el trabajador en caso de incumplimiento del pacto. El pacto de no competencia para después de extinguido el contrato de trabajo no podrá tener una duración superior a dos años para los técnicos y de seis meses para los demás trabajadores. Ninguna de las partes que conforman el pacto de no competencia es libre de incumplirlo de manera unilateral ya que en cuanto acuerdo bilateral genera derechos y obligaciones para ambas partes.

El pacto de plena dedicación es otra excepción al derecho del trabajador a pluriemplearse, de manera que, cuando el trabajador haya recibido una especialización profesional con cargo a la empresa (plus formativo) para poner en marcha determinados proyectos o realizar un trabajo específico, podrá pactarse entre ambos la permanencia en dicha empresa durante cierto tiempo. El acuerdo será de duración no superior a dos años y se formalizará siempre por escrito. Si el trabajador abandona el trabajo antes del plazo, el empresario tendrá derecho a una indemnización de daños y perjuicios (art. 21.4 ET).

4.3. El deber de diligencia

El deber de diligencia se postula como uno de los deberes laborales básicos del trabajador en el artículo 5.*a*) ET; como deber conexo, el trabajador se obliga a contribuir a la mejora de la productividad en el artículo 5.*e*) ET. Constituye un requisito esencial de la prestación, de la cual no puede disociarse en cuanto que el cumplimiento ha de ser, precisamente, un cumplimiento diligente. La diligencia, como cualificación del modo de ser de la prestación, consiste en el adecuado empleo de energías o de medios orientados a la realización de un determinado fin, es decir, impone al trabajador un esfuerzo volitivo y técnico y al mismo tiempo, deben conseguirse ciertos resultados que serán más o menos cuantificables dependiendo del tipo de actividad. A mayor complejidad y responsabilidad de la tarea a desempeñar, mayor será el nivel de diligencia exigido. En todo caso, presupuesto imprescindible de la diligencia es la aptitud o pericia para realizar el trabajo convenido. El fin último del deber de diligencia es asegurar el resultado útil de la prestación, representando un parámetro de valoración de la exactitud de dicha prestación.

La determinación del deber de diligencia tiene lugar a través del artículo 20.2 ET cuando establece que, en el cumplimiento de la obligación de trabajar asumida en el contrato de trabajo, el trabajador debe al empresario la diligencia y colaboración en el trabajo que marquen las disposiciones legales, los convenios colectivos y las órdenes o instrucciones adoptadas por aquél en el ejercicio de sus facultades de dirección, o en su defecto, por los usos y costumbres. El rendimiento pactado individualmente o fijado unilateralmente por el empresario debe someterse a lo pactado colectivamente. La previsión normativa acude a una cascada de fuentes jurídicas a las que acudir para fijar la diligencia debida por el trabajador, todas ellas se agotan en la costumbre, si bien los convenios colectivos, en ocasiones, procuran cuantificar el rendimiento.

La diligencia del deudor está siempre definida con relación a un parámetro de normalidad («actividad normal» o «rendimiento normal»); el Estatuto de los Trabajadores manifiesta su preferencia por el criterio de la diligencia objetiva, puede tenerse en cuenta las circunstancias subjetivas en casos como el de los trabajadores disminuidos donde la capacidad real del sujeto es distinta.

El Estatuto de los Trabajadores conecta el deber de diligencia con el deber de colaboración en el trabajo y con el deber de buena fe.

La infracción del deber de diligencia es sancionable por el empresario, el incumplimiento del deber de diligencia da derecho al empresario a minorar correlativamente el salario debido, incluso en el caso de que tal incumplimiento sea voluntario y reiterado puede provocar el despido disciplinario del trabajador [art. 54.2.*e*) ET] o una extinción del contrato de trabajo por causa válidamente consignada en el contrato de trabajo [art. 49.1.*b*) ET].

Al trabajador es posible exigirle la reparación del daño causado por una conducta negligente si bien debe tratarse de una falta imputable al trabajador. El empresario puede demandar al trabajador por los daños y perjuicios irrogados (arts. 1.101 ss. CC) pues es deber básico del trabajador cumplir con las obligaciones derivadas del contrato de trabajo y entre ellas la de conservar en buen estado los medios e instrumentos de trabajo que le facilita el empleador.

El Tribunal Supremo ha modulado el alcance de esta responsabilidad en base a la nota de ajenidad que caracteriza el contrato de trabajo, esto es, el empresario y no el trabajador es quien asume tanto los frutos como los riesgos de los que deriven del trabajo prestado, es ese riesgo el que puede producir en determinado caso un error o descuido del trabajador, que no se puede comprometer a una prestación carente de ellos [STS (Sala de lo Social) de 14 de noviembre de 2007, núm. rec. 4726/2006]. En consecuencia, «para que surja esta responsabilidad indemnizatoria en al ámbito de la prestación de servicios se exige que la culpa o negligencia del trabajador sea grave, cualificada o de entidad suficiente, quedado fuera de la misma los daños ocasionados por mero descuido, fallos o deficiencias de la prestación, que, si bien pueden justificar la aplicación de una sanción disciplinaria, sin embargo, no obliga a reparar el daño causado» [STS (Sala de lo Social) de 23 de noviembre de 1989. CENDOJ 28079140041989100315].

5. BIBLIOGRAFÍA

APARICIO ALDANA, R. K., *Derechos a la libertad ideológica, religiosa y de conciencia en la relación jurídico-laboral*. Aranzadi, 2017.

BALLESTER PASTOR, M. A., «La Directiva 2023/970 sobre igualdad de retribución entre mujeres y hombres: un paso más cerca de la igualdad real y efectiva». *Los Briefs de la Asociación Española de Derecho del Trabajo y de la Seguridad Social: Las claves de 2023* (coord. CASAS BAAMONDE, M.ª E.), 2024.

BAYLOS GRAU, A. P., «La protección de los derechos fundamentales por el Tribunal Constitucional español: Auge y declive de la función de tutela». *Revista de Derecho Social*, núm. 69, 2015.

BORRAJO DACRUZ, E., «Derechos fundamentales y relación de trabajo: Casos judiciales significativos», *Actualidad Laboral*, núm. 3, 2004.

BRAVO-FERRER DELGADO, M. y RODRÍGUEZ-PIÑERO BRAVO-FERRER, M., «Derecho a la intimidad del trabajador y contrato de trabajo», La Ley: *Revista jurídica española de doctrina, jurisprudencia y bibliografía*, núm. 3, 2004.

CASAS BAAMONDE, M.ª E.; CRUZ VILLALÓN, J. y DURÁN LÓPEZ, F., *Las transformaciones del Derecho del Trabajo en el marco de la Constitución Española*. La Ley, Madrid, 2006.

CONDE MARÍN, E., *La buena fe en el contrato de trabajo. Un estudio de la buena fe como elemento de integración del contrato de trabajo*. La Ley, Madrid, 2007.

De Vicente Pachés, F., *Ciberacoso en el trabajo.* Atelier, 2018.
Díez-Picazo y Ponce de León, L. M., *Sistemas de Derechos Fundamentales.* Tirant lo Blanch, 2021.
Gil y Gil, J. L., «El deber del empresario de salvaguardar los derechos fundamentales del trabajador». *Aranzadi Social*, núm. 5, 2003.
Goerlich Peset, J. M., «Los derechos fundamentales de los trabajadores en la empresa; notas para un balance de tres décadas de jurisprudencia constitucional», en *Estudios jurídicos en homenaje a Vicente L. Montés Penadés* (coord. Blasco Gascó, F de P.), Tirant lo Blanch, vol. 1, 2011.
Gutiérrez Gutiérrez, I., *Dignidad de la persona y derechos fundamentales.* Marcial Pons, 2005.
Martín Valverde, A. y García Murcia, J., *Derecho del Trabajo.* Tecnos. 30.ª ed., Madrid, 2024.
Monereo Atienza, C. y Monereo Pérez, J. L., *La Europa de los derechos. Estudio sistemático de la Carta de los derechos fundamentales de la Unión Europea.* Comares, 2012.
Monereo Pérez, J. L., *Despido disciplinario por transgresión de la buena fe contractual, función tipificadora del convenio colectivo y principios del derecho disciplinario laboral.* STS-SOC 750/2023 de 17 de octubre. Anuario 2023 de Jurisprudencia Laboral. (Estudio de 10 casos relevantes), 2024.
Montoya Melgar, A. y Sanchez-Urán Azaña, Y., *Igualdad de mujeres y hombres. Comentario a la Ley Orgánica 3/2007, de 22 de marzo, para la igualdad efectiva de mujeres y hombres.* Thomson-Aranzadi, Madrid, 2007.
Nieto García, A. J., «El acoso moral en el trabajo y el acoso sexual como manifestaciones del ataque a la dignidad humana», *Diario La Ley*, núm. 6956, 2008.
Núñez-Cortés Contreras, P. y Sorzano Volart, C., «Medios de control empresarial y vulneración de derechos fundamentales de los trabajadores». *Derecho y nuevas tecnologías* (coord. Herrán Ortiz, A. I. y Emaldi Cirión, A.), Universidad de Deusto, Bilbao, 2011.
Ojeda Avilés, A. e Igartua Miró, M. T., «La dignidad del trabajador en la doctrina del Tribunal Constitucional. Algunos apuntes». *Revista del Ministerio de Trabajo e Inmigración*, núm. 73, 2008.
Pazos Pérez, A., *El derecho a la libertad de expresión y el derecho a la libertad de información en el ámbito laboral.* Tirant lo Blanch, Valencia, 2014.
Preciado Domenech, C. H., *El derecho a la protección de datos en el contrato de trabajo (adaptado al nuevo Reglamento 679/2016, de 27 de abril)*, Aranzadi, 2017.
Rodríguez-Piñero y Bravo Ferrer, M., «25 años de Derecho del Trabajo en Relaciones Laborales». *Relaciones Laborales: Revista Crítica de teoría y práctica*, núm. 2, 2010.
— «Los contornos de la discriminación», *Trabajo, persona, derecho, mercado: Revista de Estudio sobre Ciencias del Trabajo y Protección Social*, núm. 5, 2022.
Rodríguez-Rico Roldán, V., «Derecho a la protección de datos personales y control laboral a través de los dispositivos de geolocalización». *Revista de Trabajo y Seguridad Social.* CEF, núm. 479, 2024.
Sagardoy Bengoechea, J. A., *Los derechos fundamentales y el contrato de trabajo.* Civitas, Madrid, 2005.
Sala Franco, T. y Todolí Signes, A,. *El deber de los trabajadores de no violar los secretos de la empresa y los acuerdos de confidencialidad.* Tirant lo Blanch, 2016.
Serrano Olivares, R., *El acoso moral en el trabajo.* CES, Madrid, 2005.
Toscani Giménez, D. y Valenciano Sal, A., *Derechos fundamentales inespecíficos de los trabajadores.* Bomarzo, 2016.
Urruticoechea Barrutia, M., *Acoso moral y lesión de derechos fundamentales.* Bomarzo, Albacete, 2014.

VALDÉS DAL-RÉ, F., «Contrato de trabajo, derechos fundamentales de la persona del trabajador y poderes empresariales: una difícil convivencia». *Relaciones Laborales: Revista Crítica de Teoría y Práctica*, núm. 2, 2003.

VILLALVA SÁNCHEZ, A. y FERREIRO REGUEIRO, C., *El derecho a recibir formación de la empresa para una transición digital justa.* Aranzadi, 2024.

VV.AA., *Los derechos fundamentales inespecíficos en las relaciones laborales y en materia de protección social.* XXIV Congreso Nacional de Derecho del Trabajo y de la Seguridad Social. Cinca, Madrid, 2014.

— (coords. MONEREO PÉREZ, J. L.; VILA TIERNO, F. y ÁLVAREZ CORTÉS, J. C.), *Derechos Laborales fundamentales inespecíficos.* Comares, 2020.

ZORRILLA RUIZ, M. M.ª, «Fatigosa irrupción de los derechos sociales fundamentales de los trabajadores en el espacio de la Unión Europea». *Revista del Ministerio de Trabajo e Inmigración*, núm. 92, 2011.

TEMA 9

PODERES DE LA EMPRESA Y MODIFICACIÓN DE LA PRESTACIÓN LABORAL

MARGARITA MIÑARRO YANINI
Profesora Titular de Universidad de Derecho del Trabajo y de la Seguridad Social. Universitat Jaume I de Castellón

OBJETIVOS DE APRENDIZAJE

1. Conocer el contenido del poder de dirección de la empresa.
2. Conocer el régimen jurídico de la movilidad funcional.
3. Conocer el régimen jurídico de los distintos supuestos de movilidad geográfica.
4. Conocer el régimen jurídico de la modificación sustancial de condiciones de trabajo.
5. Conocer el alcance y límites del poder de control de la empresa.
6. Conocer el contenido del poder disciplinario y el procedimiento sancionador.

1. EL PODER DE DIRECCIÓN DE LA EMPRESA Y SUS MANIFESTACIONES

1.1. EL PODER DE DIRECCIÓN: FUNDAMENTO, CONTENIDO Y LÍMITES

El poder de dirección de la empresa es la facultad de ésta, o de la persona en quien delegue, para organizar el trabajo y dirigir la prestación laboral de quienes trabajan a su servicio. El fundamento de este poder de dirección se encuentra en la libertad de empresa, reconocida en el art. 38 de la Constitución Española, que faculta no sólo para el establecimiento de la empresa, sino también, posteriormente, para la organización de las prestaciones de trabajo dirigidas a desarrollar sus fines productivos. La persona trabajadora queda sujeta a este poder desde el momento en que suscribe el contrato de trabajo, que le sitúa en una posición dependiente respecto de la empresa. A esta dependencia correlativa al poder de dirección alude el artículo 1.1 ET, que se refiere al desarrollo de la prestación de servicios de la persona trabajadora *dentro del ámbito de organización y dirección* de la empresa, y se contempla de forma más directa en el artículo 20.1 ET, que señala que *el trabajador estará obligado a realizar el trabajo convenido bajo la dirección del empresario o persona en quien éste delegue.*

El poder de dirección se ejerce a través de las *órdenes o instrucciones* de la empresa, según señala el artículo 20.2 ET. Dentro de éstas, se incluyen tanto las instrucciones generales relativas a la organización del trabajo (fijación de horarios, calendario, plantilla, etc.) como las directrices y órdenes concretas que pueda dar a cada persona trabajadora o grupo de éstas, relativas específicamente a su prestación de trabajo. Complementariamente a estas facultades de dirección del trabajo, se establecen otras que tienen por objeto comprobar que dichas órdenes e instrucciones son cumplidas por la persona trabajadora. En este sentido, el artículo 20.3 ET atribuye a la empresa la potestad de *vigilancia y control para verificar el cumplimiento por el trabajador de sus obligaciones y deberes laborales.*

Según indica el artículo 20.1 ET, existe un correlativo deber de la persona trabajadora de obedecer y ejecutar las órdenes e instrucciones recibidas de la empresa, que se incluye en el artículo 5.*c*) ET, entre sus deberes laborales. Esto significa que sobre la persona trabajadora pesa la obligación de cumplir dichas órdenes e instrucciones, independientemente de su parecer acerca de la oportunidad o inoportunidad de estas, aunque ello no excluye que, si lo estima procedente, pueda posteriormente impugnarlas judicialmente. En este sentido, ha de tenerse en cuenta que *la indisciplina o desobediencia en el trabajo* constituye una causa que justifica que la empresa aplique el despido disciplinario, según dispone el artículo 54.2.*b*) ET.

No obstante, pese a lo que se acaba de indicar, el ET no configura un deber de obediencia de la persona trabajadora general o absoluto, sino que, tanto el artículo 20.1 como el artículo 5.*c*), lo condicionan a que la empresa haya adoptado las órdenes e instrucciones *en el ejercicio regular de sus facultades directivas.* Ello significa que el poder de dirección se desenvuelve dentro de unos márgenes determinados, siendo el primero de estos límites infranqueables el ámbito de la relación de trabajo. En consecuencia, las facultades de dirección de la empresa no pueden extenderse a la conducta extralaboral de la persona trabajadora, salvo que ésta interfiera negativamente en su prestación laboral. Otro bloque de límites está constituido por los derechos de la persona trabajadora que le son reconocidos en la Constitución, la ley, el convenio colectivo y el contrato de trabajo. Entre estas amplias limitaciones destacan las constituidas por los derechos fundamentales de su titularidad que más pueden verse implicados en la relación de trabajo, como la dignidad (arts. 10 y 20.3 CE), la vida e integridad física (arts. 15 CE y 19 ET), la igualdad de trato (arts. 14 CE y 17 ET), y la intimidad (arts. 18 CE y 18 ET)[1]. Por otra parte, también constituyen límites legales al poder de dirección de la empresa las disposiciones reguladoras de la prestación de trabajo, cuyo incumplimiento determina que las órdenes que las vulneren sean consideradas ilícitas.

Por consiguiente, las órdenes e instrucciones que contravengan los límites señalados constituirán una extralimitación del poder de dirección de la empresa. El problema es que la valoración de estas que haga la persona trabajadora puede no ser acertada, máxime en atención a la enorme casuística que se presenta en esta materia. Ante esta situación, como regla general, debe aplicarse el criterio antes expuesto, consistente en dar cumplimiento a la orden y, en caso de que se estime conveniente, impugnarla judicialmente con posterioridad, configurándose así una presunción de regularidad de dichas órdenes e instrucciones. No obstante, en supuestos muy evidentes de manifiesta arbitrariedad o abuso de derecho de la orden empresarial, la persona trabajadora podrá negarse a obedecerla[2], aunque el problema es que la valoración en este caso le corresponde a ésta, que debe adoptar la decisión sin contar, generalmente, con pautas a nivel normativo, y sin que tampoco la jurisprudencia sobre este tema haya establecido unos criterios firmes. En cualquier caso, es de destacar que nuestro Ordenamiento jurídico contempla casi anecdóticamente algunos supuestos de legítima desobediencia, destacando el previsto en el artículo 21.2 de la Ley de Prevención de Riesgos Laborales, que establece el derecho de la persona trabajadora *a interrumpir su actividad y abandonar el lugar de trabajo, en caso necesario, cuando considere que dicha actividad entraña un riesgo grave e inminente para su vida o su salud.* Por consiguiente, la aplicación de este *ius resistentiae* está condicionada a la existencia de un riesgo que ha de ser grave e inminente a juicio de la persona trabajadora, lo que parece excluir la posibilidad de sanción posterior, salvo que ésta haya actuado con mala fe.

---

[1] La STS de 21 de diciembre de 2020 (núm. rec. 63/2019) rechaza que la empresa pueda exigir a las personas trabajadoras la declaración de IRPF en base a su poder de dirección, por vulnerar el derecho a la protección de datos de éstas.

[2] No se estaría ante este supuesto de negativa justificada del trabajador, y en consecuencia se trataría de un supuesto de incumplimiento, cuando éste desatiende los requerimientos de la empresa de que se persone en el centro de trabajo para reparar una avería estando en su período de «guardia», STSJ de Andalucía (Sevilla) de 10 de mayo de 2017 (núm. rec. 1885/2016), o cuando la empleada ha decidido unilateralmente las fechas de su período de vacaciones, en contra del criterio de la empresa, reincorporándose a su puesto sólo cuando éste finaliza, STSJ de Navarra de 10 de mayo de 2018 (núm. rec. 126/2018).

Por otra parte, como manifestación de su poder de dirección, el ordenamiento jurídico reconoce a la empresa el *ius variandi,* que es la facultad que ésta tiene para alterar unilateralmente algunos aspectos de la prestación laboral contratada, con el fin de adaptarla a sus necesidades organizativas. Esta posibilidad está sujeta a unos límites legales que restringen el margen de actuación de la empresa, pues las modificaciones únicamente podrán aplicarse cuando se refieran a ciertas materias, en determinadas circunstancias, y a través de los procedimientos específicos que establece la norma, como se expone seguidamente.

1.2. La movilidad funcional

El artículo 39 ET regula la movilidad funcional, que es la facultad de la empresa de alterar las funciones de la persona trabajadora que inicialmente fueron pactadas en el contrato de trabajo. Según dispone el apdo. 1, estos cambios de funciones que puede ordenar la empresa han de efectuarse *con respeto a la dignidad del trabajador.* Además, como indica el apdo. 3, si como consecuencia de la movilidad funcional la persona trabajadora realiza funciones distintas de las habituales, *no cabrá invocar las causas de despido objetivo de ineptitud sobrevenida o de falta de adaptación.* A tenor del precepto citado, pueden distinguirse varios tipos de movilidad funcional, cada uno de los cuales recibe un tratamiento distinto.

1.2.1. *Movilidad funcional horizontal*

La movilidad funcional más básica se contempla en el artículo 39.1 ET, siendo la que se efectúa de acuerdo con las titulaciones académicas o profesionales precisas para ejercer la prestación laboral y, se produce dentro del grupo profesional, aunque desde la reforma efectuada por la Ley 3/2012, de 6 de julio, se omita indicarlo expresamente. Esta movilidad puede ser decidida libre y unilateralmente por la empresa, puesto que no se exige la concurrencia de ninguna causa justificativa, aunque su aplicación está sujeta a la exigencia de titulaciones académicas o profesionales, que impide el cambio si el nuevo puesto requiere otra titulación distinta de la que posee la persona trabajadora. Por lo demás, de un análisis global del precepto se infiere que la aplicación de esta modalidad de movilidad funcional no puede suponer el menoscabo de los derechos económicos de la persona trabajadora, lo que supone que, al menos los conceptos retributivos no sometidos a resultados o vinculados a la función, deben respetarse íntegramente.

1.2.2. *Movilidad funcional fuera del grupo profesional*

El segundo tipo de movilidad funcional, también llamada «vertical», es la que se realiza fuera del grupo profesional. Esta variable de movilidad es causal y tiene carácter temporal, pues al exceder del marco constituido por el grupo profesional, que habilita a la empresa a aplicar la movilidad casi libremente, se incrementan las exigencias para que pueda adoptar esta medida, según dispone el artículo 39.2 ET. Así, por una parte, está limitada causalmente, al ser preciso que concurran *razones técnicas u organizativas que la justifiquen*, y por otra, también lo está temporalmente, pues sus efectos se restringen *al tiempo imprescindible para su atención.* Por consiguiente, se establecen condiciones que permiten a la empresa la aplicación de esta medida, puesto que ya no es libre para adoptar su decisión o para mantener la situación creada a resultas de la movilidad, quedando obligada a comunicar la decisión de modificación, así como las razones que la justifican a los representantes de los trabajadores.

La movilidad vertical puede ser ascendente o descendente, según las nuevas funciones encomendadas sean de superior o inferior grupo profesional, respectivamente, previendo el ET algunas disposiciones específicas para cada uno de estos supuestos, siendo más extensas en relación con la primera de estas modalidades. Así, en caso de que la movilidad funcional sea ascendente, se establece la posibilidad de que se consolide por el transcurso de unos plazos máximos, que constituyen, por tanto, un límite al carácter temporal de la medida. En este sentido, según este precepto, si la persona trabajadora realiza las funciones superiores durante *un período superior a seis meses durante un año o a ocho durante dos años (...) podrá reclamar el ascenso si a ello no obsta lo dispuesto en convenio colectivo o, en todo caso, la cobertura de la vacante correspondiente a las funciones por él realizadas conforme a las reglas en materia de ascensos aplicables en la empresa*, pudiendo los convenios colectivos establecer otros períodos temporales a estos efectos. Por consiguiente, para que el ascenso se produzca debe solicitarlo la persona trabajadora interesada, siendo preciso que la petición no contravenga las reglas establecidas a tal efecto en el convenio colectivo que sea de aplicación. En caso de que, cumpliéndose estos requisitos, la empresa no accediera al ascenso, previo informe de los representantes unitarios, *el trabajador podrá reclamar ante la jurisdicción competente* (art. 39.2 ET), a través del procedimiento especial de clasificación profesional establecido en el artículo 137 LRJS.

En cuanto a los efectos económicos, la movilidad funcional ascendente comporta el derecho de la persona trabajadora a percibir la retribución correspondiente *a las funciones que efectivamente realice.* Por lo que respecta a la movilidad funcional descendente, esta vertiente económica es la única cuestión contemplada específicamente por la norma, que dispone que *mantendrá la retribución de origen* (art. 39.3 ET). También se exige que sea por «el tiempo imprescindible para su atención».

1.2.3. *Movilidad funcional en otros supuestos*

Fuera de los supuestos de movilidad funcional examinados, el artículo 39.4 ET prevé la posibilidad de que se lleven a efecto otros cambios en las funciones de la persona trabajadora, aunque sin especificar cuáles serían. En cualquier caso, se trata de supuestos que exceden los límites establecidos en relación con las modalidades ya expuestas, por lo que se entiende que el resultado de estas variaciones será más intenso. Por esta razón se exige, en primer término, que el cambio se produzca por *acuerdo de las partes,* que legitimaría la aplicación de la medida. No obstante, en caso de que no se alcance dicho acuerdo, el precepto establece como vía de aplicación subsidiaria *el sometimiento a las reglas prevista para las modificaciones sustanciales de condiciones de trabajo o a las que a tal fin se hubieran establecido en el convenio colectivo.* Pese a contemplarse como vías alternativas, debe entenderse que, si el convenio colectivo establece un procedimiento específico, éste debe aplicarse preferentemente al previsto en el artículo 41 ET para la modificación sustancial de condiciones de trabajo.

1.3. La movilidad geográfica

La movilidad geográfica es el cambio de lugar de trabajo de la persona trabajadora, y supone, como tal, la alteración de una de las condiciones de carácter sustancial en el contrato de trabajo. No obstante, la ley ha establecido para la movilidad geográfica un procedimiento específico en el artículo 40 ET, que es diferente del previsto para las modificaciones sustanciales de condiciones de trabajo en el artículo 41 ET. El citado artículo 40 ET contempla diversas modalidades de movilidad geográfica que tienen como característica común el exigir el cambio de residencia de la persona trabajadora, si bien este parámetro legal no aparece definido, por lo que habrá que suplir esta carencia atendiendo a lo que dispongan los convenios colectivos al respecto o, en su defecto, a lo que se estime que resulta razonable[3]. Por lo demás, en los supuestos de movilidad geográfi-

[3] La STS de 15 de junio de 2021 (núm. 624/2021) incide en que, a efectos de determinar si es necesario cambio de residencia, se ha de atender, más que a la distancia kilométrica, a la facilidad de desplazamiento.

ca a instancia de la empresa, la representación legal de las personas trabajadoras tiene prioridad de permanencia en su centro de trabajo originario, siendo tal regla indisponible.

1.3.1. *Desplazamientos*

Los desplazamientos se recogen en el artículo 40.6 ET, y son cambios de lugar de trabajo temporales que exigen que la persona trabajadora resida en localidad distinta a la de su lugar de residencia habitual, siendo su carácter temporal el rasgo que los distingue de los traslados. La aplicación de esta medida está condicionada a la existencia de *razones económicas, técnicas, organizativas o de producción, o bien (...) contrataciones referidas a la actividad empresarial* que la justifiquen.

El procedimiento que se seguirá en los desplazamientos consiste en informar a la persona trabajadora con una antelación suficiente a la fecha en que vaya a ser efectivo, que debe ser al menos de cinco días laborables para desplazamientos de duración superior a tres meses. En todo caso, la empresa debe abonarle, además del salario, los gastos de viaje y las dietas. En los desplazamientos de duración superior a tres meses, la persona trabajadora tiene derecho a 4 días de permiso en su domicilio de origen por cada 3 meses de desplazamiento, sin contar los días invertidos en el viaje, siendo los gastos a cuenta de la empresa. Por lo demás, se acota la temporalidad de la medida al disponer que si el desplazamiento se prolonga durante más de doce meses en el período de tres años tendrá a todos los efectos el tratamiento legal de traslado.

La persona trabajadora está obligada a acatar el desplazamiento, aunque si no está conforme con el mismo puede impugnarlo a través de la modalidad procesal especial de movilidad geográfica y modificación sustancial de condiciones de trabajo, regulada en el artículo 138 LRJS.

1.3.2. *Traslados por iniciativa de la empresa*

El traslado por iniciativa de la empresa se distingue del desplazamiento por su carácter definitivo, puesto que también se produce un cambio de lugar de trabajo que exige cambio de residencia. Se trata de una medida causal, cuya aplicación requiere *la existencia de razones económicas, técnicas, organizativas o de producción que lo justifiquen,* considerándose como tales las referidas a *la competitividad, productividad u organización técnica o del trabajo en la empresa, así como a las contrataciones referidas a la actividad empresarial* (art. 40.1 ET).

El artículo 40 ET distingue dos tipos de traslado en función del número de trabajadores afectados, estableciendo igualmente dos procedimientos diversos. No obstante, es común a éstos la necesidad de notificarlo a las personas trabajadoras con una antelación mínima de treinta días a la fecha en que se haga efectivo, una vez haya sido adoptada la decisión o finalizado el período de consultas en caso de que se trate de una medida colectiva. Asimismo, quienes resulten afectados por la medida pueden optar entre aceptar el traslado percibiendo una compensación por los gastos propios y de familiares a su cargo que genere, en los términos que establezcan los convenios colectivos, o bien solicitar la extinción del contrato percibiendo una indemnización de veinte días de salario por año de servicio, prorrateando por meses los períodos inferiores a la anualidad, con un máximo de doce mensualidades. La persona trabajadora que considere injustificado el traslado debe aceptarlo e impugnarlo a través de la modalidad procesal especial de movilidad geográfica, modificación sustancial de condiciones de trabajo, suspensión de contrato y reducción de jornada por causas económicas, técnicas, organizativas o de producción o derivadas de fuerza mayor, regulada en el artículo 138 LRJS.

En atención a la apuntada distinción establecida en torno al número de afectados, se establece un procedimiento diverso para la aplicación del traslado configurado como colectivo y el individual.

1.3.2.1. Traslado colectivo

El traslado colectivo se recoge en el artículo 40.2 ET, y es el que afecta a la totalidad del centro de trabajo, cuando su plantilla supere las cinco personas trabajadoras o cuando, sin ser total, en un período de noventa días comprenda al menos a:

Número/porcentaje de personas trabajadoras	*Tamaño de la empresa (plantilla)*
10	Menos de 100
10 %	Entre 100 y 300
30	Más de 300

Asimismo, tienen esta consideración, por fraudulentos, los traslados que, con objeto de eludir la aplicación del procedimiento de traslado colectivo, se realicen en períodos sucesivos de noventa días en número inferior a estos umbrales numéricos sin que existan nuevas causas que los justifiquen, teniendo como efecto la nulidad de los mismos (art. 40.1 ET).

El traslado colectivo exige a la empresa, previamente a su aplicación, la apertura de un período de consultas con la representación legal de las personas trabajadoras. Dicho período de consultas tiene una duración máxima de quince días y ha de ir referido a las causas que motivan la decisión empresarial, la posibilidad de evitar o reducir sus efectos y las medidas necesarias para atenuar sus consecuencias sobre los afectados.

La consulta ha de llevarse a cabo en una única comisión negociadora, circunscrita a los centros afectados por el procedimiento, si existieran varios, que estará integrada por un máximo de trece miembros por cada parte. Por remisión al artículo 41.4 ET, la intervención corresponde a las secciones sindicales cuando lo acuerden y siempre que tengan la representación mayoritaria en los comités de empresa o delegados de personal de los centros afectados[4]. En su defecto, si el procedimiento afecta a un solo centro de trabajo, corresponderá al órgano de representación unitaria, y si no existiera, a una comisión de un máximo de tres miembros que, bien esté integrada por personas trabajadoras de la propia empresa elegidas por éstas democráticamente (es lo que se conoce como comisión *ad hoc*), o designada, según su representatividad, por los sindicatos más representativos y representativos del sector al que pertenezca la empresa y que estén legitimados para formar parte de la comisión negociadora del convenio que sea aplicable. Si el procedimiento afecta a más de un centro de trabajo, se asignará al comité intercentros si tiene atribuida esa función en el convenio. En caso contrario, si todos los centros de trabajo cuentan con representación unitaria, la comisión estará integrada por ésta, y si no existiera en todos ellos, la formará la representación unitaria que la tengan, que ostentará la representación general, salvo que los centros sin representación opten por designar la ya referida comisión de tres miembros prevista para los supuestos de ausencia de representación unitaria, en cuyo caso, la comisión representativa estará formada conjuntamente por la representación unitaria de los centros que cuenten con ella y los miembros de la comisión de los centros que no la tengan, en proporción al número de personas trabajadoras que representen (es lo que se conoce como comisión *híbrida* o *ad hoc*). Si ninguno de los centros afectados cuenta con representación unitaria, la comisión representativa estará integrada por quienes sean elegidos por y entre los miembros de las comisioncs de tres

---

[4] Lo que supone que necesariamente han de integrarse en la comisión negociadora que participa en el procedimiento negociador todas las representaciones de trabajadores que estén legitimadas, puesto que en caso contrario, no quedará constituida válidamente y se producirá vulneración de la libertad sindical de las secciones omitidas, STS de 6 de junio de 2018 (núm. rec. 149/2017) —sentencia respecto de procedimiento de modificación sustancial, pero que por la identidad de reglas relativas a la comisión negociadora del procedimiento de adopción de la medida es plenamente aplicable a los traslados—.

miembros formadas en cada centro, en proporción al número de personas trabajadoras que representen. En todos estos casos, si como resultado de la aplicación de estas reglas resultara un número superior a trece miembros, elegirán por y entre ellos a este número máximo de representantes, en proporción al número de personas trabajadoras que representen.

La comisión ha de quedar constituida previamente a la comunicación empresarial de inicio del procedimiento de consultas, a cuyo efecto la dirección de la empresa ha de comunicar a las personas trabajadoras o sus representantes su intención de iniciar el procedimiento, debiendo constituirse la comisión en los siete días desde la fecha de la comunicación, que se incrementa hasta quince días en los casos en que alguno de los centros de trabajo afectados no cuente con representación unitaria. Transcurrido el plazo máximo para la constitución de la comisión representativa, la dirección de la empresa podrá comunicar el inicio del período de consultas a los representantes de los trabajadores, sin que la falta de constitución de ésta impida el inicio y transcurso del período de consultas, ni su constitución posterior suponga la ampliación de su duración.

Durante el período de consultas las partes han de negociar de buena fe, con vistas a alcanzar un acuerdo, cuya adopción requerirá la conformidad de la representación unitaria de las personas trabajadoras o, en su caso, de la mayoría de los miembros de la comisión representativa, siempre que en ambos casos representen a la mayoría de las personas trabajadoras del centro o centros de trabajo afectados. Tanto la apertura del período de consultas como las posiciones de las partes a su conclusión han de ser notificados a la Autoridad Laboral.

El artículo 40.2 ET prevé la posibilidad de que, cuando así lo acuerden la empresa y la representación legal de las personas trabajadoras, el período de consultas sea sustituido, en cualquier momento de su desarrollo, por la aplicación de los procedimientos de mediación o arbitraje previstos en el ámbito de la empresa, que deben desarrollarse dentro del plazo máximo fijado para aquél.

Por lo demás, este precepto dispone que, tras la finalización del período de consultas, la empresa notificará a las personas trabajadoras su decisión de traslado, aunque se entiende que habrá de respetar el acuerdo al que, en su caso, se hubiera llegado tras el período de consultas. En cuanto a la notificación de traslado y sus consecuencias para la persona trabajadora, se aplica el régimen común a los traslados realizados por iniciativa de la empresa que ha quedado expuesto en el epígrafe anterior. No obstante, el precepto hace referencia específica a la posibilidad de reclamar contra la decisión de traslado, además de a través de la acción individual, mediante conflicto colectivo.

1.3.2.2. Traslado individual

El artículo 40.1 ET establece el régimen jurídico aplicable al traslado individual, que puede definirse, en sentido negativo, como aquél que afecta a un número de personas trabajadoras inferior a los umbrales numéricos establecidos para el traslado colectivo. Al tratarse de una medida individual, el procedimiento de aplicación es más sencillo, puesto que sólo requiere la notificación a la persona o personas trabajadoras afectadas, con una antelación mínima de treinta días a su fecha de efectividad, en los términos ya expuestos, produciendo la medida las consecuencias comunes del traslado a iniciativa de la empresa examinadas en el epígrafe 1.3.2.

1.3.3. *Traslado por iniciativa de la persona trabajadora*

Junto a los anteriores traslados, el artículo 40 ET también contempla otros que no se realizan por iniciativa de la empresa. Se trata de tres supuestos heterogéneos, que tienen en común responder al interés de la persona trabajadora afectada y realizarse a instancia de ésta.

1.3.3.1. Traslado por agrupamiento familiar

El artículo 40.3 ET prevé el derecho del cónyuge de una persona trabajadora que es trasladada a otra localidad, que exige cambio de residencia por su parte, a serlo también a la misma localidad que ésta. No obstante, para que sea efectivo este derecho es imprescindible que trabajen en la misma empresa y que exista un puesto de trabajo vacante en dicha localidad.

1.3.3.2. Traslado de la persona trabajadora víctima de violencia de género, de violencia sexual o de terrorismo

El artículo 40.4 ET establece el derecho preferente de traslado a un puesto del mismo grupo o categoría equivalente que la empresa tenga vacante en otro centro de trabajo, en favor de la persona víctima de violencia de género, de violencia sexual o de terrorismo que se vea obligada a abandonar el puesto de trabajo que venía ocupando para hacer efectiva su protección o su derecho a la asistencia social.

En estos casos, la empresa tiene la obligación de comunicar a la persona trabajadora las vacantes existentes en el momento de la solicitud, así como las que puedan producirse en el futuro. Se trata de una medida inicialmente provisional, pero que puede consolidarse por decisión de la interesada, puesto que tiene fijada una duración de seis meses, durante los que existe derecho de reserva de su puesto de trabajo originario, tras los cuales la persona trabajadora deberá optar por retornar a su antiguo puesto, o continuar en el nuevo, en cuyo caso desaparece el derecho de reserva del anterior, o rescindir su contrato con una indemnización de veinte días de salario por año de servicio, prorrateándose los períodos inferiores, con un máximo de doce mensualidades..

1.3.3.3. Traslado de personas trabajadoras discapacitadas para recibir tratamiento de rehabilitación

Este supuesto, previsto en el artículo 40.5 ET, va referido a las personas trabajadoras con discapacidad que hayan de recibir por ello tratamiento de rehabilitación, físico o psicológico, fuera de su localidad de residencia habitual. Se concreta en un derecho preferente a ocupar otro puesto de trabajo del mismo grupo profesional que la empresa tenga vacante en otro centro de trabajo que resulte más accesible (lo que debe interpretarse en el sentido de que sea más cercano o bien esté mejor comunicado) al lugar en el que haya de recibir tal tratamiento. Por lo demás, los términos de su aplicación son los examinados en el epígrafe anterior en relación con el traslado de las personas trabajadoras víctimas de violencia de género, de violencia sexual o de terrorismo.

1.4. La modificación sustancial de condiciones de trabajo

La modificación sustancial de condiciones de trabajo se regula en el artículo 41 ET, que dispone en su apdo. 1 que *la dirección de la empresa podrá acordar modificaciones sustanciales de las condiciones de trabajo cuando existan probadas razones económicas, técnicas, organizativas o de producción.* Se trata, por consiguiente, de un cambio en las condiciones sustanciales de trabajo que se aplican a la persona trabajadora realizado por iniciativa de la empresa. El precepto no define qué es «modificación sustancial», aunque sugiere un cambio en algún aspecto esencial del contrato de trabajo[5]. No obstante, sí efectúa una enumeración de las materias

[5] Sobre la definición práctica de la noción «modificación sustancial de condiciones», la STS de 17 de junio de 2021 (núm. rec. 180/2019) señala que supone la alteración y transformación de los aspectos fundamentales de la relación de trabajo de un modo notorio,

que se consideran sustanciales a estos efectos modificativos, que corrobora la anterior interpretación. En cualquier caso, se trata de un listado abierto, puesto que indica que son modificaciones sustanciales de las condiciones de trabajo, *entre otras,* las relativas a:

1. La jornada de trabajo.
2. El horario y la distribución del tiempo de trabajo.
3. El régimen de trabajo a turnos.
4. El sistema de remuneración y cuantía salarial.
5. El sistema de trabajo y rendimiento.
6. Las funciones, cuando la modificación exceda de los límites previstos para la movilidad funcional.

Pese a la referencia a la jornada entre las condiciones que pueden ser objeto de modificación sustancial de condiciones, el artículo 12.4.*e*) ET dispone que *la conversión de un trabajo a tiempo completo en un trabajo parcial y viceversa tendrá siempre carácter voluntario para el trabajador y no se podrá imponer de forma unilateral o como consecuencia de una modificación sustancial de condiciones de trabajo*.

Por otra parte, se trata de una medida de carácter causal, puesto que se exige para su aplicación que existan razones económicas, técnicas, organizativas o de producción que la justifiquen. Es por ello por lo que la concurrencia de estas causas es determinante para la legítima aplicación de la medida. No obstante, el precepto no las concreta, sino que únicamente indica que «se considerarán tales las que estén relacionadas con la competitividad, productividad u organización técnica o del trabajo en la empresa», laxitud ésta que da idea del muy amplio margen de apreciación del que dispone la empresa para la determinación de la existencia de estas circunstancias.

Por lo que respecta al instrumento en el que pueden establecerse las condiciones de trabajo modificables por esta vía, el artículo 41.2 ET se refiere al contrato de trabajo, acuerdos o pactos colectivos o decisión unilateral de la empresa de efectos colectivos. Es de destacar que no se utiliza este procedimiento para la modificación de las condiciones establecidas en convenios colectivos estatutarios, por cuanto han de ser canalizadas a través del cauce específico previsto en el artículo 82.3 ET (art. 41.6 ET)[6].

---

pasando a ser otros, debiendo valorarse la importancia cualitativa de la modificación, su alcance temporal y las eventuales compensaciones que se hayan pactado.

[6] La muy interesante STS de 12 de mayo de 2021 (núm. rec. 164/2020), relativa a las medidas adoptadas en el comercio durante el estado de alarma declarado a causa de la pan-

1.4.1. *Modificaciones sustanciales de carácter colectivo*

Las modificaciones sustanciales de carácter colectivo son las que en un período de noventa días afecten al menos a:

Número de personas trabajadoras	*Tamaño de la empresa (plantilla)*
10	Menos de 100
10 %	Entre 100 y 300
30	Más de 300

Asimismo, tienen esta consideración, por fraudulentas, las modificaciones que, con objeto de eludir la aplicación del procedimiento de modificación sustancial de condiciones de trabajo de carácter colectivo, se realicen en períodos sucesivos de noventa días en número inferior a estos umbrales numéricos sin que existan nuevas causas que las justifiquen, teniendo como efecto la nulidad de estas (art. 41.3 ET).

El procedimiento para la modificación de condiciones sustanciales de carácter colectivo requiere la apertura de un período de consultas con la representación legal de las personas trabajadoras que se rige por las mismas reglas establecidas en relación con los traslados colectivos. Cuando este período de consultas finalice con acuerdo, se presumirá que concurren las causas justificativas de la aplicación de la medida y únicamente podrá ser impugnado ante la jurisdicción competente por la existencia de fraude, dolo, coacción o abuso de derecho en su conclusión. En caso de que concluya sin acuerdo, la empresa notificará su decisión de modificación a las personas trabajadoras afectadas y ésta surtirá efectos en el plazo de los siete días siguientes.

En caso de que la modificación afecte a la jornada de trabajo, horario y distribución del tiempo de trabajo, régimen de trabajo a turnos, sistema de remuneración y cuantía salarial o funciones cuando excedan de los límites de la movilidad funcional, la persona trabajadora afectada que resulte perjudicada por la modificación tendrá derecho a rescindir su contrato y percibir la indemnización de veinte días de salario por año de servicio, prorrateándose por meses los períodos inferiores a la anualidad, con un máximo de nueve mensualidades. En caso de no haber optado por la rescisión, las personas trabajadoras que consideren injustificada la medida pueden impugnarla a través de la modalidad procesal especial de

---

demia de COVID-19, que corrobora el pronunciamiento de suplicación, considera que los cambios de horario y funciones adoptados por la empresa (Zara) durante el período de confinamiento no constituyen modificación sustancial de condiciones dado que se trató de medidas temporales y justificadas en el deber de la empresa de preservar la seguridad y salud de las personas trabajadoras durante dicho período.

movilidad geográfica, modificación sustancial de condiciones de trabajo, suspensión de contrato y reducción de jornada por causas económicas, técnicas, organizativas o de producción o derivadas de fuerza mayor regulada en el artículo 138 LRJS, o mediante el procedimiento de conflicto colectivo instado por la representación de las personas trabajadoras, previsto en el artículo 153 LRJS que, de incoarse, paralizará las acciones individuales que se hubieran planteado.

1.4.2. *Modificaciones sustanciales de carácter individual*

Las modificaciones sustanciales de carácter individual son las que no alcanzan los umbrales numéricos fijados para que se consideren colectivas en el período de referencia de los noventa días. El procedimiento de aplicación es muy simple, pues únicamente se requiere la notificación por la empresa a la persona trabajadora afectada y a sus representantes legales con una antelación mínima de quince días a su fecha de efectividad, existiendo la opción por la rescisión indemnizada del contrato en los términos expuestos respecto de las modificaciones sustanciales de carácter colectivo. Por lo demás, el carácter individual de la medida determina que en este caso sólo pueda impugnarse mediante la ya citada modalidad procesal especial de movilidad geográfica, modificación sustancial de condiciones de trabajo, suspensión de contrato y reducción de jornada por causas económicas, técnicas, organizativas o de producción o derivadas de fuerza mayor prevista en el artículo 138 LRJS.

2. EL PODER DE CONTROL DE LA EMPRESA

El poder de control de la empresa es la facultad que ésta tiene para *adoptar las medidas que estime más oportunas de vigilancia y control para verificar el cumplimiento por el trabajador de sus obligaciones y deberes laborales,* según dispone el artículo 20.3 ET. Este poder de control está estrechamente vinculado al de dirección, puesto que a través del primero la empresa comprueba que la persona trabajadora cumple con su obligación de trabajar, de acuerdo con las órdenes e instrucciones que ha recibido y que son manifestación del segundo.

Por lo que respecta al concreto contenido de este poder, la regulación estatutaria arranca del originario Estatuto de los Trabajadores (Ley 8/1980), por lo que responde a una lógica contractual que desconoce la importancia del derecho a la intimidad de la persona trabajadora y establece escasas garantías a su favor. Asimismo, permanece al margen del desarrollo tecnológico y de las amplias posibilidades de vigilancia que éste brinda a la empresa, así como de la normativa general de protección de datos, pese a que ésta incluye en su marco aplicativo el ámbito laboral. Por ello, esta normativa habrá de ser interpretada a la luz de la LO 3/2018, de 5 de diciembre, de protección de Datos Personales y Garantías de los derechos digitales (en adelante, LOPDGDD), que establece importante previsiones al respecto, y que sí se refiere a la regulación del artículo 20.3 ET, según se expondrá más adelante. La obsolescencia de la regulación estatutaria ha determinado que, aun de forma fluctuante, la jurisprudencia haya venido reinterpretando este poder empresarial en términos más garantistas para el trabajador, exigiendo la justificación y ponderación de la medida de vigilancia[7].

El artículo 20.3 ET reconoce al empresario la facultad de adoptar las *medidas que estime más oportunas* para realizar la vigilancia ordinaria sobre el cumplimiento de las obligaciones laborales de la persona trabajadora, estableciendo como único límite el genérico respeto de su derecho a la dignidad humana, e incluyendo como factor modulador la capacidad de las personas trabajadoras con discapacidad, que más que incidir en los medios de vigilancia, afectaría a la prestación laboral. En esta misma línea, el artículo 18 ET permite a la empresa efectuar los *registros sobre la persona del trabajador, en sus taquillas y en sus efectos particulares,* siempre que sea preciso para proteger el patrimonio de la empresa o de las demás personas trabajadoras. Como garantías se establece que dichos registros han de realizarse dentro del centro de trabajo y en horas de trabajo, que han de respetar la dignidad e intimidad de la persona trabajadora y que a ellos debe asistir un representante de los trabajadores o, en su ausencia, otra persona trabajadora de la empresa siempre que sea posible.

Por su parte, el artículo 20.4 prevé un medio específico de control dirigido a comprobar la justificación del absentismo, que es la posibilidad de *verificar el estado de enfermedad o accidente del trabajador que sea alegado por éste para justificar sus faltas de asistencia al trabajo, mediante reconocimiento a cargo de personal médico*, pudiendo, en caso de negativa de la persona trabajadora, suspender los derechos económicos que existieran por esa situación a cargo de la empresa. El artículo 20 bis ET se limita a reconocer a las personas trabajadoras *el derecho a la intimidad en el uso de los dispositivos digitales puestos a su disposición por el empleador, a la desconexión digital y a la intimidad frente al uso de dispositivos de videovigilancia y geolocalización*, remitiéndose a los términos previstos en la legislación vigente.

[7] Sobre los requisitos de la prueba de videovigilancia, STS de 25 de marzo de 2022 (núm. 285/2022).

En este sentido, por lo que respecta a los sistemas de control empresarial mediante nuevas tecnologías, son determinantes las previsiones establecidas en la LOPDGDD, en especial los artículos 87, 89 y 90. En este sentido, el primero de estos preceptos, en su apartado 1, reconoce el derecho de las personas trabajadoras a la intimidad en el uso de dispositivos digitales proporcionados por la empresa, si bien, en su apartado 2, permite a la empresa acceder al contenido derivado de tal uso de los medios digitales a efectos de controlar el cumplimiento de las obligaciones laborales o estatutaria por parte de aquéllas y de garantizar la integridad de los propios dispositivos. En cualquier caso, cuando la empresa facilite a las personas trabajadoras tales dispositivos para el desarrollo de su actividad laboral, es preciso que clarifique si permite el uso con fines privados, en qué condiciones y con qué límites. En este sentido, el apartado 3 de este precepto señala que en este caso la empresa debe establecer, con la participación de la representación de las personas trabajadoras, criterios acerca de la utilización de los dispositivos, *respetando en todo caso los estándares mínimos de protección de su intimidad,* e informando de esto a las personas trabajadoras. En caso de que la empresa permita a la persona trabajadora el uso de los dispositivos con fines privados, tales criterios deben especificar *de modo preciso los usos autorizados* y establecer *garantías para preservar la intimidad de los trabajadores, tales como, en su caso, la determinación de los períodos en que los dispositivos podrán utilizarse para fines privados*[8].

La LOPDGDD hace referencia a dos concretos mecanismos que pueden ser utilizados por la empresa para controlar la actividad de la persona trabajadora, pero que también podrían comprometer el derecho a la intimidad de ésta, que son la video vigilancia y la grabación de sonido en el lugar de trabajo (art. 89) y la geolocalización (art. 90). En ambos casos, los preceptos, en sus respectivos apartados 1, indican de manera expresa que la empresa puede tratar las imágenes o los datos obtenidos por tales medios con objeto de realizar la función de control de la actividad laboral de la persona trabajadora en los términos del artículo 20.3 ET, siempre que ésta se realice dentro de su marco legal y con respeto a sus límites. También es común a ambos la necesidad de que la empresa informe previamente del uso de estas medidas, de manera expresa, clara y concisa, a las personas trabajadoras y, en su caso, a sus representantes. Por lo que respecta específicamente a la video vigilancia, el apartado 1 alude al su-

[8] La STS de 6 de febrero de 2024 (núm. rec. 263/2022) ha señalado que cualquier modificación, ampliación, restricción o especificación de los criterios de uso de los dispositivos digitales debe contar con la participación de la representación de las personas trabajadoras.

puesto de que las cámaras recojan la comisión flagrante de un acto ilícito por parte de las personas trabajadoras, en cuyo caso, se entiende cumplido el deber de informar cuando exista un dispositivo informativo colocado en un lugar visible que informe, al menos, sobre la existencia del tratamiento de datos, la identidad del responsable y la posibilidad de ejercitar los derechos vinculados a los datos por la persona interesada. Está prohibida la instalación de sistemas de grabación de sonidos en lugares de descanso y esparcimiento de las personas trabajadoras, como *vestuarios, aseos, comedores y análogos*. Por lo demás, el apartado 3 precisa que únicamente se permite la grabación de sonido cuando *resulten relevantes los riesgos para la seguridad de las instalaciones, bienes y personas derivados de la actividad que se desarrolle en el centro de trabajo y siempre respetando el principio de proporcionalidad, el de intervención mínima y las garantías previstas en los apartados anteriores*. En cuanto a la geolocalización, el artícuolo 90.2, tras establecer las obligaciones informativas de la empresa respeto de las personas trabajadoras en caso de hacer uso de estos sistemas, añade que *igualmente deberán informarles acerca del posible ejercicio de los derechos de acceso, rectificación, limitación del tratamiento y supresión*[9].

Por lo demás, en relación con el teletrabajo, el artículo 17 de la Ley 10/2021, de 9 de julio, de trabajo a distancia, establece en su apartado 1 que debe quedar garantizado el derecho a la intimidad y la protección de datos en el uso de medios informáticos y la actividad de control de la actividad laboral. Asimismo, en base al apartado 2, que dispone que la empresa no podrá obligar a las personas trabajadoras a que instalen aplicaciones o programas en los dispositivos que sean propiedad de éstas, se excluye que pueda exigirles que instalen tales elementos cuando su objeto sea controlar la actividad laboral. Por lo demás, proyectando la previsión general prevista en el artículo 87.3 LOPDGDD a esta específica modalidad de trabajo, el artículo 17.3 de la Ley 10/2021, de 9 de julio, de trabajo a distancia, establece la obligación de las empresas de establecer criterios de utilización de los dispositivos digitales respetando en todo caso los estándares mínimos de protección de su intimidad de acuerdo con los usos sociales y los derechos reconocidos legal y constitucionalmente, previendo la participación de la representación legal de las personas trabajadoras en su elaboración. Por lo demás, se refiere a la posibilidad de que la negociación colectiva o acuerdo colectivo especifiquen los

[9] Muy interesante, a estos efectos, es la STS de 8 de febrero de 2021 (núm. 163/2021) que declara la nulidad del proyecto de geolocalización de Telepizza sobre sus repartidores, por basarse en el uso de una aplicación instalada en sus propios teléfonos móviles.

términos en los que las personas trabajadoras puedan hacer uso personal de los equipos informáticos proporcionados por la empresa para el desarrollo del trabajo a distancia.

3. EL PODER DISCIPLINARIO

El poder disciplinario es complementario al poder de dirección, pues constituye una reacción ante el incumplimiento de los deberes laborales de la persona trabajadora. Se trata de un poder punitivo privado que el ordenamiento jurídico reconoce a la empresa y que se concreta en la imposición de sanciones. En este sentido, el artículo 58.1 ET dispone que *los trabajadores podrán ser sancionados por la dirección de la empresa en virtud de incumplimientos laborales, de acuerdo con la graduación de faltas y sanciones que se establezca en las disposiciones legales o en el convenio colectivo que sea aplicable.* La especificación de que son los incumplimientos laborales los que pueden ser sancionados implica que se exija que éstos se produzcan en el desarrollo de la prestación de trabajo, o bien que tengan una incidencia particular en el trabajo.

Las infracciones laborales se establecen en los convenios colectivos, que las clasifican, según su gravedad, en leves, graves o muy graves, e igualmente incluyen las correspondientes sanciones, que han de ser proporcionales a aquéllos[10], y que, en sentido creciente, pueden ir de la mera amonestación al despido disciplinario, que es la sanción más elevada que se contempla. En cualquier caso, el artículo 58.3 ET dispone que *no se podrán imponer sanciones que consistan en la reducción de las vacaciones u otra minoración de los derechos al descanso del trabajador o multa de haber.* La empresa es quien decide qué sanción impone entre las establecidas para ese tipo de infracción a la falta cometida, sin que, ante la misma conducta, pueda sancionar sólo a algunas personas trabajadoras.

Por lo que respecta al procedimiento sancionador, el ET establece algunas previsiones para la imposición de sanciones graves y muy graves. En este sentido, el artículo 58.2 ET dispone que, en estos casos, *requerirá comunicación escrita al trabajador, haciendo constar la fecha y los hechos que la motivan.* No obstante, recientemente se ha producido una importante novedad por vía jurisprudencial. En este sentido, el Tribunal Su-

---

[10] En este sentido, existe un muy consolidado criterio jurisprudencial que mantiene que «debe existir una perfecta proporcionalidad y adecuación entre la sanción que se impone y la gravedad de la falta cometida, con adecuación entre hecho, persona y sanción, STS de 8 de octubre de 1988, citada por muchas otras.

premo[11] ha declarado, en base al artículo 7 del Convenio núm. 158 de la OIT, que es imprescindible dar audiencia previa a la persona trabajadora antes de la aplicación del despido disciplinario. Considera, asimismo, que su incumplimiento vulnera el derecho de defensa de la persona despedida, determinando la improcedencia del despido.

En caso de que la persona trabajadora sancionada tenga la condición de representante, se instruirá un expediente contradictorio en el que se le dará audiencia, así como al resto de representantes, según dispone el artículo 68.*a*) ET. Si está afiliada a un sindicato, habrán de ser oídos los delegados sindicales de su sindicato previamente a la imposición de la sanción, según indica el artículo 10.3 LOLS. Por otra parte, el artículo 64.4.*c*) ET establece, entre los derechos de información de la representación legal de las personas trabajadoras, el de ser informada de las sanciones que se impongan a quienes prestan servicios en el centro de trabajo por infracciones muy graves. En cuanto a las infracciones leves, su menor entidad determina que no se establezca ninguna exigencia legal para su imposición. Los convenios colectivos pueden establecer unos requisitos adicionales a los señalados para la imposición de las sanciones, que la empresa debe observar obligatoriamente.

También la empresa, por razones de seguridad jurídica, está sujeta a unos estrictos plazos para la imposición de las sanciones, transcurridos los cuales decae la posibilidad de sancionar a la persona trabajadora por ese incumplimiento. En este sentido, el artículo 60.2 ET dispone que *las faltas leves prescribirán a los diez días; las graves, a los veinte días, y las muy graves, a los sesenta días a partir de la fecha en que la empresa tuvo conocimiento de su comisión, y en todo caso, a los seis meses de haberse cometido*. Ha de incidirse en el doble parámetro que se establece para el cómputo de los plazos de prescripción pues, por una parte, como regla general, se cuentan en días naturales desde el momento en que la empresa tuvo conocimiento del incumplimiento (es lo que se conoce como prescripción *corta*), pero por otra, se establece un plazo máximo y general de seis meses desde la comisión de la infracción (la llamada prescripción *larga*).

Por lo demás, como señala el artículo 58.2 ET, la valoración de las faltas y las sanciones impuestas por la empresa a las personas trabajadoras *serán siempre revisables ante la jurisdicción competente,* que es la social. La impugnación se efectuará a través del proceso especial de impugnación de sanciones regulado en los artículos 114 y 115 LRJS, debiendo interpo-

[11] STS de 18 de noviembre de 2024 (núm. 1250/2024), que resuelve recurso de casación para unificación de doctrina frente a la STSJ de Baleares de 13 de febrero de 2023 (núm. 68/2023).

nerse la demanda en el plazo de caducidad de veinte días hábiles contados desde el siguiente al de la comunicación de la sanción[12].

4. BIBLIOGRAFÍA

CAVAS MARTÍNEZ, F. y BLASCO JOVER, C., *Modificación sustancial de condiciones de trabajo, ERTEs y Mecanismo RED*, Thomson Reuters Aranzadi, 2023.

DE LAS HERAS GARCÍA, A., «Análisis de la nueva regulación del trabajo a distancia», *Revista de Trabajo y Seguridad Social CEF*, núm. 452, 2020.

ESTEBAN LEGARRETA, R., «El poder de verificación del estado de salud del trabajador y límites a la negociación colectiva», *Revista de Trabajo y Seguridad Social CEF*, núm. 423, 2018.

GARCÍA-PERROTE ESCARTÍN, I. y MERCADER UGUINA, J., «El régimen de control del absentismo laboral *ex* artículo 20.4 del Estatuto de los Trabajadores en la doctrina del Tribunal Supremo», Nueva Revista Española de Derecho del Trabajo, núm. 248, 2021.

MERCADER UGUINA, J., «Nuevos escenarios para el Estatuto de los Trabajadores del siglo XXI: digitalización y cambio tecnológico», *Trabajo y Derecho*, núm. 63, 2020.

MIÑARRO YANINI, M., «Impacto del Reglamento comunitario de protección de datos en las relaciones laborales: un —pretendido— "cambio cultural"», *Revista de Trabajo y Seguridad Social CEF*, núm. 423, 2018.

MOLINA NAVARRETE, C., VALLECILLO GÁMEZ, M. R. (dirs.), *De la economía digital a la sociedad del e-work decente: condiciones sociolaborales para una industria 4.0 justa e inclusiva,* Aranzadi, Madrid, 2022.

MOLINA NAVARRETE, C., «"Personas" o "recursos" Práctica judicial y derechos de "ciudadanía civil" en la empresa», *Revista de Trabajo y Seguridad Social CEF*, núm. 419, 2018.

MONEREO PÉREZ, J. L. y ORTEGAS LOZANO, P. G., *Modificaciones sustanciales de las condiciones de trabajo*, Aranzadi, 2024.

PALOMEQUE LÓPEZ, M. C. y ÁLVAREZ DE LA ROSA, M., *Derecho del Trabajo*, Editorial Universitaria Ramón Areces, Madrid, 30.ª ed., 2022.

SÁNCHEZ TRIGUEROS, C., *Libertad de empresa y poder de dirección del empresario en las relaciones laborales*, Cizur Menor (Aranzadi), 2011.

VALDÉS DAL-RÉ, F., «Flexibilidad interna», en VV.AA., *Reforma laboral de 2012*, Madrid, La Ley, 2012.

VV.AA. (dirs. ROMERO RÓDENAS, M.ª J. y MERINO SEGOVIA, A.), *Las nuevas fronteras del poder de dirección y control del empresario en la transición digital*, Bomarzo, 2024.

[12] Sobre la diferente posición de las partes en este proceso, resulta muy interesante la STS de 10 de febrero de 2021 (núm. rec. 1329/2018).

nerse la demanda en el plazo de caducidad de veinte días hábiles, a contar desde el siguiente al de su...

BIBLIOGRAFÍA

TEMA 10

EL FACTOR TIEMPO EN LA PRESTACIÓN LABORAL

ROCÍO MOLINA GONZÁLEZ-PUMARIEGA
Profesora de Derecho del Trabajo y de la Seguridad Social.
Universidad Rey Juan Carlos

OBJETIVOS DE APRENDIZAJE

1. Conocer la regulación jurídica de la duración y de la distribución del tiempo de trabajo.
2. Analizar la regulación del régimen de descansos laborales existentes en el Ordenamiento jurídico español.
3. Realizar una aproximación legal a las interrupciones de la prestación laboral.

1. EL TIEMPO DE TRABAJO

Dentro del tiempo de trabajo, en concreto de su ordenación, podemos diferenciar, por un lado, la duración y distribución del mismo, y por otro el régimen de descansos, interrupciones y reducciones.

La duración del tiempo de trabajo o jornada se refiere a la cantidad de tiempo que el trabajador ha de dedicar a la prestación de servicios para el empresario. Se relaciona también con el tiempo de trabajo efectivo, es decir, el tiempo en el que efectivamente el trabajador está prestando sus servicios; y con los descansos que deben respetarse dentro de cada día de trabajo (descanso mínimo diario y descanso durante la jornada).

La distribución del tiempo de trabajo u horario alude a cómo se distribuyen durante el día los momentos exactos de trabajo y descanso, así como la fijación de las horas de entrada y salida.

Si la fijación de la duración del tiempo de trabajo se hace en módulo diario, su distribución se efectúa a través del horario; sin embargo, es frecuente que se fije de forma semanal o incluso anual, entonces es necesario distribuir en dichos módulos la jornada, ya sea de forma regular o irregular.

El proceso de concreción del tiempo de trabajo, a través de la fijación de la jornada y el horario, queda posteriormente plasmado a efectos formales y de publicidad en el llamado calendario laboral.

Por su parte, la regulación del tiempo de trabajo se establece a partir del mandato constitucional a los poderes públicos (art. 40.2 CE) de garantizar el descanso necesario, mediante la limitación de la jornada laboral y las vacaciones retribuidas. En desarrollo de este mandato constitucional, la duración y distribución del tiempo de trabajo se regula principalmente en los artículos 34-36 ET; también la Ley 31/1995, de 8 de noviembre, sobre prevención de riesgos laborales, contiene disposiciones relativas a la influencia de la jornada en la salud de los trabajadores; es importante, asimismo, tener en cuenta lo dispuesto en el Real Decreto 1561/1995, de 21 de septiembre, sobre jornadas especiales de trabajo (que afecta, entre otros, al trabajo en el mar; en el campo; en el sector de transportes o en el de empleados de fincas urbanas) y en los diferentes Decretos que regulan las relaciones laborales especiales. En esta materia, por otra parte, no podemos dejar de señalar, el importante papel que desempeña la negociación colectiva en su regulación.

Asimismo es una materia a la que el Derecho comunitario europeo ha prestado en los últimos años bastante atención, así la Directiva 2003/88/CE, del Parlamento Europeo y del Consejo, de 4 de noviembre, relativa a determinados aspectos de la ordenación del tiempo de trabajo; la Directiva 2002/15/CE, del Parlamento Europeo y del Consejo, de 11 de marzo, relativa a la ordenación del tiempo de trabajo de las personas que realizan actividades móviles de transporte por carretera; la Directiva 1999/63/CE, del Consejo, de 21 de junio, relativa al Acuerdo sobre la ordenación del tiempo de trabajo de la gente del mar; la Directiva 94/33/CE, del Consejo, de 22 de junio, relativa a la protección de los jóvenes en el trabajo, en la que se incluyen disposiciones sobre el tiempo de trabajo de éstos.

También la OIT, con el valor que se estudia en otra parte de este manual, se ha ocupado en extenso de la materia. Entre los más importantes destacamos Convenio OIT núm. 1: sobre las horas de trabajo (industria), 1919; Convenio OIT núm. 30: sobre las horas de trabajo (comercio y oficinas), 1930 [estos dos Convenios establecen la norma general de 48 horas regulares de trabajo a la semana, con un máximo de 8 horas al día]; Convenio OIT núm. 47: sobre las cuarenta horas, 1935; Recomendación núm. 116 sobre la reducción de la duración del trabajo, 1962 (núm. 116) [estos dos instrumentos establecen el principio de la semana de 40 horas de trabajo]; Convenio OIT núm. 14: sobre el descanso semanal (industria),

1921; Convenio OIT núm. 106: sobre el descanso semanal (comercio y oficinas), 1957 [establecen la norma general de que los trabajadores deben disfrutar de un período de descanso de al menos 24 horas consecutivas cada 7 días]; Convenio OIT núm. 132: sobre las vacaciones pagadas (revisado), 1970 [toda persona a la que se aplique el Convenio debe disfrutar de al menos tres semanas laborables de vacaciones anuales pagadas por cada año de servicio]; Convenio OIT núm. 171: sobre trabajo nocturno, 1990 [estipula que los Estados que lo ratifiquen deberán tomar medidas para la protección de trabajadores nocturnos conforme con la naturaleza del trabajo nocturno. El trabajo nocturno está definido como todo trabajo que se realice durante un período de por lo menos siete horas consecutivas, que abarque el intervalo comprendido entre medianoche y las cinco de la mañana. También contempla alternativas al trabajo forzoso que han de ofrecerse a las mujeres para períodos específicos durante y después del embarazo]; Convenio OIT núm. 175: sobre el trabajo a tiempo parcial, 1994 [estipula que los Estados que lo ratifiquen deberán garantizar que los trabajadores a tiempo parcial reciban la misma protección, el mismo salario básico, la misma Seguridad Social, así como unas condiciones de empleo equivalentes a las que han sido acordadas a los trabajadores a tiempo completo comparables][1].

2. LA JORNADA DE TRABAJO: LA JORNADA MÁXIMA DE TRABAJO

La jornada de trabajo es el tiempo durante el cual la persona trabajadora presta sus servicios al empresario a cambio del salario que éste le da.

Según recoge el ET en su artículo 34, la duración de la jornada de trabajo se determinará mediante convenio colectivo o en contrato individual de trabajo; sin embargo, la duración que dispongan estas normas no podrá ser superior a «cuarenta horas semanales de trabajo efectivo de promedio en cómputo anual»; ésta es, por tanto, la jornada máxima legal ordinaria.

Existen unas reglas generales que se deben tener en cuenta a la hora de determinar la jornada:

— El número de horas ordinarias de trabajo efectivo no puede ser superior a nueve diarias; sin embargo, por convenio colectivo o acuerdo

[1] Todos ratificados por España en distintas fechas, salvo el 47, 171 y 175.
Fuente: http://www.ilo.org/global/standards/subjects-covered-by-international-labour-standards/working-time/lang--es/index.htm

entre la empresa y los representantes de los trabajadores, este límite se puede superar. En defecto de pacto, la empresa podrá distribuir de manera irregular a lo largo del año, el 10 por 100 de la jornada de trabajo (art. 34.2 ET).

— La distribución irregular debe respetar en todo caso los períodos mínimos de descanso diario y semanal previstos en la Ley; por otro lado, el trabajador tiene derecho a conocer, con un preaviso mínimo de cinco días, el día y la hora de la prestación de trabajo que resulte de dicha distribución irregular. Este plazo constituye el mínimo de derecho necesario que, en su caso, puede ser mejorado por convenio colectivo, pero nunca empeorado.

Es decir, el número máximo de horas de trabajo se puede distribuir de forma regular a lo largo del año, de forma que se trabaje el mismo número de horas todas las semanas del año, o bien, se puede distribuir de forma irregular a lo largo del año, siempre que así se estipule en el convenio colectivo de aplicación o en su defecto, en acuerdo entre la empresa y los representantes de los trabajadores, teniendo que respetar esta distribución irregular no sólo el límite legal máximo de jornada, es decir, cuarenta horas semanales de trabajo efectivo en cómputo anual, sino también los períodos mínimos «de descanso diario y semanal» previstos en el ET (art. 34.2 ET).

En defecto de pacto, como se ha señalado, la empresa, podrá distribuir de manera irregular a lo largo del año el 10 por 100 de la jornada de trabajo, también respetando los descansos diario y semanal. Sin olvidar que en este caso también el trabajador tiene derecho a conocer, con un preaviso mínimo de cinco días, el día y la hora de la prestación de trabajo que resulte de dicha distribución irregular de la jornada.

La compensación de las diferencias horarias, entre la jornada realizada y la duración máxima de la jornada ordinaria de trabajo legal o pactada, ya sea por exceso o por defecto, «será exigible según lo acordado en convenio colectivo o, a falta de previsión al respecto, por acuerdo entre la empresa y los representantes de los trabajadores. En defecto de pacto, las diferencias derivadas de la distribución irregular de la jornada deberán quedar compensadas en el plazo de doce meses desde que se produzcan» (art. 34.2, párrafo tercero ET).

— Las personas trabajadoras menores de dieciocho años no pueden realizar más de ocho horas de trabajo efectivo diario. En el cómputo de dichas horas debe incluirse el tiempo dedicado a la formación, y si trabajasen para varios empleadores, las horas realizadas con cada uno de ellos (art. 34.3 ET).

— Entre el final de la jornada y el comienzo de la siguiente deben mediar, como mínimo, doce horas de descanso diario. Asimismo, debe respetarse el descanso mínimo semanal de día y medio de duración ininterrumpida o de dos días ininterrumpidos también, en caso de menores de dieciocho años (arts. 34.3 y 37.1 ET).

— Cuando la jornada diaria continuada exceda de seis horas, se debe establecer un periodo mínimo de descanso durante la misma no inferior a quince minutos. En caso de que la persona trabajadora sea menor de dieciocho años y su jornada continuada diaria exceda de cuatro horas y media, dicho período de descanso tendrá una duración mínima de treinta minutos. Estos períodos de descanso podrán ser considerados tiempo de trabajo efectivo si así se establece en el convenio colectivo de aplicación o en el contrato de trabajo (art. 34.4 ET). Es lo que se conoce en muchos sectores de la producción como el tiempo, pausa o descanso del bocadillo.

Respecto al cómputo de la jornada máxima, lo que se debe computar es el tiempo de trabajo efectivo, es decir, el tiempo que el trabajador se encuentra en su puesto de trabajo (art. 34.5 ET).

La finalidad de esta regla es la de evitar que las limitaciones de la jornada impliquen una reducción de la productividad en perjuicio del empresario. Por ello, se ha pretendido reducir al máximo las ficciones jurídicas en las que se consideran tiempo de trabajo períodos en los que no hay una auténtica prestación de servicios.

En consecuencia, y en principio, no computan a efectos de jornada máxima, entre otros, el tiempo de desplazamiento de ida y vuelta del trabajo, el tiempo dedicado al cambio de ropa para trabajar y el tiempo de desplazamiento entre la entrada del centro de trabajo y el puesto concreto de trabajo.

No obstante, aunque la voluntad de la Ley ha sido limitar esas ficciones, siguen existiendo períodos dentro de la jornada en los que, pese a que no se trabaja, son considerados como trabajo efectivo. Algunos de ellos derivan del propio ET o de otras normas laborales, algunos han sido establecidos por la jurisprudencia[2], otros son fruto de la negociación colectiva.

Sí se considera como tiempo computable a efectos de la jornada máxima, el tiempo dedicado a realizar registros sobre la persona del trabajador, en sus taquillas o efectos particulares (art. 18 ET); el tiempo dedicado al aseo personal por trabajadores expuestos a riesgos biológicos o cancerígenos (art. 7.2 del RD 664/1997 de 12 de mayo, sobre la protección

---

[2] *Vid.* entre otras, la Sentencia del Tribunal Supremo (Sala de lo Social), de 18 de septiembre de 2000, rec. 1696/1999, y la Sentencia del Tribunal Supremo (Sala de lo Social), de 24 de septiembre de 2009, rec. 2033/2008. Doctrina reiterada por la jurisprudencia comunitaria, véase la Sentencia del Tribunal de Justicia (Sala Tercera) de la Unión Europea, de 10 de septiembre de 2015, Asunto C266/14.

de los trabajadores contra los riesgos relacionados con la exposición a agentes biológicos durante el trabajo); el tiempo dedicado a la formación en materia de prevención de riesgos laborales (arts. 19.4 ET y 19.2 LPRL).

Por otra parte, el artículo 2.1 de la Directiva 2003/88 define el «tiempo de trabajo como todo período durante el cual el trabajador permanezca en el trabajo, a disposición del empresario y en ejercicio de su actividad o de sus funciones, de conformidad con las legislaciones y/o prácticas nacionales». El Tribunal de Justicia de la Unión Europea, interpretando este precepto señala «para que se pueda considerar que un trabajador está a disposición de su empresario, este trabajador debe hallarse en una situación en la que esté obligado jurídicamente a obedecer las instrucciones de su empresario y a ejercer su actividad por cuenta de éste»[3].

Las empresas, asimismo, deben realizar un registro diario de la jornada de trabajo «que deberá incluir el horario concreto de inicio y finalización de la jornada de trabajo de cada persona trabajadora» (art. 34.9 ET). La organización de dicho registro podrá ser pactada en convenio o acuerdo colectivo y en su defecto será decisión del empresario previa consulta con los representantes de los trabajadores. La empresa debe conservar el registro realizado durante cuatro años, permaneciendo el mismo a disposición de los trabajadores, de sus representantes legales y de la Inspección de Trabajo y de la Seguridad Social.

Como consecuencia natural del principio de limitación de la jornada de trabajo, hay que hacer referencia a la desconexión del trabajo en el tiempo libre de la persona trabajadora. Con la aprobación de la Ley Orgánica 3/2018, de 5 de diciembre, de Protección de Datos Personales y garantía de los derechos digitales, se ha incorporado al ET el artículo 20 bis, donde se reconoce el derecho a la desconexión digital sin precisar, eso sí, su contenido, el cual encontramos en el artículo 88 de la LO 3/2018.

Respecto a unas posibles adaptaciones de la duración y distribución de la jornada de trabajo, la persona trabajadora tiene derecho a solicitar las mismas «en la ordenación del tiempo de trabajo y en la forma de prestación, incluida la prestación de trabajo a distancia, para hacer efectivo su derecho a la conciliación de la vida familiar y laboral» (art. 34.8 ET). Dichas adaptaciones deben ser razonables y proporcionadas en relación con las necesidades de la persona trabajadora y con las necesidades organizativas o productivas de la empresa.

En el caso de que tengan hijos o hijas, las personas trabajadoras tienen derecho a efectuar dicha solicitud hasta que los menores cumplan doce años. También podrán ejercer ese derecho para cuidar a los hijos e hijas

---

[3] Sentencia del Tribunal de Justicia (Sala Tercera) de la Unión Europea, de 10 de septiembre de 2015, Asunto C266/14.

mayores de doce años, al cónyuge o pareja de hecho, a familiares por consanguinidad hasta el segundo grado y a otras personas dependientes cuando, en este último caso, convivan en el mismo domicilio, y que «por razones de edad, accidente o enfermedad no puedan valerse por sí mismos, debiendo justificar las circunstancias en las que fundamenta su petición».

La negociación colectiva puede establecer los términos del ejercicio de este derecho, que deben acomodarse a criterios y sistemas que garanticen la ausencia de discriminación, tanto directa como indirecta, entre personas trabajadoras de uno y otro sexo. A falta de dicha negociación colectiva, la empresa, ante la solicitud de la persona trabajadora, debe abrir un proceso de negociación con esta que tendrá que desarrollarse con la máxima celeridad y, en todo caso, durante un periodo máximo de quince días, presumiéndose su concesión si no concurre oposición motivada expresa en este plazo.

Al terminar dicho proceso de negociación, la empresa, por escrito, debe comunicar la aceptación de la petición. En caso contrario, tendrá que plantear una propuesta alternativa que posibilite las necesidades de conciliación de la persona trabajadora o bien manifestará la negativa a su ejercicio. Cuando se plantee una propuesta alternativa o se deniegue la petición, se deben motivar las razones objetivas en las que se sustenta la decisión.

Una vez concluido el período acordado o previsto o cuando decaigan las causas que motivaron la solicitud, la persona trabajadora tendrá derecho a regresar a la situación anterior a la adaptación.

En el resto de los supuestos, de concurrir un cambio de circunstancias que así lo justifique, la empresa sólo podrá denegar el regreso solicitado cuando existan razones objetivas motivadas para ello.

Las discrepancias surgidas entre la dirección de la empresa y la persona trabajadora serán resueltas por la jurisdicción social.

3. JORNADAS ESPECIALES

Según se recoge en el artículo 34.7 ET, el Gobierno puede fijar, previa consulta a las organizaciones sindicales y empresariales más representativas, «ampliaciones o limitaciones en la ordenación y duración de la jornada de trabajo y de los descansos, así como especialidades en las obligaciones de registro de jornada, para aquellos sectores, trabajos y categorías profesionales que por sus peculiaridades así lo requieran». Muchas de estas jornadas especiales fueron reguladas por el Real Decreto 1561/1995, de 21 de septiembre y por el ET.

Ampliaciones de jornada se fijan en los artículos 3 a 22 del Real Decreto 1561/1995, entre otros, para los empleados de fincas urbanas con plena dedicación, para los guardias y vigilantes no ferroviarios, para el trabajo en el campo en general, para el trabajo en transporte por carretera, el ferroviario, el aéreo y el trabajo en el mar, para los trabajos de puesta en marcha y cierre de los demás, para los trabajos en condiciones especiales de aislamiento o lejanía; para los trabajos con jornada fraccionada; para los trabajos a turnos en algunos casos; para ciertos supuestos de trabajo en la actividad estacional de hostelería.

Limitaciones de jornada se regulan en los artículos 23 a 31 del Real Decreto 1561/1995, y se prevén para aquellos trabajos que pueden entrañar un riesgo para la seguridad y salud de los trabajadores. Trabajos para los que se prevé son: trabajos expuestos a riesgos ambientales por la existencia de «circunstancias excepcionales de penosidad, peligrosidad, insalubridad o toxicidad»; trabajos en el campo que exijan extraordinario esfuerzo físico o sean de especial penosidad; trabajos en el interior de las minas; los trabajos subterráneos en la construcción y obras públicas; trabajos en cámaras frigoríficas y en congelación.

Por su parte, a las relaciones especiales de trabajo enumeradas en el artículo 2 ET, que tienen también en ciertos casos jornadas especiales, no les es de aplicación el Real Decreto 1561/1995 ni lo dispuesto sobre jornada de trabajo en el ET, se regirán por su normativa específica según dispone el artículo 1.2 del Real Decreto 1561/1995.

4. LAS HORAS EXTRAORDINARIAS

Son horas extraordinarias aquellas horas que se realizan por encima de la jornada ordinaria fijada legal o convencionalmente (art. 35.1 ET), es decir, aquéllas que se realizan por encima de la jornada pactada en convenio o en contrato, o si no ha sido pactada, las que se realizan por encima de la jornada máxima legal.

Hay que diferenciar entre dos tipos de horas extraordinarias, las generales o estructurales y las debidas a fuerza mayor, con regímenes legales de regulación diferente. Las primeras las propone el empresario sin necesidad de causa alguna para su realización, aunque respondan a una necesidad; sin embargo, las debidas a fuerza mayor sí deben tener una causa, «prevenir o reparar siniestros y otros daños extraordinarios y urgentes» (art. 35.3 ET).

La realización de horas extraordinarias es voluntaria en general, sin embargo, en el convenio colectivo o en el contrato individual de trabajo se puede pactar su realización dentro de los límites legales, lo que lleva a los trabajadores a la obligación de realizar dichas horas extraordinarias (art. 35.4 ET). Las horas extraordinarias debidas a fuerza mayor son obligatorias, aunque no haya pacto expreso.

Las horas extraordinarias se abonarán en una cuantía fijada que en ningún caso podrá ser inferior al valor de la hora ordinaria[4], o se compensarán con tiempo equivalente de descanso retribuido dentro de los cuatro meses siguientes a su realización. Será mediante convenio colectivo o, en su defecto, contrato individual, donde se optará entre abonar las horas extraordinarias en la cuantía fijada o compensar las mismas con descansos retribuidos equivalentes. Si no hubiera pacto al respecto, la Ley dispone que las horas extraordinarias realizadas se compensarán con tiempos de descanso retribuido equivalentes (art. 35.1 ET).

El número máximo de horas extraordinarias que el trabajador puede realizar al año es ochenta. No computan a estos efectos las horas extraordinarias debidas a fuerza mayor ni aquéllas realizadas que hayan sido compensadas con descansos retribuidos posteriores dentro de los cuatro meses siguientes a su realización (art. 35.2 y 3 ET).

Para los trabajadores que por la modalidad o duración de su contrato realicen una jornada en cómputo anual inferior a la jornada general en la empresa, el número de horas máximo anual de horas extraordinarias se reducirá en la misma proporción que exista entre tales jornadas (art. 35.2 ET).

A efectos del cómputo de horas extraordinarias, la ley establece que a diario el empresario debe registrar la jornada de trabajo de cada trabajador, y además debe entregar a los trabajadores el resumen de dicho cómputo con el recibo de salarios o nómina (art. 35.5 ET). Por otro lado, la Disposición Adicional 3.ª del Real Decreto 1561/1995, sobre jornadas especiales de trabajo, establece la obligación al empresario de informar mensualmente a los representantes de los trabajadores de las horas extraordinarias realizadas.

En cuanto a limitaciones a la hora de realizar horas extraordinarias, debemos tener en cuenta, que los trabajadores menores de dieciocho años (art. 6.3 ET) y los trabajadores nocturnos (art. 36.1 ET) no pueden realizar horas extraordinarias. Tampoco los trabajadores contratados a tiempo parcial salvo para prevenir o reparar siniestros y otros daños extraordinarios y urgentes.

Asimismo, hay que destacar, que, en un marco de política de empleo orientada a la creación de empleo, la ley permite al Gobierno «suprimir o reducir el número máximo de horas extraordinarias por tiempo deter-

[4] Sentencia Tribunal Supremo (Sala de lo Social), de 5 de octubre de 2010, rec. núm. 21/2010.

minado, con carácter general o para ciertas ramas de actividad o ámbitos territoriales, para incrementar las oportunidades de colocación de los trabajadores en paro forzoso» (art. 35.2 ET).

5. DISTRIBUCIÓN DEL TIEMPO DE TRABAJO

Como en páginas anteriores se indicó, la distribución del tiempo de trabajo u horario alude a cómo se distribuyen durante el día los momentos exactos de trabajo y descanso, así como la fijación de las horas de entrada y salida.

Si la fijación de la duración del tiempo de trabajo se hace en módulo diario, su distribución se efectúa a través del horario; sin embargo, es frecuente que se fije de forma semanal o incluso anual, entonces es necesario distribuir en dichos módulos la jornada, ya sea de forma regular o irregular.

El proceso de concreción del tiempo de trabajo, a través de la fijación de la jornada y el horario, queda posteriormente plasmado a efectos formales y de publicidad en el llamado calendario laboral.

Respecto al *horario de trabajo*, entendemos con la doctrina más acreditada, que es el medio a través del cual se fija el momento inicial y final de trabajo para cada jornada. Puede ser distinto en cada empresa, y dentro de una misma empresa, puede ser igual para todos los trabajadores o diferente atendiendo a los diferentes grupos o categorías profesionales. Suele estar regulado por la negociación colectiva, no existiendo una regulación general por parte de la ley laboral por excelencia, el ET, sobre el mismo.

Respecto al *calendario laboral* es un documento que debe elaborar el empresario con carácter anual (art. 34.6 ET). En este calendario se debe incluir el horario de trabajo, la distribución anual de los días laborables y festivos, y los descansos entre jornadas o semanales. Es un documento que debe exponerse «en un lugar visible» en cada centro de trabajo (art. 34.6 ET) para que tengan acceso a él todos los trabajadores de la empresa. En la Disposición Adicional 3.ª del RD 1561/1995, sobre jornadas especiales de trabajo, se establece la obligación del empresario de consultar a los representantes de los trabajadores para que emitan un informe, todo ello con carácter previo a la elaboración del calendario laboral.

6. TRABAJO NOCTURNO

En nuestro Ordenamiento laboral, relacionado con el tiempo de trabajo, se regula el trabajo nocturno; en el artículo 36.1 ET, se define como el «realizado entre las diez de la noche y las seis de la mañana». Sin embargo, para que un trabajador sea considerado nocturno no es necesario que su jornada sea toda en dicho periodo de tiempo, basta para ello que tres horas de su jornada ordinaria de trabajo estén comprendidas dentro del periodo nocturno o que se prevea que pueda realizar dentro de dicho período nocturno «una parte no inferior a un tercio de su jornada de trabajo anual»[5].

El empresario que utilice con frecuencia el trabajo nocturno debe informar sobre ello a la autoridad laboral (art. 36.1 ET); de esta forma se facilita el control sobre este tipo de trabajo y sus reglas especiales.

Al ser un trabajo más duro y penoso, por las horas en las que se realiza, la jornada de estos trabajadores nocturnos no puede ser superior a ocho horas diarias de promedio, en un periodo de referencia de quince días; además estos trabajadores tienen prohibido realizar horas extraordinarias (art. 36.1 ET)[6]. En esta línea protectora, los trabajadores nocturnos deben gozar «en todo momento de un nivel de protección en materia de salud y seguridad adaptado a la naturaleza de su trabajo, incluyendo unos servicios de protección y prevención apropiados, y equivalentes a los de los restantes trabajadores de la empresa» (art. 36.4 ET); asimismo, y por ser un trabajo más duro, también el empresario está obligado a garantizar a este tipo de trabajadores la realización de una evaluación gratuita de su salud antes de ser afectados a un trabajo nocturno y, luego, a intervalos regulares, según establezca la normativa específica en esta materia. Si el trabajador nocturno tiene problemas de «salud ligados al hecho de su trabajo nocturno», tiene derecho a que se le destine a un puesto de trabajo diurno que haya en la empresa para el que sea apto desde un punto de vista profesional. Para realizar este cambio de puesto se deben respetar las normas relativas a la movilidad funcional del artículo 39 ET o en su caso, las del artículo 41 ET relativas a la modificación sustancial de condiciones de trabajo (art. 36.4 ET). Por su parte, y según dispone el artículo 26.1 LPRL, la evaluación de riesgos a que están expuestas las tra-

---

[5] A efectos de la definición de trabajador nocturno, lo importante no es la constatación real a final del año del número de horas de trabajo cumplidas en período nocturno por cada trabajador, sino la programación del trabajo y si ésta prevé la realización de al menos un tercio de la jornada en período nocturno [Sentencia del Tribunal Supremo (Sala de lo Social), de 10 de diciembre de 2004, rec. 63/2004, y Sentencia del Tribunal Supremo (Sala de lo Social), de 23 de mayo de 2011, rec. 126/2010]. Son trabajadores nocturnos el personal (bomberos-conductores y auxiliares de bomberos) que realizan una jornada en turnos continuados de 24 horas de trabajo y 72 horas de descanso [Sentencia del Tribunal Supremo (Sala de lo Social), de 14 de abril de 2016, rec. 119/2015].

[6] Respecto del personal que tiene la condición de trabajadores nocturnos es nulo el acuerdo pactado con los representantes de los trabajadores para la realización de horas extras estructurales [Sentencia del Tribunal Supremo (Sala de lo Social), de 14 de abril de 2016, rec. 119/2015].

bajadoras embarazadas o lactantes puede dar lugar a la prohibición del trabajo nocturno o a turnos.

Como efecto, también, de las características de dureza y quizá más penosidad de este trabajo, se regula su régimen retributivo. Tendrá una retribución específica que se determinará en la negociación colectiva, la cual suele ser mayor que la ordinaria; únicamente no será específica si el salario del trabajador se ha fijado atendiendo a que sea trabajo nocturno por su propia naturaleza (vigilancia, limpieza, etc.) «o se haya acordado la compensación de este trabajo por descansos» (art. 36.2 ET).

Respecto a la jornada de trabajo de los trabajadores nocturnos, se puede aplicar por el Gobierno, lo dispuesto en el artículo 34.7 ET (art. 36.1 ET). Por otra parte, el Gobierno también puede establecer limitaciones y garantías adicionales a las que la ley estipula para el trabajo nocturno en ciertas actividades o para determinada categoría de trabajadores, en función de los riesgos que existan para la seguridad y salud de los mismos (art. 36.1 ET).

7. TRABAJO A TURNOS

Relacionado, asimismo, con el tiempo de trabajo está el trabajo a turnos. Se entiende por este tipo de trabajo toda forma de organización del trabajo en equipo según la cual los trabajadores ocupan sucesivamente los mismos puestos de trabajo, según un cierto ritmo, continuo o discontinuo, implicando para el trabajador la necesidad de prestar sus servicios en horas diferentes en un periodo determinado de días o semanas (art. 36.3 ET).

En aquellos casos en que la actividad de la empresa se realice todos los días de la semana (p. ej., servicios funerarios o de transporte de enfermos —ambulancias—), la ley (art. 36.3 ET) permite que dicho trabajo se pueda efectuar o por equipos de trabajadores que desarrollen su actividad por semanas completas, o por trabajadores contratados expresamente para completar los equipos durante uno o más días a la semana.

En empresas con procesos productivos continuos durante las veinticuatro horas al día (valen los mismos ejemplos), el trabajador debe rotar prestando sus servicios por los distintos turnos de forma sucesiva, y no puede, salvo adscripción voluntaria al mismo, permanecer más de dos semanas seguidas en el turno de noche.

Los trabajadores a turnos, al igual que los nocturnos, deben gozar «en todo momento de un nivel de protección en materia de salud y seguridad adaptado a la naturaleza de su trabajo, incluyendo unos servicios de protección y prevención apropiados, y equivalentes a los de los restantes trabajadores de la empresa» (art. 36.4 ET). Por otro lado, el empresario que organice su trabajo a un cierto ritmo debe tener en cuenta el principio de adaptación del trabajo a la persona, reduciendo la monotonía laboral y el trabajo repetitivo, sobre todo a través de pausas o descansos dentro de la jornada laboral (art. 36.5 ET). Tampoco debemos olvidar lo ya señalado respecto a la posible prohibición del trabajo nocturno y que afecta en el mismo sentido al trabajo por turnos respecto a las trabajadoras embarazadas o lactantes tras la evaluación de riesgos a que están expuestas según dispone el artículo 26.1 LPRL.

En el Real Decreto 1561/1995, sobre jornadas especiales de trabajo, en su artículo 19.1 se permite a los trabajadores en régimen de turnos disfrutar del medio día de descanso semanal separado del día completo semanal y disfrutarlo otro día de la semana o incluso acumularlo en períodos de hasta cuatro semanas; y respecto al descanso entre jornadas se autoriza su reducción hasta un mínimo de siete horas cuando sea necesario para proceder al cambio de turno, en el día que así ocurra, debiéndose compensar «la diferencia hasta las doce horas establecidas con carácter general en los días inmediatamente siguientes» (art. 19.2 del RD 1561/1995).

8. LA REDUCCIÓN DE JORNADA

Existen diferentes supuestos en los que por circunstancias diversas la jornada se ve cuantitativamente reducida y en general, sin dar lugar a un trabajo a tiempo parcial. A continuación, se señalan varios de estos supuestos.

Uno de los supuestos más frecuentes es *la reducción de jornada debida a la conciliación de la vida personal, familiar y laboral del trabajador*:

— De este tipo es lo dispuesto en el artículo 37.4 ET. Las personas trabajadoras que tengan un hijo menor de nueve meses tienen derecho a una hora de ausencia diaria de su trabajo, que pueden dividir en dos fracciones y que se incrementará proporcionalmente en caso de nacimiento, adopción, guarda con fines de adopción o acogimiento múltiples. Este derecho puede ser sustituido a voluntad de quien lo ejerza, por la reducción diaria de la jornada en media hora con la misma finalidad, o acumularlo en jornadas completas. Este permiso constituye un derecho individual de las personas trabajadoras, sin que pueda transferirse su ejercicio a la otra persona progenitora, adoptante, guardadora o acogedora. No obstante, si ambas personas trabajadoras pertenecen a la misma empresa y ejercen este derecho por el mismo sujeto causante, se podrá limitar su ejercicio simultáneo por razones fundadas y objetivas de funcionamiento de la empresa, debidamente motivadas por escrito, debiendo en tal caso la empresa ofrecer un plan alternativo que asegure el disfrute de ambas personas trabajadoras y que posibilite el ejercicio de los derechos de conciliación.

Por otro lado, si ambas personas progenitoras, adoptantes, guardadoras o acogedoras ejercen este derecho con la misma duración y régimen, el periodo de disfrute podrá extenderse hasta que el lactante cumpla doce meses, con una reducción proporcional del salario a partir del cumplimiento de los nueve meses.

— Un segundo caso relativo a la conciliación familiar y laboral, se recoge en el artículo 37.6 ET, donde se concede el derecho a la reducción de la jornada de trabajo diaria, a quienes por guarda legal tengan a su cuidado a un menor de doce años o a una persona con discapacidad que no desempeñe una actividad retribuida; también se concede dicho derecho a quienes tengan que ocuparse del cuidado directo del cónyuge o pareja de hecho, o un familiar hasta el segundo grado de consanguinidad y afinidad, incluido el familiar consanguíneo de la pareja de hecho, que por razones de edad, accidente o enfermedad no pueda valerse por sí mismo, y que no desempeñe actividad retribuida. En estos casos la reducción de jornada puede ser entre un octavo y un máximo de la mitad de la duración de ésta y conlleva reducción proporcional del salario.

— En el mismo artículo 37.6 ET, pero en su párrafo tercero, encontramos otro supuesto posible de reducción singular de la jornada de la persona progenitora, adoptante, guardadora con fines de adopción o acogedora permanente para el cuidado, durante la hospitalización y tratamiento continuado, del menor a su cargo afectado por cáncer (tumores malignos, melanomas y carcinomas), o por cualquier otra enfermedad grave, que implique un ingreso hospitalario de larga duración y requiera la necesidad de su cuidado directo, continuo y permanente, acreditado por el informe del servicio público de salud u órgano administrativo sanitario de la comunidad autónoma correspondiente y, como máximo, hasta que el hijo o persona que hubiere sido objeto de acogimiento permanente o de guarda con fines de adopción cumpla los veintitrés años. Se mantiene el derecho a esta reducción hasta que la persona cumpla veintiséis años si antes de alcanzar los veintitrés años acredita, además, un grado de discapacidad igual o superior al 65 por 100.

El cumplimiento de los dieciocho años de edad por el hijo o el menor sujeto a acogimiento permanente o a guarda con fines de adopción no será causa de extinción de la reducción de la jornada, si se mantiene la necesidad de cuidado directo, continuo y permanente. No obstante, cumplida la mayoría de edad, se podrá reconocer el derecho a la reducción de jornada hasta que el causante cumpla 23 años en los supuestos en que el padecimiento de cáncer o enfermedad grave haya sido diagnosticado antes de alcanzar la mayoría de edad, siempre que en el momento de la solicitud se acrediten los requisitos establecidos en los párrafos anteriores, salvo la edad.

En los supuestos de nulidad, separación, divorcio, extinción de la pareja de hecho o cuando se acredite ser víctima de violencia de género, el derecho a la reducción de jornada se reconocerá a favor del progenitor, guardador o acogedor con quien conviva la persona enferma, siempre que cumpla el resto de los requisitos exigidos.

Cuando la persona enferma que se encuentre en el supuesto que comentamos contraiga matrimonio o constituya una pareja de hecho, tendrá derecho a la prestación quien sea su cónyuge o pareja de hecho, siempre que acredite las condiciones para ser beneficiario.

Esta reducción debe ser al menos la mitad de la duración de la jornada, aunque cabe acumularla en jornadas completas según dispongan los convenios colectivos. Se reducirá el salario en proporción a la reducción.

La potestad para determinar en qué momento se quiere disfrutar de la reducción de jornada y su concreción horaria, tanto respecto al cuidado del lactante como a la reducción de jornada por cuidado corresponde a la persona trabajadora, dentro de su jornada ordinaria. No obstante, los convenios colectivos podrán establecer criterios para la concreción horaria de la reducción de jornada, en atención a los derechos de conciliación de la vida personal, familiar y laboral de la trabajadora y las necesidades productivas y organizativas de las empresas (art. 37.7 ET).

Por otro lado, la persona trabajadora, salvo fuerza mayor, debe preavisar al empresario «con una antelación de quince días o la que se determine en el convenio colectivo aplicable, precisando la fecha en que iniciará y finalizará el permiso de cuidado del lactante o la reducción de jornada» (art. 37.7 ET).

Si el empresario no acepta la propuesta se podrá acudir a la jurisdicción social.

Por último, no debemos olvidar que el derecho a estas reducciones de jornada es un derecho individual de los trabajadores, hombres o mujeres, sin embargo, si en una misma empresa, dos personas trabajadoras generan este derecho por el mismo sujeto causante, el empresario podrá limitar su ejercicio simultáneo por razones fundadas y objetivas de funcionamiento de la empresa, debidamente motivadas por escrito, debiendo en tal caso la empresa ofrecer un plan alternativo que asegure el disfrute de ambas personas trabajadoras y que posibilite el ejercicio de los derechos de conciliación. En la Ley se añade que en el ejercicio de este derecho se tendrá en cuenta «el fomento de la corresponsabilidad entre mujeres y hombres y, asimismo, evitar la perpetuación de roles y estereotipos de género».

— También como medida conciliadora, en cuarto lugar, encontramos el derecho a la reducción de jornada de la persona trabajadora, en caso de nacimiento de hijos/as prematuros/as o que deban permanecer hospitalizados/as a continuación del parto. La reducción sería de dos horas de su jornada con la disminución proporcional de su salario (art. 37.5 ET); y para su disfrute también se aplica lo dispuesto en el artículo 37.7 ET.

Otro tipo de *reducción de jornada es el motivado para proteger a los trabajadores considerados víctimas de violencia de género, de violencia sexual o de terrorismo* y hacer efectiva su protección o su derecho a la asistencia social integral, y en consecuencia se reconoce el derecho a la reducción de jornada con reducción proporcional del salario o a la reordenación del tiempo de trabajo, a través de la adaptación del horario, de la aplicación del horario flexible o de otras formas de ordenación del tiempo de trabajo que se utilicen en la empresa. También tendrán derecho a realizar su trabajo total o parcialmente a distancia o a dejar de hacerlo si este fuera el sistema establecido, siempre en ambos casos que esta modalidad de prestación de servicios sea compatible con el puesto y funciones desarrolladas por la persona.

La concreción de estos derechos se hará de acuerdo con los términos recogidos en el convenio colectivo de aplicación, en el acuerdo de empresa con los representantes de los trabajadores o en el acuerdo de empresa y la persona trabajadora. En su defecto, la concreción de estos derechos corresponderá a ésta, siendo de aplicación las reglas establecidas en el apartado anterior, incluidas las relativas a la resolución de discrepancias (art. 37.8 ET).

Se encuentran, asimismo, *jornadas reducidas*, como sabemos, en el Real Decreto 1561/1995, de 21 de septiembre, de jornadas especiales de trabajo, debido a las especiales circunstancias en las que se presta el trabajo y sus características.

También existe la posibilidad de *reducción de la jornada de un trabajador para recibir formación*, así en los casos de enseñanzas o prácticas en materia de seguridad e higiene (arts. 19.4 ET y 19.2 LPRL).

Otro tipo de *reducción de jornada es el que puede producirse por causas económicas, técnicas, organizativas o de producción (ETOP)*, contenida en el artículo 47 ET principalmente. En este artículo se regulan los expedientes de regulación temporal de empleo (ERTE) por causas ETOP y por fuerza mayor temporal.

Hasta la Reforma laboral 2021 de la materia, la concurrencia de causas *ETOP* permitía a la empresa, adoptar medidas de suspensión de los contratos de trabajo o de reducción de jornada (y así sigue ocurriendo en la actualidad). Eran y siguen siendo medidas de efectos temporales, ante situaciones en las que debía o debe paralizarse o reducirse el trabajo, sin olvidar que durante su vigencia existían o existen expectativas fundadas de recuperación en un tiempo del ritmo ordinario de producción o actividad empresarial. Sin embargo, tras los cambios introducidos por la Reforma laboral 2021, las empresas cuentan con un tercer mecanismo, el denominado mecanismo RED de Flexibilidad y Estabilización del Empleo (nuevo art. 47 bis ET), que les permite la solicitud de medidas de reducción de jornada y suspensión de contratos de trabajo, mecanismo en el que nos detendremos más adelante.

Son medidas de flexibilidad coyunturales, que carecen de efectos definitivos sobre el contrato de trabajo y que suponen la paralización o reducción del trabajo. No obstante, entre la suspensión del contrato y reducción temporal de jornada existen claras diferencias. En el caso de suspensión se paraliza el trabajo completamente, el tiempo que dure aquélla, mientras que la reducción tan sólo supone una disminución del ritmo de producción y de trabajo en el periodo de referencia.

Tras la Reforma laboral 2021, en el artículo 47.7 ET se señala que las empresas, en «la medida en que ello sea viable», deben priorizar «la adopción de medidas de reducción de jornada frente a las de suspensión de contratos».

Pese a ello, su régimen jurídico es similar, y se contiene en el artículo 47 y en el nuevo artículo 47 bis ET, desarrollado por Real Decreto 1483/2012, de 29 de octubre, por el que se aprueba el Reglamento de los procedimientos de despido colectivo y de suspensión de contratos y reducción de jornada[7] (en adelante, RD 1483/2012).

Para las empresas en concurso estas medidas han de adoptarse conforme a lo dispuesto en la normativa concursal, actualmente en los artículos 169 y siguientes de la vigente Ley Concursal[8].

El procedimiento para llevar a cabo tanto la reducción de jornada como la suspensión de los contratos de trabajo por causas ETOP es muy similar al de la tramitación de un despido colectivo, aunque más corto y concentrado. Las líneas básicas del procedimiento las encontramos en el artículo 47 ET y en el RD 1483/2012.

---

[7] *BOE* de 30 de octubre de 2012.

[8] Aprobada mediante el Real Decreto Legislativo 1/2020, de 5 de mayo, por el que se aprueba el texto refundido de la Ley Concursal (*BOE* de 7 de mayo).

La jornada de trabajo se puede reducir temporalmente por dichas causas ETOP entre un 10 y un 70 por 100 de la jornada de trabajo computada sobre la base de una jornada diaria, semanal, mensual o anual (art. 16.2 del RD 1483/2012); durante el período de reducción no podrán realizarse horas extraordinarias, establecerse nuevas externalizaciones de actividad ni concertarse nuevas contrataciones laborales, con alguna salvedad; y mientras esté vigente el expediente, la empresa podrá «desafectar y afectar a las personas trabajadoras en función de las alteraciones de las circunstancias señaladas como causa justificativa de las medidas» (art. 47.7 ET).

En este supuesto, como en la suspensión del contrato de trabajo, no se distingue por la norma reguladora, en función del número de trabajadores afectados para la regulación y aplicación del procedimiento de reducción temporal de jornada. El procedimiento legalmente previsto habrá de seguirse con independencia del número de empleados de la empresa o del número de trabajadores afectados.

Por otro lado, la reducción de jornada no da derecho a indemnización alguna (art. 16.4 del RD 1483/2012); sin embargo, sí da derecho a percibir la prestación por desempleo, en proporción a la disminución temporal de jornada [arts. 262.3 y 267.1.*c*) LGSS]. Para ello, el empresario debe comunicar por escrito al trabajador la causa y fecha de los efectos de la situación de desempleo y posteriormente a la autoridad laboral; ésta última posteriormente, debe comunicar a la entidad gestora de la prestación de desempleo, las medidas de suspensión o reducción de jornada adoptadas por el empresario, así como las variaciones que se produzcan.

También se producen cambios en materia de cotización mientras estén vigentes dichos expedientes (art. 153 bis LGSS).

Asimismo, durante la reducción de jornada, está previsto que se promueva el desarrollo de acciones formativas «vinculadas a la actividad profesional de los trabajadores afectados cuyo objeto sea aumentar la polivalencia o incrementar su empleabilidad» (art. 16.5 del RD 1483/2012). La nueva Disposición Adicional 25.ª ET, establece que durante la vigencia de las medidas de flexibilidad que estudiamos «las empresas podrán desarrollar acciones formativas para cada una de las personas afectadas, que tendrán como objetivo la mejora de las competencias profesionales y la empleabilidad de las personas trabajadoras», en concreto, impulsando la adquisición de competencias digitales. Estas «acciones formativas deberán desarrollarse durante la aplicación de la reducción de la jornada o suspensión del contrato, en el ámbito de un expediente de regulación temporal de empleo, o en tiempo de trabajo. En cualquier caso, deberán respetarse los descansos legalmente establecidos y el derecho a la conciliación de la vida laboral, personal y familiar».

Una novedad introducida por la Reforma laboral 2021 en el artículo 47.4 ET es la posibilidad de prorrogar la reducción de jornada y la suspensión de contrato por causas ETOP. La empresa, en cualquier momento, durante dicha reducción o suspensión, podrá comunicar a la representación legal de los trabajadores con los que ha negociado el período de consultas, la prórroga de la medida. Los efectos se producirán desde el día siguiente a la finalización del periodo inicial de reducción o suspensión.

Como causa de *reducción de jornada destacamos también la fuerza mayor temporal*, reconocida expresamente tras la Reforma laboral 2021 en el artículo 47.5 y 6 ET.

La fuerza mayor se entiende como un acontecimiento involuntario, imprevisible o previsible pero inevitable.

Hasta la Reforma laboral 2021 estaba regulado por la anterior redacción del artículo 47.3 ET, que se limitaba a decir que el contrato de trabajo podía ser suspendido por causa derivada de fuerza mayor con arreglo al procedimiento establecido para el despido colectivo y normas reglamentarias de desarrollo. Con la nueva regulación en el artículo 47.5 y 6 ET se establece expresamente que la causa de fuerza mayor debe ser temporal y que la empresa puede adoptar medidas de suspensión del contrato de trabajo por esta causa, pero también de reducción de la jornada.

Para la reducción de jornada o suspensión de contratos de trabajo por razones de fuerza mayor temporal, con independencia de que sea individual o colectiva, se habrá de seguir el procedimiento establecido en los artículos 47.5 y 51.7 ET, y en el RD 1483/2012, de 29 de octubre.

El expediente lo inicia el empresario con su solicitud y los medios de prueba que estime oportunos; al mismo tiempo se comunica el hecho a los representantes de los trabajadores. La fuerza mayor debe ser constatada por la autoridad laboral, cualquiera que sea el número de trabajadores afectados.

La autoridad laboral solicitará informe preceptivo a la Inspección de Trabajo y Seguridad Social.

La resolución de la autoridad laboral debe producirse en cinco días desde la solicitud y deberá limitarse a constatar la existencia de la fuerza mayor alegada por la empresa. La resolución surtirá efectos desde la fecha del hecho causante de la fuerza mayor, y hasta la fecha determinada en la propia resolución. Si no se emite resolución se entiende autorizado. Corresponde a la empresa la decisión sobre la reducción de las jornadas de trabajo o suspensión de los contratos de trabajo. Dicha decisión, deberá efectuarse dando traslado de tal circunstancia a los representantes de los trabajadores y a la Autoridad Laboral.

Si se mantiene la fuerza mayor a la finalización del período determinado en la resolución del expediente, se deberá solicitar una nueva autorización.

En la Ley 17/2015, de 9 de julio, del Sistema Nacional de Protección Civil[9] (art. 24) se prevé la adopción de medidas similares, en los términos que apruebe el Consejo de ministros, cuando se declare una zona afectada gravemente por una emergencia de protección civil[10] , En estos casos la TGSS podrá exonerar al empresario del abono de las cuotas de la Seguridad Social y por conceptos de recaudación conjunta. Así ocurrió en el año 2021 como consecuencia de la borrasca Filomena, cuando se acometieron medidas de protección a los afectados de varias CC.AA.[11] En el año 2022 beneficios de este tipo podemos encontrarlos en la Orden TES/443/2022, de 17 de mayo[12], por la que se dictan las normas para la aplicación de las medidas laborales y de protección por desempleo previstas en la Ley 17/2015, del Sistema Nacional de Protección Civil, en las zonas afectadas gravemente por emergencias de protección civil como consecuencia de incendios forestales, inundaciones y otros fenómenos de distinta naturaleza. En su artículo 2 dispone que las suspensiones de contrato y reducciones de jornada y los despidos colectivos que tengan su causa directa en los daños producidos por los incendios forestales, inundaciones y otros fenómenos de distinta naturaleza contemplados en los Acuerdos del Consejo de ministros de 24 de agosto, 21 de septiembre y 17 de diciembre de 2021, tendrán la consideración de provenientes de una situación de fuerza mayor.

Por otro lado, el artículo 47.6 ET, reconoce otro caso de fuerza mayor temporal «por impedimentos o limitaciones en la actividad normalizada de la empresa que sean consecuencia de decisiones adoptadas por la au-

---

[9] *BOE* de 10 de julio.

[10] Emergencia de protección civil es una «situación de riesgo colectivo sobrevenida por un evento que pone en peligro inminente a personas o bienes y exige una gestión rápida por parte de los poderes públicos para atenderlas y mitigar los daños y tratar de evitar que se convierta en una catástrofe. Se corresponde con otras denominaciones como emergencia extraordinaria, por contraposición a emergencia ordinaria que no tiene afectación colectiva» (art. 2.5 de la Ley 17/2015).

[11] El artículo 5 del Real Decreto-ley 10/2021, de 18 de mayo, por el que se adoptan medidas urgentes para paliar los daños causados por la borrasca «Filomena» (*BOE* de 19 de mayo), y especialmente, la Orden TES/1223/2021 de desarrollo, Orden TES/1223/2021, de 4 de noviembre, por la que se dictan normas para la aplicación de las medidas laborales y de protección por desempleo previstas en la Ley 17/2015, de 9 de julio, del Sistema Nacional de Protección Civil, en las zonas afectadas gravemente por una emergencia de protección civil como consecuencia de la borrasca «Filomena» (*BOE* de 11 de noviembre), disponen que las suspensiones de contrato y reducciones de jornada, y los despidos colectivos tendrán la consideración de provenientes de fuerza mayor. Además, dispone medidas especiales en materia de protección por desempleo.

[12] *BOE* de 20 de mayo.

toridad pública competente, incluidas aquellas orientadas a la protección de la salud pública». Para este supuesto, el procedimiento a seguir será el mismo que acabamos de exponer del artículo 47.5 ET con las siguientes particularidades:

«*a*) La solicitud de informe por parte de la autoridad laboral a la Inspección de Trabajo y Seguridad Social no será preceptiva.

b) La empresa deberá justificar, en la documentación remitida junto con la solicitud, la existencia de las concretas limitaciones o del impedimento a su actividad como consecuencia de la decisión de la autoridad competente.

c) La autoridad laboral autorizará el expediente si se entienden justificadas las limitaciones o impedimento referidos» (art. 47.6 ET).

En otro orden de cosas, en todos los expedientes debidos a fuerza mayor temporal, se aplicarán normas comunes a los casos de reducción de jornada y suspensión de contrato por causas ETOP (art. 47.7 ET) ya señaladas, como: la reducción de la jornada podrá ser entre un 10 y un 70 por 100 y computarse sobre la base de la jornada diaria, semanal, mensual o anual; se priorizará la adopción de medidas de reducción de jornada frente a las de suspensión de contratos; dentro del período de aplicación del expediente no podrán realizarse horas extraordinarias, tampoco nuevas externalizaciones de actividad ni concertarse nuevas contrataciones laborales, con alguna salvedad; durante el período de aplicación del expediente, la empresa podrá «desafectar y afectar a las personas trabajadoras en función de las alteraciones de las circunstancias señaladas como causa justificativa de las medidas». Estas medidas de flexibilidad se complementan con un impulso de la formación de las personas que se vean afectadas, para la mejora de sus competencias profesionales y empleabilidad, en concreto, impulsando la adquisición de competencias digitales; para ello «deberán respetarse los descansos legalmente establecidos y el derecho a la conciliación de la vida laboral, personal y familiar» (nueva Dips. Adic. 25.ª ET). Asimismo se complementan con el derecho a percibir la prestación por desempleo, en proporción a la disminución temporal de jornada [arts. 262.3 y 267.1.*c*) LGSS] Para ello, el empresario debe comunicar por escrito al trabajador la causa y fecha de los efectos de la situación de desempleo y posteriormente a la autoridad laboral; ésta última posteriormente, debe comunicar a la entidad gestora de la prestación de desempleo, las medidas de suspensión o reducción de jornada adoptadas por el empresario, así como las variaciones que se produzcan. No podemos dejar de señalar que se producen variaciones en materia de cotización durante la vigencia de dichos expedientes (nuevo art. 153 bis LGSS incluido por la Reforma laboral 2021).

Por último, respecto a *la reducción de jornada*, es necesario detenerse en la figura conocida como *Mecanismo RED de Flexibilidad y Estabilización del Empleo,* regulada en el artículo 47 bis ET introducido por la Reforma laboral 2021. A través de esta figura se permite a las empresas solicitar medidas de reducción de jornada y suspensión de contratos de trabajo siempre bajo la autorización del Consejo de ministros. Se trata de un mecanismo muy especial de protección del empleo que requiere la acción del Gobierno.

Se prevén dos modalidades:

- Cíclica: cuando se aprecie una coyuntura macroeconómica general que aconseje la adopción de instrumentos adicionales de estabilización con una duración máxima de un año.
- Sectorial: cuando en un determinado sector/es de actividad se aprecien cambios permanentes que generen necesidades de recualificación y de procesos de transición profesional de las personas trabajadoras. La duración máxima inicial es de un año, con la posibilidad de dos prórrogas de seis meses cada una. En esta modalidad, las organizaciones sindicales y empresariales más representativas podrán solicitar la convocatoria de una comisión tripartita que analice la necesidad de activar esta medida en un sector concreto.

El mecanismo RED de Flexibilidad y Estabilización del Empleo será activado por el Consejo de ministros. Una vez activado, las empresas podrán solicitar a la autoridad laboral competente la reducción de la jornada o la suspensión de los contratos. Simultáneamente se comunicará a la representación legal de las personas trabajadoras. En la modalidad sectorial debe acompañarse de un plan de recualificación.

El procedimiento se tramitará de acuerdo con lo previsto en el artículo 47.5 ET (ERTE por fuerza mayor temporal), previo desarrollo de un periodo de consultas en los términos regulados en el artículo 47.3 ET (ERTE por causas ETOP), con una serie de particularidades.

La autoridad laboral deberá remitir la solicitud empresarial a la Inspección de Trabajo y recabar el informe preceptivo de ésta sobre la concurrencia de los requisitos, que debe emitirse en el plazo improrrogable de siete días desde la notificación de inicio por parte de la empresa a la autoridad laboral.

El periodo de consultas puede concluir con acuerdo, sin acuerdo o sin resolución expresa. La autoridad laboral deberá resolver en el plazo de siete días naturales desde la conclusión del periodo de consultas. En caso de acuerdo, la autoridad laboral autorizará la aplicación del mecanismo pudiendo la empresa acometer las medidas; en el supuesto de falta de acuerdo, será la autoridad laboral la que estime o desestime la solicitud empresarial, en función de si concurre o no la situación cíclica o sectorial. Por último, si no recae resolución expresa en plazo, las medidas se tendrán por autorizadas.

Existen normas comunes aplicables a las dos modalidades del mecanismo RED: son aplicables a ambas tanto la posibilidad de prórroga como las otras medidas comunes a todos los ERTE previstos en el artículo 47 ET; los trabajadores afectados tendrán derecho a una prestación específica del mecanismo RED, desde el 30 de marzo de 2022, regulada en la Disposición Adicional 41.ª LGSS; asimismo, se constituye un fondo RED de Flexibilidad y Estabilización en el empleo para las necesidades futuras de financiación de prestaciones y exenciones de cotizaciones a la Seguridad Social y los costes de formación y, por último, durante la aplicación de las medidas, las empresas podrán desarrollar acciones formativas para los trabajadores afectados con el objetivo de mejorar las competencias profesionales y su empleabilidad.

9. EL DESCANSO SEMANAL

Los trabajadores tienen derecho, como mínimo, a un descanso semanal de día y medio ininterrumpido de duración, acumulable por períodos de hasta catorce días. Este descanso, como regla general, comprenderá la tarde del sábado, o en su caso, la mañana del lunes, y el día entero del domingo (art. 37.1 ET). La ley establece este descanso como descanso mínimo, por tanto, puede ser ampliado o mejorado por convenio colectivo o por contrato.

Los trabajadores menores de dieciocho años tienen derecho a un descanso, como mínimo, de dos días ininterrumpidos (art. 37.1 ET) a la semana, y se entiende que con la posibilidad de acumularlos por períodos de hasta catorce días.

También se permite que en ciertos supuestos, el Gobierno, fije ampliaciones, reducciones y regímenes de descanso alternativos para actividades concretas (art. 37.4 ET); como así se recoge en el RD 1561/1995, de 21 de septiembre, de jornadas especiales de trabajo.

El descanso semanal, descanso generado como consecuencia del trabajo realizado durante la semana, es retribuido (art. 26.1 ET).

10. FIESTAS LABORALES

Las fiestas laborales son días de descanso a lo largo del año predeterminados legalmente, con carácter retribuido y no recuperables (art. 37.2 ET). El ET establece que no pueden exceder de catorce al año, y que dos de éstas, serán de carácter local. Cuando alguna de estas fiestas, excepcionalmente y por razones técnicas u organizativas, no se pueda disfrutar, la empresa deberá abonar al trabajador el importe de las horas trabajadas en el día festivo, incrementado en un 75 por 100, como mínimo, salvo descanso compensatorio (art. 47 del RD 2001/1983, de 28 de julio, previsión que deja expresamente vigente el RD 1561/1995 cuando lo deroga).

Son fiestas nacionales, no susceptibles de traslado a otro día de la semana, salvo que coincidan con domingo, ni sustituibles por fiestas autonómicas: la Natividad del Señor; Año Nuevo; 1 de mayo, como Fiesta del Trabajo y 12 de octubre, como Fiesta Nacional de España (art. 37.2 ET). El resto de las fiestas nacionales son: la Asunción de la Virgen; Todos los Santos; la Inmaculada Concepción; Viernes Santo; Jueves Santo; la Epifanía del Señor; San José o Santiago Apóstol.

Todas las fiestas nacionales que coincidan con domingo pueden ser trasladadas al lunes inmediatamente posterior.

Las CC.AA., sin sobrepasar el número de catorce fiestas anuales, «podrán señalar aquellas fiestas que por tradición les sean propias». Para ello se les permite sustituir la festividad de Jueves Santo, la Epifanía del Señor, San José o Santiago Apóstol, por sus fiestas tradicionales; permitiéndoles, asimismo, sustituir sus fiestas por las nacionales que hayan sido trasladadas a lunes (arts. 45.3 del RD 2001/1983 y 37.2 ET). Excepcionalmente se les permite aumentar a quince el número de fiestas laborales (fiesta con carácter recuperable) cuando no tengan lugar en domingo suficientes fiestas nacionales, y no sea, por ello, posible celebrar una de las fiestas tradicionales de alguna C.A. También pueden trasladar a lunes sus fiestas tradicionales. Por otra parte, y antes del 30 de septiembre, las CC.AA., deben remitir al Ministerio de Trabajo y Economía Social sus fiestas tradicionales para su publicación en el *BOE* (art. 45.4 del RD 2001/1983). El Ministerio publicará anualmente las fiestas laborales en dicho Boletín.

11. VACACIONES

Otro descanso al que tienen derecho los trabajadores es al descanso anual. Las vacaciones forman parte del tiempo de descanso que corresponde al trabajador en virtud de su previa prestación de servicios a la empresa.

Como finalidad de este descanso, entre otras, destacamos la recuperación física del trabajador y su dedicación a actividades de ocio y esparcimiento[13].

Las llamadas vacaciones constituyen el descanso anual retribuido previsto en nuestra Constitución en su artículo 40.2. Por su parte, el artículo 38 ET desarrolla dicho precepto constitucional y regula el régimen laboral de las vacaciones. A su vez, este régimen legal puede completarse con lo dispuesto en el Convenio núm. 132 de la OIT, sobre vacaciones anuales pagadas, ratificado por España en 1972.

Según la disposición estatutaria, los trabajadores tienen derecho a disfrutar, como mínimo, de treinta días naturales al año de vacaciones. La duración es mejorable por convenio colectivo o por contrato individual.

Las vacaciones son retribuidas y no pueden ser sustituidas por compensación económica; de esta forma el precepto trata de que sean disfrutadas efectivamente. Sólo en el caso de que la relación de trabajo se extinga antes de que el trabajador haya disfrutado de dicho período de descanso, es posible su compensación económica (o la devolución en metálico por el trabajador de lo disfrutado en exceso si la duración ha sido superior a la que hubiera correspondido por el tiempo trabajado en el año).

En cuanto a la retribución de las vacaciones, el trabajador percibirá la retribución normal o media[14] que haya obtenido en la época de actividad (salario base más complementos salariales)[15].

---

[13] El descanso anual «tiene por objeto reparar no sólo la fatiga energética, resultante de un esfuerzo físico y mental continuado, sino también la fatiga ambiental, resultante de las diversas constricciones que pueden derivarse del trabajo, del medio de trabajo y del modo de vida que su realización conlleva... con las vacaciones se trata de procurar al trabajador oportunidades de descanso y también, en lo posible, de distracción. El tiempo de vacaciones ha de ser, por tanto, tiempo libre o tiempo de ocio» [Sentencia del Tribunal Supremo (Sala de lo Social), de 3 de octubre de 2007, rec. 5068/2005].

[14] En estos términos se recoge en el artículo 7 del Convenio de la OIT núm. 132.

[15] En esta línea, es de destacar la jurisprudencia sentada en materia de retribución de vacaciones, en dos sentencias dictadas por el Pleno de la Sala del Tribunal Supremo de fecha 8 de junio de 2016 ambas (núm. procedimiento: 112/2015, y rec. 207/2015). El Tribunal Supremo señala que en dicha retribución se deben incluir todos los conceptos que se perciban habitualmente. Se declara la inclusión de todos los conceptos ordinarios y extraordinarios que se perciban habitualmente por el trabajador en el desarrollo de sus funciones, debiendo valorarse atendiendo a las circunstancias concretas de cada caso. Por el contrario, sólo podrán excluirse de la retribución durante las vacaciones aquellos conceptos extraordinarios o cuya inclusión pudiera dar lugar a un doble pago.

Importante y destacada en la materia es la Sentencia de la Audiencia Nacional (Sala de lo Social) en su Sentencia de 11 de noviembre de 2016 [tipo y núm. procedimiento: Impugnación de Convenios 256/2016 (*BOE* de 20 de diciembre de 2016)]: «La retribución de las vacaciones ha de comprender todos los conceptos salariales (retribución normal o media) obtenida por el trabajador en la época de actividad, lo cual es acorde con su finalidad».

El derecho a vacaciones se genera anualmente en función de los días efectivamente trabajados; también computan a estos efectos las ausencias debidas a permisos retribuidos, incapacidad temporal, maternidad, huelga, etc.

Las vacaciones deben disfrutarse dentro del año natural.

El período de disfrute de las vacaciones se fija mediante acuerdo entre el empresario y el trabajador, respetando, en su caso, lo establecido en los convenios colectivos sobre planificación anual de las vacaciones. Cuando no exista acuerdo sobre la fecha de disfrute de las vacaciones, resolverá la jurisdicción competente en un procedimiento de carácter urgente (arts. 125 y 126 LRJS). Por otra parte, la ley dispone que el trabajador conocerá la fecha del disfrute de sus vacaciones con dos meses de antelación por lo menos (art. 38.3 ET). En el artículo 8 del Convenio núm. 132 de la OIT, se permite el fraccionamiento de las vacaciones y se establece que, si no hay otra previsión pactada, una de las fracciones de las vacaciones deberá consistir, por lo menos, en dos semanas laborables consecutivas, siempre que por la duración de sus servicios el trabajador tenga derecho a ellas. Asimismo, cada empresa deberá elaborar el calendario de vacaciones (art. 38.3 ET).

Cuando el periodo de disfrute de vacaciones coincida en el tiempo con una «incapacidad temporal» derivada del embarazo, el parto, la lactancia natural o con el período de suspensión del contrato de trabajo previsto en el artículo 48 apartados 4, 5 y 7, se tendrá derecho a disfrutar de las vacaciones en fecha distinta, al finalizar dichos períodos de suspensión «aunque haya terminado el año natural al que correspondan» (art. 38.3 ET).

En el supuesto de que el periodo de vacaciones coincida con una incapacidad temporal por contingencias distintas a las señaladas en el párrafo anterior que imposibilite al trabajador disfrutarlas, total o parcialmente, durante el año natural a que corresponden, el trabajador podrá hacerlo una vez finalice su incapacidad y siempre que no hayan transcurrido más de dieciocho meses a partir del final del año en que se hayan originado (art. 38.3 ET). Esta previsión ha sido ampliada por la Jurisprudencia comunitaria, que ha determinado el derecho a las vacaciones anuales incluso tras una incapacidad temporal prolongada. En caso de reincorporación, hayan transcurrido o no los dieciocho meses citados, se deben disfrutar y si se produjera la extinción, se compensarán económicamente las no disfrutadas por causa de la baja laboral[16].

---

[16] Sentencia interesante sobre compensación de vacaciones no disfrutadas por enfermedad de larga duración es la del Tribunal Supremo (Sala de lo Social), de 4 de febrero de 2015, rec. 2085/2013. Con cita expresa de la jurisprudencia comunitaria, Tribunal Supremo (Sala de lo Social), de 20 mayo 2014, rec. 2201/2013.

Por último señalar, que tanto respecto a las vacaciones como a los temas tratados con anterioridad, según el artículo 7.5 LISOS se consideran infracciones graves «la transgresión de las normas y los límites legales o pactados en materia de jornada, trabajo nocturno, horas extraordinarias, horas complementarias, descansos, vacaciones, permisos y, en general, el tiempo de trabajo a que se refieren los artículos 12, 23 y 34 a 38 ET.

12. INTERRUPCIONES DE LA PRESTACIÓN LABORAL

Además de los descansos señalados, en la relación laboral se pueden producir situaciones en las que se interrumpe la prestación laboral de manera temporal, producto normalmente de causas imprevistas y variadas. Lo que conocemos como interrupciones no suelen ser descansos ni tampoco suspensiones de la relación laboral, en las que no se trabaja ni se tiene derecho al salario. Las interrupciones son ceses temporales, normalmente de corta duración, donde la persona trabajadora deja de prestar su trabajo, pero continúa percibiendo su retribución.

Interrupciones frecuentes de la relación laboral, son los permisos retribuidos señalados muchos de ellos en el artículo 37.3 ET; en dichos supuestos, la persona trabajadora, de manera justificada y preavisando al empresario, tiene derecho a ausentarse de su trabajo, con derecho a remuneración[17]. En concreto, los casos señalados en el artículo 37.3 ET son los siguientes: permiso por matrimonio o registro de pareja de hecho durante quince días naturales; permiso de cinco días por accidente o enfermedad graves, hospitalización o intervención quirúrgica sin hospitalización que precise reposo domiciliario del cónyuge, pareja de hecho o parientes hasta el segundo grado por consanguineidad o afinidad, incluido el familiar consanguíneo de la pareja de hecho, así como de cualquier otra persona distinta de las anteriores, que conviva con la persona trabajadora en el mismo domicilio y que requiera el cuidado efectivo de aquélla; permiso de dos días por el fallecimiento del cónyuge, pareja de hecho o parientes hasta el segundo grado de consanguinidad o afinidad y si la persona trabajadora necesitara hacer un desplazamiento al efecto, el plazo se ampliará en dos días; permiso de un día por traslado del domicilio habitual; permiso por el tiempo indispensable o el que disponga una norma legal o convencional para el cumplimiento de un deber inexcusable de

[17] En la Sentencia del Tribunal Supremo (Sala de lo Social), de 13 de febrero de 2018, rec. 266/2016, se señala que los permisos retribuidos deben iniciarse en días laborales, es decir, deben disfrutarse a partir del primer día laborable que le siga al hecho causante, ya que están previstos para su disfrute en días laborales y no festivos.

carácter público y personal, incluido el ejercicio del sufragio activo; permiso para la realización de funciones sindicales o de representación del personal en los términos establecidos legal o convencionalmente; permiso por el tiempo indispensable para la realización de exámenes prenatales y técnicas de preparación al parto, y en los casos de adopción, guarda con fines de adopción o acogimiento, para la asistencia a las preceptivas sesiones de información y preparación y para la realización de los preceptivos informes psicológicos y sociales previos a la declaración de idoneidad, siempre, en todos los casos, que deban tener lugar dentro de la jornada de trabajo y recientemente añadido a los permisos del artículo 37.3 ET, como apartado *g*) por el RD-ley 8/2024, de 28 de noviembre (*BOE* de 29 de noviembre), el permiso de hasta cuatro días «por imposibilidad de acceder al centro de trabajo o transitar por las vías de circulación necesarias para acudir al mismo, como consecuencia de las recomendaciones, limitaciones o prohibiciones al desplazamiento establecidas por las autoridades competentes, así como cuando concurra una situación de riesgo grave e inminente, incluidas las derivadas de una catástrofe o fenómeno meteorológico adverso». Este permiso se puede prolongar «hasta que desaparezcan las circunstancias que lo justificaron, sin perjuicio de la posibilidad de la empresa de aplicar una suspensión del contrato de trabajo o una reducción de jornada derivada de fuerza mayor en los términos previstos en el artículo 47.6». Y, al respecto, por la norma se continúa señalando que «cuando la naturaleza de la prestación laboral sea compatible con el trabajo a distancia y el estado de las redes de comunicación permita su desarrollo, la empresa podrá establecerlo, observando el resto de las obligaciones formales y materiales recogidas en la Ley 10/2021, de 9 de julio, de trabajo a distancia, y, en particular, el suministro de medios, equipos y herramientas adecuados».

El preaviso debe hacerse cumpliendo las exigencias de la buena fe, es decir, con antelación suficiente, salvo que las circunstancias que justifican el permiso así lo impidan por su carácter imprevisible; teniendo la obligación la persona trabajadora en este caso, de comunicar y justificar la situación al empresario lo antes posible.

La negociación colectiva en relación con este tipo de permisos tiene un papel importante, no sólo por la posibilidad de ampliar su duración, sino como reguladora de nuevos permisos diferentes a los recogidos por la Ley.

Otros permisos a tener en cuenta, recogidos también en el ET y, asimismo, mejorables por convenio colectivo, son los siguientes:

— El permiso para cuidado de lactante (art. 37.4 ET), ya explicado con anterioridad a efectos de reducción de jornada. Las personas trabajadoras que tengan un hijo menor de nueve meses tienen derecho a una hora de ausencia diaria de su trabajo, que pueden dividir en dos fracciones y que se incrementará proporcionalmente en caso de nacimiento, adopción, guarda con fines de adopción o acogimiento múltiples. Este derecho puede ser sustituido a voluntad de quien lo ejerza, por la reducción diaria de la jornada en media hora con la misma finalidad, o acumularlo en jornadas completas. Este permiso constituye un derecho individual de las personas trabajadoras, sin que pueda transferirse su ejercicio a la otra persona progenitora, adoptante, guardadora o acogedora. No obstante, si ambas personas trabajadoras pertenecen a la misma empresa y ejercen este derecho por el mismo sujeto causante, se podrá limitar su ejercicio simultáneo por razones fundadas y objetivas de funcionamiento de la empresa, debidamente motivadas por escrito, debiendo en tal caso la empresa ofrecer un plan alternativo que asegure el disfrute de ambas personas trabajadoras y que posibilite el ejercicio de los derechos de conciliación.

Por otro lado, si ambas personas progenitoras, adoptantes, guardadoras o acogedoras ejercen este derecho con la misma duración y régimen, el periodo de disfrute podrá extenderse hasta que el lactante cumpla doce meses, con una reducción proporcional del salario a partir del cumplimiento de los nueve meses.

— El permiso por parto prematuro u hospitalización del recién nacido, para que la persona trabajadora pueda atender al niño que permanece hospitalizado (art. 37.5 ET); la ley le permite ausentarse una hora de su trabajo con carácter retribuido.

— El permiso para la realización de exámenes cuando el trabajador curse con regularidad estudios para la obtención de un título académico o profesional, o para la asistencia a cursos de formación o perfeccionamiento profesional o para la adaptación a las modificaciones operadas en el puesto de trabajo (art. 23.1 ET). Será la negociación colectiva la que determine su ejercicio.

— Un permiso retribuido de veinte horas anuales de formación vinculada al puesto de trabajo para trabajadores con al menos un año de antigüedad en la empresa, acumulables por un periodo de hasta cinco años. En defecto de lo previsto en convenio colectivo, la concreción del disfrute del permiso se fijará de mutuo acuerdo entre trabajador y empresario (art. 23.3 ET).

— El permiso por desplazamiento: cuando la empresa desplaza a un trabajador por más de tres meses fuera de la localidad donde tiene su domicilio habitual, la ley reconoce al trabajador el derecho a un permiso retribuido de cuatro días laborales por cada tres meses que esté desplazado (art. 40.6 ET).

— Otro posible permiso se produce en los casos de despido por causa objetivas, durante un período de quince días, conocido como período de preaviso, se reconoce el derecho al trabajador para ausentarse durante seis horas de su trabajo a la semana para buscar nuevo empleo (art. 53.2 ET).

13. BIBLIOGRAFÍA

Alarcón Caracuel, M. R., *La ordenación del tiempo de trabajo,* Madrid, Tecnos, 1988.

Alfonso Mellado, C. L., *Vacaciones, fiestas y descanso semanal,* Tirant lo Blanch, 1996.

Basterra Hernández, M., *Tiempo de trabajo y tiempo de descanso*, Valencia, Tirant lo Blanch, 2017.

Bejarano Hernández, A., *El derecho a vacaciones retribuidas,* Granada, Comares, 2002.

Blasco Jover, C., *Tiempo de trabajo y permisos del trabajador por motivos personales y sociales,* Valencia, Tirant lo Blanch, 2013.

Bodas Martín, R., *La jornada laboral,* Madrid, Dykinson, 2002.

Castro Conte, M., «Los derechos de conciliación de la vida familiar y laboral y su incidencia en la mujer», en VV.AA. (Molero Marañón, M. L., dir.) *Ser mujer en el mercado de trabajo: dificultades, oportunidades y retos,* Pamplona, Aranzadi, 2021.

— «La negociación colectiva y los derechos de conciliación de la vida laboral y familiar», en VV.AA. (Quintanilla Navarro, R. Y., dir.), *Tiempo de trabajo y salario en la negociación colectiva sectorial estatal,* Pamplona, Aranzadi, 2022.

De la Fuente Lavín, M.: *El régimen jurídico de las horas extraordinarias*, Granada, Comares, 2002.

De la Puebla Pinilla, A., «El nuevo régimen de reducción de jornada y de suspensión de contratos por causas ETOP y por fuerza mayor. Una apuesta por la estabilidad y la formación en el empleo», *LABOS. Revista de Derecho del Trabajo y Protección Social*, núm. 3, 2022.

Ezquerra Escudero, L., *Tiempo de trabajo: duración, ordenación y distribución,* Barcelona, Atelier, 2006.

López Ahumada, J. E., *Descansos laborales y tiempo de trabajo*, Madrid, CES, 2004.

Martín Valverde, A. y García Murcia, J., *Derecho del Trabajo*, Madrid, Tecnos, 2024.

Molina González-Pumariega, R., «El derecho a vacaciones anuales y la suspensión por riesgo durante el embarazo y por maternidad», *Aranzadi Social,* núm. 1, 2005.

Monreal Bringsvaerd, E., *La jornada de trabajo: ley y convenio colectivo,* Madrid, CES, 2005.

Montoya Melgar, A., *Derecho del Trabajo*, 45.ª ed., Madrid, Tecnos, 2024.

Núñez-Cortés Contreras, P. y Lousada Arochena, J. F., *Jornada de trabajo y derechos de conciliación,* Madrid, Tecnos, 2015.

Núñez-Cortés Contreras, P., «La reducción de jornada por motivos familiares: puntos críticos en la doctrina judicial». *Temas laborales: Revista Andaluza de Trabajo y Bienestar Social,* núm. 129, 2015.

— «Avances en corresponsabilidad y flexibilidad en las reducciones y adaptaciones de jornada por motivos familiares», *Revista General de Derecho del Trabajo y de la Seguridad Social*, núm. 55, 2020.

— *Novedades en relación con la jornada de trabajo y los derechos de conciliación. (Tras la aprobación del RD-ley 6/2019, de 1 de marzo),* Madrid, Dykinson, 2019.

Rodríguez González, S., *Tiempo de trabajo y vida privada*, Granada, Comares, 2016.

ROQUETA BUJ, R., *Los expedientes de regulación temporal de empleo tras la reforma ERTEs ETOP, FM, COVID-19 y RED,* Valencia, Tirant lo Blanch, 2022.

SIERRA HERNÁIZ, E., «La suspensión y reducción de la jornada laboral como mecanismo para preservar el empleo; los, así llamados, ERTES (art. 47 LET)», en VV.AA. (GARCÍA BLASCO, J. y DE VAL TENA, A. L., dir.), en *Crisis económica y empleo: la experiencia judicial aplicativa de las últimas reformas laborales,* Pamplona, Universidad Pública de Navarra, 2021.

VV.AA. (DE LA VILLA GIL, L. E., coord.), *Estudios sobre la jornada de trabajo*, Asociación de Cajas de Ahorros para Relaciones Laborales, ACARL, Madrid 1991.

— *Vacaciones, permisos y jornada de trabajo,* El Derecho, 2013.

— (APARICIO TOVAR, J. y LÓPEZ GANDÍA, J., coord.), *Tiempo de trabajo,* Albacete, Bomarzo, 2007.

TEMA 11

ALGUNAS VICISITUDES DE LA RELACIÓN LABORAL

ROCÍO MOLINA GONZÁLEZ-PUMARIEGA
Profesora de Derecho del Trabajo y de la Seguridad Social.
Universidad Rey Juan Carlos

OBJETIVOS DE APRENDIZAJE

1. Conocer el régimen jurídico de la sucesión de empresas.
2. Estudiar y analizar el régimen jurídico de la suspensión del contrato de trabajo y sus causas.
3. Aproximarse y conocer los diferentes tipos de excedencias existentes en el Ordenamiento jurídico laboral español y su régimen jurídico.

1. LA SUCESIÓN DE EMPRESAS

En nuestro Ordenamiento laboral, y como manifestación del principio de estabilidad en el empleo (art. 35.1 CE), se defiende la continuidad de la relación laboral que surge del contrato de trabajo; sin embargo, es frecuente que, entre el inicio de la relación laboral y su finalización, se produzcan diferentes situaciones que afecten y alteren en cierta manera la configuración originaria de tal relación laboral sin provocar su extinción. Estas alteraciones o vicisitudes pueden afectar a los sujetos del contrato o a los elementos objetivos del mismo. El Ordenamiento laboral establece un régimen jurídico diverso para resolver tales situaciones.

Respecto a las modificaciones subjetivas, la figura del trabajador no puede ser sustituida de forma definitiva por ninguna otra persona, ya que una de las obligaciones fundamentales derivadas del contrato de trabajo es la prestación personal de trabajo por parte del trabajador. Sí podría ser sustituido de manera temporal por otra persona, pero en este caso se crearía una nueva relación laboral con el sustituto limitada en el tiempo.

De esta forma, las modificaciones subjetivas únicamente se pueden producir respecto de la figura del empresario. La obligación principal del empresario es retribuir el trabajo prestado, siendo indiferente, en principio, quién sea la persona que satisfaga los rendimientos de dicho trabajo. Se puede sustituir la figura del empresario manteniéndose la misma relación laboral con sus correspondientes derechos y obligaciones, produciéndose en este caso sucesión empresarial, es decir, la subrogación del nuevo empresario (adquirente) en los derechos y obligaciones laborales y de Seguridad Social del anterior (transmitente).

Esta situación es reconocida y regulada en el artículo 44 ET donde en un primer apartado se reconoce expresamente que «el cambio de titularidad de una empresa, de un centro de trabajo o de una unidad productiva autónoma no extinguirá por sí mismo la relación laboral, quedando el nuevo empresario subrogado, en los derechos y obligaciones laborales y de Seguridad Social del anterior»[1]. No obstante, si hay causa para ello es posible que los contratos se extingan por esa causa, ya sea antes o después de la transmisión, pero no basta el mero hecho del cambio de titularidad. Por tanto, salvo que se produzca esta extinción causal, el nuevo titular debe mantener los contratos de trabajo afectados por el cambio de titularidad[2].

La Directiva 2001/23 garantiza la protección de los derechos de los trabajadores contra el despido motivado únicamente por la transmisión de empresa, de modo que tanto el cedente como el cesionario tienen la facultad de despedir por razones económicas, técnicas o de organización (art. 4.1 de la Directiva 2001/23/CE).

Por su parte el Tribunal Supremo precisa que el mecanismo de garantía previsto en el artículo 44 ET no puede operar si, previamente al cam-

---

[1] Precepto legal que transpone el de la Directiva 2001/23/CE del Consejo, de 12 de marzo, sobre la aproximación de las legislaciones de los Estados miembros relativas al mantenimiento de los derechos de los trabajadores en caso de traspasos de empresas, de centros de actividad o de partes de empresas o de centros de actividad.

[2] La sucesión en cualquier contrato de trabajo ya sea por las causas legales del artículo 44 ET o por las causas previstas en el convenio colectivo de aplicación, exige como requisito previo que se encuentre vigente la relación laboral en la que se pretende aplicar esa sucesión. Si la relación laboral ha sido extinguida antes del momento en el que debiere operar supuestamente la sucesión empresarial, no cabe posibilidad legal alguna de subrogarse en la misma, salvo los supuestos especiales en los que pudiere apreciarse fraude de ley o abuso de derecho por parte de las empresas implicadas, ya sea por connivencia entre las mismas o por la utilización de cualquier otro subterfugio para perjudicar los legítimos derechos de los trabajadores [Sentencia del Tribunal Supremo (Sala de lo Social), de 16 de julio de 2003, rec. 2343/2002].

Uno de los indicios que pueden servir para acreditar el fraude es la mera proximidad temporal de los despidos o extinciones de contrato y la subrogación [Sentencia del Tribunal Supremo (Sala de lo Social), de 18 de febrero de 2014, rec. 108/2013].

bio de titularidad, ha existido una válida extinción del contrato de trabajo en base a una causa prevista en la ley[3].

1.1. El objeto de la sucesión de empresa

El artículo 44 ET hace referencia tanto al cambio de titularidad de toda la empresa como al cambio de titularidad de un centro de trabajo o de una unidad productiva autónoma; y matiza, en su apartado segundo, que lo transmitido tiene que ser una «entidad económica que mantenga su identidad», es decir, «un conjunto de medios organizados a fin de llevar a cabo una actividad económica, esencial o accesoria». No habría entonces sucesión de empresas si lo que se transmiten son elementos aislados que no permiten continuar la actividad económica de que se trate.

1.2. Causa de la sucesión

La sucesión de empresa llevada a cabo mediante una transmisión puede tener su origen tanto en un acto jurídico *inter vivos* como en un acto jurídico *mortis causa,* y ello se debe que el artículo 44 ET hace referencia a los cambios de titularidad de la empresa con una fórmula muy amplia en la que caben diversas causas o motivos.

En relación con la sucesión *inter vivos,* ésta puede producirse mediante cualquier negocio entre el titular anterior o transmitente y el titular nuevo o adquirente, así mediante una venta de la empresa, una cesión, una donación, mediante una fusión o absorción de sociedades, mediante una dación en pago, etc. Se puede producir también este tipo de sucesión en el caso de adquisición de la empresa a través de una venta judicial, aunque no haya una relación directa entre los dos empresarios y siempre que «lo vendido comprenda los elementos necesarios y por sí mismos suficientes para continuar la actividad empresarial» (art. 51.11 ET).

Respecto a la sucesión *mortis causa*, es decir, aquélla en el que el cambio de titularidad se produce por el fallecimiento del empresario anterior, será necesario para que se produzca, que los sucesores acepten la herencia y continúen efectivamente la explotación de la actividad empresarial o se la transmitan a terceras personas, pues en caso contrario, se extinguirán

---

[3] Sentencia del Tribunal Supremo (Sala de lo Social), de 17 de julio de 1998, rec. 4223/1997; Sentencia del Tribunal Supremo (Sala de lo Social), de 24 de julio de 1995, rec. 3353/1994, y Sentencia del Tribunal Supremo (Sala de lo Social), de 20 de enero de 1997, rec. 687/1996, en relación con contratos extinguidos por mutuo acuerdo.

los contratos de trabajo de los trabajadores que venían prestando servicios, bastando con la mera comunicación a éstos de la decisión de no continuidad, así como el abono de una cantidad equivalente a un mes de salario [art. 49.1.*g*) ET]. Si hay sucesión *mortis causa* hay transmisión de empresa según el artículo 44 ET a todos los efectos.

Por otra parte, y en los casos de jubilación o incapacidad del empresario persona física, se debe tener en cuenta, siguiendo lo dispuesto en el artículo 49.1.*g*) ET, que dichas situaciones no determinarán la extinción de los contratos de trabajo cuando continúe la actividad empresarial y, en consecuencia, las posibilidades de empleo de los trabajadores. En caso contrario, dichos contratos se extinguirán teniendo derecho los trabajadores al abono de una cantidad equivalente a un mes de salario.

En el caso del empresario declarado en concurso, hay que señalar, que según lo dispuesto en el artículo 149 de la Ley 22/2003, de 9 de julio, Concursal, una vez aprobada la liquidación de la empresa para hacer frente a las deudas, deben ser consideradas preferentes, de entre las ofertas de compra, «las que garanticen la continuidad de la empresa o en su caso de las unidades productivas y de los puestos de trabajo». Cuando, como consecuencia de dicha «enajenación», «una entidad económica mantenga su identidad, entendida como conjunto de medios organizados a fin de llevar a cabo una actividad económica esencial o accesoria, se considerará a efectos laborales que existe sucesión de empresa».

1.3. Efectos de la sucesión de empresa

El principal efecto que se produce en estos casos es que el cambio de titularidad de la empresa, centro de trabajo o unidad productiva autónoma, en virtud de lo dispuesto en artículo 44 ET, no provoca en sí mismo la extinción de los contratos de trabajo, por el contrario, el nuevo titular queda «subrogado en los derechos y obligaciones laborales y de Seguridad Social del anterior». De esta forma dicho empresario adquirente, a partir del momento en el que se haga efectiva la transmisión, pasa a ocupar el puesto que ocupaba el transmitente en todas las relaciones laborales vigentes en la empresa transmitida. No se produce ningún cambio salvo en la persona del empresario; teniendo el nuevo, por tanto, frente a los trabajadores de la empresa, los mismos derechos y obligaciones que el empresario anterior.

Hay que destacar que la subrogación empresarial que se produce es automática por mandato legal, sin que dependa de la aceptación del nuevo titular ni de posibles acuerdos entre el transmitente y el adquirente, ni sea necesario el consentimiento del trabajador afectado.

El artículo 44 ET establece, asimismo, responsabilidad solidaria del anterior titular junto con el nuevo: debe responder durante tres años de las obligaciones laborales nacidas con anterioridad a la transmisión y que no hubieran sido satisfechas. Por su parte, el artículo 127 LGSS, establece la responsabilidad solidaria del transmitente respecto de las cuotas y las prestaciones a cargo de la empresa causadas antes de la transmisión.

También responde solidariamente con el adquirente, el empresario anterior, de las deudas posteriores a la transmisión, si ésta fuera declarada delictiva o fraudulenta (art. 44.3 ET).

Respecto al supuesto del empresario declarado en concurso, cuando se realice la venta a un tercero de una unidad económica que mantenga su identidad «entendida como un conjunto de medios organizados a fin de llevar a cabo una actividad económica esencial o accesoria» y de acuerdo con lo dispuesto en el artículo 149 de la Ley Concursal, «el juez podrá acordar que el adquirente no se subrogue en la parte de la cuantía de los salarios o indemnizaciones pendientes de pago anteriores a la enajenación que sea asumida por el Fondo de Garantía Salarial de conformidad con el artículo 33 ET». También se prevé que, para asegurar la viabilidad de la empresa y el mantenimiento del empleo, se puedan negociar modificaciones colectivas de condiciones de trabajo.

Además de los efectos comentados, el artículo 44 ET dispone como efectos colectivos de la sucesión, que las relaciones laborales de dichos trabajadores se seguirán rigiendo «por el convenio colectivo que en el momento de la transmisión fuere de aplicación en la empresa, centro de trabajo o unidad productiva autónoma transferida», es decir, se siguen rigiendo temporalmente por su convenio y no por el aplicable a la empresa nueva. Únicamente no se aplicaría ese convenio si así se hubiera pactado, tras la sucesión, mediante acuerdo de empresa entre el transmitente y los representantes de los trabajadores. Asimismo, dejará de aplicarse el convenio de la empresa anterior cuando termine su vigencia o entre en vigor un nuevo convenio que incluya a la empresa, centro o unidad productiva transmitida[4].

Otro efecto colectivo es el relativo a los representantes de los trabajadores de la empresa, centro de trabajo o unidad productiva transmitida; según dispone el artículo 44.5 ET, mantendrán su mandato con el cambio de titularidad, siempre que la empresa, centro o unidad «conserve su au-

[4] El Convenio aplicable a los trabajadores absorbidos es el que se les venía aplicando hasta que se negocie o aplique a la empresa absorbente un nuevo Convenio y a los trabajadores de nueva contratación, tras la subrogación, el convenio al que está sometida la empresa adquirente [Sentencia del Tribunal Supremo (Sala de lo Social), de 15 de abril de 2014, rec. 146/2013].

tonomía». Los representantes, en este supuesto, «seguirán ejerciendo sus funciones en los mismos términos y bajo las mismas condiciones que regían con anterioridad», es decir, todos los que eran, con plenitud de funciones y con todas sus garantías; en caso contrario, es decir, si la autonomía desaparece, no mantendrán su mandato.

1.4. Obligaciones de información y consulta de los empresarios

Tanto el empresario transmitente como el adquirente deben informar de la transmisión a los representantes de los trabajadores respectivos, o directamente a los trabajadores afectados si no hay representantes. Deben informar en concreto, según establece el artículo 44.6 ET, sobre la fecha prevista de la transmisión, sobre los motivos de la misma y las consecuencias jurídicas, económicas y sociales de la transmisión para los trabajadores y, por último, sobre las medidas previstas respecto de los mismos. Esta información deben facilitarla el cedente antes de la transmisión con «suficiente antelación», y el cesionario, también «con la suficiente antelación» y en todo caso, antes de que sus trabajadores se vean afectados por la transmisión.

Si el transmitente o el adquirente prevén adoptar medidas laborales en relación con sus trabajadores, a raíz de la transmisión (despidos, traslados, modificaciones sustanciales, etc.)[5] deben consultar y negociar tales medidas y sus consecuencias con los representantes legales de los trabajadores (art. 44.9 ET).

Los deberes citados de información y consulta se exigen también cuando la decisión sobre la transmisión la hayan adoptado, no el empresario anterior y el nuevo sino las empresas que ejerzan el control sobre ellos (art. 44.10 ET).

Por último y en el caso del empresario declarado en concurso, cuando se proceda a la liquidación de la empresa con venta a un tercero, deben ser oídos por el juez los representantes de los trabajadores (art. 149.1 de la Ley Concursal).

[5] Una vez consumada la transmisión, tanto la empresa cedente como la cesionaria pueden iniciar con los representantes de los trabajadores un procedimiento de modificación de condiciones, al amparo del artículo 41 ET, si se dan las condiciones legales requeridas para ello [Sentencia del Tribunal Supremo (Sala de lo Social), de 12 de septiembre de 2016, rec. 42/2015].

2. LA SUSPENSIÓN DEL CONTRATO DE TRABAJO

Otra situación que altera la configuración original de la relación laboral, sin provocar su extinción, es la suspensión. La suspensión del contrato de trabajo es una situación por la que atraviesa el contrato de trabajo en la que cesan las obligaciones básicas del mismo temporalmente. Desde una perspectiva general, podemos definirla, siguiendo a VIDA SORIA, como «una situación anormal por la que el mismo atraviesa, caracterizada por la interrupción temporal de la ejecución de sus prestaciones fundamentales y la continuidad del vínculo jurídico», es decir, se interrumpen las obligaciones de trabajar por cuenta ajena y la de remunerar el trabajo, pero sin que el contrato pierda vigencia[6]. Es una institución que exonera de las principales obligaciones del contrato, como señala expresamente nuestro ET en su artículo 45.2.

Al ser temporal se diferencia de la extinción del contrato de trabajo que es definitiva; asimismo, al cesar durante la suspensión las prestaciones del trabajador y del empresario se diferencia de la mera interrupción del trabajo porque ésta es retribuida.

Caracterizan a la suspensión una serie de rasgos definitorios generales junto con las especialidades propias de cada uno de los concretos supuestos que encajan en la figura, así como las que deriven de la respectiva regulación legal:

— La existencia de una interrupción o cese de carácter temporal.

— La existencia de causa legitimadora, es decir, la necesidad de que concurra una de las circunstancias expresamente previstas legal o convencionalmente.

— La automaticidad en la producción de la suspensión, que tiene lugar en el momento en que acaece una de las circunstancias previstas legalmente —o, en su caso, convencionalmente—, sin necesidad de la existencia de otros requisitos.

— El cese temporal de la ejecución de las prestaciones principales objeto del contrato de trabajo: la prestación de trabajo y de salario.

— La subsistencia de otros efectos del contrato o derechos y obligaciones accesorios, ya que no debemos olvidar que el contrato sigue vigente. Entre otros, subsisten los deberes y obligaciones de las partes derivados del principio de buena fe contractual (deber de secreto, discreción o reserva respecto a todo aquello que se relacione con la estructura y el funcionamiento interno de la empresa, por parte del trabajador, y por parte

---

[6] Sentencia del Tribunal Supremo (Sala de lo Social), de 25 de junio de 2001, rec. 3442/2000.

del empresario el deber de conservar el puesto de trabajo del trabajador, entre otros); el derecho de los trabajadores a participar en pruebas de ascenso durante dichos períodos suspensivos, en cursos de formación o de mejora profesional de la empresa. También se mantiene el derecho a la libre sindicación, el derecho al acceso a cargos representativos del personal de la empresa, así como la ostentación de la calidad de elector en las elecciones a representantes del personal. Por su parte, el empresario mantiene el poder disciplinario.

— El nacimiento de efectos especiales y excepcionales propios de la situación suspensiva, así la obligación del trabajador de comunicar al empresario la circunstancia que motiva la suspensión; por otra parte, y en algún caso concreto, el nacimiento del derecho a una prestación de la Seguridad Social; y, por último, todos aquellos efectos que pacten las partes.

Sobre el objetivo que se persigue con la suspensión, hay unanimidad doctrinal en cuanto a que se trata de una institución dirigida a facilitar la pervivencia de la relación laboral, impidiendo que cuando se produce una de las causas de suspensión el contrato se resuelva; en definitiva, está dirigida a facilitar la estabilidad en el empleo. De nuevo estamos ante una manifestación por parte de nuestro Ordenamiento laboral del principio de estabilidad en el empleo constitucional (art. 35.1 CE) por el que se defiende la continuidad de la relación laboral que surge del contrato de trabajo.

Sin embargo, la justificación de la suspensión no es únicamente la defensa de la estabilidad en el empleo. El Ordenamiento laboral sólo consagra de manera expresa determinadas causas de suspensión del contrato de trabajo, lo que nos lleva a la conclusión de que de esta forma se ha pretendido otorgar a determinados supuestos un plus de protección respecto de la estabilidad en el puesto de trabajo.

Antes de detenernos en el análisis de las diferentes causas de suspensión reconocidas en nuestro ET, debemos destacar de nuevo el importante derecho del trabajador con su contrato suspendido a reincorporarse a su puesto de trabajo «reservado», «al cesar las causas legales de suspensión» (art. 48.1 ET) con la expresa excepción del caso de mutuo acuerdo entre las partes [art. 45.1.*a*) ET] y el supuesto de causas consignadas válidamente en el contrato [art. 45.1.*b*) ET], en los que «se estará a lo pactado» (art. 48.1 ET), pudiéndose en estos casos, por tanto, pactar la reserva del puesto o no.

2.1. CAUSAS DE SUSPENSIÓN

En el artículo 45 ET se recogen un amplio número de causas de suspensión sin orden sistemático. Unas se deben a la voluntad del trabajador, otras a la del empresario, otras a la voluntad de ambas partes, otras a la situación de la empresa, y finalmente, otras, a circunstancias sobrevenidas, como una enfermedad.

Asimismo, y antes de analizar las causas de suspensión reguladas en dicho precepto estatutario, hay que señalar que en nuestro Ordenamiento laboral se encuentran otras causas de suspensión, quizá menos frecuentes, pero igualmente posibles: así, entre otras, el permiso «de formación o perfeccionamiento profesional con reserva de puesto de trabajo» [art. 23.1.*c*) ET].

2.1.1. *Suspensión por acuerdo*

Se puede producir la suspensión por acuerdo de las partes, salvo que el consentimiento esté viciado, haya fraude de ley o abuso de derecho[7]; en concreto en el ET se señala el «mutuo acuerdo de las partes» y las causas «consignadas válidamente en el contrato» [art. 45.1.*a*) y *b*) ET], como supuestos que pueden producir la suspensión de la relación laboral. En estos casos no hay reserva de puesto de trabajo si no se pacta, como ya hemos señalado; siendo por otra parte ambos, acuerdos que se producen en momentos diferentes. El mutuo acuerdo se produce durante la vigencia del contrato y el segundo supuesto con el contrato por el que nace la relación laboral entre las partes. Si se ha pactado la reserva del puesto y no se readmite al trabajador a la finalización del período de suspensión, se entiende que se produce un despido[8].

Las licencias y excedencias son muestras de este tipo de suspensiones.

---

[7] Los «pactos» de suspensión sin causa o por decisión del empresario, son abusivos.

[8] Sentencia Tribunal Supremo (Sala de lo Social), de 26 de octubre de 2016, rec. 581/2015. Aborda el supuesto donde habiéndose pactado de forma expresa la reserva del puesto de trabajo, la negativa de la empleadora a la readmisión tras la finalización del período suspensivo equivale a un despido improcedente. Y añade, en todo caso, si existieran causas justificadas para extinguir o amortizar su puesto de trabajo, debería haber acudido al procedimiento establecido para los despidos objetivos, aunque se trate de un organismo público.

2.1.2. *Suspensión por incapacidad temporal*

La incapacidad temporal es una causa de suspensión del contrato de trabajo recogida en el artículo 45.1.*c*) ET que mientras persista, provoca la suspensión de la relación laboral, percibiendo, en principio, la persona trabajadora las prestaciones económicas correspondientes en sustitución del salario.

La incapacidad temporal surge como consecuencia de una alteración de la salud que sufre la persona trabajadora debida a una enfermedad común o profesional o a un accidente, de trabajo o no, que le impide trabajar y que provoca la necesidad de atención sanitaria de los servicios públicos de salud.

Mediante la Ley Orgánica 1/2023[9], se han ampliado las causas de suspensión del contrato de trabajo por incapacidad temporal recogidas en el artículo 169.1.*a*) LGSS, como situaciones especiales de de incapacidad temporal por contingencias comunes:

— A aquéllas en que pueda encontrarse la mujer en caso de «menstruación incapacitante secundaria».

— A la debida a «la interrupción del embarazo, voluntaria o no, mientras reciba asistencia sanitaria por el Servicio Público de Salud y esté impedida para el trabajo, sin perjuicio de aquellos supuestos en que la interrupción del embarazo sea debida a accidente de trabajo o enfermedad profesional, en cuyo caso tendrá la consideración de situación de incapacidad temporal por contingencias profesionales».

— Otra causa añadida por dicha norma en el mismo precepto y considerada como situación especial de incapacidad temporal por contingencias comunes es «la de gestación de la mujer trabajadora desde el día primero de la semana trigésima novena».

Se consideran, asimismo, como incapacidad temporal y por tanto como causa de suspensión del contrato, los períodos de observación en los casos de enfermedad profesional del trabajador en los que se prescriba la baja del trabajador durante los mismos [art. 169.1.*b*) LGSS]. En este último caso, se produce la baja por razones preventivas, pues a juicio del médico es necesario que el trabajador sea objeto de estudio, detección y diagnosis de una posible enfermedad profesional, siempre con la finalidad

[9] Ley Orgánica 1/2023, de 28 de febrero, por la que se modifica la Ley Orgánica 2/2010, de 3 de marzo, de salud sexual y reproductiva y de la interrupción voluntaria del embarazo (*BOE* de 1 de marzo de 2023). A efectos de estas nuevas causas de incapacidad temporal esta norma entró en vigor el 1 de junio de 2023.

de facilitar el adecuado tratamiento a la misma. Se considera también período de observación (art. 176 LGSS), y en consecuencia de incapacidad temporal, el tiempo necesario para el estudio de la enfermedad profesional cuando haya necesidad de aplazar el diagnóstico definitivo, es decir, aquellas situaciones en las que comienza el estudio del paciente, y la realización de pruebas o análisis impide la realización normal de la actividad laboral, por lo que es dado de baja médica.

La duración de la incapacidad temporal es limitada, es producto de una imposibilidad de prestar el trabajo temporal, como su nombre indica, y varía en función de las situaciones protegidas:

a) Cuando la incapacidad temporal deriva de accidente o no de trabajo o de enfermedad profesional o común, en principio la duración máxima será de trescientos sesenta y cinco días. Sin embargo, se puede prorrogar por otros ciento ochenta días cuando se presuma que durante los mismos puede darse al beneficiario de alta médica por curación (art. 169.1 LGSS). Esta prórroga debe ser concedida de manera expresa por el INSS, Entidad Gestora de la prestación de incapacidad temporal. A efectos del cómputo de este plazo se tendrán en cuenta las posibles recaídas, así como los períodos de observación de las enfermedades profesionales (art. 169.2 LGSS).

Si el INSS considera que la recuperación del trabajador no es posible, podrá iniciar un expediente de incapacidad permanente.

El plazo máximo mencionado, puede ser prorrogado en los supuestos recogidos en el artículo 174.2 LGSS, o hasta tres meses más o incluso hasta llegar a 730 días desde el inicio de la incapacidad temporal. En un primer párrafo de este precepto se dispone, que una vez transcurra el plazo máximo de incapacidad temporal de quinientos cuarenta y cinco días porque ha habido una prórroga que lo habilita, debido a que se presume que el trabajador puede ser dado de alta en esos meses por curación, se examinará el estado del incapacitado, en un plazo máximo de tres meses, para su calificación en el grado de incapacidad permanente que corresponda. Durante este plazo se prorrogan los efectos de la incapacidad temporal. Por su parte, el segundo párrafo del artículo 174.2 LGSS, como excepción a lo previsto en el primer párrafo, se dispone literalmente: «No obstante, en aquellos casos en los que, continuando la necesidad de tratamiento médico por la expectativa de recuperación o la mejora del estado del trabajador, con vistas a su reincorporación laboral, la situación clínica del interesado hiciera aconsejable demorar la citada calificación, ésta podrá retrasarse por el período preciso, sin que en ningún caso se puedan rebasar los setecientos treinta días naturales sumados los de incapacidad temporal y los de prolongación de sus efectos»; es decir, se produce una posible prórroga de ciento ochenta días, tras el agotamiento del plazo máximo de la situación de incapacidad temporal, en la que no subsistirá la obligación de cotizar a la Seguridad Social.

b) Cuando la incapacidad temporal deriva de un período de observación por enfermedad profesional, en este caso la duración máxima será de seis meses, prorrogables por otros seis cuando se estime necesario para el estudio y diagnóstico de la enfermedad. La prórroga no es automática, sino que requiere previa concesión por parte del INSS, para lo que habrá que solicitarla[10], siendo especialmente importante el informe de los equipos de valoración de incapacidades.

Una vez agotado el período de observación, dependiendo de su estado, el trabajador pasará bien al proceso de calificación de la incapacidad, o bien continuará la prestación de incapacidad temporal ordinaria. En este último supuesto, hay que recordar que los períodos de observación se computan también como parte del período máximo de quinientos cuarenta y cinco días de duración.

c) En cuanto a las recaídas, también dispone la LGSS que se tendrán en cuenta para el cómputo de la duración de la incapacidad temporal derivada de accidente o no de trabajo o de enfermedad profesional o común y su posible prórroga (art. 169.2 LGSS). Se considera recaída aquella situación que se produce cuando un trabajador, tras un proceso de incapacidad temporal, retorna al trabajo y se mantiene en alta por un período inferior a ciento ochenta días naturales, volviendo a recaer en una baja médica derivada de la misma o similar patología, de forma que, si la incapacidad temporal se debe a otra enfermedad o dolencia distinta, se abrirá un nuevo período de incapacidad temporal. Como excepción al fenómeno de la recaída son los procesos por bajas médicas por menstruación incapacitante secundaria en los que «cada proceso se considerará nuevo sin computar a los efectos del período máximo de duración de la situación de incapacidad temporal, y de su posible prórroga» (art. 169.2 LGSS).

La consecuencia de que haya una recaída consiste en que no se abre una nueva prestación de incapacidad temporal, sino que continúa la anterior, de manera que la recaída se computará en la duración máxima del único proceso de incapacidad temporal.

d) En aquellos casos en que se extinga la situación de incapacidad temporal con declaración de incapacidad permanente en los grados de total para la profesión habitual, absoluta o gran invalidez, se mantiene la suspensión del contrato de trabajo «cuando a juicio del órgano de calificación, la situación de incapacidad del trabajador vaya a ser previsiblemente

---

[10] Artículo 1.1.*c*) del RD 1300/1995, de 21 de julio (*BOE* de 19 de agosto).

objeto de revisión por mejoría que permita su reincorporación al puesto de trabajo», con la reserva de dicho puesto durante dos años a partir de la fecha de la declaración de incapacidad permanente (art. 48.2 ET).

Por último, hay que señalar que una vez que el trabajador sea dado de alta al cesar la situación de incapacidad laboral, tendrá derecho a reincorporarse a su puesto de trabajo reservado y si no lo hace, se extinguirá su contrato de trabajo, extinción que podrá ser indemnizada o no en función de quién sea la decisión de terminar el contrato[11].

2.1.3. *Suspensión por nacimiento de hijo/a*

Otra causa de suspensión del contrato de trabajo es el nacimiento de hijo/a tanto para la madre biológica como para el padre u otro progenitor según se recoge en el artículo 45.1.*d*) ET; antes regulada como suspensión por maternidad y por paternidad[12]. Es un derecho individual en el sentido de que su ejercicio y disfrute no puede transferirse, principalmente por motivos de corresponsabilidad familiar; ya no es un derecho de la madre que puede ceder o disfrutar con el padre u otro progenitor. Esta suspensión se justifica en el parto para la madre biológica y para ambos progenitores, madre, padre u otro progenitor, en las necesidades de cuidado del menor de doce meses. En principio, parece que la norma persigue proteger la salud de la madre y su recuperación tras el embarazo y el parto; favorecer la atención y el cuidado del menor y la relación del niño/a con sus progenitores en sus primeros meses de vida y contribuir a un reparto más equilibrado de las responsabilidades familiares.

---

[11] En los casos de incapacidad temporal el contrato se encuentra en suspenso hasta que recae resolución administrativa declarando la inexistencia de incapacidad permanente, incluso si se reconoce una incapacidad permanente parcial, momento en el que nace el deber del trabajador de reincorporarse al trabajo [Sentencia del Tribunal Supremo (Sala de lo Social), de 27 de marzo de 2013, rec. 1291/2012].

[12] Respecto a la gestación por sustitución o subrogada, aunque está prohibida por la legislación española y, en consecuencia, no se prevé expresamente como causa de suspensión del contrato de trabajo, la jurisprudencia ha defendido su equiparación a las demás situaciones de nacimiento en la actualidad, guarda, acogimiento y adopción, legalmente previstas, con el fundamento de que la nulidad de pleno derecho que corresponde al contrato de gestación no puede perjudicar los derechos del menor, cuyo interés superior debe guiar una interpretación integradora de la normativa interna aplicable tal y como se deduce de la Sentencia del TEDH de 26 de junio de 2014, en la aplicación que efectúa del artículo 8 del Convenio Europeo para la protección de los Derechos Humanos y las Libertados Fundamentales, y de los artículos 14 y 39.2 de la Constitución Española [Sentencia del Tribunal Supremo (Sala de lo Social), de 16 de noviembre de 2016, rec. 3146/2014, y Sentencia del Tribunal Supremo (Sala de lo Social), de 25 de octubre de 2016, rec. 3818/2015].

La suspensión que tratamos puede complementarse con la prestación de la Seguridad Social por nacimiento y cuidado de menor, denominada así tras el Real Decreto-ley 6/2019, y hasta entonces, como prestación por maternidad y prestación por paternidad; sin olvidarnos del derecho a la asistencia sanitaria durante ese tiempo para el recién nacido/a y en su caso para la madre biológica.

En caso de nacimiento de un hijo/a la suspensión del contrato de trabajo se contempla como un derecho, del que pueden hacer uso tanto la madre biológica[13] como el padre u el otro progenitor, en condiciones muy similares. Los trabajadores que ejerciten este derecho se beneficiarán de cualquier mejora en las condiciones de trabajo a que hubieran podido tener derecho si, en lugar de la suspensión del contrato de trabajo, hubieran prestado servicios efectivamente (art. 48.9 ET). Para la madre biológica el contrato de trabajo se suspende durante 16 semanas, de las cuales serán de descanso obligatorio las seis semanas ininterrumpidas inmediatamente posteriores al parto, que habrán de disfrutarse a jornada completa, para asegurar la protección de la salud de la madre; para el padre u otro progenitor también se suspende el contrato de trabajo durante 16 semanas y también es obligatorio el descanso durante las seis semanas ininterrumpidas inmediatamente posteriores al parto, que habrán de disfrutarse igualmente a jornada completa, pero en este caso por razón de cumplimiento de los deberes de cuidado previstos en el artículo 68 del Código Civil. La referencia legal al padre u otro progenitor ocupa el lugar que antes de la reforma de 2019 correspondía al permiso por paternidad.

Cuando los dos progenitores que ejerzan el derecho que tratamos trabajen para la misma empresa, la dirección de ésta «podrá limitar su ejercicio simultáneo por razones fundadas y objetivas, debidamente motivadas por escrito» (art. 48.4, penúltimo párrafo ET).

El descanso por nacimiento se debe disfrutar como regla general con posterioridad al parto, pero la madre biológica podrá anticipar su ejercicio hasta cuatro semanas antes de la fecha previsible del parto.

El período de descanso por nacimiento se disfruta de modo continuado, sin embargo, una vez transcurridas las primeras seis semanas inmediatamente posteriores al parto cada uno de los progenitores podrá distribuir el tiempo de descanso restante en períodos semanales que se pueden disfrutar de forma seguida, acumulada o interrumpida, hasta que el menor cumpla doce meses. No obstante, el titular del derecho debe comunicar a la empresa con una antelación mínima de quince días el ré-

[13] El término madre biológica incluye también a las personas transgestantes (art. 48.4, último párrafo ET).

gimen de disfrute de cada período semanal o, en su caso, de la acumulación de los correspondientes períodos.

Asimismo, el permiso por nacimiento se disfruta en régimen de jornada completa, no obstante, una vez transcurridas las primeras seis semanas inmediatamente posteriores al parto, podrá disfrutarse en régimen de jornada completa o jornada parcial, previo acuerdo con la empresa, y conforme se determine reglamentariamente.

En ciertos supuestos especiales, la duración del permiso varía: así, cuando el parto sea múltiple, la duración del descanso se amplía dos semanas por cada hijo o hija distinta del primero, a repartir por igual entre ambos progenitores, salvo que haya una única persona progenitora, en cuyo caso ésta tiene derecho a disfrutar del total de las semanas en que se amplía el permiso (art. 48.6 ET); en los casos de parto prematuro y en aquellos en que, por cualquier otra causa, el neonato deba permanecer hospitalizado a continuación del parto, el período de suspensión podrá computarse, a instancia de la madre biológica o del otro progenitor, a partir de la fecha del alta hospitalaria, aunque de dicho cómputo se excluyen las seis semanas posteriores al parto que son de suspensión obligatoria del contrato; en aquellos supuestos de parto prematuro con falta de peso y en aquellos otros en que el neonato precise, por alguna condición clínica, hospitalización a continuación del parto, por un período superior a siete días, el período de suspensión se ampliará en tantos días como el nacido se encuentre hospitalizado, con un máximo de trece semanas adicionales, y en los términos en que reglamentariamente se desarrolle. Si el menor sufre una discapacidad, la suspensión del contrato tendrá una duración adicional de dos semanas, una para cada uno de los progenitores, salvo que haya una única persona progenitora, en cuyo caso ésta tiene derecho a disfrutar de las dos semanas completas (art. 48.6 ET); y, por último, si acontece el fallecimiento del menor, el período de suspensión no se verá reducido, salvo que, una vez finalizadas las seis semanas de descanso obligatorio, se solicite la reincorporación al puesto de trabajo.

2.1.4. *Suspensión por adopción, guarda con fines de adopción o acogimiento*

Tras la reforma de la materia provocada por el Real Decreto-ley 6/2019, se reguló como causa de suspensión independiente de la del permiso por nacimiento, la del permiso por adopción, guarda o acogimiento; permiso que con anterioridad a dicha reforma se legislaba unido al permiso de maternidad y paternidad existentes. Esta separación clarifica su regulación ya que son permisos parecidos pero que protegen situaciones diversas de partida. La adopción, guarda con fines de adopción y el acogimiento de menores, independientemente de su duración, son causa de la suspensión del contrato de trabajo según se dispone en el artículo 45.1.*d*) ET y se regulan en el artículo 48.5 ET. En este supuesto de suspensión, en contraste con la suspensión por nacimiento analizada, el objetivo exclusivo de nuestra norma laboral es facilitar el contacto entre la familia adoptante o que acoge y el menor adoptado o acogido, favoreciendo su integración familiar y su cuidado. Nuestra ley protege, asimismo, la adopción y acogimiento internacionales.

Como elemento a tener en cuenta para poder disfrutar del derecho a la suspensión del contrato de trabajo, se encuentra la edad del menor, la adopción o el acogimiento deben ser de menores de seis años, si bien cabe que se produzca a menores de edad mayores de seis años si se trata de menores con discapacidad que acrediten una minusvalía en un grado igual o superior al 33 por 100 o cuando se trate de menores que «por sus circunstancias y experiencias personales» o «por venir del extranjero» tengan especiales dificultades de inserción social o familiar, circunstancias que habrán de ser acreditadas por los servicios sociales competentes. Para que se produzca la situación protegida el adoptado o acogido deberá ser menor de dieciocho años.

Cada adoptante, guardador con fines de adopción o acogedor, tiene derecho a la suspensión de su contrato de trabajo durante dieciséis semanas. Es un derecho individual de la persona trabajadora, y por tanto su ejercicio no puede transferirse al otro adoptante, guardador con fines de adopción o acogedor. Cuando los dos adoptantes, guardadores o acogedores que ejerzan este derecho trabajen para la misma empresa, ésta podrá limitar el disfrute simultáneo de las diez semanas voluntarias por razones fundadas y objetivas, debidamente motivadas por escrito. De ese período total de dieciséis semanas, seis semanas deberán disfrutarse a jornada completa de forma obligatoria e ininterrumpida inmediatamente después de la resolución judicial por la que se constituye la adopción o bien de la decisión administrativa de guarda con fines de adopción o de acogimiento. Las diez semanas restantes se podrán disfrutar de la misma forma que lo expuesto para el permiso por nacimiento con la diferencia del punto de partida para su cómputo, en aqu*é*l es el parto y en éste la resolución judicial o la decisión administrativa correspondiente. En el caso de producirse una adopción internacional, y como ya ocurría antes de la última reforma, cuando sea necesario el desplazamiento previo de los progenitores al país de origen del adoptado, el período de suspensión previsto podrá iniciarse hasta cuatro semanas antes de la resolución por la que se constituye la adopción. En ningún caso un mismo menor dará derecho a varios períodos de suspensión en la misma persona trabajadora, es decir, el mismo menor no puede generar primero un permiso por guarda o acogimiento y luego otro por adopción.

Por otra parte, los trabajadores que ejerciten este derecho se beneficiarán de cualquier mejora en las condiciones de trabajo a que hubieran podido tener derecho si, en lugar de la suspensión del contrato de trabajo, hubieran prestado servicios efectivamente.

En el supuesto de discapacidad del menor, la suspensión del contrato tendrá una duración adicional de dos semanas, una para cada uno de los adoptantes, guardadores o acogedores. Otro supuesto particular en el que procede ampliar la duración del permiso es el caso de adopción, guarda con fines de adopción o acogimiento múltiple por cada menor distinto del primero. La ampliación también será de dos semanas por cada menor a distribuir una para cada uno de los adoptantes, guardadores o acogedores.

En estos supuestos de ampliación, si sólo hay una persona adoptante, guardadora o acogedora ésta tiene derecho a disfrutar del total de las semanas en que se amplía el permiso (art. 48.6 ET).

2.1.5. *Suspensión por riesgo durante el embarazo y durante la lactancia*

El artículo 48.7 ET, regula la suspensión del contrato por riesgo durante el embarazo o durante la lactancia natural, prevista en los artículos 45.1.*e*) ET y 26 LPRL para los casos de incompatibilidad de esas situaciones con el trabajo. Ante la presencia de riesgo para la trabajadora y/o el feto o el hijo, el empresario tiene la obligación de adoptar medidas para impedir esa exposición al riesgo, aunque no haya peligro cierto de que se produzca; y si a pesar de los posibles cambios en la empresa el riesgo se sigue produciendo, la trabajadora tiene derecho a suspender su contrato de trabajo.

El contrato se suspende hasta que se suspenda el contrato por parto, o el lactante cumpla nueve meses, o desaparezca la incompatibilidad con el trabajo porque ha desaparecido el riesgo o porque se ha evitado mediante cambios en las condiciones de trabajo, o en el tiempo de trabajo o mediante el traslado a otro puesto.

2.1.6. *Suspensión por ejercicio de cargo público representativo*

El «ejercicio de cargo público representativo» según dispone el artículo 45.1.*f*) ET, puede ser otra posible causa de suspensión del contrato de trabajo. El supuesto se produce porque el trabajador ocupa un cargo cuyo ejercicio es incompatible con la continuidad de su prestación de trabajo. El cargo público es temporal, no permanente burocrático de carrera; es político temporal al cual se accede porque ha sido elegido, designado o nombrado para ocuparlo por la autoridad competente. Tiene derecho a la reserva de su puesto, y cuando cese en el cargo que ocupa, debe reincorporarse a su puesto de trabajo anterior en el plazo máximo de treinta días a partir de su cese (art. 48.3 ET).

2.1.7. *Suspensión por privación de libertad del trabajador*

El ET reconoce este supuesto como causa de suspensión del contrato «mientras que no exista sentencia condenatoria firme», se supone [art. 45.1.*g*) ET]. En caso contrario, la privación de libertad tendría efectos extintivos. En el supuesto de libertad provisional, puede pactarse de mutuo acuerdo la suspensión del contrato hasta la sentencia firme.

El interesado debe poner en conocimiento de la empresa su situación de privación de libertad, ya que, según doctrina judicial consolidada, esta causa no opera de modo automático. La incomparecencia del trabajador sin comunicar su situación puede justificar la baja por abandono del puesto de trabajo o el despido disciplinario.

Si se dicta sentencia firme absolutoria, el empresario debe readmitir al trabajador y éste tiene derecho a reincorporarse a su puesto de trabajo (art. 48.1 ET); si la sentencia firme es condenatoria, el empresario puede despedir al trabajador[14].

2.1.8. *Suspensión disciplinaria*

Es una causa de suspensión recogida literalmente como «suspensión de empleo y sueldo, por razones disciplinarias» en el artículo 45.1.*h*) ET. En relación con este tipo de suspensión habrá que estar a lo dispuesto en

[14] Sentencia Tribunal Supremo (Sala de lo Social), de 9 de marzo de 1994, rec. 1501/1993 declara procedente el despido por ausencias injustificadas derivadas de privación de libertad existiendo sentencia condenatoria. Sentencia Tribunal Superior de Justicia de la Comunidad Valenciana (Sala de lo Social), de 3 de mayo de 2016, rec. 808/2016, declara procedente el despido de un trabajador que se encontraba en situación de incapacidad temporal hasta que fue dado de alta por la Seguridad Social por incomparecencia, y en esa fecha ingresó en prisión para cumplir condena, hechos éstos que no fueron puestos en conocimiento de la empresa y ésta al no tener noticias del trabajador procedió al despido del actor por falta continuada de asistencia al trabajo.

los convenios colectivos. La negociación colectiva suele prever la suspensión por sanción disciplinaria, sancionando de esta forma en general, faltas graves y muy graves. Cabe también la suspensión cautelar hasta aclarar los hechos, pero si no hay sanción, no parece adecuada la pérdida de salarios. Es una suspensión que decide el empresario por la facultad sancionadora que le concede la ley (art. 58.1 ET). En algunos convenios colectivos esta suspensión cautelar de empleo (que no de sueldo) está expresamente prevista, generalmente en supuestos de investigación de la conducta del trabajador.

Si se sanciona a un representante de los trabajadores, éste puede continuar en el ejercicio de sus funciones.

2.1.9. *Suspensión por fuerza mayor temporal*

Es otra causa de suspensión del contrato de trabajo reconocida en el ET, en concreto en el artículo 45.1.*i*) y regulada en el artículo 47 ET.

La fuerza mayor se entiende como un acontecimiento involuntario, imprevisible o previsible pero inevitable. La causa de fuerza mayor debe ser temporal y la empresa puede adoptar tanto medidas de suspensión del contrato de trabajo por esta causa como de reducción de la jornada.

Para la suspensión de contratos de trabajo por razones de fuerza mayor temporal, con independencia de que sea individual o colectiva, se habrá de seguir el procedimiento establecido en los artículos 47.5 y 51.7 ET, y en el Real Decreto 1483/2012, de 29 de octubre.

El expediente lo inicia el empresario con su solicitud y los medios de prueba que estime oportunos; al mismo tiempo se comunica el hecho a los representantes de los trabajadores. La fuerza mayor debe ser constatada por la autoridad laboral, cualquiera que sea el número de trabajadores afectados. Ésta solicitará informe preceptivo a la Inspección de Trabajo y Seguridad Social.

La resolución de la autoridad laboral debe producirse en cinco días desde la solicitud y deberá limitarse a constatar la existencia de la fuerza mayor alegada por la empresa. La resolución surtirá efectos desde la fecha del hecho causante de la fuerza mayor, y hasta la fecha determinada en la propia resolución. Si no se emite resolución se entiende autorizado. Corresponde a la empresa la decisión sobre la suspensión de los contratos de trabajo. Dicha decisión, deberá efectuarse dando traslado de tal circunstancia a los representantes de los trabajadores y a la Autoridad Laboral.

Si se mantiene la fuerza mayor a la finalización del período determinado en la resolución del expediente, se deberá solicitar una nueva autorización.

Por otro lado, hay que señalar que las decisiones empresariales relativas a la suspensión de los contratos derivadas de fuerza mayor serán impugnables ante la jurisdicción social mediante el proceso previsto para la impugnación de las decisiones de movilidad geográfica y modificaciones sustanciales de condiciones de trabajo del artículo 138 LRJS. Cuando afecten a un número de trabajadores igual o superior a los umbrales previstos para los despidos colectivos se tramitará a través del proceso de conflicto colectivo, sin perjuicio de la acción individual. Se declarará nula la decisión empresarial adoptada, entre otros motivos, eludiendo las normas relativas al período de consultas.

En la Ley 17/2015, de 9 de julio, del Sistema Nacional de Protección Civil[15] (art. 24) se prevé la adopción de medidas similares, en los términos que apruebe el Consejo de ministros, cuando se declare una zona afectada gravemente por una emergencia de protección civil[16], En estos casos la TGSS podrá exonerar al empresario del abono de las cuotas de la Seguridad Social y por conceptos de recaudación conjunta. Así ocurrió en el año 2021 como consecuencia de la borrasca Filomena, cuando se acometieron medidas de protección a los afectados de varias CC.AA.[17] En el año 2022 beneficios de este tipo podemos encontrarlos en la Orden TES/443/2022, de 17 de mayo[18], por la que se dictan las normas para la aplicación de las medidas laborales y de protección por desempleo previstas en la Ley 17/2015, del Sistema Nacional de Protección Civil, en las zonas afectadas gravemente por emergencias de protección civil como consecuencia de incendios forestales, inundaciones y otros fenómenos de distinta naturaleza. En su artículo 2 dispone que las suspensiones de contrato y reducciones de jornada y los despidos colectivos que tengan su causa directa en los daños

---

[15] *BOE* de 10 de julio.

[16] Emergencia de protección civil es una «situación de riesgo colectivo sobrevenida por un evento que pone en peligro inminente a personas o bienes y exige una gestión rápida por parte de los poderes públicos para atenderlas y mitigar los daños y tratar de evitar que se convierta en una catástrofe. Se corresponde con otras denominaciones como emergencia extraordinaria, por contraposición a emergencia ordinaria que no tiene afectación colectiva» (art. 2.5 de la Ley 17/2015).

[17] El artículo 5 del Real Decreto-ley 10/2021, de 18 de mayo, por el que se adoptan medidas urgentes para paliar los daños causados por la borrasca «Filomena» (*BOE* de 19 de mayo), y especialmente, la Orden TES/1223/2021 de desarrollo, Orden TES/1223/2021, de 4 de noviembre, por la que se dictan normas para la aplicación de las medidas laborales y de protección por desempleo previstas en la Ley 17/2015, de 9 de julio, del Sistema Nacional de Protección Civil, en las zonas afectadas gravemente por una emergencia de protección civil como consecuencia de la borrasca «Filomena» (*BOE* de 11 de noviembre), disponen que las suspensiones de contrato y reducciones de jornada, y los despidos colectivos tendrán la consideración de provenientes de fuerza mayor. Además, dispone medidas especiales en materia de protección por desempleo.

[18] *BOE* de 20 de mayo.

producidos por los incendios forestales, inundaciones y otros fenómenos de distinta naturaleza contemplados en los Acuerdos del Consejo de ministros de 24 de agosto, 21 de septiembre y 17 de diciembre de 2021, tendrán la consideración de provenientes de una situación de fuerza mayor.

En el artículo 47.6 ET, se reconoce otro caso de fuerza mayor temporal «por impedimentos o limitaciones en la actividad normalizada de la empresa que sean consecuencia de decisiones adoptadas por la autoridad pública competente, incluidas aquellas orientadas a la protección de la salud pública». Y ante la urgente necesidad de proporcionar un marco de seguridad jurídica tanto para empresas como para las personas trabajadoras, ante la evidente e inminente amenaza que presentan las situaciones climáticas extremas, se recoge otro supuesto de posible fuerza mayor temporal en el artículo 47.6 ET, consecuencia de la modificación llevada a cabo recientemente del artículo 37.3 ET por el Real Decreto-ley 8/2024, de 28 de noviembre (*vid.* epígrafe 12 del Tema 10): «por el mantenimiento, transcurridos los cuatro días previstos en el artículo 37.3.*g*), de la imposibilidad de acceder al centro de trabajo o a las vías de circulación necesarias para acudir al mismo, salvo que sea posible el trabajo a distancia en los términos recogidos en dicho precepto.

Por el contrario, las circunstancias del párrafo anterior no serán constitutivas de fuerza mayor durante la duración del permiso del artículo 37.3.*g*). Durante la misma, sólo podrá justificarse la fuerza mayor en base a otras circunstancias, en cuyo caso los efectos se retrotraerán al momento del hecho causante correspondiente».

Para estos supuestos, el procedimiento a seguir será el mismo que acabamos de exponer del artículo 47.5 ET con las siguientes particularidades:

«*a*) La solicitud de informe por parte de la autoridad laboral a la Inspección de Trabajo y Seguridad Social no será preceptiva.

b) La empresa deberá justificar, en la documentación remitida junto con la solicitud, la existencia de las concretas limitaciones o del impedimento a su actividad como consecuencia de la decisión de la autoridad competente.

c) La autoridad laboral autorizará el expediente si se entienden justificadas las limitaciones o impedimento referidos» (art. 47.6 ET).

En otro orden de cosas, en todos los expedientes debidos a fuerza mayor temporal, se aplicarán normas comunes a los casos de reducción de jornada y suspensión de contrato por causas ETOP (art. 47.7 ET) ya señaladas en el Tema 10, como las siguientes: dentro del período de aplicación del expediente no podrán realizarse horas extraordinarias, tampoco nuevas externalizaciones de actividad ni concertarse nuevas contrataciones laborales, con alguna salvedad; durante el período de aplicación del expediente, la empresa podrá «desafectar y afectar a las personas trabajadoras en función de las alteraciones de las circunstancias señaladas como causa justificativa de las medidas». Estas medidas de flexibilidad se complementan con un impulso de la formación de las personas que se vean afectadas, para la mejora de sus competencias profesionales y empleabilidad, en concreto, impulsando la adquisición de competencias digitales; para ello «deberán respetarse los descansos legalmente establecidos y el derecho a la conciliación de la vida laboral, personal y familiar» (nueva Disp. Adic. 25.ª ET). Asimismo, se complementan con el derecho a percibir la prestación por desempleo, en proporción a la disminución temporal de jornada [arts. 262.3 y 267.1.*c*) LGSS]. Para ello, el empresario debe comunicar por escrito al trabajador la causa y fecha de los efectos de la situación de desempleo y posteriormente a la autoridad laboral; ésta última posteriormente, debe comunicar a la entidad gestora de la prestación dc desempleo, las medidas de suspensión o reducción de jornada adoptadas por el empresario, así como las variaciones que se produzcan. Por otro lado, se producen variaciones en materia de cotización durante la vigencia de dichos expedientes (nuevo art. 153 bis LGSS incluido por la Reforma laboral 2021).

2.1.10. *Suspensión por causas económicas, técnicas, organizativas o de producción (causas ETOP)*

Las causas ETOP son reconocidas en el artículo 45.1.*j*) ET como causas de suspensión del contrato de trabajo, regulada a su vez en el artículo 47 ET, modificado por la reforma laboral llevada a cabo a través del Real Decreto-ley 32/2021.

Hasta esta reforma, la concurrencia de causas ETOP permitía a la empresa, adoptar medidas de suspensión de los contratos de trabajo o de reducción de jornada (y así sigue ocurriendo en la actualidad, como se ha señalado y tratado ya en el Tema 10). Eran y siguen siendo medidas de efectos temporales, ante situaciones en las que debía o debe paralizarse o reducirse el trabajo, sin olvidar que durante su vigencia existían o existen expectativas fundadas de recuperación en un tiempo del ritmo ordinario de producción o actividad empresarial. Sin embargo, tras los cambios introducidos por la citada Reforma laboral 2021, las empresas cuentan con un tercer mecanismo, el denominado mecanismo RED de Flexibilidad y Estabilización del Empleo (nuevo art. 47 bis ET), que les permite la solicitud de medidas de reducción de jornada y suspensión de contratos de trabajo (al que se ha hecho referencia también en el Tema 10).

Son medidas de flexibilidad coyunturales, que carecen de efectos definitivos sobre el contrato de trabajo y que suponen la paralización o reducción del trabajo. No obstante, entre la suspensión del contrato y la reducción temporal de jornada existen claras diferencias. En el caso de suspensión se paraliza el trabajo completamente, el tiempo que dure aquélla, mientras que la reducción tan sólo supone una disminución del ritmo de producción y de trabajo en el período de referencia.

Tras la Reforma laboral 2021, en el artículo 47.7 ET se señala que las empresas, en «la medida en que ello sea viable», deben priorizar «la adopción de medidas de reducción de jornada frente a las de suspensión de contratos». Pese a ello, su régimen jurídico es similar, y se contiene en el artículo 47 y en el nuevo artículo 47 bis ET, desarrollado por Real Decreto 1483/2012, de 29 de octubre, por el que se aprueba el Reglamento de los procedimientos de despido colectivo y de suspensión de contratos y reducción de jornada[19] (en adelante, RD 1483/2012).

Para las empresas en concurso estas medidas han de adoptarse conforme a lo dispuesto en la normativa concursal, actualmente en los artículos 169 ss. de la vigente Ley Concursal (2020).

El procedimiento para llevar a cabo la suspensión de los contratos de trabajo por causas económicas, técnicas, organizativas o de producción (ETOP) es muy similar al de la tramitación de un despido colectivo, aunque más corto y concentrado. Las líneas básicas del procedimiento las encontramos en el artículo 47 ET y en el RD 1483/2012. Eso sí, el procedimiento a seguir en estos casos es independiente del número de empleados de la empresa o del número de trabajadores afectados.

La suspensión de los contratos de trabajo puede ser promovida por la empresa cuando concurran causas ETOP que según la nueva redacción del artículo 47 ET dada por la Reforma laboral 2021, deben tener carácter temporal. Esa exigencia ya era así para que se produjera este tipo de suspensión, aunque no se señalase expresamente en el ET, sin embargo, en la nueva redacción legal se menciona expresamente. La suspensión se producía y se produce en estos casos, cuando no resultaban o resultan más apropiadas otras decisiones de ajuste interno de los recursos disponibles por la empresa (como movilidad o modificación de condiciones de trabajo), y cuando la suspensión permitía o permite superar una situación difícil de la empresa o contribuir a su mejora. Dichas causas, asimismo, deben acotarse conforme a lo dispuesto para el despido colectivo.

Mientras el contrato de trabajo esté suspendido por alguna de estas causas, no podrán establecerse nuevas externalizaciones de actividad ni concertarse nuevas contrataciones laborales, con alguna salvedad; sin embargo,

---

[19] *BOE* de 30 de octubre de 2012.

la empresa sí podrá, estando vigente el expediente, «desafectar y afectar a las personas trabajadoras en función de las alteraciones de las circunstancias señaladas como causa justificativa de las medidas» (art. 47.7 ET).

Por otro lado, la suspensión del contrato no da derecho a las personas afectadas a salario ni a indemnización alguna (art. 16.4 del RD 1483/2012); no obstante, sí les da derecho a percibir la prestación por desempleo [arts. 262.3 y 267.1.*b*) LGSS]. Para ello, el empresario debe comunicar por escrito a la persona trabajadora la causa y fecha de los efectos de la situación de desempleo y posteriormente a la autoridad laboral; esta última, debe posteriormente, comunicar a la entidad gestora de la prestación de desempleo, las medidas de suspensión por el empresario, así como las variaciones que se produzcan. También se producen cambios en materia de cotización mientras estén vigentes dichos expedientes (nuevo art. 153 bis LGSS introducido por la Reforma laboral 2021).

Asimismo, durante tal situación, está previsto que se promueva el desarrollo de acciones formativas «vinculadas a la actividad profesional de los trabajadores afectados cuyo objeto sea aumentar la polivalencia o incrementar su empleabilidad» (art. 16.5 del RD 1483/2012). La nueva Disposición Adicional 25.ª ET, establece que durante la vigencia de las medidas de flexibilidad que estudiamos «las empresas podrán desarrollar acciones formativas para cada una de las personas afectadas, que tendrán como objetivo la mejora de las competencias profesionales y la empleabilidad de las personas trabajadoras», en concreto, impulsando la adquisición de competencias digitales. Estas «acciones formativas deberán desarrollarse durante la aplicación de la reducción de la jornada o suspensión del contrato, en el ámbito de un expediente de regulación temporal de empleo, o en tiempo de trabajo. En cualquier caso, deberán respetarse los descansos legalmente establecidos y el derecho a la conciliación de la vida laboral, personal y familiar».

Otra novedad introducida por la Reforma laboral 2021 en el artículo 47.4 ET es la posibilidad de prorrogar la suspensión de contrato por causas ETOP. La empresa, en cualquier momento, mientras permanezca vigente dicha medida, podrá comunicar a la representación legal de los trabajadores con los que ha negociado el período de consultas, la prórroga de ésta. Los efectos se producirán desde el día siguiente a la finalización del período inicial de suspensión.

Durante el período de suspensión del contrato de trabajo, los trabajadores afectados pueden trabajar para otras empresas o realizar otro tipo de actividades lucrativas como alternativa a la prestación de desempleo[20].

---

[20] Sentencia del Tribunal Supremo (Sala de lo Social), de 7 de mayo de 1990 (RJ 1990, 3973).

Las decisiones empresariales relativas a la suspensión de los contratos por causas ETOP, serán impugnables ante la jurisdicción social mediante el proceso previsto para la impugnación de las decisiones de movilidad geográfica y modificaciones sustanciales de condiciones de trabajo del artículo 138 LRJS. Cuando afecten a un número de trabajadores igual o superior a los umbrales previstos para los despidos colectivos se tramitará a través del proceso de conflicto colectivo, sin perjuicio de la acción individual. Se declarará nula la decisión empresarial adoptada, entre otros motivos, eludiendo las normas relativas al período de consultas.

2.1.11. *Suspensión del contrato de trabajo a través del mecanismo RED de Flexibilidad y Estabilización del Empleo*

Figura regulada en el artículo 47 bis ET introducido por la Reforma laboral 2021. A través de esta figura se permite a las empresas solicitar medidas de reducción de jornada y suspensión de contratos de trabajo siempre bajo la autorización del Consejo de ministros. Se trata de un mecanismo muy especial de protección del empleo que requiere la acción del Gobierno.

Se prevén dos modalidades:

- Cíclica: cuando se aprecie una coyuntura macroeconómica general que aconseje la adopción de instrumentos adicionales de estabilización con una duración máxima de un año.
- Sectorial: cuando en un determinado sector/es de actividad se aprecien cambios permanentes que generen necesidades de recualificación y de procesos de transición profesional de las personas trabajadoras. La duración máxima inicial es de un año, con la posibilidad de dos prórrogas de seis meses cada una. En esta modalidad, las organizaciones sindicales y empresariales más representativas podrán solicitar la convocatoria de una comisión tripartita que analice la necesidad de activar esta medida en un sector concreto.

El mecanismo RED de Flexibilidad y Estabilización del Empleo será activado por el Consejo de ministros. Una vez activado, las empresas podrán solicitar a la autoridad laboral competente la reducción de la jornada o la suspensión de los contratos. Simultáneamente se comunicará a la representación legal de las personas trabajadoras. En la modalidad sectorial debe acompañarse de un plan de recualificación.

El procedimiento se tramitará de acuerdo con lo previsto en el artículo 47.5 ET (ERTE por fuerza mayor temporal), previo desarrollo de un período de consultas en los términos regulados en el artículo 47.3 ET (ERTE por causas ETOP), con una serie de particularidades.

La autoridad laboral deberá remitir la solicitud empresarial a la Inspección de Trabajo y recabar el informe preceptivo de ésta sobre la concurrencia de los requisitos, que debe emitirse en el plazo improrrogable de siete días desde la notificación de inicio por parte de la empresa a la autoridad laboral.

El período de consultas puede concluir con acuerdo, sin acuerdo o sin resolución expresa. La autoridad laboral deberá resolver en el plazo de siete días naturales desde la conclusión del período de consultas. En caso de acuerdo, la autoridad laboral autorizará la aplicación del mecanismo pudiendo la empresa acometer las medidas; en el supuesto de falta de acuerdo, será la autoridad laboral la que estime o desestime la solicitud empresarial, en función de si concurre o no la situación cíclica o sectorial. Por último, si no recae resolución expresa en plazo, las medidas se tendrán por autorizadas.

Existen normas comunes aplicables a las dos modalidades del mecanismo RED: son aplicables a ambas tanto la posibilidad de prórroga como las otras medidas comunes a todos los ERTE previstos en el artículo 47 ET; los trabajadores afectados tendrán derecho a una prestación específica del mecanismo RED, desde el 30 de marzo de 2022, regulada en la Disposición Adicional 41.ª LGSS; asimismo, se constituye un fondo RED de Flexibilidad y Estabilización en el empleo para las necesidades futuras de financiación de prestaciones y exenciones de cotizaciones a la Seguridad Social y los costes de formación y, por último, durante la aplicación de las medidas, las empresas podrán desarrollar acciones formativas para los trabajadores afectados con el objetivo de mejorar las competencias profesionales y su empleabilidad.

2.1.12. *Suspensión por excedencia forzosa*

Supuesto señalado como causa de suspensión del contrato de trabajo en el artículo 45.1.*k*) ET. Al ser objeto de estudio las excedencias en el último apartado de este capítulo, su tratamiento lo remitimos al mismo.

2.1.13. *Suspensión por el ejercicio del derecho de huelga*

El ejercicio de huelga, reconocido constitucionalmente, es causa de suspensión del contrato de trabajo [arts. 45.1.*l*) ET y 6.2 del RD-ley 17/1977, de 4 de marzo] siempre que sea una huelga lícita, se entiende que la ilegal sería causa de incumplimiento contractual por parte del trabajador. Su ejercicio no supone incumplimiento contractual en modo alguno y no puede dar lugar a sanciones por parte del empresario. Es un derecho irrenunciable (art. 2 del RD-ley 17/1977) que no produce la extinción del contrato de trabajo y no puede dar lugar a sanción alguna, «salvo que el trabajador, durante la misma, incurriera en falta laboral» (art. 6.1 del RD-ley 17/1977). Como consecuencia del ejercicio de huelga, el empresario no puede sustituir a los huelguistas por otros trabajadores (art. 6.5 del RD-ley 17/1977) ya que lesionaría el derecho de huelga, sólo podría hacerlo, si se incumpliera la obligación de atender los servicios de seguridad y mantenimiento. Durante este período de suspensión el trabajador se encuentra en situación de alta especial en la Seguridad Social (arts. 144.5 y 166.7 LGSS)[21].

2.1.14. *Suspensión por el cierre legal de la empresa*

Causa de suspensión recogida expresamente en los artículos 45.1.*m*) ET y 12.2 del Real Decreto-ley 17/1977. Debe ser un cierre legal, es decir, realizado conforme a lo dispuesto en el Real Decreto-ley 17/1977. Si el cierre fuera ilegal no daría lógicamente lugar a la suspensión del contrato de trabajo y por tanto a la pérdida de salario del trabajador. Se conoce popularmente como «cierre patronal» o *lock out*.

El supuesto se produce cuando el empresario impide el ingreso o la permanencia en el centro de trabajo a los trabajadores como medida de conflicto colectivo, como medida de presión ante determinados comportamientos de los trabajadores, todo desde un punto de vista colectivo. Es por tanto una medida defensiva y derivada de los poderes de dirección, vigilancia y organización que tiene todo empresario. Las causas lícitas que lo pueden justificar en concreto son tres (art. 12.1 del RD-ley 17/1977): la existencia de «notorio peligro de violencia para las personas o de daños graves para las cosas»; la «ocupación ilegal del centro de trabajo o de cualquiera de sus dependencias» o «el peligro cierto de que ésta se produzca»; y aquélla en que «la inasistencia o irregularidades en el trabajo impidan gravemente el proceso normal de producción».

El empresario que proceda al cierre legal, debe comunicarlo como máximo en doce horas a la Autoridad laboral (art. 13.1 del RD-ley 17/1977); y su duración se limitará al tiempo indispensable para asegurar la reanudación de la actividad de la empresa o la remoción de las causas que lo motivaron (art. 13.2 del RD-ley 17/1977)[22].

---

[21] *Vid.* Tema 16 del *Curso*.

[22] Igualmente, desarrollado en el Tema 16.

2.1.15. *Suspensión por decisión de la trabajadora víctima de violencia de género o de violencia sexual*

Causa recogida en el apartado *n*) del artículo 45.1 ET[23]. Aquella persona trabajadora que se «vea obligada a abandonar su puesto de trabajo» por ser víctima de violencia de género o de violencia sexual, puede solicitar esta suspensión. Su duración no podrá exceder de seis meses, salvo que para su protección fuera necesario prorrogar esa situación. La prórroga la puede llevar a cabo el juez por períodos de tres meses hasta un máximo de dieciocho meses (art. 48.8 ET).

2.1.16. *Suspensión por disfrute del permiso parental*

El permiso parental como causa de suspensión del contrato de trabajo ha sido incluido en los artículos 45.1 apartado *o*) y 48 bis ET, mediante Real Decreto-ley 5/2023, de 28 de junio, de esta forma se dispone que las personas trabajadoras tienen derecho a un permiso parental, para el cuidado de sus hijos/as, ya sean biológicos o por adopción, o para el cuidado de menor acogido por tiempo superior a un año.

Es un derecho individual de las personas trabajadoras, hombres o mujeres, sin que pueda transferirse su ejercicio.

Se puede disfrutar hasta que el menor cumpla ocho años. Su duración máxima es de ocho semanas, que pueden disfrutarse de forma continua o discontinua y a tiempo completo o en régimen de jornada a tiempo parcial.

Corresponde a la persona trabajadora titular del derecho especificar la fecha de inicio y fin de su disfrute o, en su caso, de los períodos de disfrute, debiendo comunicarlo a la empresa con una antelación de diez días o la que se establezca en el convenio colectivo de aplicación, salvo que concurra fuerza mayor, y teniendo en cuenta la situación de aquella y las necesidades organizativas de la empresa.

En caso de que dos o más personas trabajadoras generen este derecho por el mismo sujeto causante o en otros supuestos establecidos en los convenios colectivos en los que el disfrute del permiso parental en el período solicitado altere seriamente el correcto funcionamiento de la empresa, ésta podrá aplazar la concesión del permiso por un período razonable, justificándolo por escrito y después de haber ofrecido una alternativa de disfrute igual de flexible.

---

[23] Apartado recién modificado por la LO 2/2024, de 1 de agosto, de representación paritaria y presencia equilibrada de mujeres y hombres (*BOE* de 2 de agosto de 2024).

3. LAS EXCEDENCIAS

El artículo 46 ET regula las excedencias haciendo distinción entre la excedencia forzosa y la voluntaria. La diferencia entre ambas radica más en sus efectos que en su denominación; la excedencia forzosa, como ya hemos señalado, es una modalidad de suspensión del contrato de trabajo y por tanto el trabajador excedente tiene derecho a reserva de su puesto de trabajo, y la voluntaria es una figura diferente que no constituye en sentido estricto causa de suspensión del contrato de trabajo, que responde a distintos intereses y tiene un tratamiento legal diferenciado y en la que se produce simplemente una expectativa de derecho a reingresar en caso de vacante[24]. Según la jurisprudencia, si la excedencia voluntaria se concede con reserva del puesto de trabajo en realidad se trata de una suspensión del contrato por mutuo acuerdo[25].

Por otra parte, en el artículo 46.3 ET se regula la excedencia por cuidado de familiares, muy cercana en efectos a la forzosa, aunque con peculiaridades.

Es importante destacar, como en el artículo 46.6 ET, se establece la posibilidad de que mediante negociación colectiva se regulen nuevos supuestos de excedencia no recogidos en la ley.

3.1. Excedencia forzosa

El artículo 46.1 ET señala que la excedencia forzosa se «concederá por la designación o elección para un cargo público que imposibilite la asistencia al trabajo». Se denomina forzosa porque se impone ante la incompatibilidad entre el ejercicio del cargo y la realización del trabajo. El ET reconoce a los trabajadores que disfruten de dicha excedencia forzosa el derecho a la conservación de su puesto de trabajo durante el tiempo que dure la excedencia, con el deber de reincorporarse al mismo en el plazo de un mes a contar desde la fecha de finalización de la causa suspensiva[26]; y el derecho al cómputo, a efectos de antigüedad, de ese período de tiempo.

Cargo público a estos efectos puede ser el «cargo público representativo» al que se refiere el artículo 45.1.*f*) ET, al cual se accede por elección

---

[24] En este sentido, véanse las Sentencias del Tribunal Supremo (Sala de lo Social), de 25 de octubre de 2000, rec. 3606/1998, y la de 26 de octubre de 2016, rec. 581/2015.

[25] Sentencia del Tribunal Supremo (Sala de lo Social), de 26 de octubre de 2016, rec. 581/2015.

[26] La negativa del empresario a la readmisión debe considerarse como decisión de despido y ha de ser impugnada como tal [Sentencia del Tribunal Supremo (Sala de lo Social), de 14 de diciembre de 2021, núm. 1259/2021, rec. 520/2019].

o por designación de la autoridad competente; y también «quienes ostenten cargos electivos a nivel provincial, autonómico o estatal, en las organizaciones sindicales más representativas» [art. 9.1.*b*) LOLS]. Adicionalmente hay que señalar como destaca la jurisprudencia, que no se trata del cargo «permanente burocrático de carrera, sino el político temporal o amovible»[27]; ha de tratarse por tanto de un puesto en el que se desempeñe una actividad política, no puramente burocrática. De esta forma, quedan fuera del concepto, las relaciones funcionariales y se excluyen los cargos que impliquen una relación de empleo laboral con la Administración[28].

La excedencia no está sujeta a límite temporal alguno, su duración viene condicionada a la del cargo público o sindical que se ejerce.

También y excepcionalmente, puede ser causa de excedencia forzosa y no de mera interrupción de la prestación de trabajo, el «cumplimiento de un deber inexcusable de carácter público y personal» cuando «suponga la imposibilidad de la prestación de trabajo debido en más del 20 por 100 de las horas laborables en un período de tres meses» [art. 37.3.*d*) ET].

3.2. Excedencia para el cuidado de menores y otros familiares

Otra situación muy cercana a la excedencia forzosa por sus efectos es la excedencia para el cuidado de familiares que para que sea efectiva, debe ser solicitada por la persona trabajadora, siendo, por tanto, de ejercicio voluntario (art. 46.3 ET).

Constituye un derecho individual de las personas trabajadoras, sin distinción, no sólo entre hombre y mujer sino en atención a la naturaleza indefinida o temporal del vínculo contractual y a la antigüedad en la empresa. Sin embargo, si dos o más personas trabajadoras de la misma empresa generan este derecho por el mismo sujeto causante, la empresa podrá limitar su ejercicio simultáneo por razones fundadas y objetivas de funcionamiento, pero eso sí, debiendo motivar esas razones por escrito y en tal

---

[27] Sentencia del Tribunal Supremo (Sala de lo Social), de 20 de septiembre de 2007, rec. 3631/1999, con cita de doctrina anterior del mismo Tribunal.

[28] Muy interesante la Sentencia del Tribunal Superior de Justicia de Andalucía (Sala de lo Social de Sevilla), de 19 de diciembre de 2002, rec. 2070/2002, que aborda la negativa de un Ayuntamiento a situar en excedencia forzosa por cargo público a un empleado laboral fijo, a quien el Consejero de Relaciones Institucionales de la Junta de Andalucía nombró «Coordinador de Área» de la Consejería de que es titular como funcionario eventual y continúa ostentando idéntico cargo al presentar la reclamación, ya que se había resuelto entenderlo como excedente voluntario por interés particular por un plazo no menor a dos años y no mayor a cinco.

caso «ofrecer un plan alternativo que asegure el disfrute de ambas personas trabajadoras y que posibilite el ejercicio de los derechos de conciliación».

Por otra parte, cuando un nuevo sujeto causante diera derecho a un nuevo período de excedencia, el inicio de ésta dará fin al que, en su caso, se viniera disfrutando.

En estos casos de excedencia, la empresa puede sustituir a los trabajadores excedentes mediante contratos de sustitución con bonificaciones en las cuotas empresariales a la Seguridad Social.

Existen dos tipos de excedencia para atender al cuidado de familiares: *a*) la excedencia para el cuidado de hijos/as ya sean biológicos/as o adoptivos/as o menores bajo guarda con fines de adopción o acogimiento permanente, de duración no superior a tres años a contar desde el nacimiento o, en su caso, desde la fecha de la resolución judicial o administrativa; y *b*) la excedencia para atender al cuidado del cónyuge o pareja de hecho, o de un familiar hasta el segundo grado de consanguinidad y por afinidad, incluido el familiar consanguíneo de la pareja de hecho, que por razones de edad, accidente, enfermedad o discapacidad no pueda valerse por sí mismo, y no desempeñe actividad retribuida, con una duración no superior a dos años, salvo que mediante negociación colectiva se establezca otra cosa. Mediante el Real Decreto-ley 5/2023, de 28 de junio, se ha reconocido el derecho a las parejas de hecho, entendiendo como tales las debidamente registradas.

La jurisprudencia precisa que los sujetos causantes de una y otra excedencia son distintos. Esta segunda modalidad de excedencia se refiere a personas trabajadoras que tienen a su cuidado personas mayores, enfermas o personas con discapacidad, por lo que, a su amparo, no puede solicitarse una excedencia para menores que tengan más de tres años de edad, límite de edad establecido para la excedencia para cuidado de menores, salvo que se encuentren enfermos o sufran alguna discapacidad[29].

Durante el disfrute de esta excedencia no hay una incompatibilidad absoluta con la realización de otro trabajo por cuenta de ajena. La finalidad última perseguida por la ley es la de facilitar a los trabajadores el cuidado de los menores, por ello, para determinar si el trabajador hace un buen uso o no de este derecho habrá que analizar si las condiciones de trabajo del nuevo empleo facilitan en cierta medida el cuidado del menor (horario más adecuado, menor distancia, prestación flexible etc.); de esta forma, si consta de manera objetiva que existe una facilidad añadida en

---

[29] Sentencia de la Audiencia Nacional (Sala de lo Social), de 13 de noviembre de 2017, procedimiento 290/2017; Sentencia del Tribunal Supremo, de 4 de mayo de 2017, rec. 133/2017; Sentencia del Tribunal Supremo, de 5 de febrero de 2021, rec. 2102/2018.

relación con el otro empleo, la empresa no puede denegarle el derecho a la reserva del puesto de trabajo[30].

Estas excedencias pueden disfrutarse de forma fraccionada, y para su disfrute, a diferencia de la voluntaria, no se exige una antigüedad en la empresa, ni se estipula duración mínima alguna, sólo máxima.

Los trabajadores que la disfruten, como en la forzosa, tienen derecho a la reserva de su puesto de trabajo durante el primer año y si son familia numerosa con categoría general o especial, a quince meses o a dieciocho meses, respectivamente. También se puede extender hasta un máximo de dieciocho meses cuando los dos progenitores ejerzan este derecho con la misma duración y régimen, extremo introducido por el Real Decreto-ley 6/2019, a efectos de corresponsabilidad. A partir de ese momento continúan teniendo reserva, pero no de su puesto concreto sino de un puesto del mismo grupo o categoría equivalente al que pertenezcan. También, como en la forzosa, este período de excedencia computa a efectos de antigüedad, e incluso se tiene derecho a asistir a cursos de formación profesional, a cuya participación debe ser convocado por la empresa, especialmente con ocasión de su reincorporación.

En el ejercicio de este derecho se tendrá en cuenta el fomento de la corresponsabilidad entre mujeres y hombres y, asimismo, evitar la perpetuación de roles y estereotipos de género (art. 46.3, último párrafo ET).

3.3. Excedencia voluntaria

Regulada en el artículo 46.2 ET, la excedencia voluntaria se reconoce a todo trabajador con una antigüedad en la empresa de un año. Su duración debe ser como mínimo de cuatro meses y como máximo de cinco años. Podrá ser disfrutada una única vez más si han transcurrido cuatro años desde la finalización de la primera. No hay más condicionamientos para su disfrute; si se solicita en regla, el empresario está obligado a concederla, no es necesario, por tanto, alegar causa alguna[31].

---

[30] *Vid.* Sentencia del Tribunal Superior de Andalucía (Sala de lo Social de Sevilla), de 25 de junio de 2015, rec. 1810/2014, entre otras.

[31] Sentencia Tribunal Superior de Justicia de Cataluña (Sala de lo Socia), de 11 noviembre de 2013, rec. 4084/2013. Señala que, aunque es la necesaria autorización o reconocimiento por el empresario, no cabe entender que hay abandono del trabajo cuando el trabajador, que reunía todos los requisitos para su concesión, se ausenta del trabajo tras las reiteradas solicitudes sin respuesta empresarial, ya para reconocerle el derecho, ya para denegárselo y darle la posibilidad de reclamar ante los tribunales, por lo que la baja del trabajador en la empresa obedeció a un despido improcedente.

Hay que tener en cuenta, siguiendo a la jurisprudencia[32], que el trabajador no tiene derecho a obtener la prórroga de la excedencia voluntaria, cuando se solicitó, inicialmente, por un tiempo inferior al máximo legal.

La característica fundamental de este tipo de excedencia es que no se produce reserva de puesto de trabajo, sino derecho preferente a reingreso en vacantes de igual o similar categoría (art. 46.5 ET) y tampoco computa el período de su disfrute a efectos de antigüedad en la empresa. Los convenios colectivos pueden regular este tipo de excedencia en términos diferentes de los del ET (p. ej., reduciendo la antigüedad exigida para solicitarla, o ampliando la duración por la que se puede conceder) y también el empresario puede pactar con el trabajador una excedencia similar, pero en términos diferentes a los del ET.

Por su parte, la empresa puede disponer de la plaza vacante del trabajador excedente como considere en función de sus facultades directivas[33]. Así puede contratar a otro trabajador para el desempeño de la misma, asignar los cometidos laborales que la integran a otros puestos[34], externalizar las funciones[35], o incluso amortizar las plazas[36].

La no incorporación del trabajador tras la terminación de la situación de excedencia determina la extinción definitiva del contrato.

---

[32] Sentencia del Tribunal Supremo (Sala de lo Social), de 11 de diciembre de 2003, rec. 43/2003; Sentencia del Tribunal Supremo (Sala de lo Social), de 23 de julio de 2010, rec. 95/2010, y Sentencia del Tribunal Supremo (Sala de lo Social), de 20 de junio de 2011, rec. 2366/2010.

[33] Sentencia del Tribunal Supremo (Sala de lo Social), de 12 de febrero de 2015, rec. 322/2014.

[34] Sentencia del Tribunal Supremo (Sala de lo Social), de 21 de enero de 2010, rec. 1500/2009.

[35] Sentencia del Tribunal Supremo (Sala de lo Social), de 30 de noviembre de 2012, rec. 3232/2011.

[36] Sentencia del Tribunal Supremo (Sala de lo Social), de 30 de abril de 2012, rec. 2228/2011.

Tampoco se entiende que existan plazas vacantes cuando, con posterioridad a la solicitud de reingreso, se producen extinciones de contratos de igual o similar categoría que la del excedente sin que la empresa proceda a su cobertura, quedando tales plazas amortizadas bien porque dejan de realizase las funciones y tareas que estaban asignadas a las mismas o por producirse una redistribución entre los demás trabajadores. Y ello porque no hay norma legal alguna que imponga al empresario la obligación de cubrir las vacantes, salvo que así los dispongan los convenios o pactos colectivos, o las especiales circunstancias concurrentes en casos específicos, por ejemplo, los contratos de relevo. Todo lo anterior debe entenderse sin perjuicio de que, con posterioridad, en cuanto se activase por la empresa un mecanismo de cobertura de las plazas, el excedente pudiera ejercitar las acciones correspondientes en tanto no hubiera prescrito el derecho al reingreso [Sentencia del Tribunal Supremo (Sala de lo Social), de 8 de febrero de 2018, rec. 404/2016]. Con esta resolución se entiende que la empresa puede proceder unilateralmente a la amortización de las plazas sin requisito o procedimiento alguno.

Si el empresario niega de manera injustificada la readmisión al trabajador esta situación se equipara a efectos prácticos, a un acto de despido[37].

El derecho de reingreso es un derecho preferente, lo que significa que, formulada la solicitud, el empresario no puede cubrir los puestos de trabajo vacantes con otros trabajadores, sino que deberán ser ofertados preferentemente al trabajador excedente[38] y si no hay vacantes se prolonga su situación indefinidamente hasta que el empresario ofrezca un puesto vacante de igual o similar categoría, incluso aunque sea en un centro de distinta localidad[39]. La jurisprudencia ha entendido que el excedente no necesariamente ha de reincorporarse en el centro de trabajo que ocupaba con anterioridad a la excedencia, de modo que, si no existen vacantes en el mismo, puede ofrecerle la empresa otras que hayan aparecido en distintas localidades, siempre que no implique un cambio de residencia[40]. Si se da esta última circunstancia, la negativa del trabajador no puede entenderse como una renuncia implícita del derecho a la readmisión, ni produce en consecuencia la extinción del contrato de trabajó por dimisión del trabajador quien mantiene expectante tal derecho sin necesidad de formular nueva solicitud y con la obligación de la empresa de ofrecer la primera vacante que se produzca[41].

Dicha preferencia opera también frente a otros trabajadores de su misma categoría que, con posterioridad a la solicitud de reingreso, hayan visto convertido su contrato de trabajo temporal y/o a tiempo parcial en

---

[37] Sentencia Tribunal Supremo (Sala de lo Social), de 7 de octubre de 2022, rec. 293/2020. Resuelve, además, que el proceso por despido es modalidad procesal adecuada para sustanciar la pretensión promovida por una trabajadora que no es readmitida tras finalizar la excedencia voluntaria que tenía reconocida, por más que la empresa se haya limitado a oponer la inexistencia de vacante, pues lo determinante es que la trabajadora ha decidido accionar por despido, sin que deban anularse las actuaciones para que su pretensión se tramite conforme al procedimiento ordinario.

[38] Al respecto, Sentencia del Tribunal Supremo (Sala de lo Social), de 14 de febrero de 2006, rec. 4799/2004, y Sentencia del Tribunal Supremo (Sala de lo Social), de 21 de enero de 2010, rec. 1500/2009.

[39] Sentencia Tribunal Superior de Justicia de Andalucía (Sala de lo Social de Sevilla), de 11 de diciembre de 2014, rec. 2793/2013, reconoce el derecho a reserva de puesto de trabajo del mismo grupo profesional o categoría equivalente en la empresa por inexistencia de concurrencia desleal al prestar servicios en empresas de diferente sector al del excedente según previsión convencional (sector de mataderos de aves y conejos).

[40] Sentencia del Tribunal Supremo (Sala de lo Social), de 11 de octubre de 2017, rec. 3142/2015.

[41] *Vid.* Sentencia del Tribunal Supremo (Sala de lo Social), de 4 de febrero de 2015, rec. 521/2014, y Sentencia del Tribunal Supremo (Sala de lo Social), de 13 de julio de 2017, rec. 2779/2015, señalando esta última que el rechazo por parte del trabajador de un puesto vacante de su misma categoría en localidad distinta, que conlleva cambio de residencia, tras excedencia voluntaria no supone dimisión o renuncia a su derecho a reingreso. Se conserva un derecho expectante a la primera plaza de su categoría o similar para reincorporase en las condiciones previstas en el Convenio colectivo (Banca).

otro indefinido y/o a jornada completa, ya que la consideración de vacante no debe entenderse referida solamente a la incorporación de personal ajeno a la empresa[42].

4. BIBLIOGRAFÍA

BARRIOS BAUDOR, G. L. y MOLINA GONZÁLEZ-PUMARIEGA, R., *Las familias numerosas ante el Derecho del Trabajo y de la Seguridad Social,* Thomson Reuters Aranzadi, 2014.

BENET ESCOLANO, J., *La figura jurídica de la excedencia voluntaria,* Tirant lo Blanch, Valencia, 2015.

CABEZA PEREIRO, J.; LOUSADA AROCHENA, J. F. y NUÑEZ-CORTÉS CONTRERAS, P., *Igualdad y diversidad en las relaciones laborales,* Valencia, Tirant lo Blanch, 2022.

DE LA PUEBLA PINILLA, A., «El nuevo régimen de reducción de jornada y de suspensión de contratos por causas ETOP y por fuerza mayor. Una apuesta por la estabilidad y la formación en el empleo», *LABOS. Revista de Derecho del Trabajo y Protección Social,* núm. 3, 2022.

DEL REY GUANTER, S.; MARTÍNEZ FONS, D. y SERRANO OLIVARES, R., «El régimen jurídico de la transmisión de empresa 25 años después de la promulgación de la Ley del Estatuto de los Trabajadores», *RMTAS,* núm. 58, 2005.

GONZÁLEZ DE LA ALEJA, R.ª, *La excedencia voluntaria laboral,* Albacete, Bomarzo, 2013.

GORELLI HERNÁNDEZ, J., *Las excedencias en Derecho del Trabajo,* Granada, Comares, 1998.

MARTÍN VALVERDE, A. y GARCÍA MURCIA, J., *Derecho del Trabajo,* Madrid, Tecnos, 2024.

MOLINA GONZÁLEZ-PUMARIEGA, R., «Un paso más hacia la corresponsabilidad real: la suspensión del contrato de trabajo por nacimiento de hijo o hija, por adopción, guarda con fines de adopción y acogimiento tras el Real Decreto-ley 6/2019», *Revista Derecho Social y Empresa, núm.* 12, 2020.

— «La suspensión del contrato de trabajo por maternidad», en VV.AA. (SÁNCHEZ-TRIGUEROS, C. y SEMPERE NAVARRO, A., codirs.), *Comentarios a la Ley Orgánica 3/2007, de 22 de marzo, para la Igualdad Efectiva de Mujeres y Hombres,* Navarra, Thomson-Aranzadi, 2008.

MONTOYA MELGAR, A., *Derecho del Trabajo,* Madrid, 45.ª ed., Tecnos, 2024.

MORENO GENÉ, J., *El nuevo régimen jurídico-laboral de la sucesión de empresa,* Valencia, Tirant lo Blanch, 2003.

NÚÑEZ-CORTÉS CONTRERAS, P., *La maternidad: nuevas realidades en el derecho de la Unión Europea*, Dykinson, 2017.

— *Eficacia de las medidas de conciliación: una propuesta de mejora normativa*, Tecnos 2016.

— «Eficacia de los "permisos por acontecimientos familiares" desde la perspectiva de las personas trabajadoras: una propuesta de mejora normativa». *Temas laborales: Revista Andaluza de Trabajo y Bienestar Social*, núm. 132, 2016.

NÚÑEZ-CORTÉS CONTRERAS, P. y GARRIGUES GIMÉNEZ, M.ª A., «Suspensión por maternidad, adopción y acogimiento», en VV.AA. (GARCÍA NINET, J. I. dir.), *Comentarios a la Ley de Igualdad,* Valencia, CISS, 2007.

---

[42] Sentencia del Tribunal Supremo (Sala de lo Social), de 12 de febrero de 2015, rec. 322/2014.

Pérez Alonso, M.ª A., *La excedencia laboral,* Valencia, Tirant lo Blanch, 1995.

Rivas Vallejo, M.ª P., *La suspensión del contrato de trabajo,* Albacete, Bomarzo, 2007.

Rodríguez Copé, M.ª L., *La suspensión del contrato de trabajo,* Madrid, CES, 2004.

Roqueta Buj, R., *Los expedientes de regulación temporal de empleo tras la reforma ERTEs ETOP, FM, COVID-19 y RED,* Valencia, Tirant lo Blanch, 2022.

Sánchez-Rodas Navarro, C., *Excedencia por cuidados de familiares,* Tirant lo Blanch, 2008.

Sierra Hernáiz, E., «La suspensión y reducción de la jornada laboral como mecanismo para preservar el empleo; los, así llamados, ERTES (art. 47 LET)», en VV.AA. (García Blasco, J. y De Val Tena, A. L., dirs.), en *Crisis económica y empleo: la experiencia judicial aplicativa de las últimas reformas laborales,* Pamplona, Universidad Pública de Navarra, 2021.

Valdés Dal-Ré, F., *La transmisión de empresa y las relaciones laborales. Un estudio comparado de los ordenamientos comunitario y nacional,* Madrid, MTAS, 2001.

Vida Soria, J., *La suspensión del contrato de trabajo,* Madrid, Instituto de Estudios Políticos, 1965.

VV.AA. (García-Perrote Escartín, I. y Reyes Herreros, J., dirs.), *Despido colectivo, suspensión de contratos y reducción de jornada un año después de la reforma laboral,* Valladolid, Lex Nova, 2013.

TEMA 12

EXTINCIÓN DEL CONTRATO DE TRABAJO

ANTONIO CEBRIÁN CARRILLO
Socio Director de S&C Abogados

PILAR NÚÑEZ-CORTÉS CONTRERAS
Catedrática Derecho del Trabajo y de la Seguridad Social. Universidad Loyola

ÁNGELA GUERRERO CASCAJOSA
Profesora de Derecho del Trabajo y de la Seguridad Social. Universidad Loyola

OBJETIVOS DE APRENDIZAJE

1. Delimitar los tipos de causas de extinción del contrato de trabajo.
2. Conocer el régimen de cada una de las causas de extinción del contrato de trabajo.

1. CONCEPTO DE EXTINCIÓN DEL CONTRATO DE TRABAJO

La extinción del contrato de trabajo consiste en el cese definitivo para el empresario y trabajador de las obligaciones derivadas del vínculo jurídico laboral creado por la relación existente entre ambos. Las causas por las que un contrato de trabajo se extingue son las enumeradas en el artículo 49.1 ET, pudiéndose agrupar en cuatro tipos, en virtud de que la causa de la extinción sea atribuible únicamente al empresario, únicamente al trabajador, a ambas partes de mutuo acuerdo o por causas ajenas a la voluntad de las partes.

2. EXTINCIÓN POR VOLUNTAD DEL EMPRESARIO

Si la extinción del contrato de trabajo se produce por la sola voluntad del empresario, conforme a alguna de las causas previstas en la ley, se trata de un despido. Existen diversas modalidades de despido reconocidas por el ordenamiento, unas basadas en la concurrencia de determinadas circunstancias objetivas (despido por circunstancias objetivas) y otras en la capacidad que tiene atribuida el empresario de sancionar conductas tipificadas por la ley (generalmente desarrolladas en los convenios colectivos) como incumplimientos contractuales del trabajador. Son características básicas del despido las dos siguientes:

- Decisión unilateral del empresario.
- Decisión que ha de ser justificada (causal).

2.1. Despido disciplinario: concepto y causas

Se encuentra regulado en los artículos 54 a 56 ET. Consiste en una modalidad de despido por la cual el empresario está autorizado a despedir al trabajador como sanción por el incumplimiento grave y culpable en el que haya incurrido éste. Esta facultad de sancionar que el ordenamiento atribuye al empresario es lo que caracteriza al despido disciplinario. Ante la disconformidad del trabajador con el despido serán los órganos jurisdiccionales los que determinarán si la decisión del empresario es conforme a derecho, sin perjuicio de que el empresario tiene atribuida por ley la facultad de sancionar con despido y ese despido es efectivo desde el momento en que él mismo lo decide.

Son dos los requisitos que exige la norma (art. 54.1 ET): que el incumplimiento sea grave y además culpable, es decir, no basta con la gravedad, sino que además debe concurrir un elemento de culpabilidad[1]. Dicha culpabilidad concurrirá, conforme a lo establecido por la doctrina judicial, no sólo cuando exista una conducta dolosa, sino que el despido también podrá producirse cuando exista una falta de diligencia de la que sea responsable el trabajador y que constituya un incumplimiento grave de las obligaciones laborales justificativo de la sanción decidida por el empresario[2].

---

[1] Sentencia Tribunal Supremo (Sala de lo Social), de 19 de julio de 2010, rec. 2643/2009.

[2] Sentencias Tribunal Supremo (Sala de lo Social), de 23 de septiembre de 1989, CENDOJ 28079140011989100396, y de 4 de febrero de 1991, rec. 900/1990.

El artículo 54.2 ET establece como causas de despido disciplinario aquellas conductas que son merecedoras de dicha sanción, que, en todo caso, deben ser analizadas de forma individualizada, en virtud de las circunstancias concurrentes en cada supuesto, de modo que en la delimitación de la responsabilidad se aplica la denominada doctrina gradualista, según la cual a aquellas conductas sancionables que no revistan la gravedad suficiente, aun siendo punibles, no debe aplicársele la sanción máxima de despido. Por último, cabe señalar que, aunque se trata de causas tasadas, los tribunales permiten la delimitación y concreción de cada una de ellas a través del convenio colectivo.

En concreto, el citado artículo 54.2 ET establece las siguientes conductas sancionables:

— Faltas repetidas e injustificadas de asistencia o puntualidad en el trabajo: Es sancionable la inasistencia al trabajo, se requiere además que sea repetida y que carezca de justificación, por tanto, estos tres son los elementos que deben concurrir: falta de prestación (por inasistencia o por impuntualidad), reiteración de la falta y ausencia de justificación. En cuanto a la reiteración, el ET no establece ningún tipo de delimitación, dejando su regulación a los convenios colectivos, que habitualmente abordan esta cuestión, precisando cuándo las inasistencias o impuntualidades han de considerarse muy graves y, por tanto, merecedoras de la sanción de despido; así como estableciendo la exigencia de que las ausencias justificadas sean comunicadas previamente al empresario antes de producirse, obligación de la que liberan los tribunales al trabajador cuando la falta de asistencia o impuntualidad justificada se haya producido de forma imprevista o sin tiempo suficiente para avisar[3].

— La indisciplina o desobediencia en el trabajo: La desobediencia está vinculada al incumplimiento de una orden expresa e inequívoca del empresario, mientras que la indisciplina no precisaría de dicha orden, sino que consistiría en el incumplimiento de normas laborales. Los tribunales han exonerado al trabajador de la obediencia debida en los casos en que la orden dé lugar a una situación de peligrosidad para el trabajador, constituya una ilegalidad o una arbitrariedad manifiesta[4].

---

[3] Declara la procedencia la Sentencia del Tribunal Supremo (Sala de lo Social), de 27 de marzo de 2013, rec. 1291/2012. En sentido contrario, la Sentencia Tribunal Supremo (Sala de lo Social), de 15 de octubre de 2014, rec. 1654/2013.

[4] Sentencia del Tribunal Supremo (Sala de lo Social), de 25 de abril de 1991, rec. 1228/90. Sentencia Tribunal Superior de Justicia de Islas Canarias (Sala de lo Social de Santa Cruz de Tenerife), de 13 de junio de 2017, rec. 1181/2016, que declara procedente el despido ante la negativa del trabajador a realizar el análisis de detección de alcohol y drogas que el convenio colectivo de aplicación establece como obligatorio en un puesto

— Ofensas verbales o físicas al empresario, a personas que trabajan en la empresa o a los familiares que convivan con ellos: En cuanto a las ofensas verbales, deben ser de una gravedad objetivamente constatable, pues una misma expresión o un determinado acto pueden ser ofensivos o dejar de serlo, en función del contexto en el que se producen y, del mismo modo, debe concurrir un ánimo de injuriar, no basta con que el sujeto pasivo se sienta ofendido[5]; debe tenerse en cuenta que por ofensas verbales se entienden comprendidos los insultos, las injurias o cualquier tipo de ofensa personal. En cuanto a las ofensas físicas, no es necesario que se consumen, bastaría con que se intentasen. Por último, el alcance a las personas que trabajan en la empresa e incluso a los familiares, se entiende por la jurisprudencia que aquéllas deben estar producidas en un contexto de laboralidad y no, por ejemplo, en el de una discusión privada fuera del centro de trabajo por un asunto ajeno a la relación laboral[6]. Criterio que, sin embargo, no se sigue por los Tribunales con la siguiente causa de despido, por vulneración del deber de buena fe, ya que la realización por el trabajador de un acto ilegal fuera de su horario y lugar de trabajo en perjuicio de la empresa, como es la apropiación de productos en otro supermercado distinto al del lugar de trabajo, se califica como despido ajustado a derecho[7].

---

entendido como peligroso. La negativa no puede estar amparada por la invocación del derecho a la intimidad realizada por el trabajador.

[5] Entiende no ajustado el despido por ofensas verbales, analizando que no puede operarse automática y objetivamente, sino que tales elementos han de enlazarse para buscar en su conjunción la auténtica realidad jurídica que de ella nace, a través de un análisis específico e individualizado de cada caso concreto, con pleno y especial conocimiento del factor humano, habiendo mediado provocación: Sentencia Tribunal Supremo (Sala de lo Social), de 16 de febrero de 1990, CENDOJ 8079140011990100952. Por el contrario, entiende que se trata de una ofensa soez y el despido es ajustado a derecho la Sentencia Tribunal Supremo (Sala de lo Social), de 29 de mayo de 1990, CENDOJ 28079140011990101-295. Declara procedente el despido la Sentencia Tribunal Superior de Justicia de Islas Canarias (Sala de lo Social de Las Palmas), de 22 de mayo de 2017, rec. 467/2017.

[6] Aunque alguna sentencia sí ha entendido que procedía el despido aun profiriéndose los insultos en lugar público: Sentencia Tribunal Superior de Justicia de Cantabria (Sala de lo Social), de 27 de marzo de 2013, rec. 4/2013. Más reciente Sentencia Tribunal Supremo (Sala de lo Social) de 31 de mayo de 2022, rec. 1819/2020, que revoca Sentencia Tribunal Superior de Justicia de Madrid (Sala de lo Social), de 21 de febrero de 2020, rec. 1009/2019, si bien en este caso aun proferidos fuera del lugar de trabajo (después cena de Navidad), el Tribunal entiende que los insultos vertidos alcanzaron un sesgo discriminatorio por razón de la raza, y las ofensas de obra, han trascendido las relaciones privadas atentando a la dignidad de los propios compañeros de trabajo y repercutiendo en la empresa misma, de manera que la circunstancia del lugar donde acaecieron... no puede enervar en este caso la sanción disciplinaria de despido y su calificación de procedente.

[7] Sentencia Tribunal Supremo (Sala de lo Social), de 21 de septiembre de 2017, rec. 2397/2015.

— Transgresión de la buena fe contractual y abuso de confianza en el desempeño del trabajo: Se trata de una conducta genérica e indeterminada que la doctrina jurisprudencial ha venido delimitando[8]. Dentro de esta causa de despido caben multitud de conductas sancionables, el hurto y robo al empresario, el engaño, el ocultamiento de datos o la pasividad ante hechos que causen perjuicio a la empresa, la vulneración del deber de mantener secreto sobre información confidencial, la competencia o concurrencia desleal, etc.[9] Es importante destacar que en tales supuestos, en los que se aprecia se da transgresión de la buena fe contractual, es irrelevante el perjuicio que pueda sufrir la empresa, porque lo sancionable es la actitud inexcusable del trabajador, aun en ausencia de perjuicio económico, y no opera la teoría gradualista[10].

— Disminución continuada y voluntaria en el desempeño del trabajo normal o pactado: La enunciación contenida en el precepto contiene los tres elementos exigibles, en primer lugar que la disminución del rendimiento se pueda constatar objetivamente, es decir, que sea cuantificable de algún modo, generalmente con la comparación con períodos previos o con otros trabajadores que permitan la equiparación; en segundo lugar, que sea voluntaria, que obedezca a la voluntad consciente del trabajador

---

[8] Sentencia Tribunal Superior de Justicia de Islas Canarias (Sala de lo Social de Santa Cruz de Tenerife), de 1 de junio de 2017, rec. 19/2017, que declara procedente el despido de una vendedora de unos grandes almacenes, por indisciplina y desobediencia en el trabajo, así como transgresión de la buena fe contractual y abuso de confianza en el desempeño del trabajo, según lo dispuesto en el artículo 54.2.*b*) y *d*) ET, así como falta de respeto y consideración a los jefes. Se analiza la teoría gradualista y la Sala concluye que la actitud de la trabajadora no es aislada, pues ya la empresa la sanciona con suspensión de empleo y sueldo, por hechos similares que denotan la mala fe con la que desarrolla su actividad laboral, al parecer motivada por un cambio de puesto con el que no estaba conforme. Lejos de cesar en su actitud, a raíz de la sanción de dieciséis días de suspensión de empleo y sueldo, persiste en su actitud y verbaliza la intención de obtener un despido retribuido. Se concluye que desarrolla un conjunto de actitudes y acciones que, individualmente consideradas, podrían no tener más relevancia disciplinaria que una falta leve o incluso grave, pero en su conjunto denotan la voluntad rebelde de la actora a continuar en el desarrollo correcto de sus funciones, pues hace presidir las mismas por una mala fe contraria a la buena fe que debe sustentar la relación laboral.

[9] Sentencia Tribunal Supremo (Sala de lo Social), de 17 de febrero de 2016, rec. 808/2014, que declara improcedente y no nulo un despido por deslealtad, por falta de acreditación por la empresa de la veracidad de la causa imputada, de un trabajador imputado en procedimiento penal seguido contra el blanqueo de capitales, que comunica a la empresa dicha situación tras ser puesto en libertad con cargos. No se aprecia vulneración del derecho al honor al no haberse probado una intencionalidad empresarial de atentar contra la buena reputación del trabajador, ni un descrédito procedente de la difusión de la información hacia terceros o más allá de las fronteras de la relación privada.

[10] Sentencia Tribunal Superior de Justicia de Cataluña (Sala de lo Social), de 21 de junio de 2016, rec. 2647/2016.

y no sea justificable y, en tercer lugar, que sea continuada, que no sea esporádica o un hecho aislado en el tiempo[11].

— Embriaguez habitual o toxicomanía: La doctrina del Tribunal Supremo viene exigiendo la existencia de dos requisitos, de un lado la habitualidad, la persistencia en el consumo de alcohol (no así el de drogas, como luego veremos) y, de otro, la repercusión negativa en el trabajo, es decir, la constatación de que por causa de dicho consumo se incurre en la comisión de errores en la prestación laboral[12]. Lógicamente cada supuesto debe ser analizado y ponderadas sus circunstancias de forma singularizada, dado que, en el caso de una profesión de riesgo, por ejemplo, piloto de aeronave o un vigilante, la habitualidad no es tan determinante, siendo suficiente el consumo esporádico que pueda repercutir gravemente en la actividad laboral[13]. Del mismo modo y en relación con la habitualidad, generalmente la doctrina exige en el caso del alcoholismo una determinada reincidencia en el estado de embriaguez, mientras que para el consumo de drogas suele ser constitutivo de despido un consumo menos habitual[14].

---

[11] Tribunal Superior de Justicia de Cataluña (Sala de lo Social), de 27 de octubre de 2017, rec. 4244/2017, que declara procedente el despido de un administrativo que incurre en retrasos continuos en la confección de las nóminas de los trabajadores de la empresa, habiendo sido ya advertido de la importancia de cumplir en plazo con los trámites de confección, generando con ello que no se abonen a los empleados los conceptos variables, no concurriendo indicios de represalia empresarial. Sentencia Tribunal Superior de Justicia de Madrid (Sala de lo Social), de 26 de mayo de 2009, rec. 1441/2009, revocando la Sentencia de instancia, que también declara procedente el despido por esta causa. Entiende que no concurre el Tribunal Superior de Justicia de Cantabria, de 28 de diciembre de 2020, Sentencia núm. 1425/2020, una disminución de como máximo el 6 por 100 en el rendimiento del trabajador carece de la necesaria gravedad como para imputar la sanción de despido, pues no es proporcional. Además, dado que el trabajador asumía por primera vez la ruta en cuya cobertura se produjo la bajada en el rendimiento, resulta acreditada una causa justificada de tal descenso, y no debida a la voluntad del trabajador de no cumplir con su obligación de trabajo.

[12] Sentencia Tribunal Supremo (Sala de lo Social), de 3 de noviembre de 1988, CENDOJ 28079140011988101559, que estudia ambos supuestos, para diferenciar la exigencia de la habitualidad en la embriaguez, no en la toxicomanía. La Sentencia Tribunal Supremo (Sala de lo Social), de 29 mayo de 1986, CENDOJ 28079140011986100797 declara improcedente el despido al no constar las veces que se ha presentado el trabajador embriagado en su puesto de trabajo, ni su intensidad, ni cuál fuera su repercusión negativa en su puesto de trabajo.

[13] Sentencia Tribunal Superior de Justicia de Madrid (Sala de lo Social), de 30 de abril de 2009, rec. 1062/2009, que declara procedente el despido de dos pilotos de compañía aérea por agresiones entre ellos en tiempo de descanso y consumo de bebidas alcohólicas en un período de tiempo en el que estaba prohibido por razones de seguridad.

[14] *Vid.* Sentencias cit. en nota 18, que también estudian el carácter continuado de la conducta. Sentencia Tribunal Superior de Justicia de Galicia (Sala de lo Social), de 18 de enero de 2021, rec. 4073/2020, declara procedente el despido de un conductor de camión que en test de presencia de drogas en el organismo efectuado por la Guardia Civil es positivo en cocaína (mientras conduce vehículo de la empresa).

— El acoso por razón de origen racial o étnico, religión o convicciones, discapacidad, edad u orientación sexual y el acoso sexual o por razón de sexo al empresario o a las personas que trabajan en la empresa, tipo redactado por el apartado trece de la Disposición Adicional 11.ª de la LO 3/2007, de 22 de marzo, para la igualdad efectiva de mujeres y hombres[15].

2.1.1. *La forma del despido disciplinario*

El artículo 55.1 ET establece que el despido deberá ser notificado por escrito al trabajador, haciendo figurar los hechos que lo motivan y la fecha en que tendrá efectos. En consecuencia, el primer requisito formal del despido disciplinario es la existencia de la denominada *carta de despido*; quiere esto decir que la voluntad del empresario de despedir disciplinariamente al trabajador debe quedar siempre manifestada por escrito. Aparte de ello, los dos requisitos mínimos que debe reunir tal comunicación son la constatación de los hechos que la motivan y la fecha de efectos.

Es importante el contenido de dicha comunicación, porque el trabajador precisa conocer las imputaciones por las cuales se ha procedido a su despido, con objeto de evitarse su indefensión en la acción judicial que pueda entablar; hasta tal punto es importante, que todo aquello que no conste en la carta de despido no podrá ser imputado al trabajador en el procedimiento por despido ni, como establece el artículo 105.2 LRJS al demandado no se le admitirán en el juicio otros motivos de oposición a

[15] Sentencia Tribunal Superior de Justicia de la Comunidad Valenciana (Sala de lo Social), de 7 de marzo de 2017, rec. 3745/2016, que declara procedente el despido de trabajador que profiere expresiones y lleva a cabo comportamientos libidinosos de forma reiterada y prolongada en el tiempo, realizando también tocamientos y abrazos no consentidos por las trabajadoras a su cargo. Sentencia Tribunal Superior de Justicia de Islas Canarias (Sala de lo Social de Las Palmas), de 6 de marzo de 2018, rec. 1648/17, que declara procedente el despido de un jefe de bar de hotel por acoso sexual a una subordinada. La Sala revoca la Sentencia que había declarado improcedente el despido: «En un ambiente de trabajo, no facilita la colaboración entre compañeros que los varones digan a las mujeres que, además de ser guapas, están buenas». Afirma igualmente que «a nadie se le escapa que por muy afable y cariñosa sea una persona, o por mucho que le guste hacer bromas a los compañeros de trabajo para crear buen ambiente, hay determinados comportamientos que objetivamente son inadecuados y que sólo de mediar consentimiento de la persona a la que se dirigen son aceptables». Además, razona la Sentencia, «muestra de lo impropio de la conducta sancionada es que sólo consta que tuviera como destinataria a la trabajadora que denunció al empleado. No tomaba el trabajador despedido por la cadera a ninguna otra, como tampoco decía a las demás compañeras que estuvieran buenas». Como mucho, argumenta la Sentencia, «les decía que eran guapas», expresión que el TSJ entiende que «carece de la connotación sexual y ofensiva de la primera».

la demanda que los contenidos en la comunicación escrita de dicho despido. Por tanto, la carta de despido constituye el marco de la controversia judicial que pueda tener lugar.

Los hechos imputados en la carta de despido deben establecer con concreción las imputaciones realizadas y el momento en que se han cometido (salvo que sea notorio que el trabajador conoce las imputaciones sin necesidad de describirlas con una cronología precisa), es decir, no caben vaguedades ni imputaciones genéricas, dado que la jurisprudencia viene entendiendo que en tales casos se produce indefensión hacia el trabajador[16]. No es necesario que la carta de despido califique jurídicamente los hechos, incluso en supuestos en los que se han calificado erróneamente, los tribunales lo han considerado irrelevante. Únicamente se requiere concreción y precisión en las imputaciones, para que el trabajador sepa las razones por las que ha sido despedido[17]. La fijación con exactitud de las fechas de comisión de la falta no es un elemento baladí, ya que el empresario tiene unos plazos para sancionar las faltas, so pena de incurrir en prescripción (en faltas muy graves, sesenta días —naturales— desde que conoce la comisión o en todo caso a los seis meses de haberse cometido aquéllas)[18]. Debe señalarse que el Real Decreto Legislativo 5/2015, de 30 de octubre, por el que se aprueba el texto refundido de la Ley del Estatuto Básico del Empleado Público (EBEP), en su artículo 97 establece unos plazos de prescripción mucho más amplios, así en el apartado 1 se dice que las infracciones muy graves prescribirán a los tres años, las graves a los dos años y las leves a los seis meses, añadiendo en el punto 2 que el plazo de prescripción de las faltas comenzará a contarse desde que se hubieran cometido, y desde el cese de su comisión cuando se trate de faltas continuadas[19].

---

[16] Declara suficiente la carta de despido Sentencia Tribunal Supremo (Sala de lo Social), de 21 de mayo de 2008, rec. 528/2007. Por el contrario, la declara insuficiente, por omitir la fecha de efectos del despido, Sentencia Tribunal Supremo (Sala de lo Social), de 21 de septiembre de 2005, rec. 822/2004.

[17] Tribunal Superior de Justicia de Andalucía (Sala de lo Social de Sevilla), de 7 de noviembre de 2017, rec. 3787/2016, que declara improcedente el despido, por no especificar la carta en qué consisten las diferencias en las expectativas que existen entre el trabajador y la empresa, ni imputársele ningún incumplimiento de sus obligaciones laborales.

[18] Sentencia Tribunal Supremo (Sala de lo Social), de 12 de marzo de 2013, rec. 58/2012. Sentencia Tribunal Supremo (Sala de lo Social), de 19 de septiembre de 2011, rec. 4572/2010, que aborda el cómputo de la prescripción en faltas continuadas, materia muy recurrente en entidades financieras. El *dies a quo* comienza el día en que la empleadora tuvo conocimiento pleno de los hechos, el día en que los perjudicados denunciaron los hechos que permanecen ocultos para la empresa y ésta conoció la posible conducta irregular del trabajador demandante.

[19] Sentencia Tribunal Supremo (Sala de lo Social), de 2 marzo de 2016, rec. 2501/2014, que recuerda que en materia disciplinaria es aplicable a este personal el plazo de prescrip-

En algunas relaciones especiales, estudiadas en el Tema 4, epígrafe 3.1, se establecen plazos específicos y distintos de los que establece el Estatuto para la prescripción de las faltas: así, por ejemplo, en la alta dirección es de doce meses desde que la empresa tiene conocimiento de la falta (art. 13 del RD 1382/1985). Sin embargo, en la de los abogados que prestan servicios en despachos de abogados, individuales o colectivos no se modifican los plazos de prescripción, pero sí se amplían las causas, tanto las objetivas como las disciplinarias (arts. 23.2 y 24.2 del RD 1331/2006).

El segundo requisito del contenido de la carta de despido está referido a la fecha de efectos. Es preciso que el trabajador conozca el momento a partir del cual queda extinguida la relación laboral, entre otras circunstancias porque dicha fecha marca el comienzo, al día siguiente, del plazo de veinte días hábiles para interponer la correspondiente demanda. Habitualmente se suele establecer la fórmula de que el despido surtirá efectos desde el momento de la recepción de la carta por parte del trabajador, fórmula que es aceptada por la jurisprudencia, dado que, aunque no predetermina una fecha concreta, sí que permite constatarla con exactitud, al momento en que el trabajador la recibe. Sin embargo, el empresario sí que tiene la obligación de hacer llegar al trabajador dicha comunicación, realizando de buena fe todos los esfuerzos necesarios para que la carta de despido llegue al interesado, por ello es preciso que deje constancia de la fecha de recepción por parte de éste (mediante testigos, mediante comunicación por correo con acuse de recibo, mediante la firma de un recibí por parte del despedido si se le entrega en persona, etc.). Cuando el empresario realiza los esfuerzos necesarios para entregar la comunicación y aun así no puede hacerla efectiva, por ejemplo ante un trabajador que se niega a recibir personalmente la carta, que se le ha hecho entrega ante testigos, y rehúsa recibirla, o que se le envía infructuosamente por dos veces a su domicilio, o a los domicilios de que tenga el empresario constancia que puede hallarse el empleado, la jurisprudencia entiende que el empresario ha cumplido con su obligación y que el despido es efectivo, imputándose al trabajador la responsabilidad de no haberla recibido[20].

---

ción de tres años previsto en el artículo 97 EBEP, a contar desde la comisión de la falta, sin perjuicio de que, a efectos del inicio del cómputo del referido plazo, pueda utilizarse la doctrina jurisprudencial sobre la llamada «prescripción larga», a partir de propia conducta de ocultación de los hechos por el trabajador.

[20] Sentencia Tribunal Superior de Justicia de Castilla y León (Sala de lo Social de Burgos) de 25 de enero de 2000, rec. 856/1999, entiende que el requisito formal de comunicación escrita del despido, no se ha cumplido, ya que el empresario no apuró todas las garantías y formalidades para que su decisión llegara a conocimiento del despedido; no consta el contenido de la carta que se le remite, lo que pudo efectuar remitiendo la comunicación a través de notario, o por correo certificado en sobre abierto, donde le hubiera sido sellada la copia del

Pero, ¿qué ocurre cuando es el empresario el que incumple alguno de los requisitos de forma? En ese caso, el artículo 55.2 ET establece que dispone de un plazo de veinte días desde el despido irregular, para llevar a cabo un nuevo despido, aunque durante ese período intermedio subsiste la obligación de remunerar al trabajador y de mantenerle en alta en la Seguridad Social y llevar a cabo las cotizaciones pertinentes. Sin embargo, si transcurren más de veinte días sin subsanarse el defecto, el empresario únicamente podrá intentar un nuevo despido (art. 110.4 LRJS) en el plazo de los siete días siguientes a la notificación de la sentencia en la que se establezca la improcedencia del despido por defectos de forma.

Debemos advertir, en materia de requisitos formales del despido, de un muy importante cambio en la doctrina del Tribunal Supremo, a partir de la Sentencia de 13 de noviembre 2024 (núm. 1250/2024), dictada por el Pleno de la Sala de lo Social, que ha resuelto que, tal y como prevé el artículo 7 del Convenio núm. 158 de la OIT, no deberá darse por terminada la relación de trabajo de un trabajador por motivos relacionados con su conducta o su rendimiento, *antes de que se le haya ofrecido la posibilidad de defenderse de los cargos formulados contra él, a menos que no pueda pedirse razonablemente al empleador que le conceda esta posibilidad.* Es decir, se vuelve a exigir, no porque lo establezca el ET, sino por interpretación jurisprudencial, el en otro momento vigente *trámite de audiencia* previo al despido, como requisito de forma a observar por el empresario[21].

Los convenios colectivos pueden establecer requisitos de forma adicionales que deben ser cumplidos (p. ej., otorgar un trámite de audiencia previo a la imposición de la sanción) bajo pena de improcedencia[22]. Otros requisitos de forma específicos e impuestos por la ley ordinaria o por leyes fundamentales lo constituyen en el primer caso la obligación que impone el ET de apertura de expediente contradictorio previo a la imposición de sanción por falta grave o muy grave de un representante del personal —en el que debe ser oído el órgano de representación al que pertenezca el representante—, y, en el segundo, la Ley Orgánica de Libertad Sindical

---

documento remitido, al objeto de que quede constancia en autos, del contenido de la carta de despido, se prueben los hechos imputados y el actor pueda defenderse de los mismos.

[21] Ya había existido algún pronunciamiento previo [p. ej., STSJ de Baleares (Sala de lo Social), de 13 de febrero 2023, núm. 68/2023, rec. 454/2022] que era muy «avanzado» porque antes de la sentencia citada del Tribunal Supremo de noviembre de 2024, en un despido sucedido bajo la doctrina acuñada con anterioridad era muy razonable que el empresario no llevara a cabo esta obligación del trámite de audiencia que se consideraba no exigible. Por tanto, el cambio de doctrina sólo es aplicable a las extinciones posteriores a la publicación de la sentencia.

[22] Sentencia Tribunal Superior de Justicia de Andalucía (Sala de lo Social de Granada) de 18 de febrero de 2015, rec. 2711/2014, que declara la improcedencia de un despido por no haber realizado el expediente contradictorio previsto en el convenio colectivo.

exige la audiencia previa del delegado sindical, a la imposición de una sanción por falta grave o muy grave, y respecto de trabajadores afiliados al sindicato que represente el delegado[23].

2.1.2. *La calificación del despido disciplinario: procedente, improcedente o nulo*

El trabajador dispone de veinte días hábiles (a estos efectos los sábados se consideran inhábiles, pero no el mes de agosto) para reclamar frente al despido[24], que podrá ser calificado por los órganos jurisdiccionales como procedente, improcedente o nulo, según que se resuelva respectivamente que la medida adoptada por el empresario es ajustada a derecho; no es ajustada a derecho o ha sido adoptada de un modo tan irregular y por los motivos tasados que más adelante se verán, que el despido se deja sin efecto (nulo).

Cuando queda acreditado el incumplimiento imputado en la carta de despido y ésta ha cumplido los requisitos de forma, el despido se declara procedente, tal y como establece el artículo 55.4 ET, es decir, que el órgano jurisdiccional convalida la decisión empresarial. En este caso, la relación laboral definitivamente queda extinguida en la fecha de efectos del despido, sin ningún tipo de indemnización a favor del trabajador.

---

[23] La Sentencia Tribunal Superior de Justicia de Islas Canarias (Sala de lo Social de Las Palmas), de 15 de mayo de 2017, rec. 466/2017, entiende que la comunicación del despido al comité de empresa, establecida en este caso, además de en el convenio colectivo, no determina la improcedencia del despido, por no tratarse de un requisito, sino de un trámite. Sin embargo, estamos más de acuerdo con Sentencia Tribunal Supremo (Sala de lo Social), de 17 de mayo de 2022, rec. 2894/2020, que entiende improcedente el despido por causas organizativas sin entregar la copia de la carta de despido a la representación legal de los trabajadores [art. 53.1.*c*) ET], siguiendo la doctrina ya sentada por las Sentencias de 18 de abril de 2007, rec. 4781/2005 y 10 de febrero de 2016, rec. 2502/2014.

[24] Es muy abundante la jurisprudencia y doctrina de los TTSSJJ sobre la materia de la caducidad, que se refiere en el epígrafe 3 *in fine* Tema 9. Por todas, y por abordar diversas cuestiones, con cita de Sentencias del TS y de TTSSJJ, dejamos señalada la Sentencia del Tribunal Superior de Justicia de Galicia (Sala de lo Social), de 6 de julio de 2018, rec. 1216/2018, que entiende caducada la acción, por cuanto el inicio del plazo para reclamar que fija el trabajador deriva del retraso por parte del empleado despedido en recoger la notificación, que en hechos probados se concreta en que hubo tres intentos de entrega, y si la empresa remite burofax al trabajador a través del servicio de correos dejando aviso por estar ausente de su domicilio, sin que pasara el trabajador a recogerlo, ello equivale a una renuncia a ser notificado. En el supuesto de autos, sí lo hizo, pero con un retraso evidente, y, lo que es más grave, dice el Tribunal, sin causa aparente para ello. Como el artículo 55 ET señala que las obligaciones formales de la empresa en materia de despido son las de notificar al trabajador el cese, haciendo figurar los hechos y la fecha de efectos, y habiendo justificado la demandada este requisito, compete al demandante acreditar la causa que le ha impedido recoger dicha notificación.

El despido se declara improcedente, según establece el artículo 55.4 ET, o bien cuando el empresario no acredita el incumplimiento contractual imputado al trabajador, o cuando no ha cumplido con los requisitos de forma, tanto los del artículo 55.1 ET como otros que hemos visto y que sean exigibles. En el primero de los casos, la decisión extintiva del empresario puede ser desestimada bien porque los hechos imputados no son constitutivos de despido, bien porque, aun siéndolo, no han sido acreditados; bien porque, de acuerdo con la teoría gradualista, aun siendo considerados como sancionables, se entiende que no procede una sanción tan severa como el despido[25]; o, por último, porque se entiendan prescritos los hechos imputados. En los casos en los que se reconociera la improcedencia del despido, pero se entendiera que existe un carácter ficticio en la causa de despido invocada por la empresa y teniendo en cuenta la reciente corriente jurisprudencial, el trabajador podrá solicitar una indemnización adicional con fundamento en el Convenio núm. 158 de la OIT, al considerar el carácter fingido de la causa de despido invocada por la empresa, se penaliza la práctica empresarial del despido sin causa por los daños causados al trabajador ya que sin que exista causa real y «de un dia para otro» se encuentra sin empleo pudiendo tener necesidades que atender referente a sus propias cargas familiares y personales.

Todo ello considerándose que se ha producido un abuso de derecho en la decision empresarial extintiva del contrato, pues en ciertas ocasiones el despido es utilizado como un mero desistimiento del contrato por parte de la empresa sin justificar las razones, lo que resulta contrario al Convenio núm. 158 de la OIT. Con ello se intenta proteger al trabajador con poca antigüedad en la empresa, ya que la indemnización legal por despido es insuficiente y a la empresa le «sale muy barato» el despido pero al trabajador se le genera un grave perjuicio[26].

Los efectos de la declaración del despido como improcedente los fija el artículo 56.1 ET, estableciendo que el empresario puede optar entre readmitir al trabajador despedido en los cinco días siguientes a la notifi-

---

[25] Sentencia Tribunal Supremo (Sala de lo Social), de 19 de julio de 2010, rec. 2643/2009, cit.

[26] Destacamos en esta ocasión referente a la indemnización adicional a la legalmente establecida por despido la Sentencia del Tribunal Superior de Justicia de Cataluña (Sala de lo Social), de 14 de julio de 2021 (rec. 1811/2021). La sentencia fundamenta el reconocimiento de esta superior indemnización en los razonamientos contenidos en la sentencia dictada por el Juzgado de lo Social núm. 26 de Barcelona al considerar que la indemnización legalmente tasada «dadas las dimensiones de la empresa, se evidencia totalmente insuficiente para tener un efecto disuasorio y, por tanto, es contraria al Convenio núm. 158 de la OIT al dejar a la simple voluntad de la empresa la extinción de la relación laboral y, por tanto, equiparable a un mero desistimiento». Si bien es cierto que concluye alegando la necesidad de cumplir con los requisitos exigidos para que se pueda entender que la indemnización es considerada como insuficiente.

cación de la sentencia, abonándole los salarios de tramitación, o extinguir el contrato y abonarle una indemnización de 33 días de salario por año de servicio, prorrateándose por meses los períodos de tiempo inferiores a un año, hasta un máximo de 24 mensualidades (720 días) de salario[27]. Si el empresario no comunica su opción, está optando por la readmisión.

Si el despedido fuera un representante legal de los trabajadores, la opción entre la indemnización (por la extinción del contrato) o readmisión le corresponderá siempre a éste, que, si no la ejercita, se entiende que opta por la readmisión.

La indemnización se calculará de acuerdo con el salario actual del trabajador y la jurisprudencia, en casos de salario variable, suele acudir al prorrateo del salario percibido en los doce meses del año, incluso en caso de no percepción por falta de la empresa en su fijación[28], estando pactado, la consecuencia es que procede el abono (y, por tanto, el cómputo como salario regulador)[29]. Se excluyen del cómputo del salario los conceptos percibidos

---

[27] La Reforma laboral de 2012, por mor de la Disposición Transitoria 5.ª de la Ley 3/2012, estableció que la indemnización por despido improcedente de los contratos formalizados con anterioridad al 12 de febrero de 2012 (fecha de entrada en vigor de la ley) se calculará a razón de 45 días de salario por año de servicio por el tiempo de prestación de servicios anterior a dicha fecha, prorrateándose por meses los períodos de tiempo inferiores a un año, y a razón de los señalados 33 días de salario por año de servicio por el tiempo de prestación de servicios posterior, prorrateándose igualmente por meses los períodos de tiempo inferiores a un año. El importe indemnizatorio resultante no podrá ser superior a 720 días de salario, salvo que del cálculo de la indemnización por el período anterior al 12 de febrero de 2012 resultase un número de días superior, en cuyo caso se aplicará éste como importe indemnizatorio máximo, sin que dicho importe pueda ser superior a 42 mensualidades (1.260 días), en ningún caso. [Sentencias Tribunal Supremo (Sala de lo Social), de 18 de febrero de 2016, rec. 3257/2014 o la de 10 de mayo de 2018, rec. 2477/2016; STSJ Cataluña (Sala de lo Social), de 23 de febrero de 2017, rec. 6536/2016].

[28] Sentencia Audiencia Nacional (Sala de lo Social), de 15 de junio de 2016, autos 125/2016, que afirma que no es válido el sistema de retribución variable por objetivos cuando la empresa no comunica a los trabajadores y sus representantes legales los concretos objetivos a alcanzar, no siendo posible comunicarlos con posterioridad al transcurso del período de tiempo donde debieron lograrse. Y por ello, se condena a la empresa al abono del variable aunque no se alcanzaran los objetivos.

[29] Especialmente problemática es la inclusión de lo percibido en concepto de bonus por el trabajador. Sentencia Tribunal Supremo (Sala de lo Social), de 14 de junio de 2018, rec. 414/2017. El Tribunal Supremo estima el recurso y falla a favor del trabajador determinando que, debido a la naturaleza salarial del bonus, sí debe computarse en el haber regulador de la indemnización por despido, cuantificado en función de lo percibido en el año anterior y con independencia del momento en que se perciba.

Sentencia Tribunal Superior de Justicia de Asturias (Sala de lo Social), de 29 de junio de 2017, rec. 884/2017, que determina la inclusión en el salario regulador para el cálculo de la indemnización de las comisiones que debieron percibirse, ante el incumplimiento empresarial de establecer las condiciones para su recibo. STS de 19 de julio de 2018, rec. 472/2017, que entiende que debe incluirse en el salario regulador el alquiler de vivienda pactado en el

por el trabajador que no tengan la naturaleza de salario, como es el caso de las dietas[30]. En el caso de que se opte por la readmisión, el trabajador tendrá derecho a los salarios de tramitación. Estos equivaldrán a una cantidad equivalente a la suma de los salarios dejados de percibir desde la fecha de despido hasta la notificación de la sentencia que declare la improcedencia o hasta que el trabajador hubiera encontrado otro empleo. El representante de los trabajadores, si opta por la extinción y el abono de la indemnización correspondiente, tiene derecho también a los salarios de tramitación.

El despido nulo, según establece el artículo 55.5 ET, tiene lugar en los siguientes supuestos:

A. El despido que tenga por móvil alguna de las causas de discriminación prohibidas en la Constitución o en la Ley, o bien se produzca con violación de derechos fundamentales y libertades públicas del trabajador.
B. Scrá también nulo el despido en los siguientes supuestos:

a) El de las personas trabajadoras durante los períodos de suspensión del contrato de trabajo por nacimiento, adopción, guarda con fines de adopción, acogimiento, riesgo durante el embarazo, riesgo durante la lactancia natural a que se refiere el artículo 45.1.*d*) y *e*) ET, disfrute del permiso parental a que se refiere el artículo 48 bis ET, o por enfermedades causadas por embarazo, parto o lactancia natural, o cuando se notifique la decisión en una fecha tal que el plazo de preaviso concedido finalice dentro de dichos períodos.
b) El de las trabajadoras embarazadas, desde la fecha de inicio del embarazo hasta el comienzo del período de suspensión a que se refiere la letra *a*); el de las personas trabajadoras que hayan solicitado uno de los

---

contrato de trabajo suscrito, estando vigente la relación laboral, para prestar servicios en el extranjero al tener carácter salarial, y no compensatorio de gastos por desplazamiento. A juicio del Supremo este carácter viene determinado por la indefinición temporal de la movilidad geográfica, lo que comporta que el alquiler de su vivienda no sea un gravamen extra de su movilidad geográfica, al suponerse que deja de tener el mismo desembolso en España.

[30] Sentencia Tribunal Supremo (Sala de lo Social), de 3 de mayo de 2017, rec. 385/2015, que entiende que se incluye en el cálculo del salario regulador, como salario en especie, el importe de la prima del seguro de vida y médico abonado por la empresa, así como el plan de jubilación. Sentencia Tribunal Superior de Justicia de Extremadura (Sala de lo Social), de 7 de marzo de 2017, rec. 64/2017, que acuerda incluir los incentivos por cumplimiento de objetivos anuales o bonus en función de la cuantía percibida en el año anterior. Sentencia Tribunal Superior de Justicia del País Vasco (Sala de lo Social), de 19 de junio de 2018, rec. 1031/2018, que determina la inclusión del bonus en cuantía proporcional al tiempo trabajado, ya que, a pesar de ser de devengo anual, el trabajador no ha cumplido con todos los objetivos, porque ha sido objeto de despido improcedente.

permisos a los que se refieren los apartados 4, 5 y 6 del artículo 37 ET, o estén disfrutando de ellos, o hayan solicitado o estén disfrutando la excedencia prevista en el artículo 46.3 ET; y el de las personas trabajadoras víctimas de violencia de género o de violencia sexual por el ejercicio de su derecho a la tutela judicial efectiva o de los derechos reconocidos en el ET para hacer efectiva su protección o su derecho a la asistencia social integral.

c) El de las personas trabajadoras después de haberse reintegrado al trabajo al finalizar los períodos de suspensión del contrato por nacimiento, adopción, guarda con fines de adopción o acogimiento, a que se refiere el artículo 45.1.*d*) ET, siempre que no hubieran transcurrido más de doce meses desde la fecha del nacimiento, la adopción, la guarda con fines de adopción o el acogimiento.

Lo establecido en las letras anteriores será de aplicación, salvo que, en esos casos, se declare la procedencia del despido por motivos no relacionados con el embarazo o con el ejercicio del derecho a los permisos y excedencia señalados.

En el primero de los supuestos (*A*), la dificultad a la que se enfrenta el trabajador es acreditar que la causa de despido obedece a algún tipo de discriminación o de vulneración de derechos, porque, obviamente, el empresario no suele reconocer que está discriminando o lesionando derechos de aquél y puede buscar cualquier tipo de excusa para despedirle, dado que, salvo que sea representante de los trabajadores, en caso de improcedencia le va a corresponder al empresario la opción entre readmisión o extinción del contrato con indemnización. Por ello, la doctrina del Tribunal Supremo ha establecido que, en las demandas por despido en las que se alegue este tipo de causas, bastará la existencia de cualquier mínimo indicio de posible vulneración de derechos fundamentales o de conducta discriminatoria para invertirse la carga de la prueba, es decir, que corresponderá al empresario acreditar y justificar suficientemente que el despido no se ha producido por tales causas antijurídicas y los motivos son objetivos y razonables[31].

En el resto de los supuestos anteriores descritos [B, *a*), *b*), *c*)], el despido será declarado nulo salvo que se declare la procedencia por motivos no relacionados con el embarazo o con el ejercicio del derecho a los permisos y excedencias señalados.

La Ley Orgánica 5/2024, de 11 de noviembre, del Derecho de Defensa (*BOE* de 14 de noviembre), introduce una medida laboral muy relevante

---

[31] Sentencia Tribunal Superior de Justicia de Galicia (Sala de lo Social), de 30 de septiembre de 2014, rec. 2845/2014, que no atiende la petición de nulidad ante la ausencia de indicios vulneradores de los derechos fundamentales que se indicaban en la demanda.

que es la ampliación de la protección de la garantía de indemnidad, que afecta tanto al despido como a otras instituciones laborales. Debe advertirse que existen ya muchas sentencias aplicando este particular derecho como una derivación del general a la tutela judicial efectiva [p. ej., Sentencia del Pleno de la Sala de lo Social del Tribunal Supremo núm. 917/2022, de 15 de noviembre de 2022 (rec. núm. 2645/2021) debiendo remontarnos a la importante Sentencia 14/1993, del Tribunal Constitucional de 18 de enero de 1993 (*BOE* de 12 de febrero) a la que siguió a la Sentencia 55/2004, de 19 de abril de 2004 (*BOE* de 18 de mayo)]. Se introduce expresamente en la Ley por la Disposición Adicional 3.ª afirmándose que las personas trabajadoras tienen derecho a la indemnidad frente a las consecuencias desfavorables que pudieran sufrir por la realización de cualquier actuación efectuada ante la empresa o ante una actuación administrativa o judicial destinada a la reclamación de sus derechos laborales, sea ésta realizada por ellas mismas o por sus representantes legales. La protección se extiende al cónyuge, pareja de hecho y parientes hasta el segundo grado de consanguinidad o afinidad, que presten servicios en la misma empresa, aun cuando éstos no hubieran realizado la actuación conducente al ejercicio de sus derechos (es la llamada discriminación por asociación).

Si el despido es declarado nulo, la consecuencia legal es la inmediata readmisión del trabajador en su mismo puesto y condiciones de trabajo (art. 55.6 ET), con el abono de los salarios dejados de percibir (los denominados salarios de tramitación).

Cabe la percepción adicional en favor del trabajador en concepto de daños y perjuicios, tanto morales como materiales, en compensación por el derecho fundamental vulnerado, de una indemnización, que generalmente será modulada por el tribunal sobre la petición del demandante[32].

2.2. Despido por causas objetivas: concepto, causas, forma, calificación y efectos

El despido por causas objetivas, a diferencia del despido disciplinario, se articula en torno a causas ajenas a supuestos incumplimientos contractuales del trabajador. Se trata de situaciones objetivas que causan algún tipo de perjuicio al empresario y por las que la ley le autoriza a extinguir

[32] Sentencia Tribunal Supremo (Sala de lo Social), de 5 de febrero de 2013, rec. 89/2012. Sentencia Tribunal Superior de Justicia de Madrid (Sala de lo Social), de 24 de marzo de 2015, rec. 850/2014, que refrenda que para la determinación de la cuantía de los daños morales es válido tomar como referencia el importe de la sanción establecida para la infracción de derechos laborales en la LISOS.

el contrato de trabajo, cumpliendo determinados requisitos de forma y dándose las circunstancias de fondo.

El artículo 52 ET establece las siguientes causas de despido objetivo:

• Ineptitud del trabajador, conocida o sobrevenida con posterioridad: La ineptitud consiste en la incapacidad del trabajador para desempeñar las tareas habituales de su puesto de trabajo. De acuerdo con la jurisprudencia, tal incapacidad debe estar referida a la totalidad de las actividades básicas, no sólo a parte de ellas. Del mismo modo, tales funciones deben corresponderse con las establecidas[33] en el contrato de trabajo y además han de tener carácter permanente; por último, el bajo rendimiento ha de ser ajeno a la voluntad del trabajador[34]. En cuanto a la ineptitud origina-

---

[33] Sentencia Tribunal Superior de Justicia de Cataluña (Sala de lo Social), de 30 de junio de 2017, rec. 2250/2017 [confirmada por Auto del TS (Sala de lo Social), de 12 de abril de 2018, rec. 3899/2017], que estima recurso de la empresa y declara procedente el despido objetivo del trabajador declarado no apto para el desempeño de su trabajo habitual, que por la patología que sufre está limitado para desempeñar «la mayoría» de actividades propias de su puesto de trabajo.

[34] Debemos advertir de la Sentencia del Tribunal de Justicia de la Unión Europea (Sala Tercera) de 1 de diciembre de 2016, dictada en cuestión prejudicial, C-395/15, que analiza, al hilo del despido de un trabajador en situación de incapacidad temporal, con arreglo al derecho español, de duración incierta, la Directiva 2000/78/CE; la igualdad de trato en el empleo y la ocupación; la prohibición de discriminación por motivos de discapacidad: conceptuada como «deficiencias físicas, mentales, intelectuales o sensoriales a largo plazo», cuestión que tuvo por objeto una petición de decisión prejudicial planteada, con arreglo al art. 267 TFUE, por el Juzgado de lo Social núm. 33 de Barcelona. Aplicando lo ahí resuelto, Sentencia Tribunal Superior de Justicia de Andalucía (Sala de lo Social de Sevilla), de 5 de abril de 2018, rec. 1884/2017, que afirma que lo esencial es la determinación de si la duración de las deficiencias físicas, mentales, intelectuales o sensoriales son lo suficientemente prolongadas como para entender que pueden quedar subsumidas en el concepto de discapacidad. Sigue doctrina ya apuntada en STS 03-05-2016, rec. 3348/2014, que resuelve la improcedencia de un despido *vs* nulidad, ya que, de acuerdo con la Sentencia del TJUE de 11 de abril de 2013, C 337/2011, Caso Ring, no puede calificarse de discapacidad la situación del trabajador, que permaneció diez días de baja antes de que la empresa procediera a su despido, habiendo durado la IT menos de un mes.

Debe mencionarse la promulgación de la Ley 15/2022, de 12 de julio, integral para la igualdad de trato y la no discriminación, que incorpora expresamente, entre otras causas, añadidas a las existentes, de discriminación, las de ***enfermedad o condición de salud, estado serológico y/o predisposición genética a sufrir patologías y trastornos*** (art. 2.1). En relación con el trabajo por cuenta ajena, el art. 9.1 de la Ley nos dice que: «*No podrán establecerse limitaciones, segregaciones o exclusiones por razón de las causas previstas en esta ley para el acceso al empleo por cuenta ajena, público o privado, incluidos los criterios de selección, en la formación para el empleo, en la promoción profesional, en la retribución, en la jornada y demás condiciones de trabajo, así como en la suspensión,* ***el despido u otras causas de extinción del contrato de trabajo****.*» Por tanto, en lo que ahora interesa para el despido, pero vale para otros capítulos de la obra, como es el caso de las modificaciones sustanciales de las condiciones de trabajo, habrá que estar a la interpretación de los tri-

ria, generalmente sólo puede ser causa de despido cuando el empresario la desconociera al momento de contratar; en cuanto a la sobrevenida, suele darse con más frecuencia por razones de edad, por accidente o enfermedad del trabajador, o por falta de titulación suficiente para ejercer la profesión, en el caso de ser retirada por razones que no se fundamenten en actos voluntarios del trabajador (p. ej., retirada del carnet de conducir a un conductor, por pérdida de aptitudes, pero no por sanción)[35].

• La falta de adaptación del trabajador a las modificaciones técnicas operadas en su puesto de trabajo, cuando dichos cambios sean razonables. Se requiere que se hayan introducido modificaciones y que sean razonables, que el trabajador se demuestre inadaptado ante tales modificaciones y que hayan transcurrido al menos dos meses desde que se introdujeron. Previamente el empresario deberá ofrecer al trabajador un curso dirigido a facilitar su adaptación a las modificaciones técnicas operadas. El período de formación se entiende tiempo de trabajo efectivo y, durante éste, el empresario abonará al trabajador el salario medio que viniera percibiendo. La extinción no podrá ser acordada por el empresario hasta que hayan transcurrido, como mínimo, dos meses desde que se introdujo la modificación o desde que finalizó la formación dirigida a la adaptación[36].

---

bunales para saber si estamos ante una causa de nulidad objetiva, como la maternidad, o, sin embargo, no estamos ante una nulidad automática si el despido es tras una enfermedad, por cuanto el art. 30.1 de la norma comentada, cuando regula las reglas de la carga de la prueba, exige la alegación de la discriminación y de los indicios fundados de su existencia, para trasladar a la empresa la aportación de una justificación objetiva y razonable (que deberá probar, claro) de las medidas adoptadas y su proporcionalidad.

[35] Sentencia Tribunal Superior de Justicia de Madrid (Sala de lo Social), de 12 de febrero de 2016, rec. 913/2015, que aborda la extinción del contrato por ineptitud sobrevenida del trabajador, y declara la procedencia, al tratarse de un empleado con categoría de conductor, que sufre frecuentes episodios de pérdida de conocimiento como consecuencia de la apnea y somnolencia que padece y que es declarado no apto por los servicios de prevención para la prestación de dichas labores.

[36] Aunque analiza la legalidad anterior a 2012, dado que esta causa no se ve básicamente alterada, la Sentencia Tribunal Supremo (Sala de lo Social), de 21 de junio de 1988, CENDOJ 28079140011988102742, declara la procedencia de la extinción, en empresa que fue introduciendo en los últimos años ordenadores para la realización de sus proyectos, informatizando todo su trabajo, y en el último año adquirió un nuevo ordenador con un programa especial de delineación en color, no realizándose ya en la misma el trabajo de delineación sino por medio del ordenador. Se declara probado igualmente la concurrencia de un sistema correcto de formación, por el que se enseñó a todos los delineantes, en las mismas condiciones, el manejo del nuevo ordenador con el resultado de que todos, menos la actora, se han acostumbrado al uso del ordenador, realizando su trabajo con él, por lo que al habérsele dispensado las mismas oportunidades de aprendizaje y adaptación para el uso del nuevo ordenador, y al no conseguir aprender su utilización, habiendo transcurrido más de dos meses desde la introducción del nuevo sistema, es correctamente despedida.

• Cuando exista la necesidad objetivamente acreditada de amortizar puestos de trabajo por causas económicas, técnicas, organizativas o de producción, pues concurre una causa económica[37], técnica[38], organizativa[39] o de producción[40]. Establece las mismas causas que el artículo 51 ET para el despido colectivo, con la única diferencia del número de trabaja-

---

[37] Sentencia Tribunal Superior de Justicia de Andalucía (Sala de lo Social de Granada) de 22 de junio de 2017, rec. 272/2017, que declara la procedencia. Sentencia Tribunal Superior de Justicia de Galicia (Sala de lo Social), de 11 de mayo de 2016, rec. 242/2016, que declara la improcedencia. STSJ Cataluña (Sala de lo Social) 29 de septiembre de 2014, rec. 3259/2014, que declara la procedencia por el importante y continuado descenso de la cifra de negocios, con perspectivas negativas de futuro.

[38] Sentencia Tribunal Superior de Justicia de Madrid (Sala de lo Social), de 20 de julio de 2012, rec. 2835/2012, que declara procedente la extinción del contrato por causas técnicas, justificado por el cambio de objeto de la actividad productiva de la empresa y la desaparición de la actividad a la que se dedicaba el trabajador. Sentencia Tribunal Superior de Justicia de Galicia (Sala de lo Social), de 19 de julio de 2016, rec. 921/2016, que declara el cese improcedente al no concurrir las causas alegadas, por cuanto no se prueba la conexión entre la causa técnica, «implantación de la historia clínica electrónica», y el descenso de la carga de trabajo, y no existe una mínima adecuación entre la causa productiva, «disminución de la población adscrita al centro sanitario», y la medida adoptada. Sentencia Tribunal Superior de Justicia de Galicia (Sala de lo Social), de 27 junio de 2011, rec.1320/2011, que declara procedente el despido por causas técnicas al darse un exceso de plantilla como consecuencia de la automatización e informatización del sistema de trabajo.

[39] Sentencia Tribunal Superior de Justicia de Galicia (Sala de lo Social), de 18 de diciembre de 2017, rec. 3988/2017, que declara la procedencia. Sentencia Tribunal Superior de Justicia de Asturias (Sala de lo Social), de 27 de diciembre de 2017, rec. 2415/2017, que declara la improcedencia por cuanto no concurren las causas legales, ya que no ha habido cambio alguno en los sistemas, métodos y procedimientos de trabajo del personal, ni externalización de servicios, ni variación de los concretos servicios que la empresa ofrece en el mercado.

[40] Sentencia Tribunal Superior de Justicia de Extremadura (Sala de lo Social), de 14 de julio de 2011, rec. 233/2011, que declara procedente la extinción por causas organizativas o productivas, al haberse producido una rescisión parcial del objeto de la contrata entre empresas, lo que viene a ser una causa productiva (disminución en la demanda de sus servicios), a lo que se une una causa organizativa al incidir en el sistema y método de trabajo del personal (razones de competitividad en el mercado por cuanto no puede mantenerse un puesto de trabajo por el que no les van a pagar nada), buscando con el despido la demandada el logro de una más adecuada organización de los recursos, que favorezca su posición competitiva en el mercado o una mejor respuesta a las exigencias de la demanda. Sentencia Tribunal Superior de Justicia de Galicia (Sala de lo Social), de 28 de septiembre de 2012, rec. 2183/2012, que declara la improcedencia del despido objetivo, ya que las causas productivas no precisan la concurrencia de una situación económica negativa, en el sentido de pérdidas reiteradas en el tiempo, pero sí que la decisión de amortizar el puesto de trabajo constituya una medida racional en términos de eficacia de la organización productiva y no un simple medio para lograr un incremento del beneficio empresarial. No quedan acreditadas razonablemente la justificación entre la amortización de los puestos de trabajo y la mejora de la organización de los recursos o la competitividad de la empresa.

dores afectados, circunstancia que determinará que el empresario pueda acogerse a una u otra modalidad extintiva.

— Los representantes de los trabajadores tendrán prioridad de permanencia en la empresa en esta modalidad extintiva, cualquiera que sea la causa alegada[41].

— Si la causa que se alega es económica, se tendrá que acreditar una situación económica negativa en los resultados de la empresa, por ejemplo, con la demostración de pérdidas actuales o previstas o la disminución persistente de ingresos o ventas, entendiéndose como persistente aquella en que disminuye durante al menos tres trimestres el nivel de ingresos o ventas, en relación con los correlativos del año anterior.

— La causa técnica está incardinada a la existencia de cambios en los medios o instrumentos de producción.

— La causa organizativa se justifica en los cambios en los métodos de trabajo o en la organización de la producción.

— Por último, la causa productiva se basa en los cambios en los productos o servicios que la empresa pretende introducir en el mercado.

• En el caso de contratos por tiempo indefinido concertados directamente por entidades sin ánimo de lucro para la ejecución de planes y programas públicos determinados, sin dotación económica estable y financiados por las Administraciones Públicas mediante consignaciones presupuestarias o extrapresupuestarias anuales consecuencia de ingresos externos de carácter finalista, por la insuficiencia de la correspondiente consignación para el mantenimiento del contrato de trabajo de que se trate[42].

---

41 Sentencia Tribunal Superior de Justicia de Galicia (Sala de lo Social), de 19 de octubre de 2016, rec. 1924/2016, que declara procedente el despido por causas objetivas acordado por no entrar en juego la garantía de prioridad de permanencia del representante de los trabajadores cuando cierra el centro de trabajo.

42 Sentencia Tribunal Superior de Justicia de Andalucía (Sala de lo Social de Sevilla), de 20 de junio de 2018, rec. 1660/17, que señala que, aunque concurre ciertamente una situación económica negativa, estructural y desde hace años del Ayuntamiento, la carta de cese es genérica, y no justifica la causa «sobrevenida», ni de los datos económicos ni consta la razonabilidad de la medida, existiendo contratos temporales coetáneos al cese de la actora, y al no detallar los efectos negativos en un ejercicio es claramente defectuosa, artículo 53.1.*a*) ET, no quedando por ello acreditada la causa esgrimida, lo que sería suficiente para declarar la improcedencia del cese. Además, dice el TSJ que constan indicios claros de vulneración de la libertad sindical, con hechos coetáneos al cese, siendo la actora afiliada a UGT, que de manera activa participó en todas las protestas y reivindicaciones, conociendo el Ayuntamiento demandado dicha actividad, así como su participación en las elecciones sindicales, y al no haberse acreditado una causa económica con los requisitos legales, determina la nulidad del despido.

2.2.1. *Forma del despido objetivo*

Conforme a lo establecido en el artículo 53 ET, el empresario que se proponga despedir bajo esta modalidad ha de cumplir los siguientes requisitos: en primer lugar, comunicación escrita para que el trabajador pueda tener un conocimiento preciso de las razones por las que ha tomado la decisión el empresario, que, en este caso, no se sustentan en un incumplimiento contractual, sino en alguna de las situaciones objetivas a las que antes nos hemos referido[43]; en dicha carta se ha de especificar: 1) la fecha de efectos del despido; 2) la puesta a disposición de la indemnización legalmente prevista de veinte días de salario por año de servicio, prorrateándose por meses los períodos inferiores al año de salario y con el tope de doce mensualidades[44]; y 3) la concesión de un plazo de preaviso de quince días desde la fecha de comunicación, hasta la de la extinción definitiva. Durante el período de preaviso, el trabajador tendrá derecho, sin pérdida de la retribución, a la concesión de una licencia de seis horas semanales para ausentarse del puesto de trabajo, al objeto de utilizarla en la búsqueda de otro empleo. Este plazo de preaviso puede sustituirse entregando al trabajador una compensación económica equivalente al salario de los días de preaviso omitidos. No obstante, el ET matiza que la no concesión del preaviso o el error excusable en el cálculo de la indemnización no determinará la improcedencia del despido, sin perjuicio de la obligación del empresario de abonar los salarios correspondientes a dicho período o al pago de la indemnización en la cuantía correcta, con independencia de los demás efectos que procedan.

El pago de la indemnización debe hacerse en el mismo momento de la comunicación o facilitarse de forma simultánea, indicándose en la comunicación la forma en que hará efectivo el pago el empresario. Por tanto, la indemnización debe hacerse efectiva de forma simultánea a la comunicación de despido por causas objetivas, excepto cuando la empresa alegue la causa económica y su imposibilidad de abonar la indemnización en ese momento, sin perjuicio del derecho del trabajador a exigir el pago en el momento en que se haga efectiva la extinción[45].

---

[43] Muy completa, la Sentencia Tribunal Superior de Justicia de Islas Canarias (Sala de lo Social de Las Palmas), de 31 de enero de 2013, rec. 1562/2012, que declara improcedente el despido objetivo por el contenido insuficiente de la carta, que entiende que debe partirse de la idea de que hay que exigir exhaustividad a la carta, sobre cuyos hechos hay que hacer el juicio de razonabilidad, y en aras a evitar indefensión al trabajador.

[44] La Sentencia Tribunal Supremo (Sala de lo Social), de 15 de febrero de 2018, rec. 3004/2014, declara procedente el cese en un despido objetivo, dimanante en este caso de un expediente de despido colectivo, al estar acreditada la falta de liquidez de la empresa, para hacer frente a las indemnizaciones, en el momento de la entrega de la carta de despido.

[45] Sentencia Tribunal Superior de Justicia de Madrid (Sala de lo Social), de 31 marzo de 2016, rec. 61/2016, que declara improcedente la extinción, por incumplimiento de la

2.2.2. *Efectos del despido objetivo*

Frente a la comunicación de la decisión empresarial de despedir por causas objetivas, el trabajador podrá accionar como si se tratara de un despido disciplinario, disponiendo del plazo de veinte días hábiles que prevé el artículo 59.3 ET que contará a partir de la fecha en que sea efectiva la extinción (aunque la demanda pueda plantearla durante el plazo de preaviso).

El Juzgado de lo Social podrá, ante la reclamación del trabajador, calificar el despido como procedente, improcedente o nulo[46].

La decisión extintiva se considerará procedente siempre que se acredite la concurrencia de la causa en que se fundamentó la decisión extintiva y se hubieren cumplido los requisitos de forma. No obstante, como dijimos anteriormente, la no concesión del preaviso o el error excusable en el cálculo de la indemnización puesta a disposición no determinará la improcedencia del despido, sin perjuicio de la obligación del empresario de abonar los salarios correspondientes a dicho período o al pago de la indemnización en la cuantía correcta.

La calificación por la autoridad judicial de la nulidad[47], procedencia o improcedencia de la decisión extintiva producirá los mismos efectos indicados para el despido disciplinario, con las siguientes especialidades:

a) En caso de procedencia, el trabajador tendrá derecho a la indemnización de veinte días de salario por año de servicio, prorrateándose por meses los períodos inferiores a un año, con un máximo de doce mensualidades. Es decir, consolidará la que recibió al momento de comunicárse-

---

obligación de puesta a disposición de la despedida de la indemnización correspondiente (entregándose en su lugar pagaré con vencimiento diferido). *Vid.* nota anterior.

[46] Se ha discutido bastante si tras la Reforma de 2012 la labor de los tribunales en cuanto al control de legalidad de la medida se había reducido o incluso suprimido. Por todas analiza esta cuestión la Sentencia Tribunal Superior de Justicia de Islas Canarias (Sala de lo Social de Las Palmas), de 27 de noviembre de 2015, rec. 835/2015, negando que pudiera interpretarse que se han erradicado como requisitos para la legalidad de las extinciones contractuales por causas objetivas tanto la exigencia de su justificación finalista como de su razonabilidad, y que el ámbito del control judicial quede restringido a la verificación de la concurrencia de los factores o elementos de hecho que integran el concepto de las diversas causas objetivas establecidos en la norma.

[47] Sentencia Tribunal Supremo (Sala de lo Social), de 4 de abril de 2017, rec. 3466/2015, que declara la nulidad de la extinción del contrato por causas económicas, ante la existencia de indicios de discriminación por razón de sexo de trabajadora sometida a un tratamiento de fecundación *in vitro* al no acreditarse las causas objetivas invocadas y haberse reconocido expresamente su improcedencia. Sentencia Tribunal Superior de Justicia de Asturias (Sala de lo Social), de 18 de noviembre de 2011, rec. 2272/2011, que declara la nulidad del despido objetivo de trabajador que disfrutaba de reducción de jornada por cuidado de hijo (al no calificarse de procedente la extinción).

le la extinción (o la adeudará la empresa si no pudo ponerla a disposición por falta de liquidez acreditada al momento de la extinción).

b) Si la extinción se declara improcedente y el empresario opta por la readmisión, el trabajador habrá de reintegrarle la indemnización percibida (y el empresario abonar los salarios de tramitación). En caso de no optar por la readmisión y la consiguiente compensación económica, se deducirá de ésta el importe de la indemnización que se puso a disposición. La cuantía es la misma que la del despido disciplinario improcedente, y con las mismas particularidades que ya vimos para su cálculo respecto de trabajadores ingresados en la empresa antes o después de 12 de febrero de 2012.

La nulidad se producirá en los mismos supuestos descritos para el despido disciplinario.

2.3. Despido colectivo

Regulado en el artículo 51 ET, se entenderá por despido colectivo la extinción de los contratos de trabajo basada en alguna de las mismas cuatro causas (económica, técnica, organizativa o de producción)[48] que se analizaron en el despido por causas objetivas, cuando en un período de noventa días la extinción afecte al menos a:

a) Diez trabajadores en las empresas que ocupen menos de cien.
b) El diez por ciento de los trabajadores de las empresas que ocupen entre cien y trescientos.
c) Treinta trabajadores en las empresas que ocupen más de trescientos.

Se entenderá igualmente como despido colectivo la extinción de los contratos de trabajo que afecten a la totalidad de la plantilla de la empresa, siempre que el número de trabajadores afectados sea superior a cinco, cuando aquél se produzca como consecuencia de la cesación total de su actividad empresarial fundada en las mismas causas anteriormente señaladas.

---

[48] La Sentencia Tribunal Constitucional 8/2015, de 22 de enero, resolviendo el recurso de inconstitucionalidad 5610/2012, planteado por el Grupo Parlamentario Socialista y el Grupo Parlamentario La Izquierda Plural del Congreso de los Diputados contra la Ley 3/2012, de Reforma del Mercado Laboral (*BOE* de 24 de febrero de 2015) afirma que la definición que se realiza de las citadas causas «económicas, técnicas, organizativas o de producción», en el apartado primero del artículo 51 ET, no vulnera ni el derecho a no ser despedido sin una justa causa (art. 35.1 CE) ni tampoco el derecho a un control judicial efectivo sobre la causalidad del despido (art. 24.1 CE).

Cuestión compleja es la del cómputo del número de extinciones de contratos a que nos referimos más arriba, por cuanto la ley señala que se tendrán en cuenta, asimismo, cualesquiera otras producidas en el período de referencia por iniciativa del empresario en virtud de otros motivos no inherentes a la persona del trabajador distintos de los previstos en el artículo 49.1.*c*) ET, siempre que su número sea, al menos, de cinco[49].

Y finalmente, cuando en períodos sucesivos de noventa días y con el objeto de eludir las previsiones contenidas en artículo 51 ET, la empresa realice extinciones de contratos al amparo de lo dispuesto en el artículo 52.*c*) ET en un número inferior a los umbrales señalados, y sin que concurran causas nuevas que justifiquen tal actuación, dichas nuevas extinciones se considerarán efectuadas en fraude de ley, y serán declaradas nulas y sin efecto[50].

El despido colectivo habrá de ir precedido de un período de consultas con los representantes de los trabajadores[51], debiendo comunicarse su apertura a la autoridad laboral que velará por el cumplimiento de éste. La duración de este período es de treinta días en empresas de cincuenta o más trabajadores, o de quince cuando la empresa tenga menos de esos trabajadores[52].

---

[49] Como decimos, cuestión complejísima es la de la correcta determinación de este cómputo, debiendo citarse, entre otras, STS de 18 de noviembre de 2014, rec. 65/2014, del Pleno de la Sala de lo Social, que resuelve en un supuesto de despido colectivo y ante extinciones a iniciativa del empresario, en un período de noventa días, que exceden de los umbrales del artículo 51.1 ET, puesto que deben computarse los despidos disciplinarios declarados improcedentes por acuerdo de las partes o decisión judicial, acordando que la nulidad por omisión del procedimiento legalmente establecido afecta a todos los despidos acordados, incluidos los declarados improcedentes.

La Sentencia Tribunal Supremo (Sala de lo Social), de 21 de julio de 2021, rec. 2128/2018, la primera que dicta el TS tras la dictada por el TJUE, de 11 de noviembre de 2020 (Asunto C-300/19), revoca Sentencia del Tribunal Superior de la Comunidad Valenciana (Sala de lo Social), de 9 de enero de 2018, rec. 3464/2017, interpretando la cláusula antifraude del último párrafo del artículo 51.1 ET, en el sentido que los períodos de noventa días «pueden ser anteriores o posteriores al despido individual».

[50] *Vid.* nota precedente.

[51] Sentencia Tribunal Supremo (Sala de lo Social), de 14 de mayo de 2015, rec. 144/2014, que declara conforme a derecho la configuración de una comisión negociadora «híbrida» compuesta de representantes estatutarios y otros elegidos *ad hoc* por los centros de trabajo donde no haya delegados de personal o comité de empresa.

[52] Es importante, en el período de consultas, la cuestión relativa a la entrega por el empresario a la representación de los trabajadores de la documentación que se requiere por la norma. Sentencia Audiencia Nacional (Sala de lo Social), de 28 de marzo de 2014, autos 44/2014, que declara la nulidad del despido colectivo por no aportarse las cuentas provisionales debidamente firmadas por los administradores o representantes legales al momento del inicio del período de consultas, sin acreditar motivos razonables que le impidieran aportar la documentación en esa fecha, siendo dicho documento pertinente para

Durante este período, las partes están obligadas a negociar de buena fe[53], con el objeto de buscar una suavización de las acciones propuestas por la empresa (medidas que en algunos casos la ley impone obligatoriamente a las empresas en función del tamaño). La comisión negociadora para llevar a cabo el período de consultas se constituye de la misma manera vista para el procedimiento de modificación sustancial de condiciones de trabajo de carácter colectivo[54].

Una vez transcurrido dicho período de consultas, el empresario comunicará a la autoridad laboral el resultado del mismo. Si se hubiera alcanzado un acuerdo entre las partes, se trasladará una copia de éste a la autoridad laboral; en caso contrario, el empresario remitirá a la representación del personal y a la autoridad laboral la decisión de despido colectivo que se haya adoptado, pudiendo llevarse a cabo las comunicaciones individuales de despido a partir del momento en que hayan transcurrido treinta días naturales desde la fecha de apertura del período de consultas. Ésta es una de las modificaciones más importantes de la reforma de 2012, ya que se suprime la autorización administrativa para proceder a los despidos colectivos, bastando la decisión empresarial[55], aun en el caso de desacuerdo en el período de consultas[56]. No obstante, la

---

que el período de consultas alcanzase sus fines. En el mismo sentido Sentencia Tribunal Supremo (Sala de lo Social), de 21 de junio de 2017, rec. 12/2017, confirmando Sentencia Audiencia Nacional (Sala de lo Social), de 23 de septiembre de 2016, autos 265/2013.

[53] Sentencia Audiencia Nacional (Sala de lo Social), de 23 de septiembre de 2016, autos 146/2016, sobre la existencia de la buena fe en la negociación, confirmada por STS 8 de noviembre de 2017, rec. 40/2017.

[54] *Vid.* Tema 9, epígrafes 1.3.2.1 y 1.4.1. *Vid.* nota 51.

[55] Sentencia Tribunal Supremo (Sala de lo Social), de 24 de noviembre de 2015, rec. 1681/2014, que establece que, en un caso de extinción colectiva por causas objetivas, el empresario no está obligado a especificar en la carta de despido los motivos que justifican la elección del concreto trabajador despedido, ni a acreditar la conexión entre la causa acreditada y la concreta elección del trabajador despedido.

[56] Sentencia del Tribunal de Justicia de la Unión Europea (Sala Tercera) Caso JPG contra Bankia, S.A., de 22 de febrero de 2018, resolviendo petición de decisión prejudicial planteada por el Tribunal Superior de Justicia de Cataluña, en el Asunto C-103/16. Aborda el despido de trabajadora embarazada, que haya dado a luz o en período de lactancia (Directiva 92/85/CEE). Se concluye que la normativa española permite el despido de una trabajadora embarazada, con motivo de un despido colectivo (decisión de despido por razones no relacionadas con el embarazo). Es un caso excepcional por motivo no inherente al estado de la trabajadora afectada. No hay prioridad de permanencia en la empresa. La STS 20 de julio de 2018, rec. 2708/2016, aborda el caso de un despido individual derivado de un despido colectivo por causas económicas, cuya concurrencia está acreditada. La despedida es una trabajadora que en el momento del despido se encontraba embarazada, habiendo comunicado dicha circunstancia a su empresario. En los criterios de selección no se justifica cuál es el motivo de que se prescinda del puesto de trabajo de la actora, teniendo en cuenta la incidencia de las causas económicas en la supresión

Autoridad laboral conserva un papel de tutela e incluso mediador, pero sin que su intervención pueda interferir en plazos o pronunciarse sobre las medidas propuestas por el empresario.

Se ha reforzado el papel de la Inspección de Trabajo por la Ley 3/2023, de 28 de febrero, de Empleo[57] al hilo del informe preceptivo que este órgano tiene que emitir cuando una empresa realiza un despido colectivo, ya que anteriormente la función de la Inspección se limitaba a examinar el desarrollo del período de consultas, comprobar los extremos de determinadas comunicaciones empresariales, así como constatar que la documentación aportada por la empresa se ajustaba a la exigida legalmente, en función de la concreta causa o causas alegadas por el empleador para fundamentar el despido colectivo. Ahora, manteniéndose esas atribuciones, se incorpora una adicional que refuerza palmariamente la función supervisora de la Inspección laboral: El Inspector debe pronunciarse «sobre la concurrencia de las causas especificadas por la empresa» para justificar las extinciones. En suma, es un pronunciamiento sobre si las causas invocadas por la empresa como sostén para las extinciones se entienden concurrentes. En conclusión, no se vuelve al régimen anterior a 2012 de la necesidad de la autorización administrativa, pero no cabe la menor duda que será un documento muy a tener en cuenta por el juez de plantearse demanda, sobre la legalidad del despido colectivo.

La decisión empresarial podrá impugnarse a través de las acciones previstas para este despido, que podrán ser de carácter individual por cualquiera de los afectados, o por los representantes de los trabajadores, en cuyo caso, la tramitación de las demandas individuales quedará paralizada hasta la resolución de la demanda interpuesta por los representantes de los trabajadores[58]. El plazo es igualmente de veinte días hábiles, que no se inicia para el trabajador individual hasta que se resuelva de manera definitiva la reclamación colectiva de los representantes de los trabajadores, en el caso de interponer los representantes la demanda colectiva. En dicho procedimiento recaerá sentencia en la que se producirá una de estas tres posibilidades, o bien se declarará la licitud de la medida empresarial, convalidándose la decisión empresarial; o bien se declarará la falta de justificación de la medida, produciéndose los efectos del despido impro-

---

del mismo, haciéndose alusión «a las nuevas responsabilidades de acuerdo con la nueva estructura necesaria en la fábrica», sin que se contenga referencia alguna al personal que presta servicios en las oficinas centrales del grupo, que es donde presta servicios la trabajadora. El despido en este caso se califica de nulo (reitera solución alcanzada en la STS de 14 de enero de 2015, rec. 104/2014, dictada en interpretación de las normas de despido colectivo anteriores a la reforma de 2012).

[57] *BOE* de 1 de marzo de 2023.

[58] Es un procedimiento específico, que está regulado en el artículo 124 LRJS.

cedente, o bien se declarará nula la medida, con los efectos del despido nulo[59]. Los representantes de los trabajadores tendrán prioridad de permanencia[60] en la empresa[61].

3. EXTINCIÓN POR VOLUNTAD DEL TRABAJADOR

El Estatuto de los Trabajadores prevé la resolución del contrato de trabajo por la exclusiva voluntad del trabajador en dos supuestos, uno causal, por incumplimiento contractual grave del empresario [art. 49.1.*j*) ET] y otro carente de causa, por dimisión del trabajador [art. 49.1.*d*) ET] y, junto a ellos, existe una tercera causa que ha reconocido la doctrina jurisprudencial, como variante de la dimisión, que es la baja voluntaria, que se diferencia de la dimisión en que ésta se fundamenta en un acto expreso e inequívoco del trabajador que comunica al empresario su voluntad de abandonar la empresa, mientras que la baja voluntaria obedece a una voluntad tácita del trabajador que incurre en un abandono del puesto de trabajo, debiendo interpretarse esta ausencia sin comunicación, como una voluntad de poner fin a la relación laboral[62].

3.1. EXTINCIÓN DEL CONTRATO DE TRABAJO POR INCUMPLIMIENTO DEL EMPRESARIO

Como se ha enunciado, el artículo 49.1.*j*) ET prevé la extinción del contrato de trabajo a instancias del trabajador ante un incumplimiento grave de sus obligaciones por parte del empresario, especificando el artículo 50 ET las causas tasadas por las que procede dicha resolución unilateral del vínculo contractual. La concurrencia de alguna de tales causas implica que el empresario, sin despedir al trabajador, le está forzando a

---

[59] *Vid.* notas 31 y 32.

[60] *Vid.* nota 41.

[61] Sentencia Tribunal Supremo (Sala de lo Social), de 2 de julio de 2018 (rec. 2250/2016). La discusión sobre la concurrencia de causas justificativas de la medida empresarial que inciden por igual en todos los trabajadores afectados se debe derivar a procesos colectivos, reservando los pleitos individuales para el análisis de las cuestiones estrictamente particulares que pudieren incidir en cada uno de los trabajadores.

[62] Sentencia Tribunal Superior de Justicia de Andalucía (Sala de lo Social de Sevilla), de 31 marzo de 2016, rec. 1208/2015, declarada firme por Auto Tribunal Supremo (Sala de lo Social), de 15 de febrero de 2018 (rec. 798/2017), que entiende que hay baja voluntaria por la negativa a reincorporarse al centro de trabajo de origen, después de un desplazamiento al extranjero y haber requerido la empresa a la trabajadora la repatriación al centro de origen.

la cesación de la relación laboral, siendo por ello que los efectos (art. 50.2 ET) se equiparan a los del despido improcedente, es decir, a la indemnización de treinta y tres días de salario por año de servicio en idénticos términos de prorrateo de períodos inferiores al año y límites máximos que los previstos para el despido improcedente[63], excepto el pago de salarios de tramitación que no se devengan, en cuanto que el trabajador no dispone de la facultad de resolver inmediatamente el contrato, sino que de lo que dispone es de la acción para solicitar al órgano jurisdiccional que declare la resolución del contrato y, mientras tanto, la relación laboral sigue vigente y el trabajador obligado a prestar servicios, si bien se admite alguna excepción si el incumplimiento empresarial genera una situación insoportable para el mantenimiento del vínculo, sin que el abandono se entienda es dimisión[64].

Las causas son las siguientes:

a) Modificación sustancial de las condiciones de trabajo llevadas a cabo sin respetar lo previsto en el artículo 41 ET y que redunden en el menoscabo de la dignidad del trabajador. En cuanto al menoscabo a la dignidad del trabajador, está referido al atentado a la honorabilidad que le corresponde al trabajador, no sólo como empleado, sino como persona, ante sus compañeros y jefes, concurriendo dicha causa ante cualquier situación en la que el prestigio personal del empleado se vea deteriorado de forma injusta por la modificación impuesta por el empresario[65].

b) Por la falta de pago o retrasos continuados en el abono del salario pactado: El precepto carece de precisión a la hora de establecer el límite

---

[63] Se aplica también el régimen residual que se prevé en los despidos improcedentes para trabajadores contratados antes de 12 de febrero de 2012.

[64] Sentencias Tribunal Supremo (Pleno de la Sala de lo Social), de 20 de junio de 2012, rec. 1601/2011, seguida por la de 16 de enero de 2020, rec. 3156/2017.

[65] Sentencia Tribunal Superior de Justicia de Cataluña (Sala de lo Social), de 30 de junio de 2017, rec. 2414/2017, que declara procedente la extinción del contrato de trabajo por voluntad del trabajador, ya que existió una modificación sustancial de las condiciones de trabajo que no siguió los trámites del artículo 41 ET, con menoscabo de su dignidad, y algunos de los hechos acaecidos no estaban prescritos, como el que se le obligase a prospecciones comerciales «a puerta fría», más propias de un comercial de entrada que de un director comercial, y se le variase el ámbito de actuación que pasa de Cataluña y Aragón a zonas más lejanas y por ello más costosas de desarrollar, obligándole a viajar una o dos semanas al mes fuera de su domicilio. Por el contrario, Sentencia Tribunal Superior de Justicia de Galicia (Sala de lo Social), de 12 de mayo de 2016, rec. 849/2016, que desestima el recurso que postulaba la extinción del contrato, por inexistencia de carácter sustancial en el cambio operado, ya que se trata de un ajuste de las funciones realizadas por celadores y auxiliares de clínica, redistribuyéndose las mismas, pero con respeto del grupo profesional; constituyendo el cambio un mero ejercicio del *ius variandi* empresarial, siendo, por tanto, innecesaria la tramitación prevista en el artículo 41 ET.

de lo que debe ser considerado como impagos o retrasos continuados. La doctrina del Tribunal Supremo ha venido interpretando dónde radica la delimitación del carácter continuado que pueda tipificarse como incumplimiento grave del empleador[66]. En cuanto a la falta de abono, se diferencia del retraso en su carácter definitivo, se deduce la voluntad del empresario de no atender el pago con carácter definitivo[67]; en estos casos, la jurisprudencia o la doctrina legal viene entendiendo que, a partir de tres mensualidades, se puede colegir un incumplimiento grave[68]. En cuanto al retraso, tampoco es sencillo establecer un límite objetivo, debiendo atenderse a cada caso, excluyéndose del incumplimiento contractual los retrasos ocasionales por razones justificadas, debiendo ser persistentes y no consentidos por el empleado, aunque el aquietamiento durante un período no le priva de la acción resolutoria[69]. Las discrepancias en el salario a abonar no determinan que haya causa para resolver el contrato. Aunque, como ya se ha dicho, no se generan salarios de tramitación que puedan ser reclamados, por mantenerse vivo el vínculo contractual, en la misma demanda de solicitud de resolución de contrato, el trabajador podrá reclamar acumuladamente la reclamación de los salarios que le adeuda el empresario[70].

---

[66] Muy comentada fue la Sentencia del Tribunal Supremo, Sala de lo Social, núm. 9/2023, de 10 de enero (rec. 2166/2021) con abundante cita de otras, que declara (revocando al TSJ de Madrid) la extinción del contrato de trabajo por el incumplimiento empresarial de la obligación del pago puntual del salario al producirse un retraso promedio de diez días y medio en un período de un año y cinco meses e impago de dos mensualidades. A esta sentencia le han seguido otras muchas como la 719/2023, de 4 de octubre de 2023, dictada en el rec. núm. 3715/2022.

[67] Sentencia Tribunal Supremo (Sala de lo Social), de 19 de noviembre de 2013, rec. 2800/2012, que estima procedente la extinción del contrato por voluntad del trabajador, por retrasos continuados en el abono de salarios de entre uno y dos meses durante un período superior al año, aunque en el momento del juicio no existiera cantidad salarial alguna pendiente de abono.

[68] Sentencia Tribunal Superior de Justicia de Castilla-La Mancha (Sala de lo Social), de 26 de octubre de 2017, rec. 1245/2017, no estima la extinción del contrato de trabajo por voluntad del trabajador por retrasos en el abono del salario, al abonarse este en dos plazos durante varios meses. Entiende falta de la gravedad y transcendencia necesarias para justificar la extinción del contrato por voluntad del empleado.

[69] Sentencia Tribunal Superior de Justicia de Cataluña (Sala de lo Social), de 3 de noviembre de 2017, rec. 4613/2017, que acoge la extinción del contrato por voluntad del trabajador por retrasos continuados en el abono de salarios, sin que el aquietamiento del trabajador a la conducta de la empresa durante un determinado tiempo impida el ejercicio de la acción.

[70] Sentencia Tribunal Supremo (Sala de lo Social), de 2 de diciembre de 2013, rec. 846/2013, que establece que basta con que se produzca un incumplimiento grave en el retraso o impago del salario sin necesidad de que concurra culpa de la empresa o retrasos continuados en el abono de salarios.

c) Por cualquier otro incumplimiento grave de sus obligaciones por parte del empresario, salvo los supuestos de fuerza mayor, así como la negativa del mismo a reintegrar al trabajador en sus anteriores condiciones de trabajo en los supuestos previstos para la movilidad funcional y la modificación sustancial de las condiciones de trabajo, cuando una sentencia haya declarado las mismas injustificadas. Este último apartado contempla dos supuestos diferentes, el primero de ellos es un *cajón de sastre* que se refiere a cualquier otra causa (que no sea alguna de las expuestas en los dos primeros apartados) y que no corresponda a supuestos de fuerza mayor, es decir, que no sea inevitable, que sea atribuible al empresario la responsabilidad de la causa del incumplimiento. Cabría citar como ejemplo de este supuesto, la agresión física o verbal del empresario al trabajador, o incluso la falta de trabajo efectivo, que también podía estar tipificada, como vimos en el primero de los apartados. La segunda parte del apartado se refiere a los supuestos en los que el empresario se niega a reintegrar al trabajador en las condiciones de trabajo que tenía antes de la medida de movilidad funcional impuesta, o de la modificación sustancial de sus condiciones de trabajo, cuando una sentencia haya declarado injustificada dicha modificación; se identifica el incumplimiento pues, en un desacato del empresario a lo establecido en la resolución judicial que haya recaído favorable al trabajador, que decidió oponerse a la decisión empresarial de imponer una medida de movilidad funcional o una modificación sustancial de las condiciones de trabajo y que, al demandar ante los tribunales por considerar injustificada la medida adoptada por la empresa, obtiene, dentro de un procedimiento que regula el artículo 138 LRJS, una resolución favorable[71].

En todos los supuestos analizados, como ya se ha dicho, el efecto es idéntico, en caso de apreciarse la existencia de un incumplimiento contractual del empresario, se equiparan las consecuencias jurídicas a las del despido improcedente, en sus efectos indemnizatorios (sin que sea aplicable la referencia hecha a los salarios de tramitación, por cuanto la acción resolutoria del artículo 50 ET, salvo casos muy extremos de atentado a la dignidad del trabajador, exige la permanencia en el puesto de trabajo

[71] Sentencia Tribunal Superior de Justicia del País Vasco (Sala de lo Social), de 31 de mayo de 2016, rec. 914/2016, que confirma la extinción del contrato de trabajo de la trabajadora, al advertir la Sala una cronología de evidente hostigamiento y vulneración de derechos fundamentales, que puede ser calificada de transgresora, reiterativa y reproductora, en un convencimiento de mala praxis empresarial que supone una pauta de hostigamiento y/o violencia que es causa legal de extinción, con reconocimiento de una indemnización adicional por daños y perjuicios.

hasta que se produce la decisión judicial reconociendo el derecho a la extinción causal del contrato a instancias del trabajador[72]).

3.2. La dimisión del trabajador y el abandono del puesto de trabajo

Se trata, como ya hemos avanzado, de los supuestos en los que el trabajador pone fin a la relación laboral sin causa alguna[73]. La diferencia entre ambos es que la primera de ellas corresponde a un acto formal y explícito del trabajador[74] y la segunda es una mera situación fáctica, en la que el trabajador deja de prestar sus servicios y de la que se deduce una dimisión tácita de la relación laboral[75].

En cuanto a la dimisión, el plazo de preaviso es el único requisito que prevé la legislación para que el trabajador presente su dimisión, requisito más que razonable que tiene por objeto que el empresario pueda prever con tiempo suficiente las medidas a tomar, para reestructurar la actividad

[72] Sentencia Tribunal Superior de Justicia de Castilla y León (Sala de lo Social de Valladolid) de 28 de abril de 2016, rec. 536/2016, que entiende que no hay abandono del puesto, tras la comunicación del trabajador a la empresa del inicio de la acción resolutoria y la no prestación de servicios, por el impago de once mensualidades del salario.

[73] Sentencia Tribunal Superior de Justicia de Cataluña (Sala de lo Social), de 28 de abril de 2016, rec. 7049/2015, que entiende que no hay despido sino dimisión voluntaria del trabajador, no concurriendo vicios de consentimiento, habiendo participado el propio operario en la redacción del documento de baja, siendo ineficaz la retractación posterior del trabajador.

[74] Sentencia Tribunal Superior de Justicia de Cataluña (Sala de lo Social), de 23 de junio de 2017, rec. 2573/2017, al abordar si se está ante un supuesto de dimisión del trabajador, afirma que resulta necesaria una voluntad clara, concreta, consciente, firme y terminante, reveladora de su propósito. Por ello las faltas de asistencia y la no contestación al requerimiento de la empresa no son actos concluyentes para estimar extinguida la relación laboral.

[75] Sentencia Tribunal Supremo (Sala de lo Social), de 24 de abril de 2017, rec. 1351/2016, que entiende que hay dimisión del trabajador por ausencias injustificadas al trabajo tras ingreso en prisión en cumplimiento de la pena impuesta por sentencia penal, sin que durante dicho período el trabajador se pusiera en contacto con la empresa. Por el contrario, Sentencia Tribunal Supremo (Sala de lo Social), de 11 de octubre de 2017, rec. 3142/2015, en un supuesto de reingreso tras excedencia voluntaria, que entiende que el rechazo por el trabajador de la oferta de vacante de la misma categoría en otra localidad que implica cambio de residencia no equivale a renuncia ni dimisión, conservando el trabajador su derecho a continuar en excedencia hasta que se produzca plaza vacante que no suponga cambio de residencia (cambio de criterio el aquí operado por el TS ya que en supuestos de excedencia voluntaria el reingreso podía proponerse por la empresa, legítimamente, en población distinta). En consecuencia, la comunicación de despido disciplinario por ausencias injustificadas, tras no haberse incorporado el trabajador a dicha plaza, se califica con arreglo a este novedoso criterio de despido improcedente al tratarse de una legítima negativa a no reincorporarse.

o cubrir la baja del modo que estime oportuno. Rige, por tanto, en primer lugar lo establecido en convenio colectivo en cuanto al plazo, y en su defecto la costumbre del lugar. En ausencia de los anteriores, es el de quince días que se prevé en el artículo 49.1.*c*) ET para que el empresario comunique la extinción de los contratos de trabajo de duración superior al año, pudiéndose fijar por las partes un plazo inferior al legal[76].

Pero al margen de la dimisión, el abandono es una variante de la extinción del contrato de trabajo a instancias del trabajador sin que concurra causa para ello, en la que, a diferencia de la anterior, no existe una manifestación de voluntad explícita de dicha cesación, deduciéndose de forma implícita, por los actos y las omisiones de dicho trabajador de los que se infiere que ha decidido él poner fin de forma definitiva a la relación laboral que mantenía con la empresa[77].

En algunas relaciones especiales como las de alta dirección o la de las personas al servicio del hogar familiar, dadas las especiales características que en ellas presenta la mutua confianza, se prevé una regulación más concreta para los supuestos de dimisión, que allí se llama «desistimiento», siendo posible incluso el recíproco desistimiento de la relación de manera no causal y por parte del empresario, aunque con derecho a indemnización para el trabajador.

4. EXTINCIÓN POR VOLUNTAD CONCURRENTE DE LAS PARTES

Hemos visto que el contrato podía extinguirse a instancias del empresario, siempre cumpliendo unos requisitos de forma y concurriendo un elemento causal y hemos visto igualmente que el trabajador podía poner fin unilateralmente al contrato de trabajo, incluso en algunos supuestos

---

[76] Sentencia Tribunal Superior de Justicia de Madrid (Sala de lo Social), de 16 de septiembre de 2016, rec. 501/2016, entiende que la cláusula pactada de dos meses de preaviso es nula por ser contraria al convenio colectivo y, por tanto, no existe incumplimiento del trabajador que había preavisado la extinción del contrato en los términos previstos en el convenio colectivo.

[77] Sentencia Tribunal Superior de Justicia de Andalucía (Sala de lo Social de Sevilla), de 15 de noviembre de 2012, rec. 141/2012, que declara la extinción del contrato por abandono del puesto de trabajo, y hace una síntesis de la doctrina del Tribunal Supremo relativa al abandono del puesto de trabajo: 1) La dimisión del trabajador no es preciso que se ajuste a una declaración de voluntad formal, bastando que la conducta seguida por el mismo manifieste de manera taxativa su opción por la ruptura o extinción de la relación laboral; 2) la dimisión exige una voluntad del trabajador clara, concreta, consciente, firme, reveladora de su propósito, y 3) el abandono del trabajo puede tener un significado de una simple falta de asistencia o un significado extintivo.

sin alegar causa alguna y hasta prescindiendo de cualquier formalidad específica, pero el contrato de trabajo también puede llegar a su fin por la concurrencia de la voluntad de ambas partes. Tal voluntad común puede concretarse al ponerse fin de forma inmediata al contrato, por decisión espontánea (mutuo acuerdo de las partes) por terminación del término convenido, o por el cumplimiento de una condición que de forma predeterminada se ha fijado como causa de su finalización (causas consignadas válidamente en el contrato).

4.1. Extinción por mutuo acuerdo de las partes

Tal situación puede darse en cualquier momento sin unos determinados requisitos de forma, bastando con que no exista vicio en el consentimiento de ninguno de los otorgantes.

En todo caso, sí conviene resaltar que, para formalizar la finalización del contrato por mutuo acuerdo, el documento habitual y suficiente para constatarla es el finiquito, no precisándose de otros trámites adicionales[78].

Aunque hay que señalar que en ocasiones esta figura sirve para calificar la adhesión del trabajador a planes de desvinculación de las empresas, bien negociados colectivamente, bien ofrecidos con carácter general a la plantilla[79].

4.2. Extinción por finalización del contrato

El artículo 49.1.*c*) ET establece la finalización del contrato «por expiración del tiempo convenido» (redacción dada conforme al Real Decreto-ley 32/2021, de 28 de diciembre).

A la finalización del contrato, excepto en los contratos formativos o en contrato de duración determinada por causa de sustitución, la persona trabajadora tendrá derecho a recibir una indemnización de cuantía equivalente a la parte proporcional de la cantidad que resultaría de abonar doce días de salario por cada año de servicio, o la establecida, en su

[78] Sentencia Tribunal Superior de Justicia de Madrid (Sala de lo Social), de 29 de julio de 2013, rec. 623/2013, que aborda un supuesto de extinción del contrato de trabajo por mutuo acuerdo y el valor liberatorio del finiquito ante la inexistencia de vicios del consentimiento.

[79] Un ejemplo lo constituye la Sentencia Tribunal Superior de Justicia de Comunidad Valenciana (Sala de lo Social), de 21 de diciembre de 2017, rec. 1036/2017. Una entidad financiera estableció, a través de un pacto en un proceso de despido colectivo, un programa de bajas incentivadas, al que la trabajadora se adhiere voluntariamente y de mutuo acuerdo, firmando entre ambas, con valor de finiquito liberatorio y extintivo de la relación laboral. La Sentencia declara la inexistencia de fraude de ley.

caso en la normativa específica que sea de aplicación (redacción dada conforme al Real Decreto-ley 32/2021, de 28 de diciembre) aunque esta previsión de indemnización ya existía desde la entrada en vigor de la Reforma laboral de 2010, aprobada por la Ley 35/2010, de 17 de septiembre.

Los contratos de duración determinada que tengan establecido plazo máximo de duración, incluidos los contratos formativos, concertados por una duración inferior a la máxima legamente establecida, se entenderán prorrogados automáticamente hasta dicho plazo cuando no medie denuncia o prórroga expresa y el trabajador continúe prestando servicios. Expirada dicha duración máxima, si no hubiera denuncia y se continuara en la prestación laboral, el contrato se considerará prorrogado tácitamente por tiempo indefinido, salvo prueba en contrario que acredite la naturaleza temporal de la prestación (redacción dada conforme al Real Decreto-ley 32/2021, de 28 de diciembre).

Si el contrato de trabajo de duración determinada es superior a un año, la parte del contrato que formule la denuncia está obligada a notificar a la otra la terminación de éste con una antelación mínima de quince días (redacción dada conforme al Real Decreto-ley 32/2021, de 28 de diciembre) aunque esta obligación de preaviso ya la establecía el primer texto del Estatuto de los Trabajadores, en 1980.

4.3. Extinción por cumplimiento de las causas consignadas válidamente en el contrato

La causa resolutoria fijada en contrato debe ser lícita y posible y no incurrir en abuso de derecho. Son válidas, por ejemplo, las cláusulas que establecen que el contrato de trabajo se extingue si el trabajador no obtiene una determinada titulación y no sería válida por el contrario si incurre en abuso de derecho o es ilícita. Por ejemplo, consignar en el contrato una cláusula por la que la trabajadora renuncia a quedarse embarazada vinculando tal circunstancia a la extinción del contrato de trabajo.

4.4. Extinción por modificación sustancial de condiciones de trabajo que ocasionen un perjuicio para el trabajador

Se trata de un supuesto peculiar, no incardinable en ninguno de los apartados que hemos dividido el trabajo, y parte de aquellos casos en los que el empresario, bien de manera unilateral, bien por acuerdo colectivo en período de consultas, aplica una modificación sustancial sobre jornada de trabajo, horario y distribución del tiempo de trabajo, régimen de trabajo a turnos, sistema de remuneración y cuantía salarial y funciones (cuando excedan de los límites fijados para la movilidad funcional). Y, si el trabajador resultase perjudicado por la modificación sustancial, se le reconoce el derecho a rescindir su contrato y percibir una indemnización de veinte días de salario por año de servicio, prorrateándose por meses los períodos inferiores a un año y con un máximo de nueve meses[80].

La misma facultad extintiva se reconoce al trabajador en los casos de movilidad geográfica o traslado, si bien la indemnización de veinte días de salario por año de servicio, prorrateándose por meses los períodos inferiores a un año, puede llegar hasta un máximo de doce meses.

Mientras que el artículo 50 ET le faculta (al trabajador) para solicitar la extinción del contrato, el 41 le confiere el derecho a rescindirlo. En este segundo supuesto la ley reconoce al empleado el derecho a dejar sin efecto el contrato. De aquí que, en el primer caso, deba el trabajador acudir a la jurisdicción, para que esta considere si ha estado, o no, justificada la actuación del empresario. En caso afirmativo, no reconocerá al trabajador su pretendido derecho a rescindir el contrato. En el supuesto contrario, junto a reconocerle el derecho a la resolución del nexo existente, le fijará una indemnización ya tasada. En el segundo, cuando la decisión empresarial esté valorada positivamente con antelación, es decir, que no cabe ya cuestionarla, que está justificada, el trabajador puede, por sí mismo, decidir la finalización del contrato, con lo que la intervención jurisdiccional queda reducida a valorar si ha tenido, o no, perjuicios, para en caso afirmativo reconocérselos.

Ante el silencio de la norma, doctrina y tribunales entienden que el plazo para ejercitar esta facultad resolutoria no es de caducidad, sino de prescripción de un año a contar desde la notificación de la medida[81].

---

[80] Sentencia Tribunal Superior de Justicia de Asturias (Sala de lo Social), de 30 de junio de 2016, rec. 1363/2016, que da lugar a la extinción, porque entiende que la declaración rescisoria con base en el artículo 41.3 ET tiene virtualidad extintiva por sí misma. En el mismo sentido la Sentencia Tribunal Superior de Cataluña (Sala de lo Social) dictada en el recurso 2959/2023, de 23 de octubre de 2023, que desestima el recurso de la empresa frente a la sentencia del Juzgado de lo Social que había dado la razón a una trabajadora que decidió extinguir su contrato de trabajo acogiéndose al artículo 41.2 ET, tras un expediente de modificación de condiciones aprobado con la representación de los trabajadores, novación con la que no estaba de acuerdo la trabajadora por cuanto la reducción de salario no era «ínfima» (lo que corrobora el TSJ), habiéndose, además, producido un retraso de la empresa en la fecha de efectos de aceptación de la solicitud de extinción.

[81] La primera de las Sentencias citadas en la nota 62 aborda igualmente la diferencia entre el plazo de caducidad para interpelar por una modificación sustancial de condiciones, del general de prescripción cuando se acude a la extinción del contrato alegando la existencia de un perjuicio. Sentencia Tribunal Superior de Justicia de Islas Canarias (Sala de lo Social de Santa Cruz de Tenerife), de 13 junio de 2017, rec. 1027/2016, al estudiar la opción por la rescisión del contrato, corrobora que el derecho a la rescisión está sujeto al plazo general de un año, y no es de caducidad.

5. EXTINCIÓN POR CAUSAS AJENAS A LA VOLUNTAD DE LAS PARTES

5.1. Extinción por muerte, gran invalidez, invalidez permanente absoluta o total del trabajador

Se refiere a estos supuestos el artículo 49.1 ET. La incapacidad permanente, a diferencia de la temporal, inhabilita al trabajador para seguir desempeñando su actividad laboral, siendo indiferente que el grado de dicha incapacidad sea total (para la profesión habitual), absoluta (para cualquier profesión) o gran invalidez (con necesidad de asistencia de terceros).

En cuanto a la muerte del trabajador, obviamente, al tratarse de una prestación personalísima, desparecido físicamente éste, la relación laboral queda extinguida.

Únicamente cabe una excepción en el caso de la incapacidad permanente total, que no siempre da lugar a la extinción del contrato de trabajo, según establece el artículo 48.2 ET, en aquellos supuestos en los que el órgano administrativo que la declara estime que el trabajador, en una futura revisión médica, puede obtener una mejoría en su estado.

De igual modo, el trabajador que tenga reconocida una incapacidad permanente en su grado total podría ser recolocado en la empresa si ésta pudiera ofrecer un puesto de trabajo compatible con la patología del trabajador que ha dado lugar a la IPT (Incapacidad Permanente Total).

5.2. Extinción por muerte, incapacidad del empresario o extinción de su personalidad jurídica

Las dos primeras causas están referidas al empresario como persona física y la última al empresario que adopta la forma de persona jurídica [art. 49.1.*g*) ET]. Tales causas de extinción no operan de forma automática, sino que requieren un cese efectivo de la actividad empresarial (así pues, no se extinguiría cuando en su lugar se subroga un nuevo empresario o los herederos).

En el caso concreto de la incapacidad del empresario, la jurisprudencia ha establecido que no está referida únicamente a las incapacidades que declara la Seguridad Social, sino también a las incapacitaciones declaradas por la jurisdicción civil o cualesquiera situaciones en las que se acredite la inhabilidad del afectado para seguir al frente de la empresa[82].

---

[82] Sentencia Tribunal Supremo (Sala de lo Social), de 20 de octubre de 2016, rec. 978/2015. Declara la extinción del contrato de trabajo por incapacidad del empresario e

En los dos supuestos, la indemnización que se prevé por la extinción del contrato es la de una mensualidad de salario.

En cuanto a la extinción de la personalidad jurídica del empresario, únicamente cabe en supuestos de personas jurídicas que se encuentran en proceso de liquidación. La ley exige que en tales procesos de liquidación la extinción de los contratos de trabajo se lleve a cabo conforme al procedimiento establecido en el artículo 51 ET para los despidos colectivos, que da lugar a la indemnización de veinte días de salario por año de servicio con el tope de doce mensualidades.

5.3. La jubilación de alguno de los sujetos de la relación laboral como causa de extinción del contrato de trabajo

5.3.1. *La extinción por jubilación del trabajador*

La extinción por jubilación del trabajador se produce únicamente cuando este reúne todos los requisitos y accede efectivamente a la jubilación, ya que en modo alguno es forzosa u obligatoria, con la excepción de algunos colectivos, como es el caso de los controladores aéreos, en aplicación de la normativa que les es propia[83].

A partir de este momento es personal pasivo y tal situación es incompatible con el mantenimiento de una actividad profesional, no sólo para su empresa, sino también para ninguna otra ni por cuenta propia. La edad ordinaria de jubilación está incrementándose año tras año. En 2025 la edad legal de jubilación ordinaria será de 66 años y ocho meses en el caso de que se acredite menos de 38 años y tres meses cotizados a la Seguridad Social, siempre y cuando se cumpla con los requisitos mínimos de acceso a la pensión contributiva, que son, entre otros, tener un mínimo de quince años cotizados.

---

inexistencia de sucesión de empresa, con una especial referencia a la innecesariedad, por no preverlo la ley, de acudir a un expediente de despido colectivo, que sí es exigible cuando de extinción de la personalidad de las personas jurídicas se refiere.

[83] Sentencia Tribunal Superior de Justicia de Madrid (Sala de lo Social), de 14 de febrero de 2018, rec. 1322/2017, que declara validez de la jubilación forzosa del trabajador a los 65 años, de acuerdo con lo establecido en el II Convenio Colectivo Profesional de los Controladores de Tránsito Aéreo de AENA. Se entiende que la edad tiene relevancia en el desempeño de la profesión de controladores de tránsito aéreo, hasta el punto de que el legislador ha considerado necesario establecer que, por razones de seguridad, que constituye un bien jurídico protegible, se jubilen al alcanzar la edad de 65 años. Cita STS 22/02/2017, rec. 138/2016, que había establecido que la empresa no venía obligada a prolongar la situación en activo de tales trabajadores más allá de los 65 años, incluso en supuestos de falta de cotización para alcanzar pensión de la Seguridad Social.

5.3.2. *La extinción por jubilación del empresario*

Está recogida en el artículo 49.1.*g*) ET de forma novedosa, ya que anteriormente no estaba contemplada y los tribunales entendían que el empresario, al decidir jubilarse, no continuaba en la relación laboral de forma voluntaria. Se exige que el empresario, con su jubilación, ponga fin definitivo a la actividad empresarial y, en tal caso, queda autorizado a extinguir el contrato de trabajo, sin derecho a indemnización por el trabajador, teniendo derecho, únicamente, a percibir una compensación por el importe de una mensualidad[84].

El TJUE ha establecido, en su Sentencia de 11 de julio de 2024, Asunto C-196/23, que, en caso de jubilación del empresario, también es necesario un período de consultas, resolviendo una cuestión prejudicial planteada por el TSJ de Cataluña, que preguntaba si se aplicó correctamente la normativa europea en materia de despidos colectivos en el caso de la jubilación del empresario que afectó a cincuenta y cuatro contratos de trabajo en los ocho centros de trabajo de su empresa. El Juzgado de lo Social desestimó la demanda. Las afectadas interpusieron recurso ante el Tribunal Superior de Justicia de Cataluña, el cual planteó la cuestión prejudicial al TJUE sobre la validez de dichas extinciones de contratos. Específicamente, sobre si la exclusión del procedimiento de consulta a los representantes de los trabajadores en caso de despido colectivo por jubilación es conforme con la Directiva de la Unión. Y el TJUE ha considerado que la normativa española es contraria a la Directiva 98/59/CE del Consejo. Esta Directiva se aplica, en caso de jubilación del empresario, siempre que se alcancen los umbrales de despidos previstos para ser calificados de colectivos. Se destaca en la sentencia que la situación de jubilación del empresario no puede equipararse a la del fallecimiento de éste.

---

[84] Sentencia Tribunal Supremo (Sala de lo Social), de 20 de junio de 2017, rec. 1654/2015, que declara la extinción procedente del contrato por jubilación del empresario, abogado en este caso. La jubilación se produce cuando cursa baja en la actividad ante Hacienda y en el Colegio de Abogados como ejerciente, y se inicia la liquidación del despacho, sin que se haya acreditado una fraudulenta continuidad en el ejercicio profesional ni con la existencia una sola actuación en el juzgado, llevada a cabo meses después de la jubilación, ni mediante la utilización de una sociedad como pantalla. Por su parte, la Sentencia Tribunal Superior de Justicia de Navarra (Sala de lo Social), de 1 octubre de 2015, rec. 419/2015, entiende que es causa válida de extinción del contrato, siendo el empresario una sociedad irregular familiar, la jubilación coetánea de los tres hermanos que gestionaban el restaurante, sin continuación de la actividad. Por el contrario, Sentencia Tribunal Superior de Justicia de Islas Canarias (Sala de lo Social de Las Palmas), de 21 de mayo de 2015, rec. 239/2015, que entiende que no hay extinción de contratos por jubilación del empresario, sino despidos improcedentes por haberle sido denegada la prestación de jubilación a este, debido a la falta de requisitos al efecto, con independencia del cese efectivo de la actividad empresarial.

A diferencia de un empresario fallecido, un empleador jubilado puede, en principio, llevar a cabo consultas destinadas a evitar las extinciones de los contratos, reducir su número o, al menos, atenuar sus consecuencias. En suma, las equipara a despidos colectivos y, por tanto, someterse al procedimiento de consulta a los representantes de los trabajadores.

5.4. Extinción por fuerza mayor

El artículo 51.7 ET establece que la existencia de fuerza mayor como causa deberá ser constatada por la Autoridad Laboral cualquiera que sea el número de afectados. Su procedimiento se iniciará mediante solicitud a la Autoridad Laboral y comunicación a los representantes de los trabajadores que serán parte en el procedimiento. La resolución de la autoridad se dictará en cinco días desde la solicitud y se limitará a constatar la existencia de fuerza mayor[85]. Si se aprecia, surtirá efectos desde la fecha del hecho causante de la fuerza mayor[86].

La empresa dará traslado de su decisión a los representantes de los trabajadores y a la Autoridad Laboral, pudiendo ésta establecer la responsabilidad del Fondo de Garantía Salarial en el pago de parte de las indemnizaciones, sin perjuicio de su derecho a repetir frente a la empresa.

6. BIBLIOGRAFÍA

Abril Larraínzar, M.ª del P.: *Información, consulta y negociación en el despido colectivo,* Aranzadi, 2016.

Alfonso Mellado, C. L.: *Extinción del contrato de trabajo,* Tirant lo Blanch, 2018.

Arias Domínguez, Á.: *Tres años de reforma del despido colectivo, ¿ha conseguido su propósito el legislador?,* Dykinson, Madrid, últ. edición.

Blasco Pellicer, Á.: *La forma y el procedimiento de despido,* Tirant lo Blanch, 2018.

— *La extinción del contrato de trabajo en la reforma laboral de 2012,* Tirant lo Blanch, Valencia, 2013, últ. edición.

Bodas Martín, R.: *Sentencias del despido colectivo y conflicto colectivo: individualización y ejecución colectiva,* Francis Lefebvre, 2017.

---

[85] Sentencia Tribunal Superior de Justicia de Cataluña (Sala de lo Social), de 16 de diciembre de 2016, rec. 6037/2016, que entiende que no cabe apreciar la existencia de fuerza mayor en el precintado del centro de trabajo por orden judicial, por lo que el despido colectivo es nulo por no seguirse el procedimiento establecido para su tramitación.

[86] Sentencia Tribunal Superior de Justicia de Madrid (Sala de lo Social), de 16 de julio de 2015, rec. 133/2015, que declara la extinción del contrato por fuerza mayor, al tratarse de puesto de trabajo afectado por la guerra en Siria, en la sede del Instituto Cervantes cerrada por el conflicto. Es de aplicación la Ley del Trabajo 7/2010 de la República Árabe de Siria. Se discute también en la Sentencia si la situación de fuerza mayor es sobrevenida o existía en el momento de la ubicación del trabajador en aquel destino.

BORRAJO DACRUZ, E.: *Introducción al derecho del Trabajo,* Tecnos, Madrid, 2014, 23.ª ed.

CABEZA PEREIRO, J.: «El despido tácito», *REDT,* núm. 64, 1994.

CEBRIÁN CARRILLO, A.: «La prescripción de las faltas laborales», *Estudios sobre el despido disciplinario,* VV.AA., ACARL, Madrid, 1992, 2.ª ed.

— *Memento práctico Francis Lefebvre sobre «administradores y directivos 2002-2003»,* VV.AA., Madrid, 2001.

CRUZ VILLALÓN, J.: *Compendio de Derecho del Trabajo* (también en *e-book*), Tecnos, Madrid, 2024, 17.ª ed.

DE CASTRO MARÍN, E.: *Despido Colectivo «de Hecho». Aspectos controvertidos en la aplicación práctica del artículo 51.1 ET.* Aranzadi, 2018.

DEL REY GUANTER, S.: *Estatuto de los Trabajadores,* Wolters Kluwer, 2022, 4.ª ed.

DEL VALLE VILLAR, J. M.: *La extinción del contrato de trabajo por causas económicas, técnicas, organizativas y de producción,* ACARL, Madrid, 1996.

DESDENTADO BONETE, A. y DESDENTADO DAROCA, E.: *Grupos de empresas y despidos económicos,* Lex Nova, Madrid, 2014, 1.ª ed.

DESDENTADO DAROCA, E.: *El finiquito. Reconocimiento del pago, transacción y renuncia,* Lex-Nova, 2015.

DURÁN LOPEZ, F. y SÁEZ LARA, C.: «Modalidades procesales extintivas», *Lecciones de jurisdicción social,* Tirant lo Blanch, 2016, 2.ª ed.

ERCILLA GARCÍA, J.: *La robotización como «causa técnica» de despido objetivo.* Aranzadi, 2020.

FALGUERA BARÓ, M. A.: *La causalidad y su prueba en los despidos económicos, técnicos, organizativos y productivos tras la reforma laboral,* Bomarzo, Granada, 2013, 1.ª ed.

FERNÁNDEZ DOMÍNGUEZ, J. J.: *Tratado del Despido.* La Ley, 2019.

GARCÍA LÓPEZ, R.: «Extinción del contrato del empleado de hogar, desistimiento, despido y fuerza mayor», *Actualidad Laboral,* núm. 30, 1987.

GARCÍA MURCIA, J.: «Sobre el concepto jurisprudencial de despido y sus consecuencias procesales», *REDT,* núm. 52, 1992.

GARCÍA SILVERO, E. A.: *La extinción de la relación laboral de los deportistas profesionales,* Aranzadi, Navarra, 2008.

GIL PLANA, J.: *El despido de la trabajadora embarazada,* Civitas Thomson Reuters, 2011.

GÓMEZ SALADO, M. Á.: *El absentismo laboral como causa del despido objetivo. Puntos críticos en la redacción del artículo 52.d) del Estatuto de los Trabajadores.* Comares, 2020.

GORELLI HERNÁNDEZ, J.: «Extinción del contrato de trabajo (I): por incumplimiento y por voluntad del trabajador», *Práctica de Derecho del Trabajo,* cap. XXII, Delta, 2016.

— «Extinción del contrato de trabajo (II): por imposibilidad sobrevenida de cumplimiento», *Práctica de Derecho del Trabajo,* cap. XXIII, Delta, 2016.

LÓPEZ JIMÉNEZ. J. M.: *La extinción voluntaria del contrato de trabajo a instancias del trabajador.* Dykinson Libros, 2020.

MARTÍN VALVERDE; A., RODRÍGUEZ-SAÑUDO GUTIÉRREZ. F. y GARCÍA MURCIA, J.: *Derecho del Trabajo* (también en *e-book*), Tecnos, Madrid, 2021, 30.ª ed.

MARTÍNEZ ABASCAL, V. A. y HERRERO MARTÍN, J. B.: *Curso de Derecho del Trabajo,* Tecnos, Madrid, 2013, 2.ª ed.

MARTÍNEZ-GIJÓN MACHUCA, M. Á.: *La extinción del contrato por enfermedad/discapacidad del trabajador,* Bomarzo, 2018.

MARTÍNEZ MORENO, C.: *La extinción del contrato de alta dirección,* Tirant lo Blanch, Valencia, 1995.

MERCADER UGUINA, J. y DE LA PUEBLA PINILLA, A.: *Los procedimientos de despido colectivo, suspensión de contratos y reducción de jornada,* Tirant lo Blanch, Valencia, 2013.

MOLERO MANGLANO, C.: *Extinción del contrato de abogados de despacho,* Tirant lo Blanch, 2017.

— *El contrato de alta dirección,* Thomson Civitas, 2011, 3.ª ed.

MONEREO PÉREZ, J. L.: *Las Consecuencias Jurídicas del Despido: Procedencia, Improcedencia y Nulidad.* Ediciones Laborum, S.L., 2019.
— *Despido objetivo por ineptitud e incapacidades laborales. Estudio técnico y jurídico-crítico de su régimen jurídico,* Bomarzo, 2017.
— *La carga de la prueba en los despidos lesivos de derechos fundamentales,* Tirant lo Blanch, Valencia, 2012.
MONTOYA MEDINA, D.: *La extinción del contrato de trabajo del alto directivo.* Thomson/Aranzadi, Navarra, 2008.
MONTOYA MELGAR, A.: *Derecho del Trabajo*, Madrid, Tecnos, 2024, 45.ª ed.
— *Derecho Laboral Concursal,* Thomson Reuters/Civitas, 2013.
MORÓN PRIETO, R.: *Guía sobre los despidos colectivos y las suspensiones de contrato y reducciones de jornada. 100 preguntas sobre reestructuración de plantillas.* El Derecho, Madrid, 2013, 1.ª ed.
MULAS GARCÍA, A.: «Sobre la Directiva CEE de 17.2.75, relativa a los despidos colectivos», *Documentación Laboral,* núm. 13, 1984.
MURCIA CLAVERÍA, A.: *El Despido en España tras la Reforma Laboral (2012-2014). Manual.* Francis Lefebvre, 2018.
NÚÑEZ-CORTÉS CONTRERAS, P. y MARCOS HERRERO, J. A.: «Extinción del contrato de trabajo (III): por incumplimiento grave y culpable del trabajador», *Práctica de Derecho del Trabajo*, cap. XXIV, Delta, 2016.
ORTEGA LOZANO, G. P.: *Poderes empresariales y resolución del contrato de trabajo por incumplimiento del trabajador (España e Italia).* Comares, 2020.
PÉREZ REY, J.: *El despido disciplinario*. Bomarzo, 2020.
— *El despido disciplinario,* Bomarzo, 2013.
POQUET CATALÁ, R.: *Análisis del despido objetivo en los momentos actuales,* Aranzadi, 2017.
QUIRÓS HIDALGO, J. G.: *La extinción del contrato laboral por voluntad unilateral del trabajador.* Eolas Ediciones, 2019, 1.ª ed.
RAMÍREZ MARTÍNEZ, J. M., ROMEO, C. y VIQUEIRA PÉREZ, C.: *La extinción del contrato de trabajo,* Tirant lo Blanch, 2016, 1.ª ed.
RINCÓN SÁNCHEZ, C.: *Despidos: una forma distinta y práctica de estudiarlos.* Centro de Estudios Financieros, 2019.
— *Despidos. Una forma distinta y práctica de estudiarlos*, Centro de Estudios Financieros, Madrid, 2018, 11.ª ed.
RODRÍGUEZ CARDO, I. A.: *La incapacidad temporal como causa de extinción del contrato del trabajo,* Aranzadi, 2017.
— *El cálculo de la indemnización por extinción del contrato de trabajo,* Tirant lo Blanch, 2017, 1.ª ed.
ROMERO SÁNCHEZ, I.: *El despido colectivo. Evolución normativa y régimen jurídico*, Comares, 2017.
SÁEZ LARA, C.: *Reestructuraciones Empresariales y Despidos Colectivos,* Tirant lo Blanch, Valencia, 2015, 1.ª ed.
SAGARDOY DE SIMÓN, Í. y GIL Y GIL, J. L.: *La protección contra el despido disciplinario,* Cinca, 2007.
SÁNCHEZ GARCÍA, S.: *El despido objetivo como forma de extinción del contrato de trabajo.* CISS, 2019.
SÁNCHEZ TRIGUEROS, C.: *Las Causas del Despido Disciplinario en la Jurisprudencia.* Aranzadi, 2018.
SAN MARTÍN MAZZUCCONI, C.: *El nuevo reglamento de los despidos colectivos: estudio del Real Decreto 1483/2012, de 29 de octubre*. Civitas, 2012.
SAN MARTÍN RODRÍGUEZ, J.: *Guía del despido objetivo por causas de empresa. Claves prácticas y jurisprudenciales,* Sepín, 2016.

Sempere Navarro, A. V.: «Resolución del vínculo laboral y período de prueba», *REDT*, núm. 6, 1981.

Taléns Visconti, E. E.: *El procedimiento de extinción causal del contrato por voluntad del trabajador: puntos críticos*, Bomarzo, 2016.

Todolí Signes, A.: *La extinción indemnizada del contrato por voluntad del trabajador: artículo 50 ET*, Tirant lo Blanch, 2017.

VV.AA.: *El despido disciplinario. Homenaje al profesor Juan Antonio Sagardoy* (coords. Gil y Gil, J. L. y Del Valle Villar, J. M.), Cinca, Madrid, 2009.

— *Nociones de Derecho del Trabajo (Manual para titulaciones no jurídicas)*, Serrano Argüello, N. (coord.), Serrano Argüello, N., Blanco Martín, J. M., Dueñas Herrero, L. J. y López Fernández, M., Tecnos, 1.ª ed, 2014.

— *Derecho del Trabajo y de la Seguridad Social para titulaciones no jurídicas* (también en *e-book*), Velasco Portero, M.ª T. (directora de obra), Miranda Boto, J. M.ª (director de obra), Álvarez del Cuvillo, A., Dans Álvarez de Sotomayor, L., Fotinopoulou Basurco, O., Maneiro Vázquez, Y., Menéndez Calvo, R., Menéndez Sebastián, P., Pastor Martínez, A., Pedrosa Alquézar, S. I., Rodríguez Sanz de Galdeano, B., Romero Sánchez, I., Saldaña Valderas, E. y Selma Penalva, A., Tecnos, Madrid, 2013, 3.ª ed.

— *Curso elemental de Derecho del Trabajo y la Seguridad Social*, Velasco Portero, M.ª T. (directora de obra), Miranda Boto, J. M.ª (director de obra), Álvarez del Cuvillo, A., Dans Álvarez de Sotomayor, L., Fotinopoulou Basurco, O., Maneiro Vázquez, Y., Menéndez Calvo, R., Menéndez Sebastián, P., Pastor Martínez, A., Pedrosa Alquézar, S. I., Del Pino Espejo, M.ª J., Rodríguez Sanz de Galdeano, B., Romero Sánchez, I., Saldaña Valderas, E., Selma Penalva, A. y Aguilar Martín, C., Tecnos, Madrid, 2017, 3.ª ed.

— *Materiales prácticos de Derecho del Trabajo* (también en *e-book*), Arias Domínguez, A. (director de obra), Ramos Moragues, F. (coord.), Solís Prieto, C. (coord.), Díaz Bernardo, L., Gutiérrez Pérez, M., Javato Ollero, M.ª J., Palomino Saurina, P., Rodríguez Muñoz, J. M., Rubio Sánchez, F., Ruiz Calderón, J. A., Ruiz González, C., Téllez Valle, V. y Viñuelas Zahinos, M.ª T., Tecnos, Madrid, 2017, 2.ª ed.

— «La reforma laboral de 2012 y su desarrollo», *Revista del Ministerio de Empleo y Seguridad Social*, número extraordinario, 2014.

— *La flexibilidad interna y los despidos colectivos en el sistema español de relaciones laborales*, Pumar Beltrán, N. (coord.), Huygens, 2015, 1.ª ed.

— *Memento experto despidos colectivos. La visión de los tribunales,* Francis Lefebvre, Madrid, 2013, 1.ª ed.

— *Memento práctico despido 2022-2023. Y otras formas de extinción del contrato de trabajo,* Francis Lefebvre, Madrid, 2021, 1.ª ed.

— *La llamada fase individual del despido colectivo*, Molero Manglano, C. (coord.), Tirant lo Blanch, Valencia, 2015, 1.ª ed.

— *Modalidades de extinción del contrato de trabajo. Análisis de su régimen jurídico,* González de Patto, R. M. (coord.), Monereo Pérez, J. L. (dir.) y Triguero Martínez, L. Á. (coord.), Comares, Granada, 2014, 1.ª ed.

— *Cuestiones actuales del Derecho del Trabajo. Un estudio desde las dos orillas,* Charro Baena, P. y Espinoza Escobar, J. H. (dir.), Universidad Rey Juan Carlos, Dykinson, Madrid, 2014.

— *Extinción del contrato laboral por voluntad de trabajador.* Biblioteca digital. Colex, 2019, 1.ª ed.

TEMA 13

SINDICATOS Y ASOCIACIONES EMPRESARIALES

MARÍA CONCEPCIÓN ARRUGA SEGURA
Profesora Titular de Derecho del Trabajo y de la Seguridad Social.
Universidad de La Rioja

OBJETIVOS DE APRENDIZAJE

1. Comprender qué significa el derecho de libertad sindical, su especial protección y a quiénes se excluye de este derecho.
2. Conocer de manera resumida el papel de los sindicatos en España y su régimen jurídico, con especial referencia a la denominada mayor representatividad sindical.
3. Conocer sucintamente la regulación de las asociaciones de empresarios o patronales.

1. EL SINDICATO

El reconocimiento por parte del Estado del sindicato, como movimiento asociativo para la defensa de los intereses de los trabajadores y expresión de la libertad sindical, es relativamente reciente. Las etapas por las que transita el movimiento sindical desde sus orígenes (nacimiento espontáneo como reacción a unas precarias condiciones de trabajo, prohibición, tolerancia, y finalmente, reconocimiento jurídico) vienen marcadas por una numerosa serie de acontecimientos histórico-políticos internacionales tras la primera gran guerra.

Haciendo una rápida mención cronológica, se producen durante el siglo XX distintos hitos decisivos dirigidos al reconocimiento de la libertad sindical. El primero de ellos se encuentra en el nacimiento de la Organización Internacional del Trabajo (OIT) en 1919, con el Tratado de Paz de Versalles. En su Parte XIII se incluye la afirmación del principio de la libertad sindical.

Seguidamente, en el seno de la OIT se aprueba en 1948 el Convenio núm. 87 de la OIT, sobre libertad sindical y protección del derecho de sindicación y el Convenio núm. 98, sobre derechos de sindicación y de negociación colectiva[1].

Junto a ello, la aprobación de la Declaración Universal de los Derechos del Hombre de las Naciones Unidas, de 10 de diciembre de 1948, reconoce su artículo 23.4 el derecho de toda persona a fundar con otros sindicatos y el de afiliarse a estos para la defensa de sus intereses.

Ya en el ámbito del Consejo de Europa es cita obligada la Convención Europea para la salvaguarda de los Derechos del Hombre y de las Libertades Fundamentales, de 1950, en la que en su artículo 11 se reconoce el derecho a la libertad de reunión pacífica de toda persona y a la libertad de asociación, lo que incluye el «*derecho de fundar con otros sindicatos y adherirse a ellos para la defensa de sus intereses*». Adicionalmente, también se reconoce el derecho a la libertad sindical en la Carta Social Europea de 1961 (art. 5, derecho de sindicación), en el Pacto internacional de Derechos Civiles y Políticos de 1966, cuyo artículo 2 reconoce el derecho de toda persona a «*fundar sindicatos y afiliarse a ellos para la protección de sus intereses*», a lo que se añade que «*el ejercicio de este derecho sólo puede estar sujeto a la restricciones previstas por la ley que sean necesarias en una sociedad democrática en interés de la Seguridad Nacional de la Seguridad pública o del orden público, para proteger la salud o la moral públicas o los derechos y libertades de los demás*»; o en el Pacto Internacional de Derechos Económicos, Sociales y Culturales de 1966. Sobre estos pilares del derecho internacional, el reconocimiento de la libertad sindical se ha incorporado progresivamente en los distintos textos constitucionales en el continente europeo.

En España, el primer antecedente de reconocimiento de la libertad sindical se encuentra en la Constitución republicana de 1931. Reconocimiento que se interrumpe desde la Guerra Civil hasta la aprobación en la

---

[1] El Convenio núm. 87 de la OIT, relativo a la libertad sindical y a la protección del derecho de sindicación reconoce a trabajadores y empleadores, sin ninguna distinción y sin autorización previa «*el derecho de constituir las organizaciones que estimen convenientes, así como el de afiliarse a estas organizaciones, con la sola condición de observar los estatutos de las mismas*». Lo que se complementa con el derecho de las organizaciones de trabajadores y de empleadores «*de redactar sus estatutos y reglamentos administrativos, el de elegir libremente sus representantes, el de organizar su administración y sus actividades y el de formular su programa de acción*» (arts. 2 y 3.1). Por su parte, el Convenio núm. 98 de la OIT relativo a la aplicación de los principios del derecho de sindicación y de negociación colectiva obliga a los Estados firmantes a impulsar «*medidas adecuadas a las condiciones nacionales, cuando ello sea necesario, para estimular y fomentar entre los empleadores y las organizaciones de empleadores, por una parte, y las organizaciones de trabajadores, por otra, el pleno desarrollo y uso de procedimientos de negociación voluntaria, con objeto de reglamentar, por medio de contratos colectivos, las condiciones de empleo*» (art. 5).

etapa de la transición de la Ley 19/1977, de 1 de abril, sobre regulación del derecho de asociación sindical (en adelante, LAS). Este nuevo escenario político facilitó la ratificación por España de los citados Convenios de la OIT núms. 87 y 98, por instrumento de 13 de abril de 1977. Su reconocimiento se consolida mediante la aprobación de la Constitución Española de 1978, en la que se consagra, con rango de derecho fundamental, el derecho a la libertad sindical.

De tal manera, el marco constitucional pasa a reconocer un relevante papel institucional a los sindicatos y organizaciones empresariales (art. 7 CE) en una singular ubicación estratégica, junto al reconocimiento de los partidos políticos (art. 6 CE) y de las Fuerzas armadas (art. 8 CE), además de elevar la libertad sindical al rango de derecho fundamental, con su especial protección (art. 28.1 CE). Derecho fundamental que, al ser materia reservada a su regulación por ley orgánica conforme a lo dispuesto en el artículo 81 CE, fue desarrollado por la Ley Orgánica 11/1985, de 2 de agosto, de Libertad Sindical (LOLS).

Este reconocimiento se complementa con el Derecho constitutivo y derivado de la Unión Europea. De un lado, se reconoce en el artículo 12 de la Carta de los Derechos Fundamentales de la UE el derecho de toda persona a «*la libertad de reunión pacífica y a la libertad de asociación en todos los niveles, especialmente en los ámbitos político, sindical y cívico, lo que supone el derecho de toda persona a fundar con otros sindicatos y a afiliarse a los mismos para la defensa de sus intereses*». Y de otro, el artículo 156 del Tratado de Funcionamiento de la Unión Europea (TFUE) atribuye a la Comisión Europea la competencia para fomentar y facilitar la colaboración y la coordinación entre los Estados miembros «*particularmente en las materias relacionadas con: el derecho de sindicación y las negociaciones colectivas entre empresarios y trabajadores*».

2. LA LIBERTAD SINDICAL

El artículo 28 CE tras reconocer que: «*Todos tienen derecho a sindicarse libremente*». Continúa afirmando que «*la ley podrá limitar o exceptuar el ejercicio de este derecho a las Fuerzas o Institutos armados o a los demás Cuerpos sometidos a disciplina militar y regulará las peculiaridades de su ejercicio para los funcionarios públicos*». Junto a ello, establece que la libertad sindical comprende: *a*) el derecho a fundar sindicatos; *b*) el derecho y la libertad de afiliarse a cualquier sindicato, con la prohibición expresa de obligar a alguien a afiliarse a un sindicato; y *c*) el derecho de los sindicatos a formar federaciones, confederaciones y a fundar organizaciones sindicales internacionales o a afiliarse a ellas.

El desarrollo de este derecho constitucional fundamental se ha llevado a cabo mediante la LOLS, cuyo contenido se estructura en quince artículos ordenados en cinco Títulos: *a*) el Título I, referido a la libertad sindical; *b*) el Título II, sobre el régimen jurídico sindical; *c*) el Título III, relativo a la representatividad sindical; *d*) el Título IV centrado en la acción sindical; y *e*) el Título V desarrolla la tutela de la libertad sindical y represión de las conductas antisindicales. A este contenido se añaden cinco disposiciones adicionales, una disposición derogatoria y tres disposiciones finales.

La concreción del contenido del derecho se establece en el artículo 2 LOLS, que incorpora una relación, no exhaustiva, de los derechos y libertades que integran la libertad sindical: «*a) El derecho a fundar sindicatos sin autorización previa, así como el derecho a suspenderlos o a extinguirlos, por procedimientos democráticos; b) El derecho del trabajador a afiliarse al sindicato de su elección con la sola condición de observar los estatutos del mismo o a separarse del que estuviese afiliado, no pudiendo nadie ser obligado a afiliarse a un sindicato; c) El derecho de los afiliados a elegir libremente a sus representantes dentro de cada sindicato; d) El derecho a la actividad sindical*».

Por su parte, las organizaciones sindicales tienen reconocido en el ejercicio de la libertad sindical, el derecho de: *a*) redactar sus estatutos y reglamento interno, organizar su administración interna y sus actividades y formular su programa de acción; *b*) Constituir federaciones, confederaciones y organizaciones internacionales, así como afiliarse a ellas y retirarse de las mismas; *c*) no ser suspendidas ni disueltas sino mediante resolución firme de la Autoridad Judicial, fundada en incumplimiento grave de las Leyes; *d*) ejercer la actividad sindical en la empresa o fuera de ella, que comprenderá, en todo caso, el derecho a la negociación colectiva, al ejercicio del derecho de huelga, al planteamiento de conflictos individuales y colectivos y a la presentación de candidaturas para la elección de comités de empresa y delegados de personal, y de los correspondientes órganos de las administraciones públicas, en los términos previstos en las normas correspondientes.

Con fundamento en ésta relación ejemplificativa de derechos, la doctrina constitucional clasifica el contenido de la libertad sindical en un contenido esencial y un contenido adicional, como se pasa a detallar.

2.1 Contenido esencial y contenido adicional

Contenido esencial. El contenido esencial de la libertad sindical está conformado por derechos de titularidad individual y colectiva, cuyo ejercicio será en ocasiones individual (afiliación y baja) o colectivo (constitución, aprobación de estatutos, expulsión de afiliados, planteamiento de conflictos colectivos, etc.).

Entre los derechos de titularidad individual, se encuentra la libertad de afiliación sindical, de titularidad y ejercicio individual, así como la libertad de constitución de organizaciones sindicales, de titularidad individual, pero de ejercicio colectivo.

Las organizaciones sindicales que puedan constituirse, al igual que las organizaciones empresariales, tienen por objeto contribuir a la defensa y promoción de los intereses económicos y sociales que les son propios, siendo libre su creación, así como el ejercicio de su actividad dentro del respeto a la Constitución y a la ley (art. 7 CE). Así, el principio de legalidad y de respeto a la Constitución constituyen los pilares esenciales para conformar una asociación permanente de trabajadores, como plataforma para la defensa y promoción de sus intereses y la mejora de sus condiciones de vida y de trabajo (la promoción colectiva de sus intereses).

Por su parte, entre los derechos de titularidad y ejercicio colectivo, se incluye: *a*) la libertad de organización interna y reglamentación, dentro de los límites establecidos en el artículo 7 CE «*su estructura interna y funcionamiento deberán ser democráticos*»; *b*) derecho de representación en la empresa; *c*) derecho de gestión; *d*) derecho de disolución o de suspensión; *e*) derecho de federación y confederación; *f*) derecho a la negociación colectiva; o *g*) derecho de adopción de medidas de presión.

Contenido adicional. Junto al contenido esencial, existe un contenido adicional que el artículo 6.3 LOLS reserva a aquellos sindicatos que acrediten una especial representatividad y consiste en: *a*) ostentar representación para la participación institucional ante las administraciones públicas, entidades y organismos públicos (estatales, autonómicos o internacionales) que la tenga prevista[2]; *b*) la negociación colectiva, en los términos previstos en el ET; *c*) participar en los procedimientos de consulta o negociación para la determinación de las condiciones de trabajo en las ad-

---

[2] La participación institucional de los interlocutores sociales se encuentra profundamente arraigada en todas las instituciones europeas, nacionales, autonómicas y locales. Sin ánimo de ser exhaustivo, ejemplos de la participación de representantes de las organizaciones sindicales y empresariales se encuentran en órganos supranacionales como la OIT, el Consejo Económico y Social europeo, español (y autonómicos), así como numerosos comités consultivos europeos (Comité del Fondo Social Europeo); Nacionales, como la Comisión Nacional de Convenios Colectivos Consejos, Comisión Consultiva Nacional de Seguridad y Salud en el trabajo, entidades gestoras de la Seguridad Social, Fondo de Garantías Salarial; o autonómicos como los Consejos de Relaciones Laborales, de Consejos de Seguridad y Salud en el Trabajo, o del Trabajo Autónomo; o los Consejos Sociales de las universidades.

ministraciones públicas; *d*) participar en los sistemas autónomos (extrajudiciales) de solución de conflictos de trabajo; *e*) legitimación para promover elecciones a representantes de los trabajadores (delegados de personal y comités de empresa) y órganos de representación en las administraciones públicas[3]; *f*) obtener cesiones temporales del uso de inmuebles patrimoniales públicos en los términos que se establezcan legalmente; o según se determina en una cláusula abierta; y *g*) cualquier otra función representativa que se establezca.

Finalmente, conviene aquí mencionar expresamente la relevancia histórica que ha adquirido la concertación social en España a través del Diálogo Social, en determinadas reformas legislativas acordadas en ocasiones sólo entre el Gobierno y las organizaciones sindicales (Salario mínimo interprofesional) y otras veces con el consenso de todos ellos (RD-ley 32/2021, de 28 de diciembre, de medidas urgentes para la reforma laboral, la garantía de la estabilidad en el empleo y la transformación del mercado de trabajo).

2.2. Libertad sindical individual

Como se ha avanzado entre los derechos de titularidad individual se encuentra la libertad de afiliación (junto a la prohibición de afiliación obligatoria) y la libertad de constituir organizaciones sindicales.

Por lo que respecta a la libertad de afiliación, se atribuye al legislador (art. 28 CE) la posibilidad de que la ley que desarrolle el derecho «pueda» limitar o exceptuar de su ejercicio a las Fuerzas o Institutos armados o a los demás Cuerpos sometidos a disciplina militar, y encomienda al legislador la regulación de las «peculiaridades de su ejercicio» en el caso de los funcionarios públicos. Lo que aconseja un análisis del ámbito subjetivo de la libertad sindical, que integra consiste el derecho a afiliarse (o a no afiliarse) a un sindicato, así como el derecho a fundar sindicatos.

2.2.1. *Libertad de afiliación sindical*

En España el derecho a la libertad sindical está consagrado, como hemos dicho, en el artículo 28.1 CE reconociéndose, con carácter general a «todos»,

---

[3] Téngase en cuenta que el resultado de los procesos de elección a representantes de los trabajadores, además de determinar los titulares de los órganos de representación en el centro de trabajo, empresa o Administración Pública, permiten cuantificar la representatividad sindical.

sin perjuicio de la limitaciones y excepciones que se acuerden mediante ley. Con lo que la LOLS concreta inicialmente las exclusiones, limitaciones o singularidades en el ejercicio del derecho como se verá a continuación.

Se reconoce así la posibilidad de que cualquier trabajador, en condiciones de igualdad[4], ya sea por cuenta ajena, nacional o extranjero[5], autónomo o incluso jubilado[6] pueda afiliarse a un sindicato ya constituido. Afiliación sindical que en ningún caso podrá ser objeto de discriminación en el acceso al empleo o durante la vida laboral considerándose nulos y sin efecto «*los preceptos reglamentarios, las cláusulas de los convenios colectivos, los pactos individuales y las decisiones unilaterales del empresario que contengan o supongan cualquier tipo de discriminación en el empleo o en las condiciones de trabajo, sean favorables o adversas, por razón de la adhesión o no a un sindicato, a sus acuerdos o al ejercicio en general de actividades sindicales*» (art. 12 LOLS).

2.2.2. *Libertad de constitución de sindicatos*

El derecho a la constitución de sindicatos para la «*defensa y promoción de los intereses económicos y sociales que les son propios*» (art. 7 CE) es un derecho de titularidad individual y de ejercicio colectivo reconocido a los trabajadores por cuenta ajena[7].

Sin que se exija un número mínimo o máximo de trabajadores para promover la constitución de un sindicato, el ejercicio colectivo del derecho se acredita con la referencia a los «promotores» y a los «firmantes del acta de constitución» quienes manifestarán una declaración de voluntad expresada a través del «acta de constitución» del sindicato (art. 5 LOLS) y en los «estatutos del sindicato» (art. 4 LOLS).

Adquisición de personalidad jurídica. Un sindicato adquiere personalidad jurídica y capacidad de obrar transcurridos veinte días hábiles des-

---

[4] Artículo 3.1.*c*) de la Ley 15/2022, de 12 de julio, integral para la igualdad de trato y la no discriminación.

[5] Artículo 11.1 de la Ley Orgánica 4/2000, de 11 de enero, sobre derechos y libertades de los extranjeros en España y su integración social.

[6] Artículos 3.1 LOLS y 19.1 de la Ley 20/2007, de 11 de julio, del Estatuto del trabajo autónomo.

[7] La Disposición Adicional 3.ª de la LOLS ha sido interpretada restrictivamente por la jurisprudencia cuando el interés colectivo sindicalizable es ajeno a la bilateralidad de la relación laboral. Para los trabajadores autónomos el artículo 20 de la Ley 20/2007 determina que las asociaciones profesionales de trabajadores autónomos se constituirán y regirán por lo previsto en la Ley Orgánica 1/2002, de 22 de marzo, reguladora del Derecho de Asociación y sus normas de desarrollo.

de el depósito de los estatutos (art. 4.7 LOLS) por sus promotores. Este requisito formal se realiza ante la oficina pública de la autoridad laboral correspondiente, según su ámbito territorial de actuación (Dirección general del Ministerio o de la Comunidad Autónoma que tenga atribuidas las competencias en materia de trabajo). En este procedimiento se lleva a cabo un control de legalidad del proceso de constitución por la autoridad laboral (verificación reglada del cumplimiento con el contenido mínimo del art. 4.1 LOLS), de publicidad (art. 4.3 LOLS), así como la idoneidad para la actuación en el tráfico jurídico (art. 4.1 LOLS). Además, una vez constituido un sindicato, no podrá ser disuelto sino por resolución judicial firme.

Para el supuesto de que se dictase una resolución denegatoria del depósito, ésta podrá ser recurrida ante la jurisdicción social por el procedimiento específico previsto en la sección primera del Capítulo X de la Ley 36/2011, de 10 de octubre, reguladora de la jurisdicción social (LRJS), sobre Impugnación de la resolución administrativa que deniegue el depósito (arts. 167-172).

Además, se admite la posibilidad de impugnar ante la jurisdicción social los estatutos de un sindicato por el Ministerio Fiscal y quienes acrediten un interés directo, personal y legítimo (art. 173.1 LRJS) por el procedimiento de impugnación de estatutos sindicales previsto en la LRJS[8].

Estructura y funcionamiento interno. La Ley Orgánica 2/2024, de 1 de agosto, de representación paritaria y presencia equilibrada de mujeres y hombres, modifica la LOLS y se añade una nueva disposición adicional por la que se exige el nombramiento de los órganos de representación, gobierno y administración de los sindicatos «*atendiendo al principio de representación paritaria y presencia equilibrada entre mujeres y hombres*». De manera que las personas de cada sexo no habrán de superar el 60 por

[8] La STS 2252/2021, de 1 de junio de 2021 (rec. 29/2019) apuesta por una interpretación amplia de la libertad sindical en cuanto derecho fundamental (art. 28.1 CE). La Sala desaconseja realizar interpretaciones restrictivas y confirma la legalidad de los estatutos del sindicato de trabajadoras del sexo ORGANIZACIÓN DE TRABAJADORAS SEXUALES (OTRAS) negando que el sindicato persiga la asociación de personas que desarrollan una actividad contraria a derecho, y legaliza la prostitución, facultando que quienes incurren en una conducta penalmente perseguida obtienen una eximente. Así concluye el tribunal que dentro del ámbito de una relación laboral lícita: «*a) el ámbito funcional de los estatutos del Sindicato OTRAS es conforme a derecho; b) que las personas que desarrollan trabajos sexuales gozan del derecho fundamental a la libertad sindical, y tienen derecho a sindicarse; c) que dentro del ámbito funcional de los estatutos no tiene cabida la prostitución contraria a derecho; y d) que las mismas conclusiones son trasladables respecto de la asociación de quienes desarrollan trabajos de índole sexual por cuenta propia*».

100 ni representar menos del 40 por 100 (art. 13 de la Ley 2/2024), y en el caso de que el porcentaje de miembros del sexo menos representado no alcance el 40 por 100, habrá de proporcionarse «*una explicación motivada de las causas, así como de las medidas adoptadas para alcanzar ese porcentaje*».

2.3. Libertad sindical colectiva: la acción sindical

Como indica la STC 37/1983, de 13 de mayo: «*La libertad sindical implica la libertad para el ejercicio de la acción sindical, comprendiendo en ella todos los medios lícitos*». Así, la vertiente colectiva de la libertad sindical incluye facultades como: *a*) la libertad de organización interna y reglamentación (dentro del respeto al principio de legalidad y de estructura interna democrática y paritaria), así como el derecho de disolución, de suspensión, de federación y confederación; *b*) el derecho de representación en la empresa, lo que permite disponer de un doble canal de representantes (legal, conforme a lo previsto en el ET y sindical, *ex* art. 10 LOLS, como se verá en el Tema 14); *c*) el derecho de gestión interna y externa libres de injerencias de empresarios, organizaciones empresariales o de la administración, así como de formular su programa de acción; y *d*) al ejercicio de la actividad sindical en la empresa o fuera de ella.

Atendiendo a la perspectiva del impacto en las relaciones laborales, el núcleo esencial de la actividad sindical se centra en tres grandes líneas de acción que se analizarán en los siguientes temas: *a*) derecho a la negociación colectiva (Tema 15); *b*) el derecho a adoptar medidas de presión, siendo de especial protección el derecho de huelga; *c*) al planteamiento de conflictos individuales y colectivos (Tema 16) como herramienta esencial para la defensa de los intereses que le son propios a los sindicatos; y *d*) la presentación de candidaturas a los procesos de elección a representantes de los trabajadores y de los empleados públicos (Tema 14), entre los que se encuentran los comités de empresa (en centros de 50 o más trabajadores) o delegados de personal (en centros de hasta 49 trabajadores), así como candidatos a las elecciones en los correspondientes órganos de las administraciones públicas (delegados de personal y juntas de personal) en los términos previstos en el EBEP. Téngase en cuenta que en función del resultado obtenido en las elecciones a representantes se podrá medir el grado de implantación de cada sindicato, como se indica a continuación[9].

---

[9] Este aspecto resulta de vital trascendencia para la financiación de los sindicatos, ya que, junto a la cuota sindical de los afiliados, gran parte de las subvenciones se determinan conforme al número de representantes.

3. LA REPRESENTATIVIDAD DE LOS SINDICATOS

El reconocimiento de la representatividad a un sindicato confiere una singular posición jurídica respecto a otros sindicatos a efectos de participación institucional y de acción sindical (art. 6.1 LOLS). Esto permite seleccionar a los que serán válidos interlocutores tanto para las administraciones públicas como en el ámbito empresarial.

La determinación de la mayor o menor representatividad en España responde a un procedimiento legal que permite ordenar los distintos sindicatos constituidos, como resultado de la promoción del pluralismo sindical[10]. La fórmula utilizada para ello en la LOLS reside en medir la audiencia del sindicato como criterio legal para determinar ésta mayor representatividad. Atendiendo pues al nivel de audiencia es posible distinguir las siguientes categorías de sindicatos: *a*) sindicatos más representativos a nivel estatal; *b*) sindicatos más representativos a nivel de Comunidad Autónoma; *c*) sindicatos más representativos por irradiación; y *d*) sindicatos simplemente representativos.

Sindicatos más representativos a nivel estatal. Tienen la consideración de sindicatos más representativos a nivel estatal «*los que acrediten una especial audiencia, expresada en la obtención, en dicho ámbito del 10 por 100 o más del total de delegados de personal de los miembros de los comités de empresa y de los correspondientes órganos de las Administraciones Públicas*» [art. 6.2.*a*) LOLS]. A estos sindicatos la ley les atribuye capacidad representativa a todos los niveles territoriales y funcionales en las siguiente relación, no exhaustiva, de materias: *a*) representación institucional ante los órganos de las Administraciones Públicas que la tengan prevista[11]; *b*) negociación colectiva estatutaria (Tema 15), en los términos previstos en el ET y en el EBEP; *c*) participar en los sistemas no jurisdiccionales de solución de conflictos de trabajo; *d*) promoción de elecciones a representantes en la empresa y en órganos correspondientes de las Admi-

---

[10] Como se determina en la STC 65/1982, de 10 de diciembre, los criterios para decidir la mayor representatividad corresponden al derecho interno, lo que no implica que cualquier criterio sea lícito, porque, «*como ocurre siempre que está en juego el principio de igualdad, "el criterio tiene que ser de carácter objetivo o fundarse en elementos que no ofrezcan posibilidad de parcialidad o abuso" (informe 36, caso núm. 190, párrafo 195 del Comité de Libertad Sindical del Consejo de Administración de la OIT)*» (FJ 3.º).

[11] Entre otros, los órganos consultivos previstos en la Ley 3/2023, de 28 de febrero, de Empleo; en la Ley 31/1995, de 8 de noviembre, de prevención de Riesgos Laborales, como la Fundación Estatal para la Prevención de Riesgos Laborales o la Comisión Nacional de Seguridad y Salud en el Trabajo, el Consejo Económico y Social del Estado o de las Comunidades Autónomas, consejos consultivos de relaciones laborales, o en materia de prevención de riesgos.

nistraciones Públicas (Tema 14); *e*) cesión temporal del uso de inmuebles patrimoniales públicos.

Sindicatos más representativos a nivel de Comunidad Autónoma. Ostentan ésta consideración los sindicatos que en dicho ámbito territorial acrediten «*una especial audiencia expresada en la obtención de, al menos, el 15 por 100 de los delegados de personal y de los representantes de los trabajadores en los comités de empresa, y en los órganos correspondientes de las Administraciones Públicas, siempre que cuenten con un mínimo de 1.500 representantes y no estén federados o confederados con organizaciones sindicales de ámbito estatal*» [art 7.1.*a*) LOLS].

Sindicatos, más representativos por irradiación. Se trata de los sindicatos o entes sindicales, afiliados, federados o confederados a una organización sindical de ámbito estatal o de ámbito de Comunidad Autónoma, que tenga la consideración de más representativa [arts. 6.2.*b*) y 7.2.*b*) LOLS].

Sindicatos simplemente representativos o representativos para ámbitos concretos. Son aquellos que no tienen la consideración de «más representativo», pero que «en un ámbito territorial y funcional específico» han alcanzado «el 10 por 100 o más de delegados de personal y miembros de comité de empresa y de los correspondientes órganos de las Administraciones Públicas» lo que les legitima para ejercitar, sólo en dicho ámbito funcional y territorial, determinadas funciones y facultades como la negociación colectiva; la participación en los procedimientos de consulta o negociación con las administraciones para la determinación de las condiciones de trabajo; la participación en los sistemas no jurisdiccionales de solución de conflictos de trabajo; o la promoción de elecciones a representantes legales de los trabajadores (art. 7.2 LOLS).

4. LIBERTAD SINDICAL DE LOS FUNCIONARIOS PÚBLICOS

Por mandato constitucional, las peculiaridades del derecho de sindicación de los empleados públicos han de regularse por ley. Su marco general, junto a la LOLS[12] se encuentra en el artículo 15 del Real Decreto Legislativo 5/2015, de 30 de octubre, por el que se aprueba el Texto Refundido de la ley del Estatuto Básico del Empleado Público (EBEP). Se

[12] El reconocimiento general de la libertad sindical de los funcionarios públicos se anuncia en el artículo 1.2 LOLS. Precepto que extiende el ámbito subjetivo de la ley a todos los trabajadores. Donde se considera, a efectos de lo dispuesto ésta ley, «*que son trabajadores «tanto aquellos que sean sujetos de una relación laboral como aquellos que lo sean de una relación de carácter administrativo o estatutario al servicio de las Administraciones Públicas*».

reconoce para este colectivo el derecho a la libertad sindical, a la negociación colectiva, a la participación en la determinación de las condiciones de trabajo, así como el derecho a la huelga, al planteamiento de conflictos colectivos, y el derecho de reunión. Ésta regla general encuentra sus excepciones, como se verá seguidamente, en aquel personal que conforme a lo dispuesto en el artículo 4 EBEP cuente con legislación específica propia. Tal es el caso de determinados cuerpos sometidos a disciplina militar, así como en el caso de Jueces, Magistrados y Fiscales.

Las excepciones a la norma general se encuentran en concretas limitaciones y exclusiones del derecho legalmente establecidas para determinados cuerpos de funcionarios: *a*) Jueces, Magistrados y Fiscales; *b*) miembros de las Fuerzas Armadas y de los Institutos Armados de carácter militar; *c*) cuerpos policiales de naturaleza civil y no militar a quienes se reconoce un derecho de asociación profesional, pero no de sindicación.

4.1. Exclusiones

Por lo que respecta a Jueces, Magistrados y Fiscales, se reconoce un derecho de asociación profesional y «*no podrán pertenecer a sindicato alguno mientras se hallen en activo*» (art. 127.1 CE). Este derecho de asociación profesional se enmarca en el artículo 401 de la Ley Orgánica 6/1985, de 1 de julio, del Poder Judicial y en el artículo 54 de la Ley 50/1981, de 30 de diciembre, por la que se regula el Estatuto Orgánico del Ministerio Fiscal.

Por su parte, como ya se ha avanzado, el legislador español ha optado por excluir a los miembros de las Fuerzas Armadas y de los Institutos Armados (Ejército y Guardia Civil) del ejercicio del derecho de libertad sindical, debido a su naturaleza militar[13]. Así, para estos colectivos será de aplicación lo dispuesto en el Título III de la Ley Orgánica 9/2011, de 27 de julio, de derechos y deberes de los miembros de las Fuerzas Armadas, sobre el ejercicio del derecho de asociación profesional.

La exclusión legal a la Guardia Civil del derecho a la constitución de sindicatos ha sido expresamente confirmada por el Tribunal Supremo[14]. En efecto, sus miembros tienen prohibida la pertenencia a partidos políticos o

[13] Artículos 1.3 LOLS y 15 de la Ley Orgánica 2/1986, de 13 de marzo, de Fuerzas y Cuerpos de Seguridad.

[14] La STS 3591/2016, de 22 de junio de 2016 (rec. 316/2014) confirma en casación la SAN 566/2015, de 11 de marzo de 2015, relativa a la exclusión de la libertad sindical a la Guardia Civil y la imposibilidad de invocar la interpretación del Tribunal Europeo de Derecho Humanos sobre el artículo 11 del TEDH, a la vista de la reserva expresa (A.2) realizada por el Estado Español sobre la aplicación del Convenio Europeo al tiempo de su ratificación «*España, de conformidad con el artículo 64 del Convenio, se reserva la apli-*

sindicatos, resultando de aplicación el Título VI de la Ley Orgánica 11/2007, de 22 de octubre, reguladora de los derechos y deberes de los miembros de la Guardia Civil en lo que respecta a su derecho de asociación.

4.2. Limitaciones

Adicionalmente a los colectivos anteriores, disponen de una regulación singular de la libertad sindical los miembros de la Policía Nacional[15], en su condición de Instituto Armado de naturaleza civil dependiente del Ministerio del Interior, las policías autonómicas y las policías locales. Estas instituciones, dada su naturaleza civil (y no militar) podrán constituir sindicatos profesionales y afiliarse a las mismas. La razón de este tratamiento se justifica en las especiales características que inciden en la función policial y la repercusión que sobre los derechos y libertades tienen sus actuaciones (art. 9 de la Ley Orgánica 2/1986, de 13 de marzo, de Fuerzas y Cuerpos de Seguridad).

Restricción de la actividad sindical en establecimientos militares. La Disposición Adicional 3.ª de la LOLS prohíbe la actividad sindical en el interior de los establecimientos militares. Su justificación se encuentra en el principio de neutralidad sindical de las Fuerzas Armadas y en la Defensa Nacional. Sin embargo, como se señala en la STC 101/1991, de 13 de mayo, el personal civil no funcionario dependiente de establecimientos militares que se encuentre sujeto a la Administración militar por una relación laboral no resulta afectado por ésta prohibición, ya que «*la restricción del derecho de libertad sindical que contiene la Disposición Adicional 3.ª de la LOLS tiene un alcance meramente locativo o geográfico que no impide el ejercicio del derecho a la actividad sindical que los trabajadores o sus sindicatos decidan realizar, en lugares distintos al interior de los establecimientos militares*».

5. CONTENIDO DEL DERECHO DE ASOCIACIÓN EMPRESARIAL

Para el ejercicio colectivo de la libertad sindical, los sindicatos precisan de un interlocutor válido al que dirigir sus demandas con el que negociar.

---

cación de: ... El artículo 11, en la medida en que fuere incompatible con los artículos 28 y 127 de la Constitución Española».

[15] Artículo 9 de la Ley Orgánica 2/1986, de 13 de marzo, de Fuerzas y Cuerpos de Seguridad.

Lo que se concreta en una organización empresarial. Por ello, de la misma manera que los trabajadores pueden afiliarse y constituir sindicatos, los empresarios pueden organizarse a través de asociaciones empresariales. Instituciones que se encargarán de defender y promover sus intereses económicos y sociales (art. 7 CE) con el mandato constitucional de que, de un lado, su creación y el ejercicio de su actividad, al igual que los sindicatos, sea libre dentro del respeto al principio de legalidad y la Constitución, y de otro, que su estructura interna y funcionamiento sean democráticos.

Marco normativo. Junto al artículo 7 CE, el marco normativo del derecho de asociación empresarial se encuentra regulado en el artículo 22 CE, la Ley 19/1977, de 1 de abril, sobre regulación del derecho de asociación sindical[16] y subsidiariamente por la Ley Orgánica 1/2002, de 22 de marzo, reguladora del derecho general de asociación[17].

Al marco normativo general del derecho de asociación se incorpora un nuevo mandato en la Ley Orgánica 2/2024, de 1 de agosto, de representación paritaria y presencia equilibrada de mujeres y hombres[18], para que los órganos de representación, gobierno y administración de las asociaciones empresariales que participen de la negociación colectiva laboral se nombren atendiendo al principio de representación paritaria y presencia equilibrada entre mujeres y hombres. Presencia paritaria y equilibrada, que se aplicará a partir del 30 de junio de 2028, y exigirá explicación motivada de las causas que lo justifican y, en su caso, medidas adoptadas para alcanzar ese porcentaje, cuando la presencia de miembros del sexo menos representado no alcance el 40 por 100.

Régimen jurídico. El proceso de constitución de una organización empresarial, al igual que ocurre con los sindicatos, requiere de la aprobación de unos estatutos y el acta de constitución para su posterior depósito ante la autoridad laboral competente (estatal o de Comunidad Autónoma) en función de su ámbito territorial de actuación. Los estatutos deberán contemplar un contenido mínimo que integrará su denominación, ámbito de actuación, órganos de representación, gobierno, recursos económicos y sistema de adhesión de sus miembros (art. 1 LAS).

---

[16] La Ley 19/1977, de asociación sindical, aplicable inicialmente a sindicatos y organizaciones empresariales, fue derogada por la Ley Orgánica 11/1985, de 2 de agosto, de Libertad sindical, aunque mantuvo su vigencia para las asociaciones profesionales y, en particular, a las asociaciones empresariales (Disp. Derog. de la LOLS).

[17] Sin perjuicio de su consideración como institución relevante del Estado de derecho, equivalente al sindicato, el TC ha excluido expresamente a las organizaciones empresariales del ámbito de la libertad sindical, para enmarcarlo en el genérico derecho de asociación.

[18] El Capítulo IX de la LO 2/2024 añade una nueva Disposición Adicional al ET.

El derecho de asociación empresarial incluye el derecho de todo empresario a afiliarse a la asociación de su elección, con la sola condición de observar sus estatutos, así como el derecho de toda asociación de federarse o confederarse[19] con otras organizaciones empresariales (arts. 2 y 4 LAS). A lo que se une el derecho de las asociaciones empresariales a desarrollar la actividad que les es propia, que se despliega en el plano socioeconómico (donde ocupa un lugar destacado la negociación colectiva) y en el plano socio político (diálogo social, participación institucional).

Singularidades para el trabajo autónomo. Para el caso del trabajo autónomo, el artículo 19.1 de la Ley 20/2007, de 11 de julio, del Estatuto del trabajo autónomo (LETA) reconoce entre los derechos colectivos de estos trabajadores el derecho de afiliación a sindicatos o asociaciones empresariales, así como el derecho a fundar y afiliarse a asociaciones profesionales específicas de trabajadores autónomos. Asociaciones profesionales de trabajadores autónomos que conforme al artículo 20 LETA se constituirán y regirán por lo previsto en la Ley Orgánica 1/2002, de 22 de marzo, reguladora del Derecho de Asociación y sus normas de desarrollo, con las especialidades previstas para este colectivo en la LETA (art. 20 LETA).

Estas asociaciones profesionales, igualmente, habrán de inscribirse y depositar sus estatutos, en este caso en el registro especial correspondiente (distinto del de sindicatos y asociaciones empresariales *ex* art. 23 LETA), conforme a su ámbito territorial de actuación. Asociaciones que a su vez podrán constituir o integrarse en federaciones y confederaciones (art. 19 LETA).

Representatividad. La representatividad de las asociaciones, federaciones y confederaciones de empresarios es el criterio utilizado por el legislador español para medir y seleccionar aquellas organizaciones que vayan a disponer de una singular posición jurídica en determinados ámbitos como la participación institucional o la negociación colectiva. Así, la participación en órganos colegiados de la Administración Pública, órganos consultivos, o en la concertación social, se concreta en la norma que regule su participación.

Por lo que respecta a la negociación colectiva, como se desarrolla en el Tema 15, la legitimación de las organizaciones empresariales vendrá determinada por su representatividad en un determinado ámbito. Lo que implica poder acreditar la representación de, al menos, el 10 por 100 de los empresarios, y siempre que estos den ocupación a igual porcentaje de los trabajadores afectados en un determinado ámbito geográfico y fun-

[19] Se incluyen sistemas de asociación de primer grado (de empresa, de Industria, o de oficios varios), segundo grado (federaciones), y tercer grado (confederaciones).

cional, así como aquellas asociaciones empresariales que en dicho ámbito den ocupación al 15 por 100 de los trabajadores afectados [art. 87.3.*c*) ET][20].

6. PROTECCIÓN JURISDICCIONAL DE LA LIBERTAD SINDICAL

Para garantizar el pleno ejercicio del reconocimiento de la libertad sindical el ordenamiento jurídico ha añadido medidas de policía dirigidas a la protección, disuasión de conductas antisindicales y medidas sancionatorias en distintos ordenes (administrativo, social y penal).

Para ello, se establecen distintos niveles de tutela por el ordenamiento interno y el derecho internacional, así como en el ámbito administrativo y judicial. Se aludirá en primer lugar a los sistemas de tutela nacional y seguidamente a la tutela internacional.

6.1. TUTELA NACIONAL

Tutela administrativa de la libertad sindical. Existe un primer nivel de tutela de la libertad sindical en el ámbito administrativo recogida en el Real Decreto Legislativo 5/2000, de 4 de agosto, por el que se aprueba el texto refundido de la Ley sobre Infracciones y Sanciones en el Orden Social (LISOS)[21], cuyo control se atribuye a la Inspección de Trabajo. En último extremo, estas resoluciones administrativas podrán ser impugnadas ante la jurisdicción social [art. 2.2.*s*) LRJS].

Tutela judicial de la libertad sindical. La tutela judicial comprende dos ámbitos de control: el control de la jurisdicción ordinaria y el control constitucional. El control judicial ordinario se lleva a cabo generalmente ante la jurisdicción social. La LRJS incorpora una modalidad especial de tutela de los derechos fundamentales (arts. 177 a 184 LRJS), conforme al mandato del artículo 53 CE, sobre garantías de las libertades y derechos fundamentales, mediante un procedimiento basado en los principios de preferencia y sumariedad[22].

---

[20] Téngase en cuenta los tres requisitos de legitimación sobre los que se profundiza en el Tema 15 sobre negociación colectiva: inicial, plena y negociadora.

[21] Para infracciones graves o muy graves en materia de relaciones laborales individuales y colectivas, y en materia de derechos de información y consulta de los trabajadores en las empresas y grupos de empresas de dimensión comunitaria (arts. 7, 8 y 9 LISOS)

[22] La tramitación preferente de estos procesos se concreta en el artículo 179 LRJS, al establecer su «*carácter urgente a todos los efectos, siendo preferente respecto de todos los*

La prohibición de acumulación de acciones (art. 178.2 LRJS) limita en la práctica la utilización de ésta modalidad especial y obliga, en su caso, a tramitar la tutela de la libertad sindical a través de los correspondientes procedimientos específicos previstos (despido o extinción de la relación laboral, modificación sustancial de condiciones de trabajo, suspensión o reducción de jornada por causas organizativas, vacaciones, materia electoral, impugnación de actos sindicales, derechos de conciliación, impugnación de convenios colectivos o impugnación de sanciones).

Excepcionalmente, determinados comportamientos antisindicales podrían ser objeto de tutela ante la jurisdicción penal. Ésta modalidad, se encuentra reservada para los supuestos más graves de violación de la libertad sindical (art. 315.1 CP)[23].

Tutela constitucional de la libertad sindical: La tutela realizada por el máximo intérprete de la Constitución Española se lleva a cabo por el Tribunal Constitucional a través de diferentes cauces: *a*) el Recurso de Amparo, una vez finalizada la vía ordinaria (arts. 41 a 58 LOTC); *b*) mediante la petición de declaración de inconstitucionalidad, que podrá impulsarse mediante un recurso de inconstitucionalidad, o bien mediante una cuestión de inconstitucionalidad que podrían promover Jueces o Tribunales (art. 29 LOTC).

6.2. Tutela internacional de la libertad sindical

Finalmente, a nivel de tutela internacional destaca el papel desempeñado por dos grandes instituciones, la Organización Internacional del Trabajo y el Consejo de Europa.

Control de la OIT. En el ámbito del control llevado a cabo por la OIT, merece ser citada la importante doctrina interpretativa que emana de los órganos de control de tutela de la libertad sindical de la OIT, a los que pueden dirigir quejas y reclamaciones las organizaciones sindicales. Se trata del Comité de Libertad Sindical y de la Comisión de Investigación

---

que se sigan en el juzgado o tribunal» así como que los recursos «*se resolverán por el Tribunal con igual preferencia*». Por su parte, la sumariedad implica la limitación del objeto de conocimiento «*a la constatación de la existencia de la violación, alegada, sin posibilidad de acumular otras pretensiones*».

[23] Se podrá condenar, según el artículo 315.1 CP, a penas de prisión de seis meses a dos años o multa de seis a doce meses a quienes «*mediante engaño o abuso de situación de necesidad, impidieren o limitaren el ejercicio de la libertad sindical o el derecho de huelga*». Y si en ésta conducta mediase coacción la pena de prisión se eleva a una horquilla de entre un año y nueve meses hasta tres años o con la pena de multa de dieciocho meses a veinticuatro meses.

y de Conciliación en materia de libertad sindical, órganos de control encargados de verificar el cumplimiento del bloque normativo conformado por los distintos convenios internacionales y recomendaciones de la OIT en materia de libertad sindical por parte de los Estados.

Sistema de tutela del Consejo de Europa. Mientras que, para asegurar el respeto por parte de los Estados del derecho de toda persona «*a la libertad de reunión pacífica y a la libertad de asociación, incluido el derecho de fundar, con otras, sindicatos y de afiliarse a los mismos para la defensa de sus intereses*» [art. 11 del Convenio Europeo para la Protección de los Derechos Humanos y de las Libertades Fundamentales (CEDH)], el Tribunal Europeo de Derechos Humanos (TEDH) tiene atribuida la competencia de todos los asuntos relativos a la interpretación y aplicación del Convenio (art. 45 TEDH). Será este tribunal quien en última instancia determine si se ha producido alguna injerencia en la libertad sindical por parte de las autoridades de los Estados parte del Convenio.

7. BIBLIOGRAFÍA

Agra Viforcos, B. y Fernández Fernández, R.: *Introducción al derecho colectivo del trabajo. Derecho sindical*, Eolas, Madrid, 2017. 2.ª ed.

Alarcón Caracuel, M. R.: «El sindicato más representativo en la LOLS», *Revista de Trabajo*, núm. 73.

Albiol Montesinos, I.: «La representación sindical en la empresa», *Estudios ofrecidos al profesor Alonso Olea*, Madrid, 1990.

Alcaraz de la Torre, B., Gualda Alcalá, F. J., Gualda Alcalá, M. y Jávega Gil, B.: *Estudios de doctrina judicial V. Estudios sobre libertad sindical,* Bomarzo, Madrid, 2015, 1.ª ed.

Borrajo Dacruz, E.: *Las cuotas sindicales y su recaudación por la Empresa,* Madrid, 1981.

— *Introducción al Derecho del Trabajo. Concepto e historia del Derecho del Trabajo. La empresa. El sindicato. La administración laboral nacional e internacional. Las fuentes del Derecho del Trabajo. La aplicación del Derecho del Trabajo*, Tecnos, Madrid, 2014, 23.ª ed.

Cabeza Pereiro, J. y Fernández Docampo, B.: *Participación y acción sindical en la empresa*, Bomarzo, 2014, 1.ª ed.

Camps Ruiz, L. M. y otros: *Fundamentos de Derecho Sindical*, Madrid, 1977.

Casas Baamonde, M.ª E.: «Democracia, representatividad y afiliación sindical», *Estudios ofrecidos al profesor Alonso Olea*, Madrid, 1990.

De la Villa Gil, L. E.: *Materiales para el estudio del sindicato*, MTSS, Madrid, 1984, 2.ª ed.

Durán López, F.: «Sindicatos y crisis económica», *REDT*, núm. 8, 1981.

Durán López, F. y Sáez Lara, C.: «Libertad sindical y acción sindical en la empresa en la jurisprudencia del Tribunal Constitucional», *REDT*, núm. 52, 1992.

Escudero Rodríguez, R.: *La representatividad sindical en el modelo laboral español*, Madrid, Tecnos, 1990.

García Abellán, J.: *Curso de Derecho Sindical,* Universidad de Murcia, 1986, 2.ª ed.

García Becedas, G.: «Apuntes para un análisis de la libertad sindical en la Constitución Española», *Revista de Política Social*, núm. 124, 1979.

García Gómez, M. y otros: *Doctrina del Tribunal Europeo de Derechos Humanos,* Tirant lo Blanch, 2018, 1.ª ed.

García Murcia, J.: *Libertad sindical y otros derechos de acción colectiva de trabajadores y empresarios. 20 casos de jurisprudencia constitucional*, Aranzadi, Madrid, 2014, 1.ª ed.

García Ninet, I.: *Manual de Derecho Sindical*, Barcelona, 2017, 4.ª ed., Atelier.

García Perrote, I. y De la Villa Gil, L. E. (coord.): *Los sindicatos. Homenaje al profesor don Jaime Montalvo Correa con motivo de su jubilación*, Lex Nova, Madrid, 2014, 1.ª ed.

García Viña, J.: *Derecho sindical*, Juruá, 2014, 2.ª ed.

— «El sindicato más representativo en la LOLS y la Sentencia del TC 98/1985», *Actualidad Laboral*, núm. 10, 1986.

Ojeda Avilés, A.: *Derecho Sindical,* Madrid, Tecnos, 2003, 8.ª ed.

— *Compendio de Derecho Sindical*, Madrid, Tecnos, 2020, 4.ª ed.

Palomeque López, M. C.: *Derecho Sindical*, Madrid, CEF, 2020, 5.ª ed.

Sagardoy Bengoechea, J. A.: «El fenómeno de la sindicación en los tiempos actuales», *Revista de Política Social*, 1976, núm. 112.

Sala Franco, T: *Derecho Sindical,* Tirant lo Blanch, 2022, 4.ª ed.

TEMA 14

LA REPRESENTACIÓN DE LOS TRABAJADORES EN LA EMPRESA

ROCÍO MOLINA GONZÁLEZ-PUMARIEGA
Profesora de Derecho del Trabajo y de la Seguridad Social.
Universidad Rey Juan Carlos

OBJETIVOS DE APRENDIZAJE

1. Analizar el régimen jurídico de la representación de los trabajadores en la empresa.
2. Estudiar y diferenciar el régimen jurídico de la representación unitaria y la representación sindical en la empresa.
3. Conocer el régimen jurídico de la asamblea de trabajadores.

1. LA REPRESENTACIÓN DE LOS TRABAJADORES

Partiendo de lo dispuesto en nuestra Constitución, en concreto en su artículo 129.2 donde se establece que los poderes públicos deben realizar una promoción eficaz de las diversas formas de participación en la empresa, en nuestro Ordenamiento laboral se reconoce entre los derechos laborales básicos de los trabajadores, el derecho a participar en la empresa [art. 4.1.*g*) ET].

Asimismo, en el derecho de la Unión Europea, es un tema prioritario que se potencia en gran medida. Se recoge tanto en la Carta de los Derechos Fundamentales de la Unión Europea, en su artículo 27, como en el Tratado de Funcionamiento de la Unión Europea, artículo 153. Sin olvidar la multitud de Directivas que regulan los derechos de participación de los trabajadores en la empresa; entre otras, Directiva 94/45/CE del Consejo, de 22 de septiembre de 1994, sobre constitución de un comité de empresa europeo o de un procedimiento de información y consulta a los trabajadores en las empresas y grupos de empresas de dimensión comunitaria; Directiva 2001/23/CE del Consejo, de 12 de marzo de 2001, sobre la aproximación de las legislaciones de los Estados miembros relativas al mantenimiento de los derechos de los trabajadores en el caso de traspasos de empresas, de centros de actividad o de partes de empresas o de centros de actividad; Directiva 2002/14/CE del Parlamento Europeo y del Consejo, de 11 de marzo de 2002, por la que se establece un marco general relativo a la información y a la consulta de los trabajadores en la Comunidad Europea.

En nuestra legislación, con fundamento en el reconocimiento como derecho básico de los trabajadores el de su participación en la empresa, se reconoce que los trabajadores pueden ejercer tal derecho mediante sistemas diversos de participación: representación unitaria de los trabajadores, representación sindical de los trabajadores, asamblea de trabajadores. En concreto, en el ET, su Título II (arts. 61 al 81), se ocupa «De los derechos de representación colectiva y de reunión de los trabajadores en la empresa». Por su parte, la LOLS (arts. 8 al 10), recoge otro canal de participación de los trabajadores en la empresa, a través de los sindicatos. Podríamos afirmar que en el Ordenamiento jurídico español existe una doble vía de representación de los trabajadores en la empresa, sin olvidar, la posibilidad que los mismos tienen de reunirse en asamblea.

2. REPRESENTACIÓN UNITARIA

La representación unitaria o de personal en la empresa, es aquélla que representa a todos los trabajadores de la empresa, por el hecho de pertenecer a la misma, sin hacer diferenciación alguna porque sean temporales o fijos, a tiempo parcial o a tiempo completo.

Está constituida por órganos de representación del conjunto de los trabajadores de la empresa elegidos directamente por los mismos a través de un procedimiento electoral en el que más tarde nos detendremos. Son por tanto representantes unitarios y electivos de los trabajadores; siendo también órganos de representación necesarios. Su elección resulta obligatoria en los centros de más de diez trabajadores, y es facultativa, por acuerdo de los trabajadores, en los centros donde haya de seis a diez trabajadores. La obligatoriedad no significa que deben elegirse estos órganos. Debe hablarse pues de la posibilidad de elegir estos órganos, en función de los censos de los centros de trabajo.

Los representantes unitarios son en los términos de los artículos 61 ss. ET, los que ejercen el derecho de participación y de reivindicación.

Estos órganos unitarios son los delegados de personal y los comités de empresa.

2.1. Órganos de representación unitaria

Los delegados de personal son órganos unipersonales de representación de los trabajadores en empresas o centros de trabajo de menor número de trabajadores (desde diez hasta cuarenta y nueve trabajadores) (art. 62 ET). Su constitución también será posible a partir de que el centro de trabajo cuente con seis trabajadores y éstos así lo acuerden por mayoría[1].

El comité de empresa es el órgano representativo y colegiado del conjunto de los trabajadores en las empresas o centros de trabajo que ocupen cincuenta trabajadores o más (art. 63 ET).

Como vemos, el ámbito de constitución de los representantes es el centro de trabajo. Aunque en nuestra ley (arts. 62 y 63 ET) se habla de la «empresa o centro de trabajo» parece que al referirse a empresa es una empresa pequeña con un centro de trabajo único, por tanto; es decir, que siempre la referencia a los efectos que nos ocupan es el centro de trabajo, tanto en empresas pequeñas como en otras no tan pequeñas.

Como excepción a la regla general que señala al centro de trabajo como ámbito de constitución de los comités de empresa, el ET prevé la creación de un comité para varios centros de trabajo, en «la empresa que tenga en la misma provincia, o en municipios limítrofes, dos o más centros de trabajo, cuyos censos no alcancen los cincuenta trabajadores, pero que en su conjunto los sumen, se constituirá un Comité de Empresa conjunto» (art. 63.2 ET).

E incluso, el artículo 63.3 ET, establece la posibilidad de crear un comité intercentro, siempre que así se pacte en convenio colectivo, en aquellas empresas que por tener varios centros de trabajo con cincuenta o más trabajadores, constituyen varios comités. El intercentros se añade a éstos como representación global, y el número máximo de miembros que puede tener es trece, designados entre los distintos comités de centro. Sus funciones se determinarán expresamente en el convenio colectivo en el que se acuerde su creación.

2.2. Número de representantes unitarios

Tanto el número de delegados de personal como de miembros del comité de empresa depende del número de trabajadores que haya en la empresa, atendiendo a una escala legalmente prevista.

---

[1] No procede agrupar a varios centros de trabajo con menos de seis trabajadores para la elección de un único órgano de representación [Sentencia del Tribunal Supremo (Sala de lo Social), de 7 de febrero de 2012, rec. 114/2011, y Sentencia del Tribunal Supremo (Sala de lo Social), de 11 de febrero de 2015, rec. 2872/2013].

En cuanto al número de delegados de personal (art. 62.1 ET):

— En los centros de hasta treinta trabajadores se elige un delegado de personal.
— En los centros de treinta y uno a cuarenta y nueve trabajadores se eligen tres delegados de personal.

Respecto al número de miembros del comité de empresa (art. 66 ET) la escala es la siguiente:

— En los centros de cincuenta a cien trabajadores serán cinco los miembros del comité de empresa.
— Si son de ciento uno a doscientos cincuenta trabajadores, nueve.
— De doscientos cincuenta y uno a quinientos trabajadores, trece.
— De quinientos uno a setecientos cincuenta trabajadores, diecisiete.
— De setecientos cincuenta y uno a mil trabajadores, veintiuno.
— Y si son mil o más, se eligen dos miembros más por cada mil o fracción con el máximo de setenta y cinco.

Estas previsiones legales sobre el número de los representantes son indisponibles para la negociación colectiva.

2.3. Forma de actuar de los representantes y reglas de funcionamiento

Respecto a los delegados de personal hay que señalar que son órganos unipersonales, que ostentan individualmente la representación de los trabajadores y, por tanto, los derechos y competencias que les corresponden en la empresa. Los delegados de personal según señala la ley (art. 62.2 ET) «ejercerán mancomunadamente ante el empresario la representación para la que fueron elegidos».

Por su parte, el comité de empresa es el órgano de representación conjunta y colegiada de los trabajadores en el centro de trabajo. Es el titular de la representación de los trabajadores, y ello con carácter indivisible; es el comité y no sus miembros quien detenta los derechos y competencias que le corresponde en la empresa. Toman las decisiones por mayoría de sus miembros[2]. Así ejercitará por decisión mayoritaria de sus miembros

[2] *Vid.* Sentencia del Tribunal Supremo (Sala de lo Social), de 18 de noviembre de 2015, rec. 19/2015.

las acciones administrativas o judiciales en todo lo relativo al ámbito de sus competencias[3].

Los comités de empresa «elegirán de entre sus miembros un presidente y un secretario del comité» (art. 66.2 ET).

El presidente es, en principio, el órgano de relación externa del comité, y le corresponde someter las diferentes cuestiones a la decisión de los restantes miembros, de acuerdo con las normas internas de funcionamiento.

Tienen que elaborar un reglamento de procedimiento y no podrá contravenir lo dispuesto en la ley. Se remitirá copia de éste a la empresa y a la autoridad laboral, a efectos de registro (art. 66.2 ET).

En este reglamento se debe determinar el régimen de las reuniones, así como el régimen de ejercicio que como mínimo parece que exigiría el previo aviso y justificación al empresario (exigencias formales conectadas al crédito horario sindical) y su periodicidad. Según dispone el ET, «los comités deberán reunirse cada dos meses o siempre que lo solicite un tercio de sus miembros o un tercio de los trabajadores representados» (art. 66.2 ET).

2.4. Proceso electoral

Para elegir a los representantes de los trabajadores en las empresas se celebra periódicamente un proceso electoral. Éste consta de diferentes fases[4].

a) *Fase de iniciación del procedimiento o promoción de las elecciones y mandato electoral (art. 67 ET)*

Pueden promover las elecciones a delegados de personal y a miembros del comité de empresa, las organizaciones sindicales más representativas, las que cuenten con un 10 por 100 de representantes en la empresa o los trabajadores del centro por acuerdo de la mayoría.

---

[3] Los acuerdos adoptados por el comité y, en particular el acuerdo que se adopte para el ejercicio de acciones judiciales debe ser por decisión mayoritaria de todos sus miembros, lo que se refiere a la totalidad de todos ellos y no únicamente de los presentes en la reunión [Sentencia del Tribunal Supremo (Sala de lo Social), de 25 de febrero de 2015, rec. 36/2014, y Sentencia del Tribunal Supremo (Sala de lo Social), de 18 de noviembre de 2015, rec. 19/2015].

[4] Debe tenerse en cuenta también el RD 1844/94, de 9 de septiembre, por el que se aprueba el Reglamento de elecciones a órganos de representación de los trabajadores en la empresa (*BOE* de 13 de septiembre).

Las elecciones podrán promoverse: antes de la extinción del mandato de cuatro años, en concreto a partir de la fecha en que falten tres meses para el vencimiento del mandato; cuando se declare nulo el proceso electoral; cuando existan vacantes o a partir de seis meses desde que se inició la actividad del centro de trabajo. También podrán promoverse «elecciones parciales por dimisiones, revocaciones o ajustes de la representación por incremento de la plantilla» (art. 67.1 ET).

b) *Fase del preaviso de la celebración de elecciones*

Los promotores deberán comunicar su resolución o acuerdo de celebración de elecciones a la empresa y a la oficina pública dependiente de la autoridad laboral, así como la fecha de iniciación del proceso electoral, con una antelación mínima de un mes al inicio del proceso electoral.

c) *Constitución de la mesa electoral*

El siguiente paso en el proceso electoral consiste en la constitución de la mesa electoral.

Una vez comunicado a la empresa el propósito de celebrar elecciones, ésta, en el término de siete días, dará traslado a los trabajadores que deban constituir la mesa, así como a los representantes de los trabajadores (si los hay), poniéndolo simultáneamente en conocimiento de los promotores (art. 74.1 ET).

La mesa electoral la constituyen, un presidente que debe ser el trabajador de más antigüedad en la empresa y dos vocales que serán el elector de mayor edad y el de menor edad, actuando como secretario el de menor edad. Asimismo, se designarán suplentes siguiendo el mismo criterio.

Por otra parte, los componentes de la mesa no pueden ser candidatos.

A su vez, cada candidato o candidatura puede nombrar un interventor por mesa. También puede asistir a la votación y escrutinio un representante del empresario.

La mesa es el órgano encargado de velar por todo el proceso electoral (art. 74 ET), y en concreto se ocupa de:

— hacer público el censo electoral y la lista de electores y elegibles;
— determinar el número de representantes y la fecha tope de presentación de candidaturas;
— recibir y proclamar las candidaturas;
— determinar el número de representantes a elegir;
— señalar la fecha de votación;

— presidir la votación y realizar el escrutinio;
— levantar acta y resolver cualquier reclamación que se presente.

d) *Publicidad de la lista de electores*

El derecho de voto de los trabajadores se acredita por la inclusión en el censo y siempre que se justifique la identidad del elector.

Serán electores todos los trabajadores de la empresa o centro de trabajo mayores de dieciséis años y con una antigüedad en la empresa de al menos un mes. Los trabajadores extranjeros con estas condiciones también[5].

La lista la elaborará y publicará la mesa electoral, con los datos que le remita el empresario.

e) *Determinación del número de representantes a elegir*

La mesa fijará el número de representantes cuando se trate de elecciones a delegados de personal o bien el número de miembros del comité de empresa.

f) *Presentación de candidatos y proclamación de éstos*

Podrán presentar candidatos para las elecciones de delegados de personal y miembros del comité de empresa los sindicatos o coaliciones formadas por dos o más de ellos; también los trabajadores podrán presentarse siempre que avalen su candidatura con un número de firmas de electores de su mismo centro de trabajo de al menos tres veces el número de puestos a cubrir (art. 69.3 ET).

---

[5] Los trabajadores, mientras se encuentren en situación de suspensión del contrato de trabajo, mantienen sus derechos de sufragio activo, no así los que se encuentran en situación de excedencia, ya sea voluntaria o forzosa. No es elegible, en principio, el trabajador despedido, si bien es preciso tener presente que en el caso de que el despido se encuentre impugnado, «existiendo fundados indicios de que el acto extintivo empresarial encubre una finalidad antisindical», la exclusión de un candidato por tal causa podría ser lesiva de su derecho de libertad sindical (Sentencia del Tribunal Constitucional 44/2001, de 12 de febrero de 2001, rec. de amparo núm. 1345/1999).

Los prejubilados ya no tienen la condición de trabajadores y, en consecuencia, no pueden formar parte del censo electoral, tanto para ser electores como para ser elegidos. La prejubilación se revela como una modalidad de extinción contractual y no de una simple suspensión de la relación laboral [Sentencia del Tribunal Supremo (Sala de lo Social), de 1 de junio de 2004, rec. 128/2003, confirmando la dictada por la Sala de lo Social de la Audiencia Nacional, de 2 de junio de 2003, en el auto 36/2003].

Como dato importante para tener en cuenta hay que señalar que para ser elegibles los trabajadores deben tener dieciocho años cumplidos y una antigüedad en la empresa de al menos seis meses, aunque podría ser menos de seis meses (siempre mínimo tres) en aquellas actividades que por movilidad de personal así lo establezca el convenio colectivo (art. 69.2 ET).

Las candidaturas se presentarán durante los nueve días siguientes a la publicación de la lista definitiva de electores. La proclamación se hará en los dos días siguientes laborales, una vez concluido dicho plazo (art. 74.3 ET).

Entre la proclamación de candidatos y la votación mediarán al menos cinco días.

Estos plazos, cuando la elección es para un delegado de personal (centros hasta treinta trabajadores) se reducen muy considerablemente (art. 74.2 ET).

g) *Campaña electoral*

Desde el día de la proclamación hasta las cero horas del día anterior señalado para la votación, podrán realizar la propaganda electoral o acciones que consideren oportunas, siempre que no se altere la prestación normal del trabajo.

h) *El acto de votación*

El acto de votación se efectuará en el centro o lugar de trabajo y durante la jornada laboral, teniéndose en cuenta la norma que regulen el voto por correo.

El empresario debe facilitar «los medios precisos para el normal desarrollo de la votación y de todo el proceso electoral» (art. 75.1 ET).

El voto es libre, secreto, personal y directo.

i) *Escrutinio y atribución de resultados. Publicación y registro*

Tras la votación, la mesa procede públicamente al recuento de votos, levantando acta del resultado del escrutinio según modelo normalizado. «Acto seguido, las mesas electorales de una misma empresa o centro, en reunión conjunta, extenderán el acta del resultado global de la votación» (art. 75.4 ET).

El presidente de la mesa remitirá copias del acta de escrutinio al empresario y a los interventores de las candidaturas, así como a los representantes electos.

El resultado de la votación se publicará en los tablones de anuncios.

El original del acta se presentará en el plazo de tres días a la oficina pública dependiente de la autoridad laboral por el presidente de la mesa, que a su vez la publicará en sus tablones de anuncios, y pasados diez días de dicha publicación la registrará.

Todas las cuestiones derivadas del procedimiento electoral requieren haber agotado la reclamación por los interesados ante la mesa electoral. Las decisiones de ésta son impugnables por un procedimiento arbitral regulado en el artículo 76 ET y en los artículos 28 a 42 del citado Real Decreto 1844/1994, de 9 de septiembre, por el que se aprueba el Reglamento de elecciones a órganos de representación de los trabajadores en la empresa. El laudo dictado por los árbitros en materia electoral puede ser recurrido ante la jurisdicción social, artículos 127 a 132 LRJS.

2.5. Duración del mandato representativo

Según señala el artículo 67.3 ET la duración del mandato representativo será de cuatro años, aunque es posible su prórroga ya que cumplido dicho plazo, pueden permanecer «en funciones en el ejercicio de sus competencias y de sus garantías» en tanto no se promuevan y celebren nuevas elecciones. Aunque los representantes con mandato prorrogado no computarán a la hora de determinar a nivel de sector, autonómico o estatal, para medir la mayor representatividad del Sindicato en cuya candidatura resultaron elegidos (Disp. Adic. 4.ª LOLS)[6].

Asimismo, señalar que el mandato se extingue no sólo por el cumplimiento de dicho plazo o de su posible prórroga, sino también por abandono o dimisión del representante; por revocación por parte de los trabajadores que le eligieron, que deben hacerlo mediante asamblea convocada al efecto a instancia de un tercio, como mínimo, de los electores y por mayoría absoluta de éstos, mediante sufragio personal, libre, directo y secreto [esta revocación no podrá efectuarse durante la tramitación de un convenio colectivo, ni replantearse hasta transcurridos por lo menos seis meses (art. 67.3 ET)]; por fallecimiento, por la extinción del contrato; por el traslado definitivo a otro centro del representante y por la desaparición del centro de trabajo a resultas de procesos de transmisión de empresa (art. 44 ET).

Sin embargo, la pérdida de la condición de afiliado o el cambio de afiliación no implica el cese.

---

6 *Vid.* al respecto el epígrafe 6 del Tema 13.

2.6. COMPETENCIAS DE LOS REPRESENTANTES

Estas competencias, se encuentran reguladas en el artículo 64 ET, aunque no es una lista cerrada, existen otras competencias reconocidas en otros preceptos del ET y en otras normas laborales, sin olvidar que la negociación colectiva puede ampliarlas.

Son competencias que se reconocen indistintamente a los delegados de personal y a los miembros del comité de empresa (art. 62.2 ET).

A continuación, exponemos las mismas:

a) *Derecho de información*

La representación de los trabajadores tiene derecho a ser informada por el empresario sobre las cuestiones que puedan afectar a los trabajadores, también sobre la situación de la empresa y la evolución del empleo en ella.

La información la debe facilitar el empresario en principio.

Son muchas las materias sobre las que se debe informar a los representantes. El ET habla de información trimestral, anual o cuando proceda como consecuencia de una decisión empresarial.

Trimestralmente (art. 64.2 ET) deben ser informados sobre: la evolución general del sector económico a que pertenece la empresa; la situación económica de la empresa; la contratación laboral y la evolución probable del empleo (previsión de celebración de nuevos contratos, horas complementarias, subcontratación); de las estadísticas del índice de absentismo, accidentes de trabajo y enfermedades profesionales, siniestralidad, prevención.

De forma anual (art. 64.3 ET) se debe informar de la aplicación en la empresa del principio de igualdad de trato y oportunidades entre mujeres y hombres, medidas de fomento de la igualdad, aplicación del plan de igualdad si lo hubiera.

Y con la periodicidad que proceda, el derecho de información se tiene respecto a: 1) el balance, la cuenta de resultados, la memoria, y si la empresa revistiera la forma de sociedad, los documentos que se den a conocer a los socios; 2) los modelos de contratos de trabajo escrito así como los documentos relativos a la terminación de la relación laboral; 3) todas las sanciones impuestas a los trabajadores por faltas muy graves; 4) la copia básica de los contratos de trabajo celebrados por la empresa y la notificación de las prórrogas y de las denuncias correspondientes a los mismos (art. 64.4 ET); 5) la notificación de los contratos temporales celebrados en la empresa y la información sobre puestos vacantes permanentes en la misma (art. 15.7 ET); 6) asistencia a los registros personales de los trabajadores (art. 18 ET); 7) contratas y subcontratas de obras o servicios (art. 42.4 y 5 ET); 8) transmisión de empresa (art. 44 ET); 9) la movilidad funcional del trabajador a tareas inferiores o superiores (art. 39.2 ET); 10) la firma del recibo de finiquito (art. 49.2 ET); 11) despido objetivo por amortización de puesto de trabajo [art. 53.1.*c*) ET]; 12) puesta a disposición por la ETT (art. 9 LETT); 13) control de la contratación temporal (art. 10 RD 2720/1998 por el que se desarrolla el artículo 15 del Estatuto de los Trabajadores en materia de contratos de duración determinada); 14) horas extraordinarias realizadas (Disp. Adic. 3.ª del RD 1561/1995, sobre jornadas especiales de trabajo); 15) celebración y elementos esenciales de los contratos celebrados por la empresa con trabajadores autónomos económicamente dependientes (art. 7 del RD 197/2007 por el que se desarrolla el Estatuto del Trabajo Autónomo en materia de contrato del trabajador autónomo económicamente dependiente); 16) previo al derecho a ser consultados se prevé un informe por parte de la empresa de la situación y causas sobre los/as que se va a consultar (art. 64.1 ET); 17) los parámetros, reglas e instrucciones en los que se basan los algoritmos o sistemas de inteligencia artificial que afectan a la toma de decisiones que pueden incidir en las condiciones de trabajo, el acceso y mantenimiento del empleo, incluida la elaboración de perfiles [art. 64.4.*d*) ET]; 18) las medidas de actuación previstas con motivo de la activación de alertas por catástrofes y otros fenómenos meteorológicos adversos, sin perjuicio de los derechos de información, consulta y participación previstos en la Ley de Prevención de Riesgos Laborales. Todo ello a los efectos de la adopción de las respectivas medidas y decisiones, incluidas, entre otras, las previstas en el artículo 21 de la Ley 31/1995, de 8 de noviembre.

b) *Derecho de consulta*

Los representantes tienen derecho de consulta con la obligación por parte del empresario de abrir un período previo a tal efecto, de quince días mínimo.

Con carácter previo, como ya se ha señalado, el empresario debe procurar a los representantes la información necesaria relativa a la consulta a practicar.

Es una consulta de carácter obligatorio, pero no vinculante para el empresario.

El derecho a ser consultados es sobre las siguientes materias: la situación y estructura del empleo en la empresa o en el centro de trabajo; las decisiones de la empresa que pudieran provocar cambios relevantes en cuanto a la organización del trabajo y a los contratos de trabajo en la empresa; la adopción de medidas preventivas; la reestructuración de plantilla y ceses; reducciones de jornada; el traslado total o parcial de las instalaciones; los procesos de fusión, absorción o modificación del estatus jurídico de la empresa; los planes de formación profesional; la implantación y revisión de sistemas de organización y control del trabajo, estudio de tiempos, establecimiento de sistemas de primas e incentivos y valoración de puestos de trabajo (art. 64.5 ET); promoción automática de los trabajadores por el ejercicio prolongado de funciones profesionalmente superiores (art. 39.2 ET); traslados (art. 40 ET); modificaciones sustanciales de condiciones de trabajo (art. 41 ET); suspensión de la relación laboral (art. 47 ET); despidos colectivos (art. 51 ET); empresas de trabajo temporal (art. 17 LETT); elaboración del calendario laboral (Disp. Adic. 3.ª del RD 1561/1995, sobre jornadas especiales de trabajo); gestión por la Mutuas de la prestación de incapacidad temporal (art. 69.3 del RD 1993/1995 por el que se aprueba el Reglamento sobre colaboración de las Mutuas de Accidente de Trabajo y Enfermedades Profesionales de la Seguridad Social).

c) *Derecho de vigilancia y control*

Los representantes pueden efectuar labor de vigilancia y control de la actividad empresarial.

Pueden ejercer la labor de vigilancia del cumplimiento de las normas vigentes en materia de empleo, trabajo y Seguridad Social (art. 64.7 ET); de vigilancia y control de las condiciones de seguridad y salud en el desarrollo del trabajo en la empresa (art. 64.7 ET) y de vigilancia del respeto y aplicación del principio de igualdad de trato y de oportunidades entre mujeres y hombres (art. 64.7 ET).

También pueden estar presentes cuando se realicen registros sobre la persona del trabajador, en sus taquillas y efectos personales (art. 18 ET).

d) *Derecho de negociación de instrumentos colectivos y en materia de conflictos colectivos*

Están legitimados para negociar convenios colectivos de empresa (art. 87.1 ET) y acuerdos de empresa sobre diferentes materias (clasificación profesional, ascensos, recibo justificativo del pago del salario, jornadas irregulares, gratificaciones extraordinarias, descuelgue salarial, etc.).

En materia de conflictos colectivos tienen la competencia de acordar convocar la huelga, gestionarla, poner fin a la misma y a los procedimientos de conflictos colectivos (arts. 3, 8 y 23 RDLRT). También están legitimados para promover el proceso judicial de conflicto colectivo [art. 154.*c*) LRJS].

e) *Otras competencias*

— Derecho a participar según se determine en convenio colectivo, «en la gestión de obras sociales establecidas en la empresa en beneficio de los trabajadores o de sus familiares» (art. 64.7 ET); en materia de planes de pensiones (RD Legislativo 1/2002, que aprueba el texto refundido de la Ley de Regulación de los Planes y Fondos de Pensiones).

— Deberes de colaboración con el empresario: en medidas que procuren el mantenimiento y el incremento de la productividad; en la sostenibilidad ambiental de la empresa, si así está pactado en los convenios colectivos y en el establecimiento y puesta en marcha de medidas de conciliación entre las responsabilidades familiares y profesionales de los trabajadores (art. 64.7 ET).

— Deber de transmitir la información a sus representados (art. 64.7 ET), pero teniendo en cuenta que para determinadas materias se impone a los representantes el deber de sigilo (art. 65.2 ET) «con respecto a aquella información que, en legítimo y objetivo interés de la empresa o del centro de trabajo, les haya sido expresamente comunicada con carácter reservado».

2.7. Garantías de los representantes

Los representantes, para poder ejercer bien sus funciones de representación junto con su condición de trabajadores de la empresa hace que sea aconsejable que tengan una serie de garantías, privilegios o prerrogativas que así se lo permitan; son por tanto garantías y/o prerrogativas que les facilitan el ejercicio adecuado de su representación y por otro lado les protegen frente a posibles presiones del empresario.

Muchas de ellas se recogen en el artículo 68 ET, aunque no es una lista cerrada. También deberá tenerse en cuenta lo dispuesto en convenio colectivo.

a) *Garantías instrumentales o de efectividad de la función representativa:*

— Libertad de expresión en materia de representación[7].

---

[7] Sobre límites a la libertad de expresión, véanse entre otras, la Sentencia del Tribunal Constitucional 214/1991, de 11 de noviembre de 1991, rec. de amparo núm. 101/1990; la Sentencia del Tribunal Constitucional 203/2015, de 5 de octubre de 2015, rec. de amparo núm. 4337/2013; Sentencia del Tribunal Supremo (Sala de lo Social), de 28 de febrero de 2017, rec. 103/2016.

— Libertad de publicación y distribución de material de interés para los trabajadores. De esta forma, se reconoce esta libertad en el interior de la empresa y durante la jornada laboral. Se puede entender que para ello pueden emplearse los medios electrónicos de la empresa salvo que se justifique en razones productivas o financieras o perturben la actividad normal de la empresa[8]. Es importante señalar también que la información que se transmita debe ser veraz [art. 20.1.*d*) CE].

— Disposición de un crédito de horas mensuales retribuidas para el ejercicio de su función de representación, según escala establecida en el artículo 68.*e*) ET[9]. Su finalidad, según el Tribunal Constitucional, es otorgar a los representantes «una protección específica en atención a la compleja posición jurídica que los mismos asumen frente a los empresarios»[10]. Dicho crédito horario reconocido legalmente, es, tanto para los delegados sindicales como para los representantes unitarios, mensual y durante los once meses de actividad laboral sin que se extienda a las vacaciones[11], por lo que la empresa puede suprimir su abono durante este período, si lo venía pagando por error, en la creencia de así lo exigía la normativa legal y convencional, al no estar en presencia de una condición más beneficiosa[12].

Como una especialidad de este crédito, los representantes sindicales (no necesariamente unitarios) que participen en las Comisiones negociadoras de convenios colectivos manteniendo su vinculación como trabajador en activo en alguna empresa tendrán derecho a la concesión de los permisos

---

[8] Sentencia del Tribunal Constitucional 281/2005, de 7 de noviembre de 2005, rec. de amparo núm. 874/2002, y Sentencia del Tribunal Supremo (Sala de lo Social), de 26 de abril de 2016, rec. 113/2015.

No parece que resulte admisible un control empresarial previo sobre el contenido de las informaciones que quieren difundirse. Así lo ha sancionado el Tribunal Supremo al señalar que tal control vulnera el derecho de libertad sindical y el secreto de las comunicaciones, por lo que no es admisible que un convenio colectivo, condicione la utilización de las listas corporativas en el uso del correo electrónico al previo conocimiento de la información que se va a difundir, ya que tal condición además de vulnerar los derechos fundamentales anteriores «es arbitraria y está falta de justificación» [Sentencia del Tribunal Supremo (Sala de lo Social), de 24 de julio de 2017, rec. 245/2016].

[9] Recomendación 143 de la OIT. Recomendación sobre la protección y facilidades que deben otorgarse a los representantes de los trabajadores en la empresa.

[10] Sentencia del Tribunal Constitucional 40/1985, de 13 de marzo de 1985, rec. de amparo núm. 397/1984, y Sentencia del Tribunal Constitucional 70/2000, de 13 de marzo de 2000, rec. de amparo núm. 2454/1997.

[11] Sentencias del Tribunal Supremo (Sala de lo Social), de 23 de marzo de 2015, rec. 49/2014, y de 1 de febrero de 2017, rec. 119/2016.

[12] Sentencia del Tribunal Supremo (Sala de lo Social), de 18 de enero de 2018, rec. 58/2017.

retribuidos que sean necesarios para el adecuado ejercicio de su labor como negociadores, siempre que la empresa esté afectada por la negociación (art. 9.2 LOLS).

Igualmente, podrá pactarse en convenio colectivo la acumulación de horas de los distintos miembros del comité de empresa y, en su caso, de los delegados de personal, en uno o varios de sus componentes, sin rebasar el máximo total, pudiendo quedar relevado o relevados del trabajo, sin perjuicio de su remuneración [art. 68.*e*) ET][13]. Esta acumulación de horas convencionalmente prevista puede incluso llevar a que uno o varios representantes queden relevados del trabajo recibiendo su remuneración, y cuando esta exoneración es total, se trata del llamado «liberado sindical».

— Disposición de locales para reuniones y tablón de anuncios. El derecho a disponer de un local se reconoce a todos los delegados de personal y comités de empresa, sin excepción, sea cual sea el tamaño de la empresa. La ley no limita el derecho en atención al volumen de la plantilla, pero, sí, a cambio, lo condiciona de modo indeterminado a la posibilidad real, lo que significa que la empresa viene obligada a poner a disposición de los representantes un local, salvo que resulte del todo imposible. Este condicionante no rige para las secciones sindicales por lo que no cabe equiparar ambos derechos no sólo porque tal condición no se halla impuesta de modo expreso para las secciones sindicales, sino porque el régimen de una y otra figura discurre por derroteros distintos[14]. Al interpretar la jurisprudencia la exigencia de que el local sea adecuado se ha admitido el uso compartido del mismo[15]. En relación con la ubicación en el centro, la doctrina judicial y jurisprudencial venía admitiendo su localización no sólo en el interior del centro de trabajo,

---

[13] El acuerdo de acumulación al que se refiere el convenio colectivo puede ser expreso o tácito; concurre este último cuando la empresa permite durante años dicha acumulación [Sentencia del Tribunal Supremo (Sala de lo Social), de 22 de abril de 2015, rec. 152/2014].

[14] Sentencia del Tribunal Supremo (Sala de lo Social), de 15 de febrero de 2012, rec. 67/2011.

[15] Local adecuado ha de ser apropiado, acomodado, arreglado, acondicionado convenientemente para el fin que lo justifica, objetivo que sin duda procede alcanzarse aun en el supuesto uso compartido, a menos que la utilización de local por más de un ente sindical excluya a los demás del ejercicio de tal derecho [Sentencia del Tribunal Superior de Justicia de Castilla y León (Sala de lo Social de Burgos), de 18 de diciembre de 1992, rec. 1028/1992]. Así se ha admitido un local compartido con otras secciones sindicales [Sentencias del Tribunal Supremo (Sala de lo Social), de 29 de diciembre de 1994, rec. 934/1994, y de 19 de diciembre de 1996, rec. 806/1996], e incluso con representantes unitarios [Sentencia del Tribunal Supremo (Sala de lo Social), de 24 de septiembre de 1996, rec. 3170/1995].

sino también en otro lugar, donde puedan desarrollar su actividad los representantes[16].

Respecto al derecho a disponer de un tablón de anuncios, la jurisprudencia aclara que no exige la facilitación del tablón a cada una de las secciones sindicales que puedan constituirse en las empresas o centros de trabajo. El mínimo legal de derecho necesario es un singular «un tablón de anuncios» situado en lugar adecuado y accesible (garantía de adecuado acceso), y se entiende implícitamente apropiado a la finalidad de «difusión de avisos que puedan interesar a los afiliados del sindicato y a los trabajadores en general»[17]. Esta figura se viene sustituyendo, cada vez con más frecuencia, con la utilización por los representantes unitarios y sindicales de espacios habilitados al efecto en la intranet de la empresa o mediante el uso del correo electrónico, en la medida que como dicen los tribunales, las previsiones del artículo 8.2 LOLS han quedado obsoletas ante los avances tecnológicos[18, 19].

— Apertura de expediente contradictorio en casos de imposición de sanciones por faltas graves o muy graves, en el que serán oídos, aparte del interesado, el comité de empresa o delegados de personal restantes.

— Prioridad de permanencia en la empresa o centro de trabajo respecto de los demás trabajadores en los supuestos de suspensión o extinción del contrato de trabajo por causas económicas o tecnológicas, así como en caso de traslado o desplazamiento que exija cambio de residencia. Esta última contenida en el artículo 40.5 ET.

---

[16] Sentencia del Tribunal Supremo (Sala de lo Social), de 15 de febrero de 2012, rec. 67/2011.

[17] Sentencia del Tribunal Supremo (Sala de lo Social), de 15 de febrero de 1995, rec. 1408/1994, y Sentencia del Tribunal Supremo (Sala de lo Social), de 25 de septiembre de 2000, rec. 4487/1999.

[18] STSJ Castilla y León (Sala de lo Social de Burgos), de 30 de julio de 2007, rec. 505/2007, en procedimiento de tutela de derechos fundamentales.

[19] Muy importante resulta la Sentencia del Tribunal Constitucional 281/2005, de 7 de noviembre de 2005, rec. de amparo 874/2002, en cuya virtud cambia por completo las concepciones establecidas previamente por el Tribunal Supremo para darle prioridad a la libertad sindical y su alcance, haciendo factible el uso de herramientas preexistentes y eficientes para la comunicación sindical amparada por el artículo 28.1 CE. Cuenta con Voto Particular. En efecto la Sentencia más relevante sobre la utilización del correo electrónico la encontramos en la del Tribunal Supremo (Sala de lo Social), de 26 de noviembre de 2001, rec. 1142/2001, en cuya virtud un empleador (banco) prohibió la circulación de este tipo de mensajes por parte de un sindicato que realizó un envío masivo de comunicaciones electrónicas, ralentizando el servidor. Frente a esta limitación el sindicato accionó legalmente contra su empleador solicitando el reconocimiento de su derecho a transmitir información. La sentencia del Tribunal Supremo, que luego «revoca» el TC en la sentencia citada, rechazó tal pretensión argumentando dos ideas fundamentales: (i) el correo electrónico fue puesto a disposición como una herramienta de trabajo; y (ii) los usos asumidos por el sindicato en ningún momento fueron autorizados por un convenio o pacto entre las partes

b) *Garantías de estabilidad en el empleo o de protección frente a la actuación del empresario*[20]

— Inmunidad o inviolabilidad representativa: derecho a no ser despedido ni sancionado durante el ejercicio de su cargo ni en el año siguiente a la expiración de su mandato, salvo que ésta se produzca por revocación o dimisión, siempre que el despido o sanción se base en la acción del trabajador en el ejercicio de su representación[21].
— Garantía frente a despido disciplinario: apertura de expediente contradictorio.
— Garantía en caso de despido improcedente: se invierte el derecho de opción entre la readmisión al trabajo y la extinción indemnizada (art. 56.4 ET). Y aunque se opte por la indemnización, es el único supuesto en el que también deben abonarse salarios de tramitación.
— Garantía frente a la discriminación en su promoción económica y profesional en razón, del desempeño de su representación[22].
— Garantía de inamovilidad, frente a la movilidad geográfica.

3. REPRESENTACIÓN SINDICAL

Junto con la representación unitaria o de personal en la empresa, existe otra posible representación, la sindical, a través de las secciones y los delegados sindicales.

---

[20] Esta prohibición de discriminación tutela, asimismo, la situación contractual del candidato (Sentencia del Tribunal Constitucional 38/1981, de 23 de noviembre de 1981, rec. de amparo núm. 189/1981), y la del representante dentro del año siguiente a la expiración de su mandato, salvo que la extinción sea por dimisión o revocación [art. 68.*c*) ET], no así la del suplente [Sentencia del Tribunal Supremo (Sala de lo Social), de 15 de marzo de 1993, rec. 2788/1991] sin que este privilegio se limite a los supuestos en que el despido se funde en «la acción del trabajador en el ejercicio de su representación». En consecuencia, este privilegio o garantía del trabajador se extiende a todos los supuestos de despido improcedente (STS, Sala de lo Social, de 20 de marzo de 1997, rec. 4206/1996).

[21] Esta inmunidad material de los representantes no impide que pueden ser sancionados disciplinariamente de incumplir con sus obligaciones contractuales, como se deduce de la remisión que el artículo 68.*c*) ET efectúa al artículo 54 ET, simplemente proscribe cualquier diferencia de trato por razón de la actividad sindical en relación con el resto de los trabajadores (Sentencia del Tribunal Constitucional 173/2001, de 26 de julio de 2001, rec. de amparo núm. 4462/1996).

[22] Esta prohibición de discriminación salarial y profesional también es aplicable en las relaciones entre representantes de los trabajadores de distintos sindicatos, que no pueden recibir un trato diverso según pertenezcan a uno u otro sindicato (Sentencia del Tribunal Constitucional 74/1998, de 31 de marzo de 1998, rec. de amparo núm. 397/1996).

3.1. LAS SECCIONES SINDICALES

Una sección sindical es la agrupación de los trabajadores de una misma empresa o centro de trabajo afiliados a un mismo sindicato.

Este derecho a constituir secciones sindicales de conformidad con lo establecido en los estatutos sindicales, en el ámbito de la empresa o centro de trabajo, a los trabajadores afiliados a un sindicato se reconoce en el artículo 8.1.*a*) LOLS.

La LOLS establece la creación de secciones sindicales como una facultad de los afiliados del sindicato, independientemente de la representatividad o implantación del sindicato, y del tamaño del centro o de la empresa, posibilitando, así, la presencia de todo sindicato en cualquier centro de trabajo y empresa.

Por otro lado, la LOLS configura la constitución de secciones sindicales como una facultad de los afiliados no sujeta a formalidades previamente establecidas, debiendo éstos únicamente observar lo que dispongan los estatutos sindicales.

Cualquier sindicato con personalidad jurídica y plena capacidad de obrar, siempre que cuente con afiliados en la empresa podrá estar presente y actuar en el interior de la empresa, a través de la decisión de aquéllos de constituir una sección sindical.

La constitución de la sección sindical por parte de los afiliados a un sindicato no está supeditada a ningún tipo de reconocimiento por parte del empresario. Sin embargo, resulta generalmente admitido que es precisa la comunicación al empresario de la constitución de la sección sindical, lo que es consecuencia lógica de que la sección sindical disfrute de determinados derechos en la empresa.

A las *secciones sindicales de cualquier sindicato, sin tener en cuenta su representatividad,* se le reconocen ciertas facultades para desarrollar su actividad sindical: *a*) celebrar reuniones, previa notificación al empresario; *b*) recaudar cuotas; *c*) distribuir información sindical, fuera de las horas de trabajo y sin perturbar la actividad normal de la empresa; *d*) recibir la información que remita su sindicato; *e*) presentar candidaturas a las elecciones a representantes unitarios; y *f*) el ejercicio del derecho de huelga [arts. 2.2.*d*) y 8.1.*b*) LOLS].

Estos derechos corresponderán, pues, a todas las secciones sindicales, en su ámbito de constitución correspondiente. De esta forma una vez constituidas las secciones, estos derechos atribuidos a sus afiliados se desarrollan a través de la sección sindical.

En cuanto a *las secciones sindicales de sindicatos más representativos y de los que tengan representación en el comité de empresa o cuenten con delegados de personal,* disponen, además de los anteriores derechos «y sin perjuicio de lo que establezcan los convenios colectivos» (art. 8.2 LOLS), de los siguientes derechos y competencias: *a*) a un tablón de anuncios que la empresa pondrá a su disposición con la finalidad de facilitar la difusión de aquellos avisos que puedan interesar a los afiliados al sindicato y a los trabajadores en general. El tablón deberá situarse en el centro de trabajo y en lugar donde se garantice un adecuado acceso al mismo de los trabajadores; *b*) a la negociación colectiva, en los términos establecidos en su legislación específica (art. 87.1 ET); *c*) a la utilización de un local adecuado en el que puedan desarrollar sus actividades en aquellas empresas o centros de trabajo con más de 250 trabajadores; *d*) a convocar elecciones a comités de empresa y delegados de personal, siempre que cuenten con un mínimo del 10 por 100 de representatividad en el ámbito correspondiente (art. 67.1 ET); y *e*) a elegir y estar representados por un delegado sindical (art. 10 LOLS).

3.2. Los delegados sindicales

Las secciones sindicales constituyen representaciones sindicales a las que la Ley confiere determinadas facultades, derechos y competencias, como hemos señalado; y a su vez prevé otra representación sindical unipersonal, que se presenta como representante de la sección sindical, ya que es elegido por y entre los afiliados del sindicato en la empresa o centro de trabajo (art. 10 LOLS); sin embargo no representa a todos los tipos de secciones, es necesario para su existencia que se cumplan algunos requisitos legales.

Para que pueda o puedan ser elegido/s el delegado o delegados sindicales, es necesario en primer lugar, que en las empresas o, en su caso, en los centros de trabajo donde va a ser elegido, haya más de doscientos cincuenta trabajadores, cualquiera que sea la clase de su contrato; y en segundo lugar, que se trate de secciones sindicales de sindicatos con presencia en los órganos de representación unitaria, en concreto en el comité de empresa por exigirse que sean empresas con más de doscientos cincuenta trabajadores (art. 10.1 LOLS).

Se establece así una doble exigencia, en relación con la dimensión de la empresa o centro y la representatividad del sindicato.

Los delegados sindicales serán «elegidos por y entre» los trabajadores afiliados al sindicato y miembros de la sección sindical (art. 10.1 LOLS). La pérdida de estas condiciones implicará lógicamente su cese en la condición de delegado sindical del correspondiente sindicato.

El número de delegados sindicales a elegir varía según una escala establecida en la Ley (art. 10.2 LOLS), que se podrá ampliar a través de acuerdo o de la negociación colectiva: las secciones sindicales de aquellos sindicatos que no hayan obtenido el 10 por 100 de los votos en la elección al comité de empresa, elegirán 1 delegado sindical. Las secciones sindicales de aquellos sindicatos que hayan obtenido el 10 por 100 de los votos elegirán de 1 a 4 delegados según la plantilla de la empresa.

Los delegados sindicales, en el supuesto de que no formen parte del comité de empresa, tendrán los siguientes derechos a salvo de lo que se pudiera establecer por convenio colectivo: *a*) derecho de acceso a la misma información y documentación que la empresa ponga a disposición del comité de empresa, estando obligados los delegados sindicales a guardar sigilo profesional en aquellas materias en las que legalmente proceda[23]; *b*) el delegado sindical tiene derecho a asistir a las reuniones de los comités de empresa y de los órganos internos de la empresa en materia de seguridad e higiene, con voz pero sin voto; y *c*) el delegado tiene atribuido derecho de audiencia previamente a la adopción de medidas de carácter colectivo por el empresario que afecten a los trabajadores en general y a los afiliados a su sindicato en particular, y especialmente en los despidos y sanciones de estos últimos (art. 10.3 LOLS).

A los delegados sindicales, en el supuesto de que no formen parte del comité de empresa, se les reconocen las mismas garantías que las establecidas legalmente para los miembros de los comités de empresa... a salvo de lo que se pudiera establecer por convenio colectivo (art. 10.3 LOLS). Garantías que pierde el delegado sindical si es destituido (igual que las perdía el representante unitario si era revocado).

La Ley, como vemos, establece una equiparación entre los representantes unitarios y los delegados sindicales, en cuanto a protección se refiere.

Son abundantes en la jurisprudencia, incluso constitucional, los ejemplos de delegados sindicales, esto es, trabajadores nombrados o elegidos por las secciones sindicales, que reclaman las prerrogativas y garantías que se establecen en el artículo 10.3 LOLS que hemos visto, pero que por no cumplir los requisitos que el mismo precepto establece (de tamaño de empresa o centro y/o representatividad en el comité) se les niega tal *status*, sin perjuicio de su condición de portavoz, representante o mero «delegado no LOLS»[24].

---

[23] Los delegados sindicales deben acceder a la misma documentación e información que el comité de empresa, aunque éste no se hubiera constituido, al tratarse de un derecho independiente al que ostenta el comité [Sentencia del Tribunal Supremo (Sala de lo Social), de 14 de marzo de 2014, rec. 119/2013].

[24] Sentencia Tribunal Constitucional 269/2000, de 13 de noviembre de 2000, rec. de amparo núm. 1220/1998, niega el crédito horario a un «delegado sindical» de una sección que no cumple con los requisitos de representatividad en el Comité de empresa, no

4. ASAMBLEA DE TRABAJADORES

El derecho de reunión se configura en nuestro ordenamiento como un derecho fundamental que reconoce el artículo 21 de la Constitución Española[25].

Por su parte, el artículo 4.1.*f*) ET reconoce como derecho básico de los trabajadores el de reunión.

Los artículos 77 ss. ET, en concordancia con dicho artículo 4 del mismo texto legal, concretan en el ámbito de la empresa o centro de trabajo, el derecho de los trabajadores a reunirse en asamblea.

La asamblea es un instrumento de deliberación destinado a tratar asuntos que afecten al interés general. Puede ser informativa, deliberativa o de adopción de acuerdos.

La convocatoria de la asamblea corresponde a los representantes de los trabajadores, delegados de personal o comité de empresa, o a los propios trabajadores, siempre que sumen un número no inferior al 33 por 100 de la plantilla[26].

---

existiendo otros elementos que hagan pensar que hay una actitud de represalia o discriminación, en un caso en el que incluso, dicho crédito horario se había concedido anteriormente de manera graciable. Sentencia Tribunal Supremo (Sala de lo Social), de 25 de enero de 2018, rec. 30/2017, confirma la dictada por la Audiencia Nacional (Sala de lo Social), de 7 de noviembre de 2016, procedimiento núm. 257/2016, y reiterando doctrina sentada desde Sentencia Tribunal Supremo (Pleno de la Sala de lo Social), de 18 de julio de 2014, rec. 91/2013, reconoce la existencia de delegado LOLS ya que, si la sección sindical se organiza a nivel de empresa, en tal ámbito ha de medirse el volumen de empleo, el número de votos y la presencia en los órganos de representación que la LOLS tiene en cuenta para determinar si procede la designación de delegados sindicales, así como su número. Niega la condición de delegado LOLS Sentencia Tribunal Supremo (Sala de lo Social), de 2 de marzo de 2016, rec. 141/2014, al tratarse de un Sindicato que únicamente tiene representación en el comité de empresa de un centro provincial con menos de 250 trabajadores. Se reconoce la posibilidad de nombrar delegado-portavoz sin los derechos del artículo 10.1 LOLS y el derecho a tablón de anuncios en el centro en el que acredita representación, pero no el derecho a la utilización de un local adecuado.

[25] En el ámbito de la empresa, el ejercicio del derecho constitucional de reunión (art. 21.1 CE) puede verse limitado en la medida en que el mismo afecte al funcionamiento de la actividad de que se trate, y en la medida que requiere la colaboración de la empresa privada o de la Administración para hacerlo efectivo (Sentencia del Tribunal Constitucional 29/2000, de 31 de enero de 2000, rec. de amparo núm. 2543/1998).

[26] Los delegados sindicales no están legitimados para convocar la asamblea de todos los trabajadores de la empresa o del centro de trabajo, no pudiéndose entender incluido tal derecho entre las garantías a que remite el artículo 10.3 LOLS (Sentencia del Tribunal Constitucional 168/1996, de 29 de octubre de 1996, rec. de amparo núm. 2920/1993), ni entre las facultades del sindicato (Sentencia del Tribunal Constitucional 76/2001, de 26 de marzo de 2001, rec. de amparo núm. 1714/1997).

La convocatoria de la asamblea y su orden del día se comunicará al empresario, con cuarenta y ocho horas de antelación, como mínimo, debiendo el empresario acusar recibo.

El lugar de reunión será el centro de trabajo, si las condiciones de éste lo permiten, y la asamblea debe celebrarse fuera de las horas de trabajo, salvo acuerdo con el empresario.

El empresario debe facilitar el centro de trabajo para este fin, salvo en los siguientes casos:

a) Si no se cumplen las disposiciones del ET relativas al ejercicio del derecho de reunión y a la celebración de la asamblea.

b) Si hubieran transcurrido menos de dos meses desde la última asamblea celebrada, salvo en caso de reuniones informativas sobre convenios colectivos que le sean de aplicación; en el caso de una asamblea convocada con el objeto de revocar el mandato de la representación de los trabajadores, la misma no puede efectuarse durante la tramitación de un convenio colectivo y, si ya se ha intentado con anterioridad, no podrá replantearse hasta transcurridos seis meses (art. 67.3 ET).

c) Si aún no se hubieran resarcido o afianzado el resarcimiento por los daños producidos en alteraciones ocurridas en alguna reunión anterior.

d) Que exista cierre legal de la empresa.

La asamblea será presidida, en todo caso, por el comité de empresa o por los delegados de personal mancomunadamente.

La presidencia comunicará al empresario los nombres de las personas no pertenecientes a la empresa que vayan a asistir a la asamblea, y acordará con éste las medidas oportunas para evitar perjuicios en la actividad normal de la empresa.

Asimismo, los que presidan la asamblea serán responsables del normal desarrollo de la reunión, de la presencia en la misma de personas no pertenecientes a la empresa, del buen uso de los locales donde se celebra, de impedir que se traten asuntos no incluidos en el orden del día ya que únicamente se pueden tratar los asuntos incluidos en dicho orden, de convenir con el empresario las medidas precisas para evitar alteraciones en la marcha de la empresa, etc.

Cuando por trabajarse por turnos, por insuficiencia de locales o por cualquier otra circunstancia, no pueda reunirse toda la plantilla sin perjuicio o alteración en el normal desarrollo de la producción, las diversas reuniones parciales que deban celebrarse, se considerarán una sola y fechadas en el día de la primera.

En la asamblea, los que participan en sentido estricto con voz y voto son los trabajadores de la empresa o centro de trabajo. Cuando se someta a la asamblea por parte de los convocantes la adopción de acuerdos que afecten al conjunto de trabajadores, se requerirá para su validez el voto favorable personal, libre, directo y secreto, incluido el voto por correo, de la mitad más uno de los trabajadores de la empresa o centro de trabajo[27].

5. BIBLIOGRAFÍA

AGUT GARCÍA, C., *La sección sindical,* Albacete, Bomarzo, 2004.

CASAS BAAMONDE, M.ª E. y ESCUDERO RODRÍGUEZ, R., «Representación unitaria y representación sindical en el sistema español de relaciones laborales», *REDT,* núm. 17, 1984.

CASAS BAAMONDE, M.ª E., «La mayor representatividad sindical y su moderación en la jurisprudencia constitucional española. Algunas claves para su comprensión», *Relaciones Laborales,* Tomo II, 1988.

COLLADO GARCÍA, L.; ROMERO RÓDENAS, M. J.; TARANCÓN PÉREZ, E. y TRILLO PÁRRAGA, F., *La representación de las trabajadoras y de los trabajadores en la empresa,* Albacete, Bomarzo, 2021.

CRUZ VILLALÓN, J., *La representación de los trabajadores en la empresa y en el grupo,* Madrid, Trotta, 1992.

— «La representatividad sindical y empresarial en las relaciones laborales y en el sistema político español». *Relaciones Laborales,* Tomo I, 2005.

— *Compendio de Derecho del Trabajo,* Madrid, 17.ª ed., Tecnos, 2024.

GARCÍA MURCIA, J., «La actividad sindical y los criterios de representatividad (y II)». *Relaciones Laborales,* Tomo II, 1987.

LIMÓN LUQUE, M. Á., *Derecho de reunión y relaciones laborales. El derecho de reunión en la empresa*, Madrid, CES, 1996.

LUJÁN ALCARAZ, J., *La acción sindical en la empresa. Marco legal y desarrollo convencional,* Madrid, CES, 2003.

MARTÍN VALVERDE, A. y GARCÍA MURCIA, J., *Derecho del Trabajo*, Madrid, Tecnos, 2024.

MONEREO PÉREZ, J. L., *Los derechos de información de los representantes de los trabajadores,* Madrid, Civitas, 1992.

MONTOYA MELGAR, A., *Derecho del Trabajo*, 45.ª ed., Madrid, Tecnos, 2024.

OJEDA AVILÉS, A., *Compendio de Derecho Sindical,* Madrid, Tecnos, 2020.

RIVERO LAMAS, J., *La democracia en la empresa,* Granada, Comares, 2010.

SÁEZ LARA, C., *Representación y acción sindical en la empresa,* Madrid, Ministerio de Trabajo, 1992.

---

[27] No es una cuestión pacífica si las exigencias numéricas se refieren a la totalidad de la plantilla o al colegio correspondiente. En ocasiones se ha entendido que las exigencias numéricas de los electores se refieren al colegio electoral que eligió al representante, de cuya revocación se trate [Sentencia del Tribunal Superior de Justicia del País Vasco (Sala de lo Social), de 22 de marzo de 1994, rec. 104/1994], y en otras se ha entendido que se refería a la totalidad de la plantilla [Sentencia del Tribunal Superior de Justicia de Madrid (Sala de lo Social), de 12 de marzo de 2002, rec. 4946/2001].

TUDELA CAMBRONERO, G., *Las garantías de los representantes de los trabajadores,* Madrid, Tecnos, 1988.

VALDÉS DAL-RÉ, F., «Representación y representatividad sindicales en España». *Relaciones Laborales,* Tomo II, 1988.

VV.AA. (ESCUDERO RODRÍGUEZ, R. y MERCADER UGUINA, J. R. coords.), *Manual jurídico de los representantes de los trabajadores,* Madrid, La Ley, 1994.

— *Nuevas formas de participación de los trabajadores y gobierno de la empresa*, Albacete, Bomarzo, 2004.

TEMA 15

NEGOCIACIÓN Y CONVENIO COLECTIVO

MARÍA CONCEPCIÓN ARRUGA SEGURA
Profesora Titular de Derecho del Trabajo y de la Seguridad Social.
Universidad de La Rioja

OBJETIVOS DE APRENDIZAJE

1. Estudiar los diferentes tipos de convenios en función de sus requisitos y eficacia.
2. Analizar quiénes son las partes con capacidad de negociar los diferentes tipos de convenios.
3. Conocer los diferentes tipos de cláusulas.
4. Analizar el procedimiento de elaboración del convenio, así como sus requisitos formales.

1. LA NEGOCIACIÓN COLECTIVA COMO PROCEDIMIENTO: NEGOCIACIÓN COLECTIVA DE CONDICIONES DE TRABAJO Y DE DECISIONES EMPRESARIALES

Una de las mayores singularidades del sistema de fuentes del Derecho del Trabajo se encuentra en el reconocimiento de la «autonomía colectiva» de los representantes de los trabajadores y de los empresarios[1] para regular condiciones de trabajo. El derecho a la negociación colectiva forma parte del contenido de la libertad sindical[2] y el resultado de su ejercicio da lugar a un pacto escrito denominado «convenio colectivo» que contie-

---

[1] Desde el inicio, el TC ha mantenido una interpretación amplia del concepto de representante de los trabajadores en el que se incluye cualquier manifestación de la representación, ya sea legal o sindical (STC 58/1985 de 30 de abril, Cuestión de inconstitucionalidad 170/1983, *BOE* de 5 de junio).

[2] La STC de 8 de abril de 1981, incluye la negociación colectiva como contenido de la libertad sindical (FJ 2.º).

ne el conjunto de acuerdos que han de regir en las relaciones laborales y el empleo en un determinado ámbito.

El reconocimiento constitucional del derecho a la negociación colectiva entre los representantes de los trabajadores y empresarios, como un derecho de los ciudadanos, incorpora un mandato al legislador para que la ley garantice el derecho, así como su «fuerza vinculante»[3] (art. 37.1 CE).

Este instrumento de ordenación de las relaciones laborales se regula en el Título III del ET (arts. 82 a 92), como se analizará a continuación. Su contenido ha sido actualizado por el artículo 10 de la Ley 15/2022, de 12 de julio, integral para la igualdad de trato y la no discriminación[4], para incorporar prohibiciones expresas en la negociación, así como medidas de impulso de la igualdad. E igualmente se vio afectada su regulación positiva por la llamada «Reforma laboral de 2021» aprobada por Real Decreto-ley 32/2021, de 28 de diciembre, de medidas urgentes para la reforma laboral, la garantía de la estabilidad en el empleo y la transformación del mercado de trabajo[5].

Prohibiciones expresas a la negociación colectiva. La Ley integral 15/2022 prohíbe en la negociación del convenio cualquier tipo de «limitación, segregación o exclusión» entre las personas ya sea: *a*) en el acceso al empleo (incluidos los criterios de selección que puedan resultar discriminatorios); *b*) en la formación para el empleo; *c*) en la promoción profesional; *d*) en la retribución; *e*) en la jornada; *f*) en cualesquiera condiciones de trabajo; *g*) en la suspensión del contrato; *h*) en el despido u otras causas de extinción del contrato de trabajo.

Medidas de impulso de la igualdad. La Ley 15/2022, de 12 de julio, integral para la igualdad de trato y la no discriminación, también incorpora, de un lado, un mandato dirigido a fomentar el diálogo con los interlocutores sociales, «*a fin de promover la existencia de códigos de conducta y buenas prácticas*», y de otro, fomentar mediante la negociación colecti-

---

[3] Como señala la STC 58/1985, de 30 de abril, Citada «*la garantía constitucional de la fuerza vinculante implica, en su versión primera y esencial, la atribución a los Convenios Colectivos de una eficacia jurídica en virtud de la cual el contenido normativo de aquellos se impone a las relaciones individuales de trabajo incluidas en sus ámbitos de aplicación de manera automática, sin precisar el auxilio de técnicas de contractualización ni necesitar el complemento de voluntades individuales. (Por ello resulta del todo ajeno a la configuración constitucional de la negociación colectiva la exigencia de una aceptación individual de lo pactado, con independencia de que en la práctica, como sucede en ocasiones, haga aconsejable la participación de los propios afectados en la negociación colectiva a través de fórmulas que los negociadores decidan y sin que, en ningún caso, puedan considerarse como jurídicamente condicionantes del Convenio o se las pueda asignar efectos integrativos en lo que concierne a la eficacia propia del pacto*» (FJ 3.º).

[4] *BOE* de 13 de julio.

[5] *BOE* de 30 de diciembre.

va «*medidas de acción positiva para prevenir, eliminar y corregir toda forma de discriminación en el ámbito del empleo y las condiciones de trabajo*», entre las que se incluye acordar «objetivos, mecanismos de información, o la evaluación periódica» de las medidas de acción positiva.

2. CONVENIOS COLECTIVOS DE TRABAJO: CLASES Y FIGURAS AFINES

El convenio colectivo se define como un documento, suscrito por la representación de los trabajadores (legal o sindical) y un empresario o una asociación empresarial, relativo a las condiciones de trabajo y empleo[6] que han de regir en un ámbito determinado.

La libertad de fijación del ámbito de negociación permite una variada clasificación de los convenios colectivos: *a*) conforme al ámbito funcional de aplicación (sectorial, intersectorial, de empresa, de centro de trabajo, etc.); *b*) en función de su ámbito territorial (nacional, autonómico, provincial, local, etc.); *c*) conforme al cumplimiento de las exigencias previstas en el ET (convenios colectivos estatutarios, extraestatutarios y pactos). Libertad de negociación que, en ocasiones, enfrenta a los convenios colectivos al denominado conflicto de concurrencia.

3. CONVENIOS COLECTIVOS DE EFICACIA GENERAL Y DE EFICACIA LIMITADA

Como ya señaló la STC 119/2014, de 16 de julio, «*no existe un modelo constitucional predeterminado de negociación colectiva*», por lo que el legislador tiene libertad de configuración para fijar su estructura y ordenación. Además de la Constitución Española «*no se deduce tampoco que la negociación colectiva sindical haya de tener prioridad absoluta sobre la negociación colectiva realizada por otros representantes de los trabajadores*» (FJ 6.º). Así, esta falta de modelo cerrado de la negociación colectiva en la Constitución permite al legislador la posibilidad de adoptar lícitamente muy diversos enfoques.

Pues bien, el modelo legal de convenios colectivos permite diferenciar entre convenios de eficacia general o *erga omnes* y el convenio de eficacia limitada. Así, se caracteriza el convenio de eficacia general (o estatutario)

---

[6] *Vid.* al respecto la Recomendación núm. 91 de la OIT de 1951, en la que se sugiere la conveniencia de que los convenios obliguen a los firmantes y a las personas en cuyo nombre se celebre el contrato (art. 2.1 y 3)

como aquel que extiende sus efectos sobre la totalidad de los trabajadores y empleadores incluidos en su ámbito funcional y territorial de aplicación, mientras que el convenio de eficacia limitada (o extraestatutario) encontrará limitado su ámbito de aplicación a quienes lo negociaron y a aquellos empresarios y trabajadores que se adhieran al mismo.

4. CONVENIOS COLECTIVOS DE EMPRESA, CONVENIOS SECTORIALES Y CONVENIOS DE ÁMBITO INTERPROFESIONAL

La libertad de las partes para la determinación de la unidad de negociación permite distinguir entre distintas clases de convenios, según su ámbito funcional de aplicación, cuyas características y legitimación para negociar se sintetizan a continuación:

Convenios colectivos de empresa. Constituye el marco de condiciones de trabajo en el ámbito de una empresa[7], de uno o varios centros de trabajo[8] cuando la empresa cuenta con más de un centro de trabajo, o de ámbito limitado en la empresa para trabajadores «con perfil profesional específico», denominados convenios de franja[9].

Para la negociación de un convenio de empresa (o ámbito inferior) el artículo 87.1 ET atribuye la legitimación negociadora de los trabajadores indistintamente a la representación legal y a la sindical. Así, podrá ser negociado el convenio tanto por los representantes de los trabajadores, entre los que se encuentra el comité de empresa, los delegados de personal como, en su caso, por las secciones sindicales si las hubiere [art. 8.1.*a*) LOLS]. A ello se añade otra exigencia adicional consistente en que se trate de una representación mayoritaria, lo que implica que, en su conjunto, sumen la mayoría de los miembros del comité, ya que el convenio se aplicará a todos los trabajadores de la empresa.

Téngase en cuenta que cuando el convenio es de ámbito superior a la empresa y para los grupos de empresas[10], o de una pluralidad de empresas

---

[7] Por ejemplo, el convenio colectivo de Telefónica de España, SAU; Telefónica Móviles España, SAU y Telefónica Soluciones de Informática y Comunicaciones, SAU, de 16 de febrero 2024 (*BOE* de 28 de febrero).

[8] A modo de ejemplo, el convenio colectivo para la empresa Amcor Flexibles España, S.L.U. en el centro de Lezo.

[9] *Vid.* XVIII Convenio colectivo de Iberia, LAE, SA, Operadora, SU, y sus tripulantes de cabina de pasajeros, de 27 de febrero de 2023 (*BOE* de 14 de marzo).

[10] *Vid.* VIII Convenio Colectivo de Iberdrola Grupo, de 18 de febrero de 2021 (*BOE* de 2 de marzo).

vinculadas, ya sea por razones organizativas o productivas, nominativamente identificadas, la legitimación negocial se corresponde con la de los convenios sectoriales a los que nos referimos a continuación.

Convenios sectoriales. Estos convenios se aplican a empresas y trabajadores de una determinada rama de actividad[11]. A diferencia de lo que ocurre en los convenios de empresa, la legitimación para negociar convenios sectoriales se atribuye a determinados sindicatos y a las asociaciones empresariales que acrediten una determinada representación. Del lado de los sindicatos, podrán negociar: *a*) los sindicatos más representativos a nivel estatal (actualmente CC.OO. y UGT); *b*) los sindicatos más representativos a nivel de Comunidad Autónoma (en la actualidad ELA-STV y LAB en País Vasco, y CIG en Galicia); *c*) las organizaciones sindicales afiliadas a sindicatos más representativos estatales o de Comunidad Autónoma (representatividad por irradiación); y *d*) los sindicatos simplemente representativos que acrediten una audiencia del 10 por 100 en el ámbito territorial y funcional del convenio (art. 87 ET)[12].

Por lo que respecta a los requisitos de legitimación de la parte empresarial para que el convenio goce de naturaleza estatutaria, el ET distingue entre aquellos sectores en los que existan asociaciones empresariales con representatividad y los sectores en los que no existan asociaciones empresariales que cuenten con suficiente representatividad. En el primer supuesto podrán negociar: *a*) las asociaciones empresariales que en el ámbito territorial y funcional del convenio cuenten con el 10 por 100 de los empresarios que ocupen al menos al 10 por 100 de los trabajadores afectados por el convenio; y *b*) las asociaciones profesionales que den ocupación al 15 por 100 de los trabajadores afectados. En el segundo supuesto, estarán legitimadas: *a*) las asociaciones empresariales más representativas a nivel nacional que cuenten con el 10 por 100 o más de empresas o trabajadores a nivel estatal (en la actualidad CEOE y CEPYME); y *b*) las organizaciones empresariales de Comunidad Autónoma que cuenten con un 15 por 100 de empresas o trabajadores[13].

---

[11] *Vid.* convenio de Industrias vinícolas y alcoholeras de La Rioja, Resolución 17/2024, de 23 de abril, de la Subdirección General de Diálogo Social y Relaciones Laborales, de la Consejería de Economía, Innovación, Empresa y Trabajo Autónomo (*BOR* de 29-04-2024)

[12] Es el caso de FSIE (Sindicato Independiente de Enseñanza y Atención a la Discapacidad) como negociador del VII Convenio colectivo estatal de empresas de enseñanza privada sostenidas total o parcialmente con fondos públicos, de 15 de septiembre de 2021 (*BOE* de 27 de septiembre)

[13] En el convenio al que se refiere la nota anterior, lo suscriben como organizaciones empresariales: Educación y Gestión (EyG), Confederación de Centros de Enseñanza

En la práctica el control de la representatividad de las organizaciones empresariales ha generado diversos problemas de interlocución, ya que, a diferencia de los sindicatos, cuya representatividad se acredita a través de la oficina de elecciones de la autoridad laboral autonómica o estatal, no existe para las organizaciones empresariales una oficina publica que lo acredite. En estos casos, existe una presunción *iuris tantum* de legitimidad, que puede ser destruida ante la jurisdicción social a través del procedimiento de impugnación de convenios colectivos.

Acuerdos interprofesionales o acuerdos marco: Los apartados 2 y 3 del artículo 83 ET distinguen dos categorías de acuerdos interprofesionales: *a*) acuerdos marco o convenios para convenir, en los que se acuerda la estructura de la negociación colectiva[14] o las reglas que han de aplicarse para resolver los conflictos de concurrencia entre convenios de distinto ámbito (al igual que puede ocurrir en los convenios o acuerdos colectivos sectoriales); y *b*) los acuerdos interprofesionales sobre materias concretas[15]. En ambos casos se trata de acuerdos cuya legitimación se reserva a organizaciones sindicales y asociaciones empresariales más representativas y su ámbito territorial será estatal o de Comunidad Autónoma.

5. LAS PARTES DEL CONVENIO COLECTIVO DE TRABAJO

El artículo 37.1 CE atribuye el derecho a la negociación colectiva laboral a «los representantes de trabajadores y empresarios». Estas serán las partes contratantes que integrarán la comisión negociadora de un convenio colectivo, en función de su ámbito de aplicación, conforme a las reglas de capacidad y legitimación dispuestas en los artículos 87 y 88 ET, como se detalla a continuación.

5.1. Capacidad para negociar los convenios estatutarios

Capacidad de las partes contratantes. Como se ha avanzado, los requisitos de capacidad y legitimación previstos en los artículos 87 y 88 ET

(CECE), Federación de Centros de Enseñanza de Economía Social (FEDACES) y Associació Profesional Serveis Educatius de Catalunya (APSEC)

[14] A título meramente ilustrativo véase el V Acuerdo para el Empleo y la Negociación Colectiva (*BOE* de 31 de mayo de 2023).

[15] *Vid.* Resolución de 28 de junio de 2021, de la Secretaría de Estado de Empleo y Economía Social, por la que se registra y publica el Acuerdo Tripartito en materia de solución de conflictos laborales.

tiene un carácter imperativo para negociar convenios colectivos de eficacia general (o estatutarios). El cumplimiento o no de estas reglas determinará el valor normativo del convenio y si nos enfrentamos ante un convenio estatutario o extraestatutario.

Determinación de la unidad de negociación. Para determinar la representatividad exigible a los negociadores y su nivel de implantación es preciso concretar la unidad de negociación. La unidad de negociación, que podrá ser elegida libremente por las partes contratantes (art. 83.1 ET), delimita el ámbito al que se extiende la eficacia del convenio colectivo conforme a los siguientes aspectos: *a*) el ámbito funcional del convenio o espacio objetivo de las relaciones de trabajo a regular (un centro de trabajo, una empresa, un grupo de empresas, un sector o rama de la producción, etc.); *b*) por el ámbito geográfico de aplicación (una localidad, una provincia, una Comunidad Autónoma, el territorio nacional); y *c*) el ámbito personal de aplicación del convenio (a qué trabajadores se aplica y a cuáles no).

Esta libertad de elección de la unidad de negociación no es obviamente ilimitada, sino que se encuentra condicionada por las siguientes reglas generales: *a*) por la adecuación a las características y necesidades de quienes la constituyan[16]; *b*) por los requisitos legales de legitimación exigidos para negociar; *c*) por el respeto a las reglas relativas a la concurrencia de convenios; y en especial, *d*) por lo dispuesto en un posible acuerdo interprofesional o convenio en el que se establezca «*la estructura de la negociación colectiva*» y las «*reglas que han de resolver los conflictos de concurrencia*» (art. 84.1 ET).

5.2. Legitimación plena en los convenios negociados por sindicatos o asociaciones empresariales

Para la válida negociación de un convenio estatutario y el reconocimiento de su valor normativo, las reglas preceptivas establecidas en el Título III del ET, doctrina y jurisprudencia[17] coinciden en la obligación de concurrir en las partes contratantes durante la negociación tres niveles de legitimación: *a*) legitimación inicial que acredite la cualidad de representantes de los empresarios o de los trabajadores con legitimación para

[16] *Vid.* la STS 7608/2002 de 16 noviembre de 2002, rec. núm. 1218/2001, sobre la creación de una nueva unidad de negociación y la necesidad de una justificación racional y objetiva de carácter funcional, para separar de su ámbito natural a una serie de empresas y trabajadores.

[17] Por todas STS (Sala de lo Social) 1631/2023, de 12 de abril de 2023, rec. 4/2021.

negociar (arts. 37.1 CE, 82 y 87 ET, y 6 LOLS); *b*) legitimación plena, referida a la válida constitución de la comisión negociadora y a su composición, lo que se concreta en cada supuesto en la composición de la mesa negociadora, conforme a la representatividad (art. 88.1 ET); y *c*) legitimación negociadora, consistente en la aplicación del sistema de mayorías necesario para la válida adopción de acuerdos (voto favorable de la mayoría de cada una de las dos representaciones *ex* art. 89.3 ET).

6. CONTENIDO DE LOS CONVENIOS COLECTIVOS: MATERIAS PROPIAS Y CONTENIDO MÍNIMO

Contenido mínimo. El artículo 85.3 ET enumera los aspectos que conforman el que ha de ser el contenido mínimo obligatorio de un convenio colectivo[18]: *a*) determinación de las partes que lo conciertan conforme a los artículos 87 y 88 ET; *b*) Ámbito personal, funcional, territorial y temporal de aplicación del convenio; *c*) Procedimientos para solventar las discrepancias relativas a los acuerdos de inaplicación en la empresa de las condiciones de trabajo del artículo 82.3 ET pactadas en el convenio colectivo (descuelgue); *d*) Forma, condiciones y plazo mínimo de denuncia del convenio antes de que finalice el plazo fijado para su vigencia; *e*) Designación de una comisión paritaria de las partes negociadoras, que desempeñará las funciones de interpretación, adaptación y aplicación del convenio colectivo atribuidas legal o convencionalmente, el procedimiento y plazos de actuación, así como los supuestos de sometimiento de posibles discrepancias en caso de conflicto, como fase extrajudicial previa a la jurisdicción social.

Adicionalmente a este contenido formal obligatorio, el convenio contemplará cuantos acuerdos de mejora hayan pactado las partes en el marco de las remisiones por delegación (total o parcial) que el legislador realiza a la negociación colectiva[19].

---

[18] El Estatuto alude a que «*los contenidos habrán de expresar como contenido mínimo lo siguiente*: … ».

[19] A título meramente ejemplificativo, se puede negociar la duración del período de prueba, retribución del contrato en formación, interrupciones de la jornada de trabajo, la distribución irregular de la jornada, vacaciones, duración de los contratos temporales por circunstancias de la producción, el carácter consolidable de los complementos salariales vinculados al puesto de trabajo, el modelo de recibo salarial, la promoción profesional, modificaciones sustanciales de condiciones de trabajo, requisitos formales del despido disciplinario o indemnizaciones por fin de contrato, criterios de antigüedad y de colegios electorales a efectos de procesos de elección de representantes de los trabajadores, o compromisos de paz laboral.

En cualquier caso, los convenios colectivos deberán respetar el principio de igualdad de trato y de no discriminación por las causas enumeradas en los artículos 4.2.*c*) y 17.1 ET, en relación con artículo 10 de la Ley 15/2022, de 12 de julio, integral para la igualdad de trato y la no discriminación, como edad, discapacidad, sexo, origen racial o étnico, estado civil, condición social, religión o convicciones, ideas políticas, orientación sexual, adhesión o no a sindicatos y a sus acuerdos, vínculos de parentesco con otros trabajadores en la empresa y lengua dentro del Estado español[20].

Plan de igualdad. Todas las empresas de más de 50 trabajadores[21] deberán contar con un plan de igualdad laboral entre la mujer y el hombre, que podrá ser negociado en el mismo convenio colectivo o ser objeto de una negociación separada[22]. Los planes de igualdad serán objeto de registro obligatorio en registro de convenios colectivos REGCON para su depósito y publicación.

Contenido mínimo del plan de igualdad. Los planes de igualdad también deben incorporar un contenido mínimo que comprende: *a*) el ámbito personal, territorial y temporal; *b*) la determinación de las partes que los conciertan; *c*) un informe del diagnóstico de situación de la empresa o del diagnóstico de cada una de las empresas del grupo; *d*) los resultados de la auditoría retributiva, su vigencia y periodicidad, según el Real Decreto 902/2020, de 13 de octubre, de igualdad retributiva entre mujeres y hombres; *e*) definición de objetivos cualitativos y cuantitativos del plan de igualdad; *f*) medidas concretas, plazo de ejecución y priorización e indicadores de evolución de cada medida; *g*) medios y recursos materiales personales precisos para la implantación, seguimiento y evaluación de cada una de las medidas y objetivos; *h*) calendario de actuaciones para la implantación, seguimiento y evaluación de las medidas del plan de igualdad; *i*) sistema de seguimiento, evaluación y revisión periódica; *j*) compo-

---

[20] El artículo 10.1 de la Ley 15/2022 establece que: «*Sin perjuicio de la libertad de las partes para determinar el contenido de los convenios colectivos, la negociación colectiva no podrá establecer limitaciones, segregaciones o exclusiones para el acceso al empleo, incluidos los criterios de selección, en la formación para el empleo, en la promoción profesional, en la retribución, en la jornada y demás condiciones de trabajo, así como en la suspensión, el despido u otras causas de extinción del contrato de trabajo, por las causas previstas en esta ley*».

[21] Para el cómputo se incluyen los trabajadores temporales y los de las ETT, y las empresas que tengan una plantilla inferior podrán negociarlo voluntariamente, salvo que la Inspección de Trabajo acuerde con la empresa la negociación del plan de igualdad, en sustitución de una propuesta de sanción por incurrir en una infracción en materia de discriminación.

[22] Real Decreto 901/2020, de 13 de octubre, por el que se regulan los planes de igualdad y su registro y se modifica el Real Decreto 713/2010, de 28 de mayo, sobre registro y depósito de convenios y acuerdos colectivos de trabajo.

sición y funcionamiento de la comisión paritaria encargada del seguimiento, evaluación y revisión periódica de los planes de igualdad; y *k*) procedimiento para la modificación y solución de las discrepancias que pudieran surgir en la aplicación, seguimiento, evaluación o revisión[23].

7. TIPOS DE CLÁUSULAS DE LOS CONVENIOS COLECTIVOS: NORMATIVAS Y OBLIGACIONALES

Junto al contenido mínimo del convenio relativo a cuestiones formales, desde un punto de vista cuantitativo la mayor parte de sus cláusulas se refiere a la regulación de las relaciones individuales (condiciones de trabajo, de productividad o de empleo) y relaciones colectivas[24] (cláusulas sobre condiciones de negociación, de seguridad sindical), de protección social complementaria, como mejoras en caso de incapacidad temporal, comedores, ayudas por estudio, obra social etc. A este respecto, la doctrina distingue entre el contenido normativo del convenio colectivo y el contenido obligacional.

El contenido normativo. El contenido normativo de los convenios colectivos entronca con la fuerza vinculante de los convenios, otorgándole una eficacia jurídica que permite imponer su contenido de forma automática a las relaciones de trabajo individuales incluidas en su ámbito de aplicación. Incluso, denunciado un convenio, tal contenido normativo mantendrá su vigencia (a diferencia de lo que ocurre con el contenido obligacional), a consecuencia de la denominada ultraactividad normativa. Así se expresa el artículo 86.3 ET al determinar que: «*La vigencia de un convenio colectivo, una vez denunciado y concluida la duración pactada, se producirá en los términos que se hubiesen establecido en el propio convenio. Durante las negociaciones para la renovación de un convenio colectivo, en defecto de pacto, se mantendrá su vigencia, si bien las cláusulas convencionales por las que se hubiera renunciado a la huelga durante la vigencia de un*

---

[23] Los planes de igualdad deben contemplar la clasificación profesional, la formación que ofrece la empresa, la promoción profesional o de las condiciones de trabajo, incluida la auditoría salarial entre mujeres y hombres, así como del ejercicio corresponsable de los derechos de la vida personal, familiar y laboral del empleado. También deben profundizar en la infrarrepresentación femenina, si la hubiera, los planes de Prevención del acoso sexual y por razón de sexo.

[24] El artículo 11.1 LOLS establece que: «*En los convenios colectivos podrán establecerse cláusulas por las que los trabajadores incluidos en su ámbito de aplicación atiendan económicamente la gestión de los sindicatos representados en la comisión negociadora, fijando un canon económico y regulando las modalidades de su abono. En todo caso, se respetará la voluntad individual del trabajador, que deberá expresarse por escrito en la forma y plazos que se determinen en la negociación colectiva*».

convenio decaerán a partir de su denuncia. Las partes podrán adoptar acuerdos parciales para la modificación de alguno o algunos de sus contenidos prorrogados con el fin de adaptarlos a las condiciones en las que, tras la terminación de la vigencia pactada, se desarrolle la actividad en el sector o en la empresa. Estos acuerdos tendrán la vigencia que las partes determinen».

El contenido obligacional. Las cláusulas que conforman el contenido obligacional o contractual tienen por objeto garantizar la eficacia del convenio. Aspecto relevante especialmente en la negociación colectiva extraestatutaria que al carecer de eficacia normativa requiere de compromisos de adhesión por las partes contratantes y por los trabajadores y empresarios individualmente considerados. Entre las cláusulas más significativas se encuentran las relativas al «deber de paz laboral» que compromete a las partes a no acudir a la huelga o a otras medidas de presión durante la vigencia del convenio para modificar su contenido, las causas que permiten la revisión del convenio durante su vigencia o los compromisos de sumisión a sistemas de solución extrajudicial de conflictos de interpretación del convenio.

8. ELABORACIÓN DEL CONVENIO

Para la elaboración del convenio colectivo se deben superar distintos hitos sucesivos como se establece en el ET: *a*) iniciativa de las negociaciones; *b*) constitución de la comisión negociadora; *c*) adopción de los acuerdos; *d*) cumplimiento de los requisitos formales de tramitación ante la autoridad laboral desde la iniciativa del proceso negociador hasta el registro, depósito y publicación.

8.1. INICIO DE LAS NEGOCIACIONES Y ALCANCE DEL DEBER DE NEGOCIAR

Determinación de la unidad de negociación. Como paso previo al inicio de las negociaciones habrá de elegirse la unidad de negociación, que bien podría tratarse de una creación *ex novo* cuando no hay antecedentes de negociación en el ámbito correspondiente, o bien mantener la unidad ya existente. Para la elección y en su caso el cambio de la unidad de negociación las partes pueden solicitar el asesoramiento de la Comisión Consultiva Nacional de Convenios Colectivos (Disp. Adic. 9.ª ET).

Escrito de comunicación. Quien promueva la negociación comunicará por escrito su intención a la contraparte. En el escrito se harán constar los siguientes extremos: *a*) la calidad de representación o representatividad que ostenta la parte solicitante; *b*) el ámbito de aplicación del convenio; y *c*) las materias que se proponen como objeto de negociación. Nada impide que se realice simultáneamente la denuncia del anterior convenio y la comunicación de propuesta inicio de negociaciones. Una copia de esta comunicación debe remitirse, a los meros efectos de registro, a la autoridad laboral competente (art. 89 ET).

La parte receptora del escrito de promoción de negociaciones está obligada a contestar por escrito y motivadamente a la misma en el plazo de un mes a partir de su recepción. Habitualmente, el signo de la respuesta del receptor será afirmativo, quedando la parte destinataria o receptora vinculada por un deber de negociar de buena fe. Sólo podrá negarse a la iniciación de la negociación por causa legal o convencional (falta de legitimación, defectos formales, etc.) o cuando se pretenda revisar un convenio no vencido (arts. 83, 84 y 89.1 ET).

8.2. Constitución de la comisión negociadora

Tras la recepción del escrito de promoción de inicio de negociaciones, la comisión negociadora deberá constituirse en el plazo de un mes (arts. 87 y 88 ET). Todos los sujetos legitimados tendrán derecho a participar en la comisión negociadora conforme al criterio de proporcionalidad, pudiendo cada una de las partes contar con asesores, que tendrán voz, pero no voto (art. 88.3 ET).

Además, habrá de designarse un presidente de la comisión negociadora por mutuo acuerdo de las partes (art. 88.3 y 5 ET), que se encargará de moderar las sesiones y un secretario de la comisión negociadora, responsable de levantar acta de las sesiones que, en prueba de conformidad con su contenido se firmarán por él mismo y por un representante de cada una de las partes.

En el caso de la comisión negociadora del plan de igualdad, entre otras, sus funciones abarcan: *a*) la negociación y elaboración del diagnóstico, así como sobre la negociación de las medidas que integrarán el plan de igualdad, *b*) elaboración del informe de los resultados del diagnóstico; *c*) identificación de las medidas prioritarias, a la luz del diagnóstico, su ámbito de aplicación, los medios materiales y humanos necesarios para su implantación, así como las personas u órganos responsables, incluyendo un cronograma de actuaciones; *d*) impulso de la implantación del plan de igualdad en la empresa; *e*) definición de los indicadores de medición y los instrumentos de recogida de información necesarios para realizar el seguimiento y evaluación del grado de cumplimiento de las medidas del plan de igualdad implantadas; *f*) cualquier otra función legal o del convenio colectivo aplicable; *g*) las que acuerde la propia comisión, incluida la remisión del plan de igualdad que fuere aprobado ante la autoridad laboral competente a efectos de su registro, depósito y publicación.

8.3. Adopción de acuerdos

Una vez conformada la comisión negociadora, las partes están obligadas a negociar bajo el principio de la buena fe (art. 89.1 ET)[25], que se extiende desde el momento de la promoción de la negociación hasta la finalización del proceso negociador, lo que no implica necesariamente la obligatoria adopción de acuerdos, en cualquier caso.

Como regla general, los acuerdos alcanzados requieren para su validez el voto favorable de la mayoría de cada una de las dos representaciones (art. 89.3 ET). Sin embargo, los preacuerdos que se vayan alcanzando durante la negociación podrán ser objeto de modificaciones, reservándose la eficacia del acuerdo al texto final del convenio.

Un caso no infrecuente de producción de convenios extraestatutarios es que se siga todo el proceso anterior y llegado el momento de la suscripción del acuerdo no exista la mayoría de una de las representaciones, y en ese caso pueden decidir la firma del convenio como no estatutario o de eficacia limitada.

9. REQUISITOS FORMALES

La validez de los acuerdos alcanzados en el seno de la comisión negociadora queda condicionada al cumplimiento de los requisitos previstos en el Título III del ET[26], así como de las previsiones de la negociación colectiva sectorial y en acuerdos marco sobre la estructura de la negociación colectiva.

Requisito formal de la escritura y rúbrica. El artículo 90 ET sanciona expresamente la nulidad de los acuerdos que no respeten el requisito for-

---

[25] Véase, por todas, la STS 95/2021, de 26 de enero, rec. 50/2020 y las pautas sobre el proceso de negociación en la *Guía de la negociación colectiva 2023,* Ministerio de Trabajo y Economía Social, Madrid, 2023 https://libreriavirtual.trabajo.gob.es/libreriavirtual/descargaGratuita/WIYE1127

[26] Téngase en cuenta las normas sobre concurrencia de convenios, sujetos legitimados para la negociación, el contenido mínimo del convenio, el procedimiento de negociación, la conformación de la mesa negociadora con la incorporación de los sujetos legitimados, deber de buena fe en la negociación durante todo el proceso, el respeto de las mayorías en la adopción de acuerdos.

mal de la escritura (art. 90.1 ET), así como la firma obligatoria de las partes negociadoras en las actas de las sesiones (art. 90.2 ET).

Registro, depósito y publicación del convenio. Una vez firmado el texto definitivo del convenio, deberá ser registrado ante la autoridad laboral competente (autonómica o estatal) dentro de los quince días siguientes, para su posterior depósito en la base de datos central de REGCON[27] y publicación en el boletín oficial correspondiente (*BOE*, *BOCA* o *BOP*), de la resolución por la que se registra y publica el texto del convenio colectivo. Responsabilidad que recae en la autoridad laboral. La falta de cumplimiento del registro y deposito del convenio colectivo impedirá su publicación y con ello los acuerdos carecerán de valor normativo y de aplicabilidad.

10. ADHESIÓN Y EXTENSIÓN

Adicionalmente a la negociación tradicional entre empresario y representantes de los trabajadores el ET admite otras formulas para aplicar un convenio ya negociado para un ámbito territorial determinado en otro diferente. Se trata de la adhesión o de la extensión.

Adhesión a un convenio. El artículo 92.1 ET determina que: «*En las respectivas unidades de negociación, las partes legitimadas para negociar podrán adherirse, de común acuerdo, a la totalidad de un convenio colectivo en vigor, siempre que no estuvieran afectadas por otro, comunicándolo a la autoridad laboral competente a efectos de registro*».

De esta manera, el acuerdo de adhesión a un convenio en vigor requerirá la conformidad de las partes legitimadas para la negociación, que el ámbito del convenio negociado guarde una cierta homogeneidad con la unidad de negociación que se adhiere al mismo, así como la tramitación de los requisitos formales de registro, depósito y publicación. Una vez cumplidos estos trámites, el acuerdo de adhesión al convenio va a quedar condicionado a la vigencia del convenio al que se adhiere.

Extensión del convenio colectivo. El artículo 92.2 ET atribuye al Ministerio con competencias en materia de trabajo o a los órganos correspondientes de las Comunidades Autónomas con competencia en la materia la posibilidad de resolver sobre la solicitud de extensión de un convenio colectivo en vigor «*a una pluralidad de empresas y trabajadores o a un sector o subsector de actividad, por los perjuicios derivados para los mismos de la imposibilidad de suscribir en dicho ámbito un convenio colec-*

[27] Sistema telemático de registro y depósito de los convenios colectivos que permite disponer de una Base de Datos centralizada y facilita la transparencia en la información.

tivo de los previstos en este Título III, debida a la ausencia de partes legitimadas para ello» [28].

El procedimiento de extensión se inicia ante la autoridad laboral competente a instancia de parte legitimada, conforme a lo dispuesto en el artículo 3 del RD 718/2005, de 20 de junio, por el que se aprueba el procedimiento de extensión de convenios colectivos. En este procedimiento han de ser oídas preceptivamente las organizaciones sindicales y empresariales más representativas (art. 6 del RD 718/2005) y la Comisión Consultiva Nacional de Convenios Colectivos en los casos de extensión de convenios colectivos de ámbito supra autonómico y potestativamente los organismos consultivos autonómicos (Consejo de Relaciones Laborales) que puedan haberse creado (art. 7 del RD 718/2005)[29].

La extensión de un convenio surtirá efectos desde la fecha de presentación de la solicitud hasta su finalización o prórroga hasta la pérdida de vigencia del convenio. Está sometido a los mismos requisitos formales del resto de convenios colectivos (registro, deposito y publicación), y la duración del procedimiento no podrá exceder de tres meses, teniendo la ausencia de resolución expresa en el plazo establecido efectos desestimatorios de la solicitud (art. 92.2 ET).

11. VIGENCIA Y APLICACIÓN DEL CONVENIO COLECTIVO

El convenio colectivo estatutario goza de eficacia general o aplicación *erga omnes* [*«Los convenios colectivos regulados por esta ley obligan a todos los empresarios y trabajadores incluidos dentro de su ámbito de aplicación y durante todo el tiempo de su vigencia»* (art. 82 ET)] y entrará en vigor en la fecha en que las partes lo acuerden. No obstante, la fecha de publicación oficial determinará el *dies a quo* del inicio de la aplicación general del convenio.

---

[28] A efectos ilustrativos véase la Resolución 27/2021, de 16 de noviembre, de la Dirección General de Empleo, Diálogo Social y Relaciones Laborales de la Consejería de Economía, Innovación, Empresa y Trabajo Autónomo de La Rioja, sobre la solicitud de renovación de la extensión del convenio colectivo de trabajo del sector de Fincas Urbanas de la provincia de Zaragoza para los años 2021 a 2024, al mismo sector de la Comunidad Autónoma de La Rioja (*BOLR* de 19 de noviembre).

[29] A modo de ejemplo, el artículo 2.*d*) del Decreto 19/2003, de 20 de mayo, por el que se crea y regula el Consejo Riojano de Relaciones Laborales establece entre las funciones del órgano «*actuar como órgano de consulta de la Autoridad Laboral en los supuestos de extensión de convenios colectivos*». En el mismo sentido, la Orden de 30 de noviembre de 2007, designa al Consejo Andaluz de Relaciones Laborales como órgano consultivo competente para la emisión de informe en el procedimiento de extensión de convenios.

Es posible que el convenio incorpore diferentes momentos de entrada en vigor para distintas partes de su clausulado. De hecho, es habitual que parte de su clausulado tenga eficacia retroactiva, siempre que se trate de aspectos que resulten más beneficiosos para el trabajador, como en el supuesto de los incrementos de las tablas salariales.

La vigencia del convenio forma parte del contenido obligatorio a negociar, y tiende a situarse en un período de entre tres o cuatro años[30]. Además, también habrá de incluirse necesariamente en el convenio la forma y condiciones de denuncia, así como el plazo mínimo para dicha denuncia antes de finalizar su vigencia.

Por su parte, la vigencia de un convenio extraestatutario, al tener una naturaleza contractual, se producirá según lo pactado por las partes y una vez producida la adhesión por cada parte interesada.

11.1. Vigencia en el tiempo

Duración del convenio. Efectivamente, el artículo 86 ET atribuye a las partes negociadoras la responsabilidad de establecer la duración de los convenios, admitiéndose la eventual posibilidad de pactar distintos períodos de vigencia para cada materia o grupo homogéneo de materias dentro del mismo convenio. Durante este tiempo, la norma general será el mantenimiento de lo pactado por aplicación del principio del *pacta sunt servanda*, salvo que se alteren las circunstancias que dieron lugar al acuerdo. En tal caso «*durante la vigencia del convenio colectivo, los sujetos que reúnan los requisitos de legitimación previstos en los artículos 87 y 88 podrán negociar su revisión*» (art. 86.1 ET).

Denuncia del convenio. Finalizada la vigencia del convenio, cualquiera de las partes legitimadas podrá denunciarlo en los términos pactados en el propio convenio (art. 86.3 ET), y a falta de denuncia, el convenio quedará prorrogado de año en año (art. 86.2 ET).

Ultraactividad del convenio. Siempre que las partes lo pacten, cabe la posibilidad de que durante las negociaciones para la renovación del convenio colectivo se mantenga la vigencia del contenido normativo, si bien pierden la vigencia las cláusulas obligacionales o convencionales por las que se hubiera renunciado a la huelga. Además, se admite la posibilidad

[30] Estos plazos coinciden con la duración estimada del mandato de los representantes de los trabajadores tras los procesos electorales. Se trataría pues de hacer coincidir la duración de los convenios al mantenimiento de la representatividad de la representación sindical o de la unitaria, en su caso.

de adopción de acuerdos parciales «*para la modificación de alguno o algunos de sus contenidos prorrogados con el fin de adaptarlos a las condiciones en las que, tras la terminación de la vigencia pactada, se desarrolle la actividad en el sector o en la empresa. Estos acuerdos tendrán la vigencia que las partes determinen*» (art. 86.3 ET).

Mediación obligatoria o arbitraje pactado. Esta medida se prevé en el artículo 86.3 ET al determinar que «*transcurrido un año desde la denuncia del convenio colectivo sin que se haya acordado un nuevo convenio, las partes deberán someterse a los procedimientos de mediación*» (ante la Fundación SIMA o los sistemas de solución extrajudicial autonómicos) «*para solventar de manera efectiva las discrepancias existentes*». En cualquier caso, sin perjuicio del acuerdo que se alcance durante la mediación «*en defecto de pacto, cuando hubiere transcurrido el proceso de negociación sin alcanzarse un acuerdo, se mantendrá la vigencia del convenio colectivo*», reforzándose así la ultraactividad del convenio.

Adicionalmente, se prevé la posibilidad de que las pactes sometan el desacuerdo a arbitraje. Este compromiso arbitral debe estar pactado de forma expresa, bien antes de que se produzcan las discrepancias o bien con motivo de estas. En tal caso, el laudo arbitral que se dicte «*tendrá la misma eficacia jurídica que los convenios colectivos y sólo será recurrible conforme al procedimiento y en base a los motivos establecidos en el artículo 91*».

11.2. Sucesión de convenios

Dentro de un mismo ámbito de aplicación, cuando se produce una sucesión de los convenios colectivos, como norma general se aplica el principio de modernidad, consistente en que el convenio posterior deroga en su integridad al convenio anterior, salvo las cláusulas que expresamente se mantengan (art. 86.5 ET). Junto a ello, se admite que las partes pacten mantener algunos de los derechos del convenio anterior (art. 82.4 ET).

Ahora bien, como se abordará a continuación, cabe la posibilidad de que se produzca una situación de concurrencia de convenios, al reconocerse en el ET la libertad para establecer el ámbito de negociación. Esto podría dar lugar a que resulten aplicables dos o más convenios (p. ej., de sector a nivel nacional y un convenio colectivo de empresa o un convenio autonómico y otro de la provincia en comunidades pluriprovinciales). En estos casos habrá que aplicar las normas de concurrencia que se analizan a continuación.

12. CONCURRENCIA DE CONVENIOS COLECTIVOS

La libertad de elección de la unidad de negociación en España ofrece como resultado una gran diversidad de convenios colectivos en diversos ámbitos, especialmente en ámbitos muy limitados como la empresa o el centro de trabajo. Esta atomización en la negociación da lugar en la práctica a numerosos conflictos de concurrencia conflictiva para los que los acuerdos marco establecen distintas reglas, sin perjuicio de la posibilidad de plantear un conflicto colectivo para su solución ante la jurisdicción social[31].

Concurrencia prohibida. La regla general prevista en el ET impide que puedan aplicarse simultáneamente dos convenios colectivos durante el tiempo de su vigencia dentro del mismo ámbito funcional y territorial, lo que se denomina concurrencia conflictiva. Se trata de una garantía de no afectación prevista en el artículo 84.1 ET al establecer que un «*convenio colectivo durante su vigencia no podrá ser afectado por lo dispuesto en otro convenio colectivo de ámbito distinto*». Téngase en cuenta que esta prohibición de concurrencia se aplica entre convenios estatutarios no entre un convenio estatutario y otro extraestatutario.

Excepciones a la regla general de prohibición: el ET establece una serie de excepciones a la regla general de prohibición de concurrencia: *a*) remisión expresa o tácita de un convenio a la regulación contenida en otro convenio; *b*) previsión en los acuerdos interprofesionales sobre la estructura de la negociación colectiva entre el ámbito nacional y autonómico. Normalmente estos convenios establecen además las reglas sobre solución de situaciones de concurrencia; *c*) concurrencia de un convenio de ámbito autonómico con un convenio de ámbito estatal artículo (art. 84.3, 4 y 5); *d*) concurrencia del convenio colectivo de ámbito de empresa con otros de ámbito superior. Ésta excepción prioriza la aplicación de los convenios de empresa en las materias principales de la negociación colectiva de las condiciones de trabajo: sistema de remuneración, cuantía de las retribuciones, ordenación del tiempo de trabajo, conciliación de la vida laboral, personal y familiar y adaptación a la empresa de la clasificación profesional (art. 84.4.).

Concurrencia de convenios por sucesión de empresa. Otros supuestos de concurrencia se pueden producir en sucesiones de empresa, donde el artículo 44 ET obliga a mantener las condiciones laborales fijadas en el convenio aplicable, salvo pacto en contrario, hasta que expire el convenio

---

31 *Vid.* ATS 17038/2021, de 21 de diciembre de 2021, sobre la concurrencia del convenio el estatal de centros de asistencia y educación infantil o el convenio de intervención social de Bizkaia.

colectivo de origen o hasta la entrada en vigor de un nuevo convenio colectivo que resulte aplicable a la entidad económica transmitida. También se producen posibles supuestos de concurrencia en las contratas y subcontratas, donde las relaciones laborales deberán regularse por el convenio colectivo sectorial de la actividad que llevan a cabo los trabajadores, salvo que la subcontrata sea un centro especial de empleo (art. 42.6 ET).

13. ADMINISTRACIÓN DEL CONVENIO COLECTIVO

Comisión paritaria. También denominada comisión mixta o comisión de interpretación, consiste en el órgano principal de administración del convenio. En ella estarán representadas las partes negociadoras. La designación de sus miembros, así como las funciones atribuidas han de figurar necesariamente en los convenios de eficacia general, al formar parte del contenido obligatorio del convenio [art. 85.3.*e*) ET].

Funciones de la comisión paritaria. Entre las funciones que tendrá encomendada la comisión paritaria se encuentran las siguientes: *a*) con carácter general, entender de aquellas cuestiones establecidas en la ley y de cuantas otras le sean atribuidas; *b*) establecer procedimientos y plazos de actuación de la comisión, incluido el sometimiento de las discrepancias producidas en su seno a los sistemas extrajudiciales de solución de conflictos establecidos mediante los acuerdos interprofesionales de ámbito estatal o autonómico (art. 85.3 ET); *c*) cuestiones derivadas de la aplicación e interpretación del convenio colectivo.

De tal manera, la intervención de la comisión paritaria constituye un trámite previo y preceptivo para quienes pretendan someter la solución del conflicto ante los sistemas de solución extrajudicial de conflictos (SIMA u organismos autonómicos de solución extrajudicial), como a la jurisdicción social. Además, los acuerdos de la comisión paritaria tendrán la misma eficacia que el propio convenio colectivo aplicado o interpretado.

Comisión de seguimiento del plan de igualdad. Otros acuerdos negociados como los planes de igualdad, por su parte, también habrán de contar con la correspondiente comisión u órgano paritario responsable de la administración del acuerdo. En esta materia, será la denominada Comisión de Igualdad el órgano encargado del seguimiento, evaluación y revisión periódica del plan [art 8.2.*j*) del RD 901/2020, de 13 de octubre, por el que se regulan los planes de igualdad y su registro y se modifica el RD 713/2010, de 28 de mayo, sobre registro y depósito de convenios y acuerdos colectivos de trabajo].

14. BIBLIOGRAFÍA

ABRIL LARRAÍNZAR, P., CANO GALÁN, Y., GARCÍA RODRÍGUEZ, B., MARTÍN JIMÉNEZ, R. y SEMPERE NAVARRO, A. V.: *Reformas Laborales y de Seguridad Social (RD-ley 32/2021, Ley 20/2021, Ley 21/2021 y Ley 22/2021)*. Monografía de la Colección Claves Prácticas. Coordinación de Francis Lefebvre, Madrid, 2022.

ALFONSO MELLADO, C.: *La ultraactividad de los convenios colectivos*. Bomarzo, 2015.

COMISIÓN CONSULTIVA NACIONAL DE CONVENIOS COLECTIVOS. ALBIOL MONTESINOS, I. (dir.): *Contenido y alcance de las cláusulas obligacionales en la negociación colectiva*. Colección Informes y Estudios. Serie Relaciones Laborales, núm. 68, 2005.

CRUZ VILLALÓN, J.: *Compendio de Derecho del Trabajo,* 17.ª ed., Madrid, Tecnos, 2024.

DEL REY GUANTER, S.: *Estructura de la negociación colectiva, prioridad del nivel de empresa e inaplicación del convenio colectivo tras la reforma laboral de 2012*. Madrid, Ministerio de Empleo y Seguridad Social, 2016.

DOMÍNGUEZ MORALES, A. (con prólogo de CRUZ VILLALÓN, J.): *Igualdad, no discriminación y negociación colectiva.*, Madrid, Colección Estudios Laborales, Ediciones Cinca, S.A., 2018.

GARCÍA-PERROTE ESCARTÍN, I. y MERCADER UGUINA, J. R.: *La reforma de la negociación colectiva. Real Decreto-ley 7/2011, de 10 de junio*. Valencia, Lex Nova, 2011.

GOERLICH PESET, J. M.ª, MERCADER UGUINA, J. R. y DE LA PUEBLA PINILLA, A.: *La reforma laboral de 2021. Un estudio del Real Decreto-ley 32/2021 (Reformas)*. Valencia, Tirant lo Blanch, 2022.

LAHERA FORTEZA, J.: *La Negociación Colectiva tras la Reforma Laboral de 2021*. Tirant lo Blanch, 2022.

MARTÍN VALVERDE, A., RODRÍGUEZ-SAÑUDO GUTIÉRREZ, F. y GARCÍA MURCIA, J.: *Derecho del Trabajo*, 33.ª ed., Madrid, Tecnos, 2024.

MERCADER UGUINA, J. R., «*Hacia una democracia digital en la empresa*», *Labos*, vol. 4, núm. 2, pp. 4-21. https://e-revistas.uc3m.es/index.php/LABOS.

MOLERO MANGLANO, C. (coord.): *Manual de Derecho del Trabajo*, 15.ª ed., Tirant lo Blanch, 2017.

— «Convenios colectivos. La legitimación para negociar y el procedimiento de negociación», *Actualidad Laboral*, 2013, núm. 11.

MONTOYA MELGAR, A.: *Derecho del Trabajo,* Tecnos, Madrid, 45.ª ed., 2024.

OJEDA AVILÉS, A.: *Compendio de derecho sindical* (libro electrónico y papel), 4.ª ed., Tecnos, Madrid, 2020.

SALA FRANCO, T: *Derecho Sindical,* Valencia, Tirant lo Blanch, 2022, 4.ª ed.

— *La Reforma Laboral. La Contratación Temporal y La Negociación Colectiva*. Valencia, Tirant lo Blanch, 2022.

VILA TIERNO, F.: *Unas mínimas reflexiones en materia de contratos y negociación colectiva en la reforma laboral 2021 (RD-ley 32/2021):* https://grupo.us.es/iwpr/2022/01/14/unas-minimas-reflexiones-en-materia-de-contratos-y-negociacion-colectiva-en-la-reforma-laboral-2021-rdl-32-2021/

— *Cuestiones actuales en materia de negociación colectiva. Al hilo de la reforma laboral del RD-ley 32/2021, de 28 de diciembre*. Aranzadi, 2022.

VV.AA. (ESCUDERO RODRÍGUEZ, R., coord.): *La negociación colectiva en España: un enfoque interdisciplinar*, Cinca, Madrid, 2008.

— «Sobre la ultraactividad de los convenios colectivos en la reforma del 2012», en AGUSTÍ JULIÁ, J.; ALFONSO MELLADO, C. L.; APARICIO TOVAR, J.; BAYLOS GRAU, A. P.; CABEZA PEREIRO, J.; CASAS BAAMONDE, M.ª E.; CRUZ VALENCIANO, J.; FERNÁNDEZ LÓPEZ, M.ª F.; GOÑI SEIN, J. L.; LÓPEZ GANDÍA, J.; MERINO SEGOVIA, A. y MOLINA NAVARRETE, C.: *Revista de Derecho Social*, núm. 61, 2013.

— *El nuevo derecho de la negociación colectiva, actualizado tras la Ley 3/2012*. GORELLI HERNÁNDEZ, J. y MARÍN ALONSO, I. (coords.); BARRIOS BAUDOR, G.; GUTIÉRREZ PÉREZ, M.; IGARTUA MIRÓ, M.ª T.; LÁZARO SÁNCHEZ, J. L. y PÉREZ GUERRERO, M.ª L. (libro electrónico y papel), Tecnos, Madrid, 2013.
— *Guía de la negociación colectiva 2023,* Ministerio de Trabajo, Madrid, 2023 https://libreriavirtual.trabajo.gob.es/libreriavirtual/descargaGratuita/WIYE1127

TEMA 16

LAS MEDIDAS DE CONFLICTO COLECTIVO

EMILIA CONDE MARÍN
Profesora de Derecho del Trabajo y de la Seguridad Social.
Universidad Rey Juan Carlos

OBJETIVOS DE APRENDIZAJE

1. Conocer las medidas de conflicto colectivo disponibles en el Ordenamiento jurídico.
2. Aprender los conocimientos básicos sobre el derecho de huelga: concepto, titularidad, clases, efectos, límites y procedimiento.
3. Conocer la regulación del cierre patronal.

1. EL CONFLICTO COLECTIVO

La relación que mantienen trabajador y empresario en el ámbito laboral es, por naturaleza, de intereses contrapuestos. En ocasiones, la disensión entre ambas partes contractuales puede desembocar en conflicto colectivo cuando la controversia afecta a los trabajadores y el empleador en donde ambos comparten diferenciadamente unos intereses comunes al grupo al que pertenecen.

Se trata de un fenómeno complejo en el que trabajador y empresario intentarán hacer valer sus intereses tomando medidas de conflicto colectivo que la ley pone a su alcance, los principales procedimientos de conflicto son la Huelga y el Cierre Patronal.

No obstante, existen una variedad de recursos para canalizar la acción reivindicativa en el ámbito laboral, ya de carácter extrajudicial como judicial. Entre los procedimientos pacíficos de solución de conflictos colectivos de trabajo podemos señalar la conciliación, la mediación y el arbitraje, en los que, respectivamente, las partes llegan por sí mismas a la [illegible] conflicto, consiguen un acuerdo con la intermediación y fa- [illegible] de la persona mediadora o encargan la gestión del problema a [illegible] tercera persona a la que se someten. El Servicio Interconfederal de Mediación y Arbitraje (SIMA), creado en 1996 y dependiente del Ministerio de Trabajo y Economía Social, es una institución tripartita (organizaciones sindicales y empresariales más representativos y la Administración General del Estado) cuyos miembros suscriben en 2020 el VI Acuerdo de Solución Autónoma de conflictos laborales (ASAC), que tiene como objetivos mantener y desarrollar un sistema autónomo de prevención y solución de conflictos colectivos laborales e impulsar la negociación colectiva[1]. Téngase en cuenta que la mediación puede constituir requisito preprocesal para interponer demanda de conflicto colectivo, se agotará la vía autocompositiva de la mediación antes de proceder a la comunicación formal de la convocatoria de huelga y el arbitraje puede ser obligatorio en determinadas circunstancias (art. 10 del RD-ley 17/1977).

El recurso a medios expeditivos como la huelga y el cierre patronal son una alternativa legítima para la solución de conflictos colectivos. Sin embargo, la huelga a la que recurren los trabajadores puede considerarse como un medio más de negociación de un convenio colectivo o un procedimiento para llegar a un acuerdo entre empresario y trabajador. Y por su parte, el cierre patronal podría considerarse una reacción del empresario al desorden y perjuicio que pudiera provocar una situación de conflicto laboral colectivo.

2. EL DERECHO DE HUELGA

2.1. CONCEPTO Y NORMATIVA APLICABLE

El régimen jurídico de la huelga recorre diversas etapas en el devenir histórico hasta llegar a ser reconocido por la Constitución Española de 1978 como derecho fundamental (art. 28.2 CE). En un principio, el ejercicio del derecho de huelga estaba considerado como un delito penal (art. 556 CP 1870) para posteriormente dejar de constituirse como tal y continuar siendo ilícito civil o laboral por incumplimiento del contrato de trabajo. La Ley de Huelgas y Coligaciones de abril de 1909 descatalogó la huelga como delito en España bajo la jefatura de gobierno de Antonio Maura. Desde entonces ha habido períodos de tiempo en los que el mencionado derecho de huelga ha sido de nuevo excepcionado de la le-

---

[1] Publicado por Resolución de 10 de diciembre de 2020, de la Dirección General de Trabajo (*BOE* de 23 de diciembre).

galidad, así sucedió durante la Dictadura de Primo de Rivera y en la mayor parte de la etapa de la Dictadura franquista, constituyendo delito de sedición (art. 222 CP 1944).

Actualmente, el derecho de huelga se encuentra reconocido constitucionalmente como derecho fundamental vinculado con los principios del Estado social y democrático de derecho (arts. 1.1 y 9.2 CE). Sin embargo, después de más de cuarenta y cinco años de la remisión de la Carta Magna a una Ley Orgánica que regulara el régimen jurídico del derecho de huelga (art. 28.2 CE), aquélla no se ha materializado, así es que la regulación se efectúa por una norma preconstitucional, el Real Decreto-ley 17/1977 de 4 de marzo (Título I) que fue declarado parcialmente en vigor por la STC 11/1981, de 8 de abril de 1981[2]. La ya clásica y valiosa sentencia de 1981 realizó una especie de «actualización democrática» del derecho de huelga, a la que se ha añadido otra mucha doctrina de los tribunales, principalmente laborales, pero también de los órdenes civil, contencioso-administrativo y penal que han contribuido a conformar la reglamentación de la huelga. Sin embargo, las consecuencias que produce en nuestro ordenamiento la falta de desarrollo adecuado del mandato del legislador impuesto en el artículo 28.2 CE «origina una conflictividad innecesaria en relación con la fijación de los servicios esenciales, y una puesta en peligro tanto de la garantía del mantenimiento de los servicios esenciales como del ejercicio legítimo del derecho de huelga» [STC 123/1990, de 2 de julio de 1990, núm. de rec. 649/1988 (*BOE* de 30 de julio)]. Se ha llegado hasta este momento confiando en la autorregulación sindical y en un futuro consenso de las fuerzas sociales que nunca llega para acabar dejando la ordenación del derecho anclada en una norma preconstitucional, estamos ante una situación anómala que urge a la actualización legal.

Cabe señalar que el derecho de huelga tiene una eficacia inmediata ante los tribunales, no siendo imprescindible el desarrollo por ley del derecho para que pueda ser invocado ante aquéllos. En todo caso, no consentiría regulación autonómica diferenciada [STC, Pleno, de 5 de noviembre de 1981, conflicto positivo de competencia núm. 197/1981 (*BOE* de 19 de noviembre)].

Se entiende por huelga el cese temporal colectivo y concertado de la prestación de trabajo por parte de los trabajadores como medida de presión en defensa de sus intereses. El ejercicio de la huelga va a perseguir unos objetivos y reivindicaciones establecidas por los trabajadores para defender, como medida de presión, sus intereses profesionales.

---

[2] *BOE* de 25 de abril, resolviendo un recurso de inconstitucionalidad planteado por cincuenta y un diputados del grupo socialista.

Existen acciones que no se van a considerar ejercicio legítimo de huelga sino modos de alteración colectiva. Es el caso, entre otros, del encierro en los locales de la empresa al terminar la jornada laboral, la negativa del trabajador a realizar un cometido concreto, pero no el resto del trabajo o, en suma, la acción de obstruir, coaccionar o violentar la actividad de la empresa y el proceso normal de producción.

En otras ocasiones, el ejercicio del derecho puede ser legítimo y correcto, pero a pesar de ello debe ser suspendido por razones de mayor alcance, así en la declaración de estado de alarma, estado de excepción y estado de sitio (arts. 55 y 116 CE y LO 4/1981, de 1 de junio, de los estados de alarma, excepción y de sitio).

Puesto que nos encontramos ante un derecho fundamental recibe la protección máxima de nuestro Ordenamiento jurídico (art. 28.2 CE), estableciéndose un procedimiento preferente ante los tribunales ordinarios (arts. 53.2 CE, 177 ss. de la Ley 36/2011, de 10 de octubre, Reguladora de la Jurisdicción Social) y ante el Tribunal Constitucional a través del recurso de amparo. Los tribunales permanecen atentos a las posibles represalias por el ejercicio del derecho de huelga ejecutadas también por quien no es empresario en la relación laboral pero sí se encuentra en conexión directa con dicha relación [STC 75/2010, Pleno, de 19 de octubre de 2010, núm. rec. 3567/2006 (*BOE* de 10 de noviembre) y STS (Sala de lo Social), de 11 de febrero de 2015, núm. rec. 95/2014). El carácter sustancial que el derecho de huelga tiene en nuestro Ordenamiento jurídico no debe hacernos creer que se trata de un derecho incondicionado o absoluto pues cederá en cierta medida frente a otros derechos o bienes que puedan sufrir daño superior al beneficio que otorga la reivindicación a los huelguistas aunque siempre sobre el respeto preferente al derecho fundamental; nos referimos a los servicios esenciales de la comunidad, aquellos de inaplazable necesidad y en los que concurran circunstancias de especial gravedad (art. 10 RDLRT).

2.2. La titularidad del derecho de huelga

El derecho a la huelga del trabajador reconocido como de carácter básico en el Estatuto de los Trabajadores [art. 4.1.*e*) ET] es un derecho de titularidad individual y de ejercicio colectivo; cada una de estas atribuciones confiere al trabajador unas determinadas facultades que puede ejercer libremente. La dimensión individual hace referencia a las facultades individuales del ejercicio del derecho de modo singular, trabajador a trabajador, de modo que aquél no puede convocar la huelga, pero sí puede participar en su preparación y organización, secundarla o no y en determinado momento, decidir su incorporación al trabajo. La dimensión colectiva supone disponer de las facultades de convocatoria, planteamientos reivindicativos o fijación de objetivos, negociación, publicidad y terminación del conflicto; todas ellas son planteadas por órganos de naturaleza colectiva como los sindicatos, los representantes legales de los trabajadores o la asamblea de trabajadores.

La titularidad del derecho de huelga la ostentan, en primer lugar, los trabajadores en régimen laboral, es decir, aquéllos que prestan sus servicios por cuenta ajena y, por tanto, son titulares de un contrato de trabajo; la relación de trabajo puede ser de carácter común o especial (art. 2.2 ET), ya en el campo privado como en el sector público [art. 15.*c*) EBEP]. También los extranjeros que desarrollen su trabajo en territorio nacional son titulares de este derecho en las mismas condiciones que un trabajador con nacionalidad española (art. 11.2 de la Ley Orgánica 4/2000, de 11 de enero, sobre derechos y libertades de los extranjeros en España y su integración social). Existen trabajadores afectados por reglas especiales como son el personal civil no funcionario dependiente de establecimientos militares, los penados en instituciones penitenciarias y el personal contratado por empresas de seguridad.

Son titulares del derecho de huelga los empleados públicos [art. 15.*c*) EBEP]. Los funcionarios públicos y asimilados ostentan el derecho apenas regulado en el ordenamiento específico, la propia STC 11/1981 declara que el derecho de huelga de los funcionarios no está regulado y por consiguiente tampoco está prohibido. Se produce la exclusión sobre los funcionarios militares, guardia civil, policía y, a pesar de sus reivindicaciones, los jueces, magistrados y fiscales están también exceptuados del ejercicio del derecho de huelga debido a que encarnan un Poder del Estado, no así el resto del personal de la Administración de Justicia.

2.3. Modalidades

Cuando los trabajadores y sus representantes convocan la huelga ejercen también la facultad de elegir la modalidad que les sea más conveniente con el propósito de defender de la mejor manera sus intereses.

Existen modalidades lícitas y otras que no lo son. La decisión sobre la concreta modalidad de huelga corresponde a aquéllos que la promocionan, que elegirán entre las legalmente posibles [STC 332/1994, de 19 de diciembre de 1994, rec. de amparo núm. 447/1992 (*BOE* de 23 de enero de 1995)]. Las modalidades ilícitas conllevan un abuso del derecho que se está ejercitando e implican una falta de equilibrio y proporción entre los derechos concernidos de unos y de otros.

Entre las huelgas ilegales el Real Decreto-ley 17/1977 alude a la huelga política que resulta ajena a los intereses socio profesionales de los trabajadores; las huelgas novatorias que tienen como objetivo alterar, dentro de su período de vigencia, lo pactado en un convenio colectivo o lo establecido por un laudo arbitral; las huelgas de solidaridad, simpatía o apoyo y, en fin, toda huelga que no respete los requisitos legales o pactados (art. 11 del RD-ley 17/1977). Asimismo, podemos añadir las huelgas rotatorias o articuladas que son aquéllas en las que se van sucediendo paros parciales que van afectando a determinados grupos de trabajadores de la empresa para, con la menor convocatoria de trabajadores, conseguir la paralización general de la producción de la empresa; las denominadas huelgas estratégicas o de tapón que afectan a sectores neurálgicos del proceso de producción para conseguir con poco capital humano paralizar la actividad empresarial; las huelgas intermitentes; las huelgas de celo o reglamento donde no se interrumpe realmente la actividad de trabajo, sólo se retrasa, o las huelgas a la japonesa, donde los trabajadores se extralimitan en sus obligaciones de tarea, fabricando por encima de las previsiones empresariales con graves consecuencias por la dificultad de almacenaje y la imposibilidad de colocar todo el stock al mismo tiempo en el mercado; en general, cualquier forma de alteración colectiva en el régimen de trabajo distinta a la huelga, se considerará ilícita o abusiva (art. 7.2 del RD-ley 17/1977). Maticemos que las huelgas de celo no son tal en realidad ya que no se cesa en la prestación de servicios, más al contrario se ajustan rigurosamente a las normas o reglamentos de trabajo con el fin de alterar la normalidad de la producción, tampoco las huelgas a la japonesa donde no sólo existe un cumplimiento inflexible de la prestación de trabajo sino una extralimitación en el nivel de productividad.

Será el empresario el que deba demostrar que los trabajadores actuaron con abuso de derecho y acreditar cumplidamente que la modalidad elegida produce un grave perjuicio a la empresa, que el coste es excesivamente oneroso y que hay voluntad de hacer daño.

2.4. Contenido y Garantías

El contenido del derecho de huelga es básicamente la opción que, con su ejercicio, tiene el trabajador para defender sus legítimos intereses profesionales y, al tiempo, la obligación de mantener los servicios mínimos esenciales para la comunidad. Igualmente, habrá de delimitarse a la finalidad reivindicativa que se persigue, el ámbito funcional, el ámbito geográfico y las demás condiciones para su desarrollo.

La huelga como derecho fundamental cuenta con una protección privilegiada que le confiere un amplio repertorio de garantías de tipo legislativo, procesal, penal, contractual y administrativo que lo ampara.

En primer lugar, como garantía legislativa, el derecho de huelga sólo puede ser regulado por ley, y además con rango de orgánica (art. 81.1 CE) que respetará, en todo caso, el contenido esencial (art. 53.1 CE).

En segundo lugar, la garantía procesal se traduce en la posibilidad de defensa del derecho ante la Jurisdicción Social [arts. 2.*f*), 3.*d*) y 177 ss. de la Ley 36/2011, de 10 de octubre, Reguladora de la Jurisdicción Social] y también ante la Jurisdicción Contencioso-Administrativa (arts. 114 ss. de la Ley 29/1998, de 13 de julio, Reguladora de la Jurisdicción Contencioso-Administrativa).

En tercer lugar, el Código Penal establece que aquéllos que, mediante engaño o abuso de situación de necesidad, impidieren o limitaren el ejercicio legítimo de la libertad sindical o el derecho de huelga serán castigados con pena de prisión de seis meses a tres años o multa de seis a doce meses, asimismo, si tales conductas se llevan a cabo con coacciones se impondrá pena de prisión de un año y nueve meses hasta tres años o multa de dieciocho a veinticuatro meses (art. 315 CP).

En cuarto lugar, el derecho de huelga es irrenunciable, de manera que todo pacto, compromiso o acuerdo que realice el trabajador en contra del ejercicio de huelga no es admisible, sin embargo, está permitido que se inserten temporalmente cláusulas de paz laboral en los convenios colectivos. Asimismo, se garantiza la continuidad contractual, en tanto en cuanto la relación laboral se verá suspendida, nunca extinguida por motivo del ejercicio del derecho de huelga. La suspensión del contrato de trabajo [art. 45.1.*l*) ET] va a tener la consecuencia natural de la interrupción de la obligación de trabajar y de abonar salario. Los trabajadores en estas circunstancias se encuentran en alta especial en el Sistema de la Seguridad Social lo que implica una situación asimilada al alta al respecto de la acción protectora, con algunas peculiaridades respecto de las prestaciones económicas de incapacidad temporal y desempleo. En el apartado de garantías contractuales se incluyen también la prohibición de sustitución de los trabajadores en huelga ya sea con trabajadores propios como a través de ETT [art. 8.*a*) de la Ley 14/1994, de 1 de junio, por la que se regulan las empresas de trabajo temporal]. Las ausencias del trabajo por motivo de la huelga no pueden provocar *per se* una acción de despido. El empresario tampoco puede sancionar al trabajador por acudir a la huelga, salvo que aquél incurriera en falta laboral (art. 6.1 del RD-ley 17/1977).

Por último, la garantía administrativa se concreta en la posibilidad de sancionar al empresario por falta grave o muy grave por actos contrarios al derecho de huelga que ostenta el trabajador (arts. 7.10 y 8.10 del RD Legislativo 5/2000, de 4 de agosto, por el que se aprueba el texto refundido de la Ley de Infracciones y Sanciones en el Orden Social, LISOS).

2.5. El ejercicio del derecho de Huelga

La declaración formal de la huelga exige un acuerdo expreso que tomarán los sujetos colectivos legitimados para ello, es decir, las organizaciones sindicales [art. 2.2.*d*) ET], los comités de empresa o delegados de personal (arts. 62.2, 63.1 y 65.1 ET) y también los trabajadores de la empresa directamente. La decisión se adopta por mayoría simple en asamblea.

A continuación, los representantes de los trabajadores, y siempre con antelación determinada, comunicarán al empresario y a la autoridad laboral su pretensión. El preaviso será de cinco días naturales, y de diez días si la huelga afecta a empresas encargadas de la prestación de servicios públicos, en este último caso, debe preavisarse también a los usuarios (arts. 3 y 4 del RD-ley 17/1977). Es importante tal notificación para permitir o facilitar la negociación que pueda evitar la medida de conflicto y si no es posible, para que los empresarios puedan prepararse ante tal eventualidad y tomar las medidas necesarias. Con el preaviso se quiere evitar una huelga sorpresiva y ello es perfectamente respetuoso con el ejercicio del derecho de huelga y, al tiempo, con bienes y derechos de terceros [STC 332/1994, de 19 de diciembre de 1994, núm. rec. 447/1992 (*BOE* de 23 de enero de 1995)].

El escrito de preaviso deberá contener como mínimo los siguientes aspectos: *a*) objetivos de la huelga; *b*) determinar las gestiones, acciones o negociaciones que se han llevado a cabo para su evitación; *c*) señalar las fechas en las que se practicará la huelga; y *d*) identificación del Comité de huelga.

Una fase muy importante, y al mismo tiempo obligatoria, de la preparación de la huelga es la constitución del Comité de huelga que permanecerá activo durante todo el proceso de ejecución del mencionado derecho. El comité lo formarán como máximo doce personas que se encargarán de gestionar el ejercicio de la huelga en su centro de trabajo o en la empresa o empresas afectadas (art. 5 del RD-ley 17/1977). El cometido más relevante del Comité es, sin duda, negociar con el empresario desde el mismo momento del preaviso de huelga, han de participar en las actuaciones sindicales, administrativas o de conciliación que conduzcan a la solución del conflicto, garantizar los servicios de seguridad y mantenimiento acordados y finalmente, desconvocar la huelga con acuerdo o sin él.

El empresario ante la huelga inminente tiene derecho a tomar las medidas necesarias para garantizar el cuidado de las personas y las cosas durante dicho proceso y adoptar las medidas de seguridad y mantenimiento de los efectos de la empresa, tales como la maquinaria, los locales, las materias primas o las instalaciones. Los servicios de seguridad y mantenimiento se han de respetar por los trabajadores designados para ello con la finalidad de permitir que una vez terminada la huelga sea posible reanudar el trabajo y la producción sin que se haya causado daño en las personas ni en las cosas (art. 6.7 del RD-ley 17/1977).

Los tribunales sancionan el esquirolaje por parte de la empresa [STS (Sala de lo Social), de 20 de julio de 2016, núm. rec. 22/2016; STS (Sala de lo Social), de 20 de abril de 2015, núm. rec. 354/2014; STS (Sala de lo Contencioso-Administrativo), de 19 de junio de 2002, núm. rec. 637/1996]. Ya fue declarado inconstitucional el artículo 6.7 *in fine* del Real Decreto-ley 17/1977 por la STC 11/1981 que establece que «corresponde al empresario la designación de los trabajadores que deban efectuar dichos servicios», tras el fallo y muy contrario, el Comité de huelga participará activamente en todo lo relativo a la designación de dichos trabajadores. La misma calificación de huelga ilegal por parte de la empresa ya puede constituir por sí mismo un atentado al derecho de huelga de los trabajadores [AN (Sala de lo Social), de 26 de septiembre de 2012, auto núm. 156/2012]. No conculca, sin embargo, el derecho de fundamental la emisión de dos informativos de veinte minutos en una huelga de trabajadores de un canal de radio y televisión [STS (Sala de lo Social) 537/2023, de 17 de julio, núm. rec. 225/2021].

El éxito de la huelga depende, en gran medida, de su proyección hacia el exterior y de la publicidad que se haga de la misma; es vital ser capaz de requerir la participación y adhesión de los trabajadores, aunque siempre pacíficamente y sin violencia. La actividad de información, propaganda, persuasión e incluso disuasión de los trabajadores que han optado por acudir a su puesto de trabajo es una manifestación legítima de las libertades de expresión, reunión y manifestación, y además constituye parte del contenido del derecho de huelga. Ahora bien, el derecho de huelga no incluye la posibilidad de ejercer manifestaciones ofensivas, actos intimidantes o coacciones sobre terceros o actos vandálicos porque ello afecta a otros bienes o derechos constitucionalmente protegidos, como es la propia dignidad de la persona [STC de 17 de febrero de 1998, núm. rec. 3694/1994 (*BOE* de 17 de marzo)] o la libertad de trabajar de aquellos trabajadores que no se sumen a la huelga [STC 2/1982, de 29 de enero de 1982, núm. rec. 41/1981 (*BOE* de 26 de febrero)]. Tampoco ampara contenidos tendentes a desprestigiar a la empresa por parte de los trabajadores [STS (Sala de lo Social), de 12 de febrero de 2013, núm. rec.

2541/2011]. Aquí sí estaríamos ante piquetes coactivos que pretenden que los trabajadores ejerciten la huelga mediante la utilización de fuerza o violencia.

La prohibición de la ocupación de locales durante la huelga (art. 7.1 del RD-ley 17/1977) ha de tomarse de modo restrictivo. Sin embargo, el empresario puede exigir el desalojo de los locales de la empresa cuando ello ponga en riesgo la seguridad de las personas y de los bienes de la empresa, la falta de obediencia a estas órdenes puede dar lugar al Cierre patronal.

La finalización de la huelga puede darse de cuatro modos distintos: *a*) por agotamiento del período previsto; *b*) por desistimiento que el Comité promotor puede decidir en cualquier momento; *c*) por acuerdo de las partes, ya que tanto los trabajadores como el empresario como consecuencia del deber de negociar pueden llegar a concertar el Pacto fin de huelga que termina con el conflicto colectivo; y *d*) por arbitraje obligatorio, a través del cual la Autoridad Gubernativa está facultada para acabar con la huelga en caso de que su duración sea prolongada, que se mantengan posturas irreconciliables por parte de trabajadores y empresarios y que se produzca un grave perjuicio para la economía nacional (art. 10 del RD-ley 17/1977).

Es ilícita la desconvocatoria de huelga intermitente que no tiene más fin que dejar sin efecto los servicios mínimos fijados previamente cuando no existe posibilidad material de adoptar las medidas oportunas para el normal desarrollo del trabajo [STS (Sala de lo Social), de 11 de octubre de 2011, núm. rec. 200/2010].

2.6. Límites de la huelga: los Servicios Esenciales de la Comunidad

El artículo 28.2 CE señala que «la ley que regule el ejercicio de este derecho establecerá las garantías precisas para asegurar el mantenimiento de los servicios esenciales de la comunidad»; es el único límite al derecho de huelga señalado explícitamente. El Real Decreto-ley 17/1977 prevé que cuando la huelga se declare en empresas encargadas de la prestación de cualquier género de servicios públicos o de reconocida o inaplazable necesidad y concurran las circunstancias de especial gravedad, la Autoridad Gubernativa acordará las medidas necesarias para asegurar el funcionamiento de los servicios (art. 10.2 del RD-ley 17/1977). El Gobierno, o los órganos competentes de las Comunidades Autónomas, al tomar esta medida pretenden garantizar, en un mínimo al menos, la actividad productiva afectada por la huelga, a fin de que los consumidores y usuarios no resulten irremediablemente perjudicados.

El concepto de Servicio Esencial para la Comunidad es una noción de construcción jurisprudencial, como tantos otros aspectos de la institución jurídica que abordamos. Aunque debe existir una proporcionalidad razonable entre la protección del interés de la comunidad y la restricción al ejercicio de huelga [STC 123/1990, de 2 de julio de 1990, núm. rec. 649/1988 (*BOE* de 30 de julio)], es cierto que el concepto que contemplemos debe ser restrictivo ya que lo contrario sería limitante en detrimento del derecho de huelga [STC 53/1986, de 5 de mayo de 1986, núm. rec. 270/1986 (*BOE* de 20 de mayo) dictada con ocasión de una huelga en el Metro de Madrid]; no existe ninguna actividad listada que nos indique qué es esencial o no para la comunidad, sabemos que es indiferente la titularidad pública o privada del servicio, tiene más que ver con si se satisfacen o no bienes o derechos constitucionalmente protegibles. Han sido considerados servicios esenciales los servicios sanitarios, de enseñanza, de transporte, de televisión, eléctricos o de recogida de residuos, entre otros.

Para preservar el mantenimiento de los servicios esenciales de la comunidad deben respetarse unos servicios mínimos, es decir, el porcentaje de actividad que se juzga imprescindible mantener durante la huelga para que los servicios esenciales cumplan su finalidad que es que la comunidad pueda recibir las prestaciones vitales indispensables o básicas. Es el poder público el responsable de fijar los servicios mínimos y lo hará sobre la base de criterios de motivación imparcial y proporcionada, si bien puede abrir un período de consultas con los convocantes de la huelga; el Comité de huelga, por añadidura, puede dirigirse a la Autoridad Gubernativa cuando no considere apropiadas las medidas, proponiendo otras alternativas. El Decreto de servicios mínimos puede ser impugnado ante la Jurisdicción Contencioso-Administrativa y el control de la aplicación por parte del empresario de tales servicios y la designación de los trabajadores que deban atenderlo compete a la Jurisdicción Social [art. 3.*d*) de la Ley 36/2011, de 10 de octubre, Reguladora de la Jurisdicción Social].

Los conflictos que den lugar a la convocatoria de huelga o que se susciten sobre la determinación de los servicios de seguridad y mantenimiento en caso de huelga pueden ser objeto de procedimiento de solución extrajudicial de conflictos laborales.

Si los servicios mínimos se incumplen, el Gobierno está facultado para aplicar otras soluciones tales como la sustitución de los trabajadores huelguistas o por efectivos militares. Los trabajadores que no cumplan con la responsabilidad de atender los servicios mínimos asignados incurren en ilícito laboral y pueden ser objeto de despido disciplinario.

2.7. Efectos jurídicos de la Huelga

Los efectos más destacados de la huelga legal son: *a*) el trabajador verá suspendido su contrato de trabajo con la consiguiente minoración proporcional del salario (también a la participación en beneficios), lo que afectará también a las pagas extraordinarias, e incluso a los descansos semanales, excluyéndose únicamente las percepciones extrasalariales; *b*) las faltas de asistencia del trabajador huelguista no deben computarse a efectos de justificar la terminación del contrato por faltas de asistencia al trabajo; *c*) el hecho de secundar la huelga no es causa para sancionar al trabajador, sí lo podrá ser por motivos distintos a la cesación del trabajo o el ejercicio de facultades que le correspondan como trabajador en huelga; *d)* el empresario no está facultado para ejercitar su poder de dirección y organización en el caso de movilidad funcional o geográfica con el objeto de reducir o anular los efectos de la huelga en el proceso de producción de la empresa; y *e*) el empresario verá limitado igualmente su poder disciplinario si lo pretende utilizar para neutralizar el derecho de los trabajadores a ejercer la huelga.

Los trabajadores no huelguistas a los que se impide trabajar conservan íntegro su derecho al salario [STS (Sala de lo Social), de 20 de junio de 1995, núm. rec. 2440/1994].

El empresario no puede exigir responsabilidad por las pérdidas que sufra como resultado de una huelga legal, sin embargo, podrá pedir una indemnización por los daños y perjuicios que le causen las conductas ilícitas registradas durante una huelga legal, y con más razón, con motivo de una huelga ilegal. La huelga ilegal tiene como consecuencia la posible reducción de las vacaciones [STS (Sala de lo Social), de 11 de octubre de 1994, núm. rec. 190/1984], la imposición de sanciones disciplinarias, la baja en la Seguridad Social, e incluso el despido.

3. EL CIERRE PATRONAL

La medida empresarial de cierre patronal se encuentra incardinada dentro de las medidas generales de conflicto colectivo. En absoluto se trata de un derecho fundamental como sí lo es el derecho de huelga. El reconocimiento de la medida no es expreso, sino derivado del artículo 37.2 CE donde se reconoce «el derecho de los empresarios a adoptar medidas de conflicto colectivo». Se encuentra regulado en los artículos 12, 13 y 14 del Real Decreto-ley 17/1977.

Se trata de una medida de carácter excepcional que toma el empresario para contrarrestar la presión de la huelga cuando aquélla se torna inasumible y que se manifiesta en el cierre de los centros de trabajo de la empresa afectando a todos los trabajadores. La consecuencia inmediata es el no acceso de los trabajadores a los locales e instalaciones de la empresa, y por ello la imposibilidad de prestación de servicios y la interrupción del pago del salario.

El cierre patronal se presenta bajo las siguientes modalidades: *a*) cierre ofensivo o de agresión, cuya finalidad es imponer a los trabajadores determinadas condiciones de trabajo o modificar las existentes sustituyéndolas por otras que favorezcan más sus intereses, el empresario maniobra para hacer fracasar las intenciones de los trabajadores de recurrir a la huelga; *b*) cierre defensivo o de respuesta, cuando se utiliza para responder a una huelga o a cualquier otro medio de presión de los trabajadores, la intención del empresario no es impedir la huelga pero sí protegerse ante lo que considera una medida que conllevaría resultados excesivamente gravosos y desmedidos para el objetivo que se pretende; siendo justificado es el único tipo de cierre patronal lícito; *c*) cierre por solidaridad, éste se lleva a cabo por apoyo o simpatía con otros empresarios; y *d*) cierre preventivo, cuando se adopta para impedir una huelga anunciada o temida.

Se trata de una manifestación del poder de policía del empresario que podrá utilizar para imponer el orden cuando se esté ante situaciones de peligro para la vida de las personas o de daño para las instalaciones o cosas. La jurisprudencia marca las diferencias entre el cierre ofensivo o de agresión, y el cierre defensivo o de respuesta. El cierre ofensivo pretende impedir la huelga, presionar para que se ponga fin a la misma, o sancionar a los huelguistas, sin embargo, el cierre defensivo se efectúa por contraposición al anterior con la exclusiva finalidad de preservar a personas y bienes de las consecuencias excesivamente onerosas y desproporcionadas que pueden derivarse del ejercicio del derecho de huelga [STS (Sala de lo Social), de 31 de marzo de 2000, núm. rec. 2705/1999]. Se trata no sólo de impedir o reparar el daño ya producido sino lo que es más importante, la previsión de un eventual daño en el futuro [STS (Sala de lo Social), de 5 de octubre de 1998, núm. rec. 254/1998].

El cierre debe tener alguna causa que lo justifique, la norma legal reconoce como tales circunstancias, en primer lugar, notorio peligro de violencia sobre las personas o daño grave para las personas o cosas; estaríamos frente a un cierre por seguridad, el riesgo o peligro sería evaluado por el empresario, sin perjuicio de que, *a posteriori*, pudiera ser supervisado administrativa o judicialmente. En segundo lugar, ocupación ilegal del centro de trabajo o peligro cierto de que se produzca, la medida en este caso se justifica por la razón de respeto a la decisión del trabajador no huelguista. Hay que aclarar, no obstante, que no toda ocupación es necesariamente ilegal. Por último, será causa justificativa para el cierre patronal que el volumen de la inasistencia o irregularidades en el trabajo impidan gravemente el proceso normal de producción; partamos de la base que toda huelga afecta necesariamente a la cadena de producción de cualquier empresa, por tanto, para que concurra la presente causa el perjuicio ha de ser grave situándose por encima de lo que razonablemente deba esperarse de una acción conflictiva de esta naturaleza.

Los cierres patronales pueden ser totales o parciales, según afecten a toda o parte de la plantilla de la empresa o centro de trabajo correspondiente. Deben ponerse en conocimiento de la Autoridad laboral en el término de doce horas (art. 14.1 del RD-ley 17/1977), la norma no exige la formalidad escrita, pero es reclamable en cuanto facilita el control por parte de la Autoridad laboral. La duración debe ser la indispensable para asegurar la reanudación de la actividad de la empresa o para la remoción de las causas que lo motivaron, en cuanto aquéllas cesen se debe reabrir el centro de trabajo (art. 14.2 del RD-ley 17/1977).

Los efectos del cierre patronal guardan gran similitud con los producidos en el ejercicio del derecho de huelga (art. 12.2 en remisión al art. 6.1, 2 y 3 del RD-ley 17/1977), esto es, la suspensión del contrato de trabajo, la no recepción de salario por parte del trabajador y la situación de alta especial en la Seguridad Social, con obligación de cotizar por parte del empresario. Las consecuencias del cierre ilegal serán distintas para el trabajador en perjuicio del empresario que deberá abonar salario, ingresar cuotas de Seguridad Social, entre otras obligaciones y responsabilidades (p. ej., administrativas, calificándose de infracción muy grave —art. 8.9— del Real Decreto Legislativo 5/2000, de 4 de agosto, por el que se aprueba el texto refundido de la Ley sobre Infracciones y Sanciones en el Orden Social, la negativa del empresario a la reapertura del centro de trabajo en el plazo establecido, cuando fuera requerida por la autoridad laboral competente en los casos de cierre patronal).

4. BIBLIOGRAFÍA

Barceló Fernández, J., «Descuento del salario por el tiempo de huelga. Un conflicto persistente», *Revista General de Derecho del Trabajo y de la Seguridad Social*, núm. 67, 2024.

Baylos Grau, A. P., «La constante depreciación del derecho de huelga en los servicios esenciales. Un breve comentario a la STS 2/2022, de 24 de enero», *Revista de Derecho Social*, núm. 97, 2022.

De la Villa Gil, L. E., *Algunas reflexiones para la regulación legal del derecho de huelga.* Derecho del Trabajo y Seguridad Social. Cincuenta estudios del profesor Luis Enrique de la Villa Gil. Homenaje a sus 50 años de dedicación universitaria. (coords. Palomeque López, M. C. y García-Perrote Escartín, I.), Centro de Estudios Financieros, CEF, 2006.

— *Huelga: servicios esenciales y servicios mínimos.* Derecho del Trabajo y Seguridad Social. Cincuenta estudios del profesor Luis Enrique de la Villa Gil. Homenaje a sus 50 años de dedicación universitaria (coords. Palomeque López, M. C. y García-Perrote Escartín, I.), Centro de Estudios Financieros, CEF, 2006.

— «Sobre el derecho de huelga en España», *Revista de la Facultad de Derecho de la Universidad Complutense*, núm. 17 extra, 1993 (ejemplar dedicado al Derecho de Huelga).

Desdentado Bonete, A., «Huelga y Cierre patronal: Ejercicios de estrategia y reparación del daño», *Diario La Ley*, núm. 7535, 2010.

Gárate Castro, F. J., *Derecho de Huelga.* Bomarzo, Albacete, 2013.

García Murcia, J., *Libertad Sindical y otros derechos de acción colectiva de trabajadores y empresarios. 20 casos de jurisprudencia constitucional.* Aranzadi, Madrid, 2015.

— *Legislación histórica sobre la huelga y conflicto colectivo de trabajo*. Aranzadi, 2011.

Göerlich Peset, J. M.ª, «Digitalización y Derecho de Huelga». *Temas Laborales: Revista Andaluza de Trabajo y Bienestar Social*, núm. 155, 2020.

González Ortega. F., «Arbitrajes en huelgas con grave repercusión sobre la economía nacional». *Temas Laborales: Revista Andaluza de Trabajo y Bienestar Social* (ejemplar dedicado a: Monográfico sobre mediación y arbitraje en la resolución de los conflictos laborales), núm. 154, 2020.

Martín Valverde, A. y García Murcia, J., *Derecho del Trabajo*. 33.ª ed., Tecnos, Madrid, 2024.

Martín Valverde, A., «Medios no judiciales de solución de conflictos laborales: caracterización general». *Revista del Ministerio de Empleo y Seguridad Social*, núm. 123, 2016 (ejemplar dedicado a la solución extrajudicial de conflictos de trabajo).

Monereo Pérez, J. L., «Huelga y servicios esenciales: requisitos para declarar la vulneración del derecho fundamental de huelga. STS-SOC 537/2023, de 17 de julio», en *Anuario 2023 de Jurisprudencia Laboral. (Estudio de 100 casos relevantes)*, 2024.

Monereo Pérez, J. L. y Ortega Lozano, P. G., *El derecho de huelga. Configuración y régimen jurídico*. Aranzadi, 2019.

Montoya Melgar, A., «Para una revisión de los límites del derecho de huelga», *Revista del Instituto de Estudios Económicos*, núm. 2-3, 2010 (ejemplar dedicado al Derecho de huelga en España).

Ojeda Avilés, A., *Compendio de Derecho Sindical.* 4.ª ed., Tecnos, Madrid, 2020.

Pérez de los Cobos y Orihuel, F., *Real Decreto-ley 17/1977, de 4 de marzo, sobre Relaciones de trabajo. (Régimen legal y jurisprudencial de la Huelga y el conflicto colectivo).* La Ley, 2014.

Poquet Catalá, R., «La construcción judicial del cierre patronal», *Estudios financieros. Revista de Trabajo y Seguridad Social*, núm. 386, 2015.

Rodrigo Sanbartolomé, F. A., «Análisis y reflexiones sobre la inédita Ley orgánica de huelga: la gran asignatura pendiente del legislador laboral». *Revista Justicia y Trabajo*, núm. 4, junio de 2024.

Sánchez Morón, M., *Derecho de la Función Pública*. Tecnos, Madrid, 2023.

VV.AA. (coords.) Monereo Pérez, J. L.; Márquez Prieto, A.; Granados Romera, M. I.; Moreno Vida, M. I.; Vila Tierno, F.; López Insúa, B. M. y Baquero Aguilar, J., *El conflicto de trabajo: Procedimientos autonómicos de solución y medidas de presión colectiva*. Laborum, 2024.

— *Estudios sobre la huelga.* (Jornada para el estudio del proyecto de ley regulador). ACARL, 1992.
— (coord. Baylos Grau, A. P.), *Estudios sobre la Huelga.* Bomarzo, 2005.
— (dirs. García Murcia, J. y Escribano Gutiérrez, J.), *Huelga y conflicto colectivo de trabajo en la jurisprudencia del Tribunal Supremo (estudios ofrecidos a la profesora María del Mar Ruiz Castillo).* KRK Ediciones, 2021.
— (dir. Cairós Barreto, D. M.), *Las relaciones colectivas de trabajo en el nivel europeo e internacional. Organización, acción sindical y negociación colectiva.* Aranzadi, 2021.